中国证券期货统计年鉴

CHINA SECURITIES AND FUTURES STATISTICAL YEARBOOK

2003

中国证券监督管理委员会　编

Edited by

CHINA SECURITIES REGULATORY COMMISSION

百家出版社

BAIJIA PUBLISHING HOUSE

图书在版编目(CIP)数据

中国证券期货统计年鉴. 2003/中国证券监督管理委员会编. —上海：百家出版社，2003. 5
ISBN 7-80656-850-6

Ⅰ. 中... Ⅱ. 中... Ⅲ. ①证券交易-统计资料-中国-2003-年鉴 ②期货交易-统计资料-中国-2003-年鉴 Ⅳ. F832. 51-66

中国版本图书馆 CIP 数据核字(2003)第 039055 号

责任编辑　赵　毅
特约编辑　李　东　徐　臻

中国证券期货统计年鉴(2003)
中国证券监督管理委员会　编
百家出版社出版
(上海市天钥桥路 180 弄 2 号　邮政编码 200030)
上海证券报图书出版中心总发行
(上海市永嘉路 689 弄 6 号　邮政编码 200031)
全国新华书店经销　上海松江新桥新生印刷厂印刷
787×1092 毫米　16 开　23.5 印张　600000 字
2003 年 5 月第 1 版　2003 年 5 月第 1 次印刷
印数：1—3000 册
ISBN 7-80656-850-6/F・95　　定价：120.00 元

编 者 说 明
Edit Directions

一、《中国证券期货统计年鉴(2003)》(中英文)收录了2002年证券期货市场的统计数据以及与证券市场有关的部分宏观经济指标。

二、本年鉴分为8个部分:1. 证券市场概况;2. 股票市场;3. 债券市场;4. 证券投资基金;5. 上市公司;6. 投资者结构;7. 期货市场;8. 证券期货中介机构。每篇末有《主要统计指标解释》。另附上海、深圳交易所收费标准、中国证监会派出机构通讯录及上市公司行业分类指引等。

三、本年鉴资料主要来自交易所统计报表和证监会业务部门;宏观经济数据来自中国人民银行、国家统计局等部委。

四、应各方面的需求,本年年鉴在内容上进行了大量扩充。第二部分增加了市场交易记录表;第四部分增加了基金每日交易情况表和基金指数表;第五部分增加了上市公司主要财务指标的区间分布和分行业分布;第六部分增加了A、B股流通托管市值的地区分布;第八部分增加了各证券经营机构和营业部的A、B股和国债交易排行表。使年鉴内容更加充实、丰富。

五、本年鉴部分数据合计数或相对数由于单位取舍不同而产生的计算误差均未作调整。

六、本年鉴各表中,度量单位均在该表上方,对表中部分指标的注解、资料来源、汇率换算标准等在该表下方。凡带续表的资料,对部分指标的注解一律在最后一张续表的下方。

中国证券监督管理委员会
信息中心
2003年4月

目　录
CONTENTS

编者说明
Edit Directions

一、概况
Summary

二、股票
Stocks

Definition and Explanation

三、债券
Bonds

四、证券投资基金

Securities Investment Funds

五、上市公司

Listed Companies

六、投资者结构

Structure of Investors

七、期货
Futures

附录
Appendix

2002年中国证券市场综述
Summary for Chinese Securities Market 2002

2002年股票一级市场发行筹资大幅减少，二级市场股指在上半年大幅震荡，下半年持续下行；国债一级市场发行规模空前扩大，二级市场先扬后抑，成交大幅增加；基金发行规模大幅增加，品种日益丰富，投资者投资热情趋淡。

一、股票市场发展现状与展望

（一）股票市场发展现状

2002年中国证券市场规模进一步扩大。截止年底，在境内证券交易所上市的公司达1224家，比2001年底增加64了家，其中，仅发A股公司1085家，仅发B股24家，同时发A、B股86家，同时发A、H股29家。在境外证券交易所上市的公司为75家(含18家在香港二板上市的公司)，比2001年底增加了15家，其中，仅发H股46家，同时发A、H股29。市价总值和流通市值分别为38329亿元和12485亿元。由于股指下跌，在总股本和流通股本分别比去年底增加13%和12%的情况下，市价总值和流通市值分别减少了12%和14%。股票投资者开户数达6881.76万，比去年底增加了231.35万户。

1. 一级市场发行筹资大幅减少。由于股票二级市场股指在下半年持续下跌，B股发行暂停等原因，2002年股票一级市场发行筹资进一步减少。全年通过发行、配售共筹集资金961.75亿元，比2001年减少了23.21%。其中，发行A股97只(含27只增发)，筹集资金681.64亿元，比2001年减少9.31%；配发A股22家，筹资56.61亿元，比2001年减少了86.85%；发行A股可转债5只，筹资41.50亿元；发行H股16只，由于中国电信等大盘股的发行，使2002年H股发行筹资成倍增加，共筹资21.98亿美元，是2001年的2.59倍。

2. 二级市场股指上半年大幅震荡，下半年持续下行，成交大幅减少。全年大致可分为五个阶段：

第一个阶段　1月4日至1月28日，股指快速单边下跌。在短短17个交易日内，上海、深圳综合指数分别下跌了286.43点和98.80点，跌幅为17.40%和20.76%。年初，由于有关国有股减持的解决方案仍不明确，股指承接上年底的走势，继续下行。1月11日，中国证监会规划委证实，国有股减持方案正在进行归纳整理，市场担心国有股减持方案即将出台而出现快速下跌。1月28日，中国证监会规划委公布了关于国有股减持方案的阶段性成果，股指巨幅下挫，上海、深圳综合指数分别下跌了91.93点和26.60点，跌幅分别达－6.31%和－6.59%。该阶段，股票交投平淡，日均成交92.10亿元，仅为全年日均成交130.80亿元的七成，最低日成交不足50亿元。

第二个阶段　1月29日至4月30日，股指转势上行。受降低存贷款利率、交易佣金实行浮动制、央行行长和证监会主席发表讲话对资本市场给予大力支持等利好因素的刺激，在超跌低价股、ST个股及深圳本地股的轮流带动下，市场展开了年内最大的一波反弹行情。上海、深圳综合指数分别从1358.69点和377.14点上涨至1685.02点和488.05点，涨幅达24.02%和29.41%，日均成交167.47亿元,是第一阶段日均成交的1.82倍。

第三个阶段　5月8日至6月5日,股指单边下行。受2001年度上市公司业绩大幅下滑、国家经贸委和证监会联合启动对上市公司的专项检查及2002年中期业绩预亏预警等因素的影响,两市股指再次下跌。沪深综合指数分别下跌了12.34%和11.50%,日均成交100.47亿元。此阶段深沪本地重组股、中报预亏预警股、高科技股跌幅较大,中期送转股、国企大盘股表现出较强的抗跌性。

第四个阶段　6月6日至6月28日,股指急促上行。6月7日,中国证监会主席再次强调指出,稳定是证券市场的发展基础,加之6月4日所发布的《外资参股证券公司设立规则》和《外资参股基金管理公司设立规则》的政策意图得到市场的重新定位,股指止跌启稳。6月18日,上海证券交易所公告,将自7月1日起推出上证180指数,大盘蓝筹股得到市场追捧,大幅上涨。6月24日国务院决定停止在国内证券市场减持国有股,同日,中国证监会还发布了《关于进一步规范上市公司增发新股的通知》,提高了增发门槛,使得指数跳空高开,大幅上扬,千余只股票涨停。该阶段,上海、深圳综合指数分别从1462.00点和429.49点上涨至1732.76点和507.00点,涨幅为18.53%和18.78%。股票日均成交217.24亿元,为全年日均成交的1.66倍,是全年成交最为活跃的阶段。低价大盘股和深圳本地股是此次行情的领涨板块。

第五个阶段　7月1日至年底,股指持续阴跌。进入下半年,由于国有股减持和股份全流通等相关问题的不确定性,市场基本呈单边持续阴跌走势。上海、深圳综合指数分别下跌了21.66%和23.79%。此阶段,虽然有关部门先后出台了《关于向外商转让上市公司国有股和法人股有关问题的通知》《合格境外机构投资者境内证券投资管理暂行办法》等利好政策措施,但市场反应平淡。

2002年底上海、深圳综合指数分别报收于1357.65点和388.76点,分别比上年底下跌了17.52%和18.32%。由于股指大幅震荡,2002年股票成交大幅萎缩,全年累计成交27990.39亿元,比2001年减少了26.93%。

3. 市场开放取得突破性进展。2002年是中国的入世元年。在2002年中,中国股票市场的开放进程有了实质性突破。

1月8日,中国证监会公布了《证券公司管理办法》,在其中明确规定境外机构可以在中国境内设立中外合营证券公司。

6月4日,颁布了《外资参股证券公司设立规则》和《外资参股基金管理公司设立规则》,明确了外资参股证券公司和基金管理公司的设立条件及程序。《外资参股证券公司设立规则》规定,外资参股证券公司可经营的业务包括:股票(包括人民币普通股、外资股)和债券(包括政府债券、公司债券)的承销;外资股的经纪;债券(包括政府债券、公司债券)的经纪和自营及证监会批准的其他业务。在外资参股证券公司中,外资拥有的权益比例累计(包括直接持有和间接持有)不得超过三分之一;至少有一名内资股东的持股比例不低于三分之一。《外资参股基金管理公司设立规则》明确,外资持股比例或在外资参股的基金管理公司中拥有的权益比例,累计(包括直接持有和间接持有)不超过33%,在我国加入WTO后三年内,该比例不超过49%。

11月4日,中国证监会、财政部和国家经贸委日前联合发布《关于向外商转让上市公司国有股和法人股有关问题的通知》,允许上市公司向外商转让国有股和法人股,并对相关转让原则和条件进行了规定。《通知》规定,上市公司向外商转让国有股和法人股,原则上应采取公开竞价方式;要遵守国家法律法规,防止国有资产流失;应符合国有经济布局战略性调整和国家产业政策的要求,促进国有资本优化配置和公平竞争;应坚持"三公"原则,维护股东特别是中小股东的合法权益。在坚持上述原则基础上,对转让后的上市公司实行国民待遇,执行原上市公司的有关政策,不作为外商投资企业对待。

11月8日,证监会和人民银行联合发布《合格境外机构投资者境内证券投资管理暂行办法》,对合格境外机构投资者的条件和投资方式进行了规定。12月2日,上海、深圳证券交易所和证券登记结算公司分别发布《合格境外机构投资者证券交易实施细则》和《合格境外机构投资者境内证券投资登记结算业务实施细则》,就引入合格境外机构投资者制度后相应的证券交易、账户管理、登记结算业务、风险管理等作出了具体规定。

12月20日,我国首家合资证券公司——华欧国际证券有限公司在上海成立。华欧国际由湘财证券和法国里昂证券(CLSA)合资组建,其中湘财证券占67%股份,里昂证券占33%股份。2003年1月12日,我国首家中外合资基金管理公司——招商基金管理有限公司也在深圳成立。

4. 市场规范化程度进一步加强。2月28日召开的2002年全国证券期货监管工作会议明确提出,2002年证券期货监管工作的指导思想是:以"三个代表"的重要思想为指导,按照"法制、监管、自律、规范"八字方针的要求,依法加强监管,防范市场风险,尊重市场规律,稳步推动改革,促进市场创新,实现证券市场的规范健康发展,更好地为国民经济服务。在这一思想的指导下,随着一系列规范措施的出台,2002年股票市场的规范化程度进一步加强。

为了进一步贯彻落实江总书记"上市公司要在现代企业制度建设上先行一步"和朱总理"今年要重点检查上市公司建立现代企业制度的情况,找出存在问题,认真加以解决"的指示精神,5月13日,国家经贸委和中国证监会联合进行了上市公司现代企业制度建立情况专项检查。有效促进了上市公司现代企业制度建立和公司治理结构的完善。

6月24日,为进一步规范上市公司增发新股的行为,保护投资者的合法权益,中国证监会发布了《关于进一步规范上市公司增发新股的通知》(征求意见稿),公开向社会各界征求意见。7月26日,在汇集各界意见的基础上,正式发布了《关于上市公司增发新股有关条件的通知》,提高了上市公司的增发"门槛"。主要包括:公司最近三个会计年度加权平均净资产收益率平均不低于10%,且最近一个会计年度加权平均净资产收益率不低于10%;增发新股募集资金量不超过公司上年度末经审计的净资产值;发行前最近一年及一期财务报表中的资产负债率不低于同行业上市公司的平均水平;前次募集资金投资项目的完工进度不低于70%等。《通知》的发布不仅进一步规范了上市公司的增发行为,更提高了募集资金的使用效率,促进了资金资源的合理配置。

为了规范上市公司的收购、兼并行为,防止内幕交易,10月8日,中国证监会同时发布了《上市公司收购管理办法》及《上市公司股东持股变动信息披露管理办法》。其中,《上市公司收购管理办法》对上市公司收购方式进行了规定,将协议收购作为规范的重点;系统地规定了上市公司的收购报告制度;强化了中介机构在上市公司收购中的作用和责任。《上市公司股东持股变动信息披露办法》则通过对股份持有人、股份控制人、一致行动人的界定,规定了信息披露的主体、时点、内容和格式,强化了持有、控制上市公司大额股份的股东的信息披露义务。另外,上述两《办法》都增加了监管措施方面的规定。对于违反相关规定的行为,将按照不同的情况进行处理。两个《办法》的推出,标志着以充分信息披露为基础,保障投资者权益,规范、促进上市公司收购兼并的法律框架基本形成。

5. 市场化进程进一步推进。在规范、发展的前提下,2002年中国股票市场的市场化进程得到了进一步推进。

2月25日,为了落实中国证监会在去年底发布的《亏损上市公司暂停上市和终止上市实施办法(修订)》(以下简称《办法》),深沪证交所近日分别对《深圳证券交易所股票上市规则》与《上海证券交易所股票上市规则》第10章"暂停上市、恢复上市和终止上市"进行了修订。与原规则相比,新规则对上市公司的退市程序作了修改;同时为保证股票恢复上市和终止上市的审核工作的独立性和专业性,增加了对审核程序和有关申请材料的具体规定。在暂停上市方面,新规定取消了有关暂停上市公司宽限期申请审核程序及股票特别转让服务的规定,缩短了暂停上市的期限。对于在《办法》发布后因连续三年亏损被暂停上市的公司,在法定期限内披露暂停上市后第一个半年度报告且报告显示盈利的,公司可以申请股票恢复上市。新规则明确指出,在暂停上市期间,交易所不为其股票提供特别转让服务。两交易所《上市规则》的修改,意味着我国股票市场上广受争议的具有阶段性色彩的PT制度即将终结。

由于特定的历史原因,我国证券市场实行的是固定佣金制度,随着市场的不断发展,固定佣金制度的弊端也越来越多地显现出来。主要表现在:不利于证券市场竞争机制的培育;较高的费率标准提高了交易成本,既妨碍了社会资源的有效配置,也在一定程度上影响了投资者参与证券市场的积极性。另外,个别证券经营机构为争夺客户,违反有关规定进行各种形式的佣金打折或返佣的价格战,在一定程度上影响了公平竞争的市场秩序。为此,4月5日,中国证监会、国家计委、国家税务总局联合发布了《关于调整证券交易佣金收取标准的通知》。《通知》规定,A股、B股、证券投资基金的交易佣金实行最高上限向下浮动制度,证券公司向客户收取的佣金(包括代收的证券交易监管费和证券交易所手续费等)不得高于证券交易金额的3‰,也不得低于代收的证券交易监管费和证券交易所手续费等。虽然,上述规定实行后,部分证券公司对佣金调整的力度提出了疑义,但浮动佣金制的推出,彻底打破了证券公司只靠佣金收入即可"生存不错"的局面,加强了证券公司间的竞争,增强了证券公司的危机意识和创新意识。

另外,为了协调一二级市场间的资金关系,鉴于向二级市场投资者配售新股的技术准备已经完成,5月21日,中国证监会发出《关于向二级市场投资者配售新股有关问题的补充通知》,决定恢复向二级市场投资者配售新股的发行方式。

6. 证券民事赔偿诉讼取得突破。由于法律方面的空白,2002年前,证券民事赔偿诉讼不能获得法院的受理。2001年9月21日,最高人民法院下发通知,表示暂不受理因内幕交易、操纵市场、虚假陈述等侵权行为引起的证券民事赔偿纠纷案件。但是,随着民众法律意识的不断增强和部分上市公司造假行为的变本加厉,证券民事赔偿诉讼越来越多,相关法律的制定显得越来越迫切。为此,2002年1月15日,最高人民法院下发《关于受理证券市场因虚假陈述引发的民事侵权纠纷案件有关问题的通知》,同意受理证券民事赔偿诉讼案件,该通知规定,投资者可以到法院起诉因披露虚假信息已经被中国证监会处罚的上市公司,并向这些公司提出索赔要求。虽然《通知》没有将内幕交易、操纵市场等其他证券市场欺诈行为纳入诉讼范围内,但其打破了证券民事赔偿诉讼不被受理的坚冰,使证券民事赔偿诉讼在法律程序上取得突破。

2002年1月24日,哈尔滨中院正式受理京沪两地3位股民状告"大庆联谊"虚假陈述案。这是自最高人民法院的相关通知下发以来,人民法院受理的第一宗证券市场民事侵权赔偿案。4月19日,济南中院开庭审理渤海集团案,这是首起正式开庭审理的证券民事诉讼案。11月11日,上海投资者彭女士诉嘉宝实业公司案,以和解方式在上海市第二中级人民法院结案,成为最高人民法院发布相关通知后,第一个结案的证券民事赔偿案。彭女士最终获得来自被告方的一次性补偿人民币800元。11月25日,中国首例证券民事纠纷案——11位股民诉ST红光案(1998年底提出诉讼),也结束了近4年的诉讼进程,以法院调解方式结案。11位股民获赔诉讼标的24.8995万元人民币的 90%，即 22.4096 万元。

虽然《通知》使证券民事赔偿诉讼在法律程序上取得了突破，但由于相关配套的法律规定尚不健全，在司法实践中遇到了很多的障碍。主要表现在审理此类案件所必须解决的问题，如主体的确认、诉讼方式、责任构成、归责原则、损失的计算等方面都没有明确的规定。致使在法院已经受理的近 900 起案件中，除上述嘉宝实业案和 ST 红光案的投资者通过调解的方式获得赔偿外，还没有一起案件走完全部程序而得以宣判，这包括最早开庭的 ST 渤海案和引人注目的银广夏案。为此，2003 年 1 月 9 日，最高人民法院公布《关于审理因虚假陈述引起的民事赔偿案件的若干规定》，作为《通知》的系统性司法解释，对上述问题都做出了较为详尽的规定，对诉讼中的案件审理起到了积极的指导作用，成为继《通知》后证券民事赔偿制度上的又一重大突破。

2003 年 1 月 27 日，备受社会关注的 16 位股民诉 ST 嘉宝虚假陈述案，经过上海市第二中级法院审理并裁定，16 位原告当场赔付人民币 61773.66 元。该起案件是根据《规定》审理的第一起证券虚假陈述案理赔案件。

虽然《规定》在相关诉讼的范围上，仍有一些问题，如仅受理由虚假陈述引起的证券民事赔偿案件，而仍然不受理证券市场中涉及内幕交易、操纵市场等方面的民事赔偿案件等，但相信，随着有关法律制度的不断完善，投资者的利益将得到越来越充分的保护。

（二）2003 年中国股票市场展望

2003 年中国经济将继续保持稳定快速的发展，以此为基础，在经过 2001 和 2002 年的调整期后，平稳中求发展将成为 2003 年中国股票市场的主题。

1. 证券期货监管工作会议，确定了平稳发展的基调。1 月 24 日至 26 日，2003 年证券期货监管工作会议在京召开。中国证监会主席尚福林作了题为《全面贯彻落实十六大精神，做好证券期货监管工作，推进资本市场的改革开放和稳定发展》的工作报告，提出 2003 年的市场监管要以规范发展为目标，以改革开放为动力，以维护市场稳定为基础来开展工作。

报告强调指出，我国证券期货市场是“新兴加转轨”的市场，目前还存在一些突出的问题。要历史地、客观地、科学地分析我国证券期货市场的发展进程，在工作中要坚持把握好以下几个方面：一是坚持证券期货市场的发展要服务和服从于国民经济的全局。要认真研究国民经济的总体情况和发展阶段，形成证券期货市场和国民经济的良性互动关系，推进证券期货市场的发展。二是坚持把保护投资者的合法权益作为我们工作的重中之重。投资者是证券期货市场的基础，只有把保护投资者的合法权益作为我们工作的出发点和落脚点，才能增强投资者信心。投资者信心增强了，证券期货市场的改革开放和稳定发展才能具备坚实的基础。三是坚持证券期货市场规范与发展的统一。在证券期货市场的运作过程中，规范和发展是统一的两个方面。讲发展，必须是规范的发展；讲规范也必须是发展的规范，要始终坚持规范和发展的统一，不能用片面的观点把证券期货市场的规范和发展割裂开来。四是坚持改革的力度、发展的速度与市场的承受程度的统一。我国证券期货市场既存在一些历史遗留下来的老问题，也存在由于经验不足、在发展过程中产生的新问题，解决问题的办法就是不断深化改革，推动创新，加快发展。正确处理改革、发展、稳定的关系，要把改革的力度、发展的速度和市场可承受的程度统一起来。五是坚持监管职能和监管方式要适应市场发展的要求。

另外，报告还提出了 2003 年要重点抓好以下几方面的工作：继续加强证券期货法治建设；大力推动诚信建设；防范和化解市场风险；提高上市公司规范化运作水平；不断改善市场结构。

同以往的证券期货监管工作会议的报告相比，今年的工作报告更显务实，不仅强调论述了规范和发展的关系,还特别提出了将改革力度与市场承受程度相统一的观点,这是证券监管部门第一次在工作报告中明确要考虑"市场的承受程度",既是对过去工作经验的总结和再思考,也是"从市场中来,到市场中去"工作新思路的集中体现。随着我国加入 WTO,证券市场终究要与国际市场接轨,这决定了我国证券市场的发展和改革不能停滞不前;而另一方面,我国的市场基础又决定了证券监管部门今后在推进市场发展、改革和解决问题的过程中,无论在速度,还是在力度上,都不能与市场基础相脱节,更不能超越这个基础。总之,证券期货监管工作会议的召开,为 2003 年中国股票市场确定了平稳发展的基调。

2. 国家宏观经济将为证券市场的平稳发展提供有力的支持。2003 年,我国宏观经济有望继续保持了良好的发展势头。从拉动经济增长的三大因素进行分析,消费需求有可能成为拉动 2003 年经济增长的主力。在扩大内需的政策效应下,汽车、住房、旅游等新兴热点在政策的刺激和消费结构升级的推动下,有望进入快速稳定增长轨道,对扩大内需和拉动经济增长的贡献逐步提高。而出口则有望继续保持平稳的增长态势,只是固定资产投资继续保持高速增长难度加大,有可能出现小幅回落。从政策环境来看,始于 1998 年的积极财政政策,也在 2002 年开始显现出其对经济的强劲刺激作用,加上逐步偏于宽松的货币政策积极配合,2002 年,宏观经济逐步扭转了 2001 年增速下滑的势头,出现持续加速增长态势,步入新一轮景气周期的上升通道。2003 年,财政政策将会继续保持积极性,货币政策则会继续保持稳健,为了继续扩大内需和活跃整个经济,货币政策有望增加积极性。这些良好的政策氛围将会对 2003 年经济增长起重要的支撑作用。另外,十六大后,新一届政府将会以更大的力度积极推动各项改革事业向前发展,从而为经济发展创造出更为良好的制度与政策环境。据中国社会科学院《经济蓝皮书》预测,2003 年 GDP 增长率将达到 7.9%。宏观经济的良好发展必将为证券市场的平稳发展提供有力的支持。

3. 证券公司的融资渠道将有所拓宽,业内收购兼并进程加快,更多的金融控股公司有望出现。我国证券公司目前的合法融资渠道非常少,主要包括定向募集、银行贷款、经批准成为全国银行间同业市场成员可以进行同业拆借、债券交易业务、股票质押贷款期限不超过 6 个月的贷款等。过少的融资渠道一方面限制了证券公司的进一步发展,也影响了证券公司抵御风险的能力。2002 年 12 月,中信证券成为我国第一家通过公开发行股票上市的证券公司,标志着国内证券公司直接上市的政策开始放开。随着中信证券的直接上市,上市融资将是证券公司今后一个重要的融资途径。此外,有关证券公司发行债券的管理办法也有可能在 2003 年出台,因此,2003 年证券公司的融资渠道将有所拓宽,直接上市及发行债券将成为其重要融资新途径。

2002 年是证券公司经营极为艰难的一年,几乎是全行业亏损的一年。尽管 2003 年情况有望有所好转,但以往靠获取行业垄断利润的可能性大大降低,估计仍将有相当部分券商经营艰难。随着券商上市的加快、合资证券公司的设立,将出现强者更强的局面。在两极分化加剧的形势下,证券公司间的收购兼并将不可避免。预计 2003 年这种收购兼并将大量出现。另外,随着我国金融市场改革与开放进程的加快,银行、证券、保险等业务关系将更为密切,一些实力较强的证券公司向金融控股模式转变将是今后一个重要的发展方向。2002 年 12 月 5 日,中信控股有限责任公司作为我国第一家金融控股公司正式成立,经营业务范围涉及银行、证券、保险、信托、资产管理、期货、租赁、基金、信用卡等领域。目前市场上的光大系、平安系、招商系、民生系等事实上均已涉及银行、证券等业务范畴,具备了金融控股公司的雏形。预计 2003 年将有更多的金融控股公司出现在公众面前。

4. 国有股转让有可能加速。国有股通过二级市场减持是一个复杂的系统工程,所涉及的相关利益方很多，对市场的影响很大。2001—2002年间，几乎所有的市场大起大落都与国有股减持有关。由于在较短的时间内，制定出使各方面都接受的实施方案很难，因此，有关部门不会贸然行事。2003年，通过二级市场减持国有股的工作，取得突破性进展的可能性不大。但是，随着《上市公司收购管理办法》、《上市公司持股变动信息披露管理办法》、《关于向外商转让上市公司国有股和法人股有关问题的通知》等一系列法律法规的陆续发布实施，尤其是十六大提出的建立新的国有资产管理体制，为国有股转让创造了法律和制度条件。从某种意义上说，国有股减持和流通的前提是产权清晰化，在国有资产管理体制改革后，中央政府和地方政府将分别代表国家履行出资人职责，享有所有者权益，国有企业所有者缺位问题将得到解决，并将大大调动地方政府的积极性，提高资本运营效率，有利于国有资本从竞争性行业中的退出，吸引民间资本和外资的进入。国有股权可以通过协议转让的方式转让给民营资本和外资，也可以通过MBO方式转让给上市公司管理层，因此，2003年国有股转让可能加速，并成为经济生活中的一个热点。

5. 开放程度将进一步加大，金融创新进一步增加，多层次的市场结构有望取得进展。2003年，我国股票市场的开放程度将进一步加大。继合格的境外投资者制度(QFII)在2002年推出之后，合格的境内投资者制度(QDII)将有可能在2003年推出。我国资本市场将形成从证券业和基金业的开放，到外资收购国有股权，再到QFII、QDII机制等渐次展开的全方位开放局面。另外，中国托管凭证(CDR)制度作为证券市场开放的趋势，也将成为相关部门研究的重点。随着2002年上证180指数、深圳100指数的推出，2003年，两指数有望统一指数。从而为交易所指数基金，股指期货等新的金融产品的推出提供必要的条件。

由于中小民营企业在我国经济中发挥着越来越重要的作用，创业板的推出成为必然。但由于全球创业板市场的成败参半，相关部门不得不谨慎对待。另外，最初作为解决历史遗留问题和为退市公司提供出路的股份转让系统(通常所说的“三板”)，将在2003年随着退市公司的增加而逐步扩大，并有可能出现非历史遗留问题公司和退市公司在其中挂牌交易，并以某种特定的形式实现筹资。在2003年证券期货监管工作会议上，中国证监会主席尚福林将“不断改善市场结构”作为2003年的工作重点之一，多层次的市场结构在2003年取得较大的进展甚至突破也是有理由期待的。

二、国债市场发展现状与展望

(一) 国债市场发展现状

2002年我国国债一级市场发行规模空前扩大，发行方式不断创新，发行利率持续走低，二级市场先扬后抑，成交大幅增加。

1. 发行规模空前扩大。2002年我国国债发行规模空前扩大。共发行凭证式国债4期，1473亿元；记账式国债16期，4461.3亿元，合计发行总额达5934.3亿元，比2001年增长了21.5%。而1998至2001年的前四年中，我国国债发行规模分别为3708亿、4015亿、4657亿、4884亿，算术平均增长速度仅为9.7%。

2. 期限、利率形式更趋多样化，发行利率水平持续走低。2002年发行的记账式国债利率和期限趋向多样化，期限包括1年、2年、3年、5年、7年、10年、15年和30年共8种。凭证式国债期限相对固定，但利率形式更趋多样。2002年既发行固息债，也发行浮息债；既有半年付息债，又有年付息债以及贴现债券。从发行利率水平上看，2002年国债发行利率延续了2001年的下跌趋势。从记账式国债来看，2001年年初利率水平一般保持在3.5%左右，三季度以后一般下降至3.0%以下(20 年期国债除外);而 2002 年利率水平都在 3.0%以下。从凭证式国债来看,也是下降明显。整体来看,2002 年发行国债的利率比 2001 年发行国债的利率要低 0.50 个百分点以上。

3. 发行方式不断创新。2002 年的国债发行方式在不断创新。如 2002 年记账式(15 期)国债首次同时在全国银行间债券市场、交易所债券市场和部分试点商业银行柜台三个市场面向各类投资者以相同利率、数量招标的方式发行。2002 年记账式(16 期)国债采取单一价格竞争性招标,但招标的标的不是利率而是价格,并规定每百元面值投标价格下限为 99.7 元。

4. 二级市场呈现上半年稳健攀升,下半年持续下跌的态势,成交同比大幅增加。2002 年上半年,在央行第八次降息利好刺激下,受股市持续阴跌、央行逆回购等因素的影响,债券二级市场走出了单边上扬的行情,整个市场现券到期收益率大幅降低。从 2001 年 12 月 31 日到 2002 年 6 月 30 日,交易所国债市场 13 只国债持有期内平均涨幅为 5.03%,平均年收益率为 10.94%,大大超过同期股票市场的涨幅。领涨券种为 21 国债(7)最大涨幅达到 20%。利率的下调大大提升了国债的投资价值,尤其是中长期国债。下半年,受 6.24 股市井喷行情的影响,国债市场出现了大幅度的调整。加上央行政策意图的转变,连续几次的大额正回购出台,国债市场下半年进入了风险释放与价值回归的过程。二级市场一路单边下行,直至年底才略有反弹。下半年除 96 国债(8)和 21 国债(7)外,其余券种持有期收益率为负数(持有期所获利息收益不足以弥补价格的下跌)。2002 年国债成交大幅增加,其中,国债现货全年累计成交 8708.6 亿元,比 2001 年增加了 80.1%;国债回购累计成交 24419.7 亿元,比 2001 年增加了 35.8%。

(二) 2003 年国债市场展望

展望 2003 年,国债市场有望继续向好。从资金面上来看,2003 年债券型开放式基金规模会继续扩大,同时,全国社保基金理事会已经公布选秀名单,社保基金将通过委托基金管理公司进入证券市场,而出于社保基金对投资安全要求甚高的特性,可以预计,社保基金一旦入市,进入债券市场的资金应占据相当比例。另外,QFII 的推出,国内债市对境外金融机构开放后,国内债券尤其是短期债券的收益率水平相对较高,将对境外投资者产生相当的吸引力。从政策面看,中国新的领导班子确立之后,已经明确将继续实行积极的财政政策和稳健的货币政策。由于国内通货紧缩阴影短期内不会消除,为保证新一年的经济增长目标,中央银行会继续保持积极的货币供给力度。事实上,从 2002 年第四季度开始,货币供应力度已经明显加大,M2 已从年初的 13%的增速提高到年末的 17%左右。在公开市场操作上,2002 年底,中央银行已开始向市场投放资金。

因此,无论从资金面还是政策面来看,2003 年的国债市场都存在向好的理由,但随着投资者风险意识的提高和投资理念的成熟,国债二级市场的走势将比 2002 年平稳,波动幅度会有所下降。

三、基金市场发展现状与展望

(一) 基金市场发展现状

2002 年,我国基金市场的基金规模大幅增加,品种日益丰富。投资者的投资热情趋淡。

1. 基金规模大幅增加。2002 年是我国基金业大发展的一年,特别是开放式基金得到了空前的壮大。截止 2002 年底,基金管理公司 21 家,比上年底增加了 7 家;国内已募集完毕并宣告成立的证券投资基金总数达 71 只(其中开放式基金 17 只),总规模 1300 多亿元(开放式基金以发行份额计算),比上年底增加了 64%;基金总资产净额 1186 亿元,与 A 股流通市值的比率接近 10%。

2. 基金品种日益丰富。随着基金规模的大幅增加,2002 年,我国基金市场的基金品种也日益丰富,大量具有鲜明风格创新品种出现。9 月 10 日,首只一年后“封闭转开放”的银丰基金推出;9

月 20 日，国内首只以债券投资为主的基金—南方宝元债券型基金成功发行，该基金还可以同南方稳健成长基金自由转换；10 月 9 日，首只"安全型"概念的开放式基金—博时价值增长基金推出；10 月 23 日，首只纯债券型基金——华夏债券投资基金正式成立，改变了原来所有基金全部为股票、国债混合基金的局面；11 月 18 日，首只开放式指数型基金—华安上证 180 指数增强型证券投资基金成功推出。

3. 投资者投资热情趋淡。由于新的基金品种不断出现，加之基金业绩差强人意，2002 年投资者对基金的投资热情趋淡。主要表现在两个方面。首先，开放式基金首发规模出现萎缩。2001 年发行的华安创新、南方稳健成长和华夏成长等三只开放式基金首发销售额平均超过 40 亿份。第一只开放式基金华安创新在募集期内的销售额更是轻松达到 50 亿，大批市民排队认购。而 2002 年发行的 14 只开放式基金首发只平均售出 33 亿份，这还要归功于华夏债券和南方宝元两只债券型基金 51 亿份和 46 亿份的高额首发规模，如果不算这两只基金，则平均规模仅约为 30 亿份。而宝盈鸿利首发只售出 14.46 亿份，创下开放式基金发行的新低。其次，从封闭式基金二级市场来看，2002 年成交规模比去年大幅减少。54 只封闭式基金 2002 年的成交金额为 1167 亿元，比 2001 年成交金额 2562 亿元减少了 54%。12 月 20 日，除基金兴华等少数几只基金外，绝大多数基金的收盘价均跌破单位净值，平均折价幅度超过 10%。

4. 合资基金管理公司获准筹建。2002 年 6 月 3 日，中国证监会发布了《外资参股基金管理公司设立规则》。2002 年 10 月 16 日，第一家中外合资基金管理公司国安基金管理公司获中国证监会批准筹建。该公司发起人分别为国泰君安证券和德国安联集团。到目前为止，中国证监会已经批准了 4 家中外合资基金管理公司筹建。除国安基金外，还有由招商证券和荷兰国际集团发起筹建的招商基金管理公司、由华宝信托和法国兴业资产管理公司发起的华宝兴业基金管理公司以及海通证券和富通集团发起筹建的海富通基金管理公司。

二、2003 年基金市场展望

1. 基金公司竞争将日趋激烈并出现两极分化。我国基金业发展时间短，可供投资者选择的基金数量和基金品种少，特别是在以封闭式基金为主的状况，使得各基金公司间缺乏竞争。但是，随着基金数量和品种的不断增加，特别是开放式基金所占比重的不断增加，基金公司间的竞争将日趋激烈，并最终出现两极分化。那些管理规范、风格鲜明、投资业绩优秀的基金管理公司将在竞争中脱颖而出，不断壮大；而那些管理水平和业绩表现平庸的公司将得到投资者的抛弃。目前，这种迹象已经有所表现。华夏基金管理公司在成功地发行了 50 多亿华夏债券基金发行后，旗下所管理基金的总规模已达 170 多亿元，而在已经正式成立的 19 家基金管理公司中，管理资金最少的却只有 20 多亿元。

2. 产品创新将不断出现。2002 年 8 月，在上交所举办的"上证 180 指数相关产品研讨会"上，上交所有关领导表示该所正在积极设计开发交易所交易基金(即 ETF)。之后，深圳证券交易所表示也将推出交易所交易基金。同时，多家基金公司也宣布正在研究开发交易所交易基金。另外，"封闭转开放"的基金也可能在 2003 年大量出现。为了缩小基金折价、促使封闭式基金的价格向净值回归，"封闭转开放"的呼声也越来越高。在法律上，封闭式基金在契约中均有"基金转型"条件的规定，相关法规也规定，在 50%以上基金持有人同意的情况下，封闭式基金可以转型为开放式基金。因此，"封闭转开放"在法律上并不存在障碍，有关方面要注意的问题是，如果操作不当，有可能会引起投资者的大规模的赎回。

3. 中外合资的基金管理公司将最终出现,并不断增加。2003年1月12日,由招商证券和荷兰国际集团发起筹建的招商基金管理公司在深圳正式成立,成为我国首家中外合资基金管理公司。另外,国安基金管理公司负责人也表示,该公司有望于2003年上半年开业。随着对外开放的不断深入,2003年,将会有更多的中外合资方提交成立合资基金管理公司的申请,也将会有更多的合资基金管理公司出现,并发行新的基金。

第一部分　概　况

Summary

1-1 证券市场概况统计表

	1992	1993	1994
境内上市公司数(A、B股)(家) Number of Listed Companies (A、B share)	53	183	291
境内上市外资股(B股)(家)Number of Listed Companies (B share)	18	41	58
境外上市公司数(H股)(家)Number of Listed Companies (H share)		6	15
股票总发行股本(亿股) Total Issued Capital	68.87	387.73	684.54
其中:流通股本(亿股) Negotiable Shares	21.18	107.88	226.04
股票市价总值(亿元) Total Market	1048.13	3531.01	3690.61
其中:股票流通市值(亿元) Negotiable Market Capitalization	—	861.62	968.89
股票成交量(百万股) Trading Volume	3795.39	23422.17	201333.91
股票成交金额(亿元) Total Turnover	681.25	3667.02	8127.63
上证综合指数(收盘) Shanghai Stock Exchange Composite index	780.39	833.80	647.87
深证综合指数(收盘)Shenzhen Stock Exchange Composite index	241.2	238.27	140.63
投资者开户数(万户) Number of Investors (10000)	216.65	777.66	1058.98
平均市盈率 PE Ratio			
上海 Shanghai	—	42.48	23.45
深圳 Shenzhen	—	42.69	10.28
平均换手率(%)Turnover Ratio			
上海 Shanghai			1134.65
深圳 Shenzhen			583.83
国债发行额(亿元) Amount Issued of T-Bonds(100000000)	460.78	381.31	1137.55
企业债发行额(亿元) Amount Issued of Enterprise Bond(100000000)	683.71	235.84	161.75
债券成交量(万手) Bonds Transaction Volume(10000)			
债券成交额(亿元) Bonds Turnover(100000000)			
国债现货成交金额(亿元) Cash T-Bonds Turnover(100000000)	7.1276	61.02	468.37
国债回购成交金额(亿元) Repurchase T-bonds Turnover(100000000)	0.00	0.42	75.78
证券投资基金只数(只) Number of Securities Investment Funds			
证券投资基金规模(亿元) Amount Issued of Securities Investment Funds(100000000)			
证券投资基金成交金额(亿元) Turnover of Securities Investment Funds(1000000000)			
期货总成交量(万手) Futures Transaction Volume(10000)		890.69	12110.72
期货总成交额量(亿元)Futures Turnover(100000000)		5521.99	31601.41

注:换手率=全年成交金额/((本年末流通市值+上年末流通市值)/2)*%。

数据来源:本书各章相关表

Source: Relative Tables followed

Summary for Securities Market

1995	1996	1997	1998	1999	2000	2001	2002
323	530	745	851	949	1088	1160	1224
70	85	101	106	108	114	112	111
18	25	42	43	46	52	60	75
848.42	1219.54	1942.67	2526.79	3088.95	3791.71	5218.01	5875.45
301.46	429.85	671.44	861.94	1079.65	1354.26	1813.17	2036.90
3474.28	9842.38	17529.24	19505.64	26471.17	48090.94	43522.20	38329.12
938.22	2867.03	5204.42	5745.59	8213.97	16087.52	14463.17	12484.55
70547.06	253314.06	256079.12	215411.00	293238.88	475840.00	315228.76	301619.49
4036.47	21332.16	30721.84	23544.25	31319.60	60826.65	38305.18	27990.46
555.29	917.01	1194.10	1146.70	1366.58	2073.48	1645.97	1357.65
113.24	327.45	381.29	343.85	402.18	635.73	475.94	388.76
1242.47	2307.23	3333.33	3911.13	4481.19	5801.14	6650.42	6881.76
15.70	31.32	39.86	34.38	38.13	58.22	37.71	34.43
9.46	35.42	41.24	32.31	37.56	56.03	39.79	36.97
528.72	913.43	701.81	453.63	471.46	492.87	269.33	214.00
254.52	1350.35	817.43	406.56	424.52	509.10	227.89	198.79
1510.86	1847.77	2411.79	3808.77	4015.00	4657.00	4884.00	5934.30
300.80	268.92	255.23	147.89	158.2	83	147	325
100660.50	174297.17	161732.38	203161.4	170716.33	197979	204707.68	329252.26
59367.61	18039.35	16476.89	21661.77	18284.12	19119.15	20417.76	33249.53
775.20	5029.24	3582.75	6059.95	5300.87	4157.49	4815.59	8708.68
1248.52	13008.64	12876.06	15540.84	12890.53	14733.68	15487.63	24419.64
			6	22	34	51	71
			120	510	562	804.23	1318.85
			555.33	1623.12	2465.79	2561.88	1166.58
63612.07	34256.77	15876.32	10445.57	7363.91	5461.07	12046.35	13943.37
100565	84119.16	61170.66	36967.24	22343.01	16082.29	30144.98	39490.28

1-2 1986—2002 年国内有价证券分类发行情况

统计日期:2002 年 12 月 31 日

		1981—1985 年	1986 年	1987 年	1988 年	1989 年	1990 年
一、国债 Treasury Bond	发行额 Amount Issued	237.21	62.51	116.87	188.77	223.91	197.23
	兑付额 Amount Repayed		6.65	18.41	21.66	13.22	76.22
	期末余额 Balance	237.21	293.07	391.53	558.64	769.33	890.34
1. 国库券 Treasury Bill	发行额 Amount Issued	237.21	62.51	62.87	92.16	56.07	93.46
	兑付额 Amount Repayed		6.65	18.41	21.66	13.22	49.59
	期末余额 Balance	237.21	293.07	337.53	408.03	450.88	494.75
2. 财政证券 Financial Bond	发行额 Amount Issued				66.07		71.09
	兑付额 Amount Repayed						
	期末余额 Balance				66.07	66.07	137.16
3. 国家建设债券 State Construction Bond	发行额 Amount Issued				30.54		
	兑付额 Amount Repayed						21.58
	期末余额 Balance				30.54	30.54	8.96
4. 国家重点建设债券 State Key construction Bond	发行额 Amount Issued			54.00			
	兑付额 Amount Repayed						5.05
	期末余额 Balance			54.00	54.00	54.00	48.95
5. 特种国债 Special Bond	发行额 Amount Issued					42.84	32.68
	兑付额 Amount Repayed						
	期末余额 Balance					42.84	75.52
6. 保值公债 Price Index Bond	发行额 Amount Issued					125.00	
	兑付额 Amount Repayed						
	期末余额 Balance					125.00	125.00
7. 定向债券 Special Purchase Bond	发行额 Amount Issued						
	兑付额 Amount Repayed						
	期末余额 Balance						
二、政策性金融债 Policy Financial Bond	发行额 Amount Issued						
	兑付额 Amount Repayed						
	期末余额 Balance						
三、其他金融债券 Other Financial Bond	发行额 Amount Issued		30.00	60.00	65.00	60.66	64.40
	兑付额 Amount Repayed		5.00	30.00	40.00	70.11	50.07
	期末余额 Balance		25.00	55.00	80.00	70.55	84.88

Issuing Summary of Domestic Securities by Category(1986—2002)

单位:亿元 100 000 000yuan

1991年	1992年	1993年	1994年	1995年	1996年	1997年	1998年	1999年	2000年	2001年	2002年
281.25	460.78	381.31	1137.55	1510.86	1847.77	2411.79	3808.77	4015.00	4657.00	4884.00	5934.30
111.60	238.05	123.29	391.89	496.96	786.64	1264.29	1550.84	1238.70	2179.00	2286.00	2216.20
1059.99	1282.72	1540.74	2286.40	3300.30	4361.43	5508.88	7765.70	10542.00	13020.00	15618.00	19336.10
199.41	395.64	314.77	1117.93	1486.76	1813.27	2382.44					
106.65	120.41	105.75	349.76	297.99	700.30	1192.23					
587.51	862.74	1071.76	1839.93	3028.70	4141.67	5331.88					
64.63	65.14	66.54									
	0.02	9.38	0.42	126.66	65.05	65.40					
201.79	266.91	324.07	323.65	196.99	131.94	66.54					
4.95	2.25	0.90	0.29	0.45	0.09	0.03					
4.01	1.76	0.86	0.57	0.12	0.03	0.00					
				41.13	3.92	3.63					
48.95	48.95	48.95	48.95	7.82	3.90	0.27					
17.21											
			39.81	30.02	17.23	3.00					
92.73	92.73	92.73	52.92	22.90	5.67	2.67					
	115.37	7.26	1.61	0.71	0.05						
125.00	9.63	2.37	0.7	0.05	0.00	0.00					
			19.62	24.10	34.50	29.35					
			19.62	43.72	78.22	107.57					
					1055.60	1431.50	1950.23	1800.89	1645.00	2590.00	3075.00
					254.50	312.30	320.40	473.20	709.20	1438.80	1555.70
				1613.20	2399.70	3486.90	5121.13	6447.48	7383.28	8534.48	10054.10
66.91	55.00				14.60	32.00					
33.67	30.00	34.29	13.54								
118.12	143.12	108.83	95.29	95.29	109.89	141.90					

续表

		1981—1985年	1986年	1987年	1988年	1989年	1990年
四、企业债 Enterprise Bond	发行额 Amount Issued		100.00	30.00	75.41	75.26	126.37
	兑付额 Amount Repayed		16.23	27.42	46.72	43.94	77.29
	期末余额 Balance		83.77	86.35	115.04	146.36	195.44
1. 中央企业债券 Central Entreprise Bond	发行额 Amount Issued						
	兑付额 Amount Repayed						
	期末余额 Balance						
2. 地方企业债券 Local Enterprise Bond	发行额 Amount Issued		100.00	30.00	30.00	14.83	49.33
	兑付额 Amount Repayed		16.23	27.42	46.72	15.32	22.05
	期末余额 Balance		83.77	86.35	69.63	69.14	96.42
3. 短期融资券 Enterprise Short-term Bond	发行额 Amount Issued				11.72	29.72	50.15
	兑付额 Amount Repayed					14.74	32.73
	期末余额 Balance				11.72	26.70	44.12
4. 内部债券 Internal Bond	发行额 Amount Issued				33.69	30.71	26.89
	兑付额 Amount Repayed					13.88	22.51
	期末余额 Balance				33.69	50.52	54.90
5. 住宅建设债券 House Construction Bond	发行额 Amount Issued						
	兑付额 Amount Repayed						
	期末余额 Balance						
6. 地方投资公司债券 Local Investment Company Bond	发行额 Amount Issued						
	兑付额 Amount Repayed						
	期末余额 Balance						
五、国家投资债券 State Investment Bond	发行额 Amount Issued						
	兑付额 Amount Repayed						
	期末余额 Balance						
六、国家投资公司债券 State Investment Company Bond	发行额 Amount Issued			30.00	90.00	22.53	6.15
	兑付额 Amount Repayed						
	期末余额 Balance			30.00	120.00	142.53	148.68
债券合计 Total of Bond	发行额 Amount Issued	237.21	192.51	236.87	419.18	382.36	394.15
	兑付额 Amount Repayed	0.00	27.88	75.83	108.38	127.27	203.58
	期末余额 Balance	237.21	401.84	562.88	873.68	1128.77	1319.34
七、股票(A股) A Shares	发行额 Amount Issued			10.00	25.00	6.62	4.28
	筹资额 Raised Capital			10.00	25.00	6.62	4.28

注：1. 国债数据，企业债券和金融债券的数据由中国人民银行提供，股票数据由中国证监会提供。

2. 兑付额指还本金额。

3. 1992年以前的股票按面值发行，1992年以后为溢价发行，其中1992年的筹资额为按照5倍溢价估算值。

4. 股票发行为新发。

数据来源：中国人民银行、中国证监会

Source: PBC and CSRC

Continued

1991 年	1992 年	1993 年	1994 年	1995 年	1996 年	1997 年	1998 年	1999 年	2000 年	2001 年	2002 年
249.96	683.71	235.84	161.75	300.80	268.92	255.23	147.89	158.00	83.00	147.00	325.00
114.31	192.76	255.48	282.04	336.30	317.80	219.81	105.25	56.50	0.00	0.00	
331.09	822.04	802.40	682.11	646.61	597.73	521.02	676.93	778.63	861.63	1008.63	
	74.10			77.50	86.15	86.15					
						0.00					
	74.10	74.10	74.10	151.60	237.75	238.00					
115.25	258.77	20.06	38.43	52.50	62.15	99.66					
25.34	37.26	79.45	91.19	152.50	43.41	101.28					
186.33	407.84	348.45	295.69	195.69	214.43	213.61					
104.44	228.53	215.78	123.32	170.80	120.62	69.42					
60.03	111.27	176.03	190.85	173.00	150.88	118.53					
88.53	205.79	245.54	178.01	175.81	145.55	69.41					
30.27	111.51										
28.94	44.23				123.51						
56.23	123.51	123.51	123.51	123.51	0.00						
	6.43										
				6.43							
	6.43	6.43	6.43	0.00	0.00						
	4.37										
				4.37							
	4.37	4.37	4.37	0.00	0.00						
95.00	60.00										
		1.50	14.11								
95.00	155.00	153.50	139.39	139.39	139.39						
2.29	8.01										
0.83	2.04	2.38	1.92	32.70							
150.14	156.11	153.73	151.81	119.11	119.11						
695.41	1267.50	617.15	1299.30	1811.66	3172.29						
260.41	462.85	416.94	703.50	865.96	1358.94						
1754.34	2558.99	2759.20	3355.00	4300.70	6114.05						
5.00	10.00	42.59	10.97	5.09	38.29	105.65	82.80	83.11	117.18	77.62	117.15
5.00	50.00	194.83	49.62	22.68	224.45	655.06	412.59	512.88	840.87	473.55	516.96

1-3 市值与 GDP、境内筹资额与固定资产投资的比率

Ratio of Market Capitalization to GDP and Domestic Raised Capital to Investment in Fixed-Asset

单位:亿元 Unit:100000000

	GDP	市价总值 Market Capitalization	%	GDP	流通市值 Negotiable Market Capitalization	%	固定资产投资 Investment in Fixed-Asset	境内筹资额 Domestic Raised Capital	%
1992	26638.1	1048.13	3.93%	26638.1			8080.1	50	0.62%
1993	34634.4	3531.01	10.20%	34634.4			13072.3	276.41	2.11%
1994	46759.4	3690.62	7.89%	46759.4	964.82	2.06%	17042.1	99.78	0.59%
1995	58478.1	3474.00	5.94%	58478.1	937.94	1.60%	20019.3	85.51	0.43%
1996	67884.6	9842.37	14.50%	67884.6	2867.03	4.22%	22913.5	294.34	1.28%
1997	74772.4	17529.23	23.44%	74772.4	5204.43	6.96%	24941.1	856.06	3.43%
1998	79552.8	19505.64	24.52%	79552.8	5745.59	7.22%	28406.2	778.02	2.74%
1999	82054	26471.17	31.82%	82054	8213.97	9.87%	29475.2	896.83	3.04%
2000	89404	48090.94	53.79%	89404	16087.51964	17.99%	32917.7	1540.86	4.68%
2001	95933	43522.19	45.37%	95933	14463.16	15.08%	27826.6	1182.13	4.25%
2002	102398	38329.12	37.43%	102398	12484.55	12.19%	32942.0	779.75	2.37%

数据来源:国家统计局、中国证监会
Source: NBSC and CSRC

市价总值与 GDP 的比率

Ratio of Market Capitalization to GDP

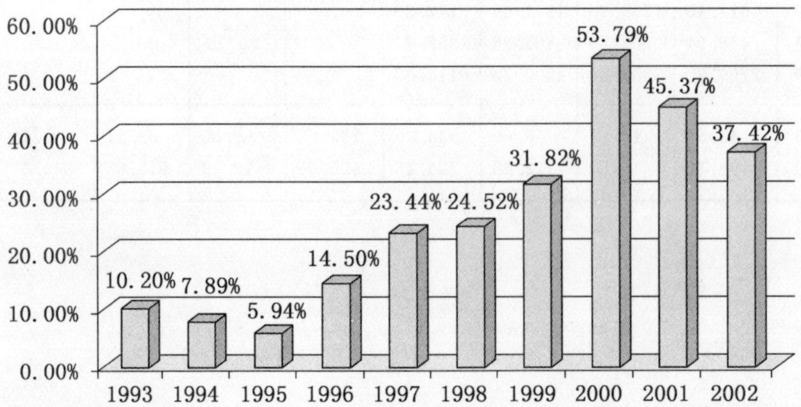

1-4 境内股票筹资和银行贷款增加额的比率

Ratio of Domestic Raised Capital in Stock Market to Amount of Loan of Bank

单位:亿元 Unit:100000000 yuan

	境内筹资额 Domestic Raised Capital	贷款增加额 Amount of Loan of Bank	%	境内筹资额 Domestic Raised Capital	国家银行贷款增加 Amount of Loan of State-owned Bank	%
1993	276.41	6335.4	4.36%	276.41	4845.61	5.70%
1994	99.78	7216.62	1.38%	99.78	5161	1.93%
1995	85.51	9339.82	0.92%	85.51	6915.45	1.24%
1996	294.34	10683.33	2.76%	294.34	7937.75	3.71%
1997	856.06	10712.47	7.99%	856.06	8149.96	10.50%
1998	778.02	11490.94	6.77%	778.02	9100.39	8.55%
1999	896.83	10846.36	8.27%	896.83	8742.71	10.26%
2000	1540.86	13346.61	11.54%	1540.86	10074.02	15.30%
2001	1182.15	12439.41	9.50%	1182.1504	7145.75	16.54%
2002	779.75	18475.01	4.22%	779.75	10476.6	7.44%

注:境内筹资额是由A股筹资额和A、B股配股筹资额构成的。

数据来源:中国人民银行、国家统计局、中国证监会

Source: PBC NBSC and CSRC

境内股票筹资和银行贷款增加额的比率

Ratio of Domestic Raised Capital in Stock Market to Amount of Loan of Bank

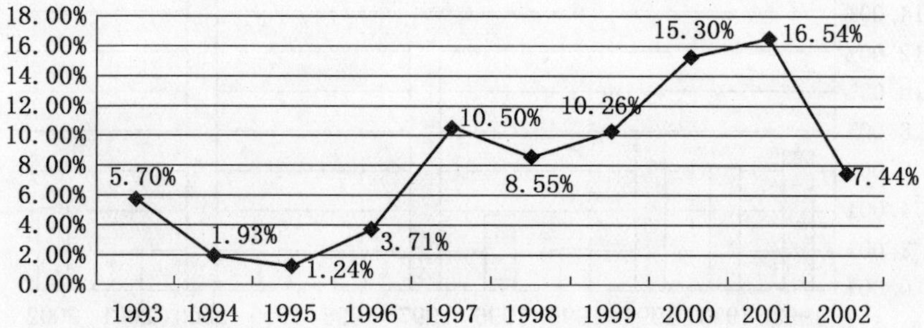

1-5 证券市场境外筹资在引进外资中的比重

Role of Security Market in Utilization of Foreign Capital

单位:亿元　Unit:100000000 yuan

	境外筹资 Foreign Raised Capital	外商直接投资总额 Total Amount of Foreign Direct Investment	%
1992	44.09	633.08	6.96%
1993	99.06	1596.16	6.21%
1994	227	2856.94	7.95%
1995	64.81	3114.16	2.08%
1996	130.74	3463.59	3.77%
1997	469.53	3756.58	12.50%
1998	63.5	3773.18	1.68%
1999	47.17	3338.50	1.41%
2000	576.21	3370.79	17.09%
2001	70.13	3881.66	1.81%
2002	181.99	4366.87	4.17%

注:境外筹资包括在香港、美国等地发行的H股和B股筹资。

数据来源:国家统计局、中国证监会

Source: NBSC and CSRC

境外筹资占引进外资中的比重

Percent of Foreign Raise Capital Through Stock Market in Utilization of Foreign Capital

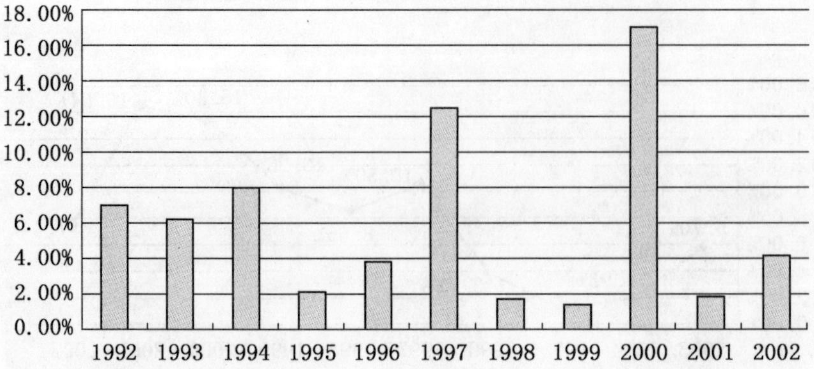

1-6 境内外股票筹资和固定资产投资额的比率

Ratio of Domestic & Foreign Raised Capital in Stock Market to Amount of Investment in Fixed-Assets

单位:亿元 Unit:100000000 yuan

	境内外筹资额 Domestic & Foreign Raised Capital	固定资产投资额 Amount of Investment in Fixed-Assets	%	境内外筹资额 Domestic & Foreign Raised Capital	更新改造投资额 Amount of Investment in Innovation	%
1993	375.47	13072.3	2.87%	375.47	2195.85	17.10%
1994	326.78	17042.1	1.92%	326.78	2918.61	11.20%
1995	150.32	20019.3	0.75%	150.32	3299.35	4.56%
1996	425.08	22913.5	1.86%	425.08	3615	11.76%
1997	1293.82	24941.1	5.19%	1293.82	3921.94	32.99%
1998	841.52	28406.2	2.96%	841.52	4516.75	18.63%
1999	944.56	29475.15	3.16%	944.56	4419	21.37%
2000	2103.16	32917.7	8.68%	2103.16	5077.4	41.42%
2001	1252.28	27826.6	4.50%	1252.28	5889.2	21.26%
2002	961.75	32942.0	2.92%	961.75	6584.0	14.61%

注:境内筹资额是由A股筹资额和A、B股配股筹资额构成的。

数据来源:国家统计局、中国证监会

Source: NBSC and CSRC

境内外股票筹资和固定资产投资额的比率

Ratio of Domestic & Foreign Raised Capital in Stock Market to Amount of Investment in Fixed-Assets

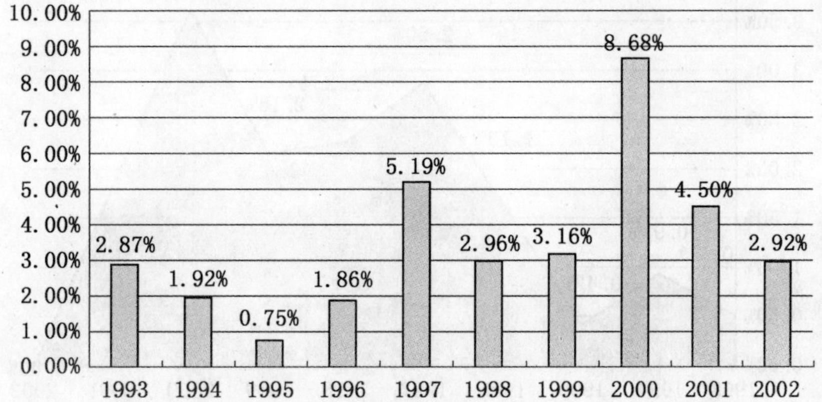

1-7　股票印花税在财政收入中的比重

Proportion of Stamp Duty In Revenue

单位:亿元　Unit:100000000 yuan

	股票印花税 Stamp Duty	财政收入 Revenue	%	股票印花税 Stamp Duty	中央财政收入 Central Revenue	%
1993	22.00	4349	0.51%	22.00	957.5	2.30%
1994	48.77	5248.1	0.93%	48.77	2906.5	1.68%
1995	26.38	6242.2	0.42%	26.38	3256.6	0.81%
1996	127.99	7408	1.73%	127.99	3661.1	3.50%
1997	250.76	8651.1	2.90%	250.76	4226.9	5.93%
1998	225.75	9853	2.29%	225.75	4885	4.62%
1999	248.07	11377.24	2.18%	248.07	5797.7	4.28%
2000	485.89	13380.11	3.63%	485.89	7584.33	6.41%
2001	291.31	16386.04	1.78%	291.44	8582.74	3.40%
2002	111.95	—	—	111.95	—	—

数据来源:国家统计局、中国证监会
Source: NBSC and CSRC

股票印花税在财政收入中的比重
Proportion of Stamp Duty In Revenue

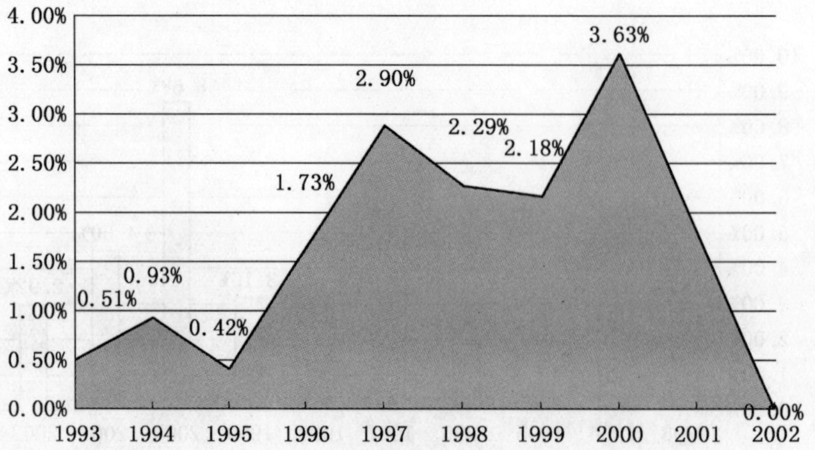

主要统计指标解释
Definition and Explanation

1. 重点建设债券(key Construction Bond)

是为筹集国家计划内重点建设资金,由财政部发行的一种用于生产性项目的专项政府国内债券。

Domestic government bond issued by Ministry of Finance (MOF) in purpose of raising funds for budgetary production projects.

2. 财政债券(Financial Bond)

是由财政部向各专业银行、综合性银行以及其他金融机构发行的一种私募公债。

Bond issued by MOF through private placement to specialized banks, comprehensive banks and other financial instiutions.

3. 国家建设债券(State Construction Bond)

同重点建设债券。

See Key construction Bond.

4. 保值公债(Price Index Bond)

是一种对本金实行价格变动贴补的政府国内债券。

Domestic government bond wity index-linked principal subsidy.

5. 特种国债(Special Bond)

是由财政部向国内经济条件好的单位及对全民所有制企业职工养老基金和待业保险基金管理机构定向发行的一种公债。

Bond issued by MOF to domestic entities with sound economic conditions, pension fund and unemployment insurance fund of state-owned employees.

6. 转换债(Converse Bond)

是财政部将单位持有的当年到期的国债转换为等额新债。

Bond issued by MOF to redeem matured bond with equivalent value.

7. 定向债券(Special Pruchase Bond)

是特种国债停发以后,财政部向国内企业职工养老基金和待业保险基金管理机构发行的一种私募债券。

Bond issued by MOF through private placement, after termination the issuance of Special Bond to pension fund and unemployment fund of employees in domestic enterprises.

8. 国家投资债券(State Investment Bond)

指中国工商银行、中国建设银行发行的,有财政部担保的,用于支持国家重点建设项目投资的,约定在一定期限内还本付息的有价证券。

The State Investment Bond refers to the securities that issued by the China People's Construction Bank, guaranteed by the Ministry of Finance, used in supporting the investment of State key constrution projects and would be paid back the principals and interests within a certain appointed period.

9. 国家投资公司债券(State Investment Company Bond)

指原国家计委所属六大投资公司,即国家能源投资公司、国家原材料投资公司、国家农业投资公司、国家机电轻纺投资公司、国家交通投资公司、国家林业投资公司发行的,用于支持国家重点建设项目投资的,约定在一定期限内还本付息的有价证券。

The State Investment Company Bond refers to the securities issued by six investment companies (namely The State Energy Restment Company; The State Raw and Processed Materials Investment Company; The State Agriculture Investment Company; The Industry Investment Company of State Machinery and Texitile Industry; The State Communications Investment Company; The State Forestry Investment Company) which were formerly under the State Planning Commission.

10. 金融债券(Financial Bond)

指金融机构依照法定程序发行、约定在一定期限内还本付息的有价证券按发行机构性质的不同,金融债券可分为政策性金融债券和一般性金融债券。前者由国家开发银行、国家进出口银行和中国农业发展银行发展,后者由商业银行及非银行金融机构发行。

The State Investment Company Bond is used to support the investment of State key projects and would be paid back the principals and interests within a certain applinted period. The Finance Bond refers to the securities issued by the financial institutes according to the legal process and would be paid back the principals and interests within a certain appointed period. According to the types of issuing institutes, the Finance Bond can be divided into the Policy Finance Bond and the General Commericial Finance Bond, while the former is issued by the State Development Bank, the State Import and Export Bank and China Agriculture Develop Bank, and the latter is issued by the Commercial Banks and Non-Banking financial instituters.

11. 企业债券(Enterprise Bond)

指企业依照法定程序发行、约定在一定期限(一年期以上)内还本付息的有价证券。不含金融债券和外币债券。

The Enterprise Bond refers to the securities issued by the enterprises and would by paid back in a certain appointed time (over one year). The Enterprise Bond excludes the financial bond and the foreign currency bond.

12. 企业短期融资券(Enterprise Short-term Note)

指企业依照法定程序发行的,约定在3、6或9个月内还本付息的,用以解决企业临时性、季节性短期资金需求的有价证券。

The Enterprise Short-term Note refers to the securities that issued by the enterprises according to legal process, paid back the principals and interests in about 3,6 or 9 months, and is used to meet the temporal and seasonal short capital needs of the enterprise.

13. 大额可转让定期存单(Certificate of Deposit)

指商业银行发行的固定面额、固定期限、可以转让的大额存款凭证。

The certificate of Deposit refers to the convertible certificates that are issued in fixed price and fixed maturity.

14. 中央财政收入和地方财政收入(Revenue of the central government and revenue of the local governments)

按财政体制划分的中央本级收入和地方本级收入。1994年分税制财政体制以后,属于中央财政的收入包括关税、海关代征消费税和增值税，消费税，中央企业所得税、地方银行和外资银行及非银行金融企业所得税，铁道、银行总行、保险总公司等集中缴纳的营业税、所得税、利润和城市维护建设税，增值税的75%部分，海洋石油资源税和证券(印花)税50%部分。属于地方财政的收入包括营业税，地方企业所得税，个人所得税，城镇土地使用税，固定资产投资方向调节税，城镇维护建设税，房产税，车船使用税，印花税，屠宰税，农牧业税，农业特产税，耕地占用税，契税，增值税25%部分，证券交易税(印花税)的50%部分和除海洋石油资源税以外的其他资源。

In accordance with the classification of the structure of the government finance in 1994 on the basis of the calssification of channels for collection of tax revenuse, the revenue of the central government and the revenue of the local governments have different coverage. The revenue of the central government includes tariff, consumption tax and value added tax levied by the customs, consumption tax, income tax of the enterprises subordinate to the central government, income taxes of the local banks, foreign-funded banks and non-bank financial institutions, business tax, income tax and profits of railways, head offices of banks, head office of insurance company, which are handed over to the government in a centralized way, tax on city maintenance and construction, 75% of the value added tax, tax on ocean petroleum resources, 50% of the tax on stock dealing(stamp tax). The revenue of the local governments includes business tax, income tax of the enterprises subordinate to the local government, personal income tax, tax on the use of urban land, tax on the adjustment of the investment in fixed assets, tax on town maintenance and construction, tax on real estates, tax on the use of vehicles and ships, stamp tax, slaughter tax, tax on agriculture and animal husbandry, tax on special agricultural products, tax on the occupancy of cultivated land, contract tax, 25% of the value added tax, 50% of the tax on stock dealing (stamp tax) and tax on resources other than the ocean petroleum resources.

第二部分　股　票

Stocks

2-1　1992—2002 年股票市场概况统计表

		1992	1993	1994	1995
境内上市公司数(A、B股)(家)Number of Listed Companies (A、B share)		53	183	291	323
其中:ST 公司数(家)Number of ST Listed Companies (A、B share)					
境内上市外资股(B股)(家)Number of Listed Companies (B share)		18	41	58	70.00
其中:ST 公司数(家)Number of ST Listed Companies (B share)					
发行股数(百万股)Amount Issued (1000000)		7350.80	35759.50	63947.08	76563.11
市价总值(百万元)Market Capitalization(1000000)		104814.90	354152.07	369061.68	347427.64
流通总值(百万元)Negotiable Market Capitalization(1000000)			86162.97	96890.11	93821.91
成交量(百万股) Transaction Volume(1000000)	合计 Sum	3689.78	22656.47	101333.91	70530.78
	日平均 Daily Average	14.41173883	87.92	402.12	283.19
成交金额(百万元) Turnover (1000000)	合计 Sum	68303.73	362720.32	812762.89	403645.27
	日平均 Daily Average	266.53	1407.49	3225.25	1618.56
平均换手率(%) Turnover Rate (%)	上海 Shanghai			1134.646355	528.72
	深圳 Shenzhen			583.826454	254.52
平均市盈率 PE Ratio	上海 Shanghai		42.48	23.45	15.70
	深圳 Shenzhen		42.69	10.37	9.35
上证指数 Shanghai Stock Exchange Composite Index	开盘 open quotation		802.14	837.7	637.72
	最高 Highest	1429.01	1558.95	1052.94	926.41
	月日 Data	19920526	19930216	19940913	19950522
	最低 Lowest	292.76	750.46	325.89	524.43
	月日 Data	19920102	19931220	19940729	19950207
	平均 Average	668.52	1013.39	674.1	657.80
	收盘 closing quotation		833.8	647.87	555.29
深证指数 Shenzhen Stock Exchange Composite Index	开盘 open quotation	110.53	241.21	238.28	139.62
	最高 Highest	312.21	359.44	242.06	169.66
	月日 Data	19920526	19930222	19940107	19950522
	最低 Lowest	107.08	203.91	96.56	112.63
	月日 Data	19920116	19930721	19940729	19951228
	平均 Average	215.76	277.51	165.86	131.00
	收盘 closing quotation	241.21	238.28	140.63	113.25

数据来源:上海、深圳证券交易所

Source:Shanghai Shenzhen Stock Exchange

Summary for Stock Market(1992—2002)

1996	1997	1998	1999	2000	2001	2002
530	745	851	949	1088	1160	1224
		29	56	61	47	89
85	101	106	108	114	112	110
13			4	11	11	7
111036.04	177123.19	234535.35	290885.19	361339.05	483835.68	5875.45
984238.66	1752923.70	1952181.21	2647117.52	4809094.43	4352220.39	38329.12
286704.01	520442.39	574537.94	821396.38	1608751.96	1446317.01	12484.55
253314.43	256001.89	215246.10	293238.88	475838.21	315228.76	301619.49
1025.57	1053.51	888.39	1226.94	1990.96	1313.45	1272.66
2133217.43	3072183.20	2352731.48	3131960.25	6082664.99	3830518.00	2799045.51
8636.51	12642.73	9710.80	13104.44	25450.48	15960.00	11810.32
913.4276008	701.8068895	453.6272276	471.4592185	492.87	269.33	214.00
1350.34899	817.4345181	406.5570067	424.5175906	509.1031817	227.89	198.79
31.32	39.86	34.38	38.13	58.217	37.71	34.43
35.42	39.86	30.59	36.3	56.04	39.79	36.97
550.26	914.06	1200.95	1144.89	1368.69	2077.08	1643.49
1258.69	1510.18	1422.98	1756.18	2125.72	2245	1748.89
19961211	19970512	19980604	19990630	20001123	20010613	20020625
512.83	870.18	1043.02	1047.83	1361.21	1515	1339.2
19960119	19970220	19980818	19990517	20000104	20011022	20020129
764.65	1175.59	1261.04	1377.33	1882	1956	1567.23
917.02	1194.1	1146.7	1366.58	2073.48	1645.97	1357.65
112.85	326.33	382.85	343.29	402.71	636.62	475.14
473.02	517.91	441.04	525.14	654.37	664.85	512.38
19961211	19970512	19980603	19990629	20001123	20010613	20020624
105.34	305.81	317.1	310.65	414.69	439.36	371.79
19960122	19970106	19980818	19990518	20000104	20011022	20020122
224.67	388.16	384.7	407.62	579.61	580.9	455.65
327.34	381.29	343.85	402.18	635.73	475.94	388.76

2-2 1992—2002 年 A 股市场概况统计表

		1992	1993	1994	1995
境内上市 A 股公司数 Number of Listed Companies (A share)		54	177	287	311
其中:ST 公司数(家)					
发行 A 股数(百万股) Amount Issued (1000000)		**6101.20**	**32877.10**	59263.27	70407.74
市价总值(百万元) Market Capitalization(1000000)		97808.98	332766.49	351603.46	331057.55
流通市值(百万元)		15725.82	68302.71	81387.95	79093.97
成交量(百万股)	合计 Sum	3287.77	20916.50	98802.40	68106.57
Transaction Volume(1000000)	日平均 Daily Average	12.84	81.17	393.77	273.47
成交金额(百万元)	合计 Sum	65181.02	352254.70	800307.94	395858.73
Turnover (1000000)	日平均 Daily Average	254.34	1366.85	3187.19	1587.59
平均换手率(%)	上海 Shanghai			1471.48	630.32
Turnover Rate (%)	深圳 Shenzhen	351.8	464.41	638.39	268.10
平均市盈率	上海 Shanghai				
PE Ratio	深圳 Shenzhen	57.52	44.21	10.67	9.80
	开盘 open quotation	293.74	840.32	851.96	656.80
	最高 Highest	1511	1641	1093	972
上证 A 股指数	月日 Data	19920526	19930216	19940913	19950522
Shanghai Stock Exchange	最低 Lowest	292.76	765.58	321.20	539.86
Composite Index of A share	月日 Data	19920102	19931220	19940729	19950207
	平均 Average	695.6	1052.8	690.9	681.9
	收盘 closing quotation	815.80	847.75	667.77	575.19
	开盘 open quotation		255.05	245.69	142.63
	最高 Highest	285.84	379.07	249.71	176.77
深证 A 股指数	月日 Data	19921004	19930222	19940110	19950522
Shenzhen Stock Exchange	最低 Lowest	169.04	214.89	95.26	116.32
Composite Index A share	月日 Data	19921123	19930721	19940729	19951228
	平均 Average	234.21	293.37	169.96	134.85
	收盘 closing quotation	255.05	245.69	143.73	117.02

注:本表字符型字段(日期)长度为 8 位,格式为"YYYYMMDD",如:"20020101"。

数据来源:上海、深圳证券交易所

Source:Shanghai Shenzhen Stock Exchange

Summary for A share Stock Market(1992—2002)

1996	1997	1998	1999	2000	2001	2002
514	720	825	922	1060	1140	1213
		25	45	50	42	82
102501.93	164613.45	220396.92	275788.28	343960.38	465045.49	528364.61
944855.53	1715419.29	1929929.76	2616762.88	4745574.96	4224555.53	3752655.97
251401.83	485608.17	555001.76	793746.31	1552420.75	1334489.09	1171875.09
246492.91	247129.88	209250.08	280974.70	455802.07	246340.74	285949.20
997.95	1016.99	850.61	1175.63	1907.12	1026.42	1206.54
2105229.62	3029521.28	2341772.32	3104955.32	6027867.66	3324204.42	2714203.88
8523.20	12467.16	9519.40	12991.45	25221.21	13850.85	11452.34
1035.55	758.07	475.55	483.73	506.33	216.67	208.74
1295.32	813.95	396.09	399.09	493.58	190.30	194.37
32.65			38.14	59.14	37.59	34.50
38.88	42.66	32.31	37.56	58.75	40.76	38.22
569.77	951.80	1265.86	1217.69	1454.17	2196.23	1710.02
1314	1579	1508	1861	2252	2341	1826
19961211	19970512	19980604	19990630	20001124	20010103	20020625
527.85	905.50	1108.91	1113.16	1446.12	1579.63	1397.01
19960119	19970220	19980818	19990517	20000104	20011022	20020129
798.4	1230.1	1337.3	1463.8	1998.0	2046.3	1635.8
954.98	1258.49	1219.64	1451.90	2192.38	1712.54	1419.12
116.57	340.7	408.15	369.51	432.39	683.58	498.51
498.45	546.02	471.99	561.56	703.97	698.1	540.59
19961211	19970512	19980603	19990629	20001123	20010103	20020624
107.93	319.25	341	333.77	445.32	461.95	391.1
19960122	19970106	19980818	19990518	20000104	20011022	20020122
236.72	409.42	412.42	438.08	623.69	612.96	480.28
341.81	406.45	370.12	431.84	682.61	499.39	409.95

2-3 1992—2002 年 B 股市场概况统计表

		1992	1993	1994	1995
境内上市外资股 Number of Listed Companies (B share)		9	19	24	34
其中:ST 公司数(家) Number of ST Listed Companies (B share)					
发行 B 股数(百万股) Amount Issued (1000000)		1221.00	2882.40	4683.81	6155.37
市价总值(百万元) Market Capitalization(1000000)		7005.92	21385.58	17458.22	16370.09
流通市值(百万元) Negotiable Market Capitalization(1000000)		5123.35	17860.26	15502.16	14727.94
成交量(百万股) Transaction Volume(1000000)	合计 Sum	402.02	1739.97	2531.51	2424.20
	日平均 Daily Average	1.86	6.86	10.09	9.79
成交金额(百万元) Turnover (1000000)	合计 Sum	3122.71	10465.62	12454.97	7786.54
	日平均 Daily Average	14.53	41.30	49.69	31.48
平均换手率(%) Turnover Rate (%)	上海 Shanghai			88.04	58.34
	深圳 Shenzhen	130.91	86.8	35.13	37.28
平均市盈率 PE Ratio	上海 Shanghai				
	深圳 Shenzhen	35.56	20.11	7.02	6.01
上证 B 股指数 Shanghai Stock Exchange Composite Index of B share	开盘 open quotation	0	66.09	103.15	63
	最高 Highest	140.85	105.78	104.71	64
	月日 Data	19920525	19931231	19940106	19950829
	最低 Lowest	0	51.01	59.81	47
	月日 Data	19920102	19930727	19941215	19951225
	平均 Average	78.19	75.32	73.98	55
	收盘 closing quotation	66.22	103.15	62.8	48
深证 B 股指数 Shenzhen Stock Exchange Composite Index B share	开盘 open quotation		111.87	141.44	87
	最高 Highest	142.03	185.45	142.85	87
	月日 Data	19921006	19930208	19940106	19950105
	最低 Lowest	105.72	80.63	85.07	59
	月日 Data	19921224	19930806	19941229	19951222
	平均 Average	117.34	120.6	112.32	71
	收盘 closing quotation	111.87	141.44	86.66	59

注:本表字符型字段(日期)长度为 8 位,格式为“YYYYMMDD”,如:“20020101”。

数据来源:上海、深圳证券交易所

Source:Shanghai Shenzhen Stock Exchange

Summary for B share Stock Market(1992—2002)

1996	1997	1998	1999	2000	2001	2002
43	51	54	108	114	112	111
		4	11	11	7	13
8534.11	12509.74	14138.44	15096.91	17378.67	18790.20	17934.60
39383.13	37504.41	20635.62	30354.62	63519.48	127664.86	80256.89
35302.19	34834.21	19558.43	27650.06	56331.22	111827.92	76580.56
6821.52	8872.02	6160.48	12264.18	20036.13	68888.02	15670.29
28.24	37.06	25.30	51.95	84.89	294.39	66.12
27987.82	42661.92	12653.13	27004.93	54797.34	506313.30	84841.63
116.15	178.55	52.05	114.64	232.23	2163.73	357.98
74.57	122.62	57.23	116.19	145.13	452.26	95.99
139.26	99.88	34.10	86.63	115.30	423.47	83.55
14.04			10.05	25.23	43.39	30.61
14.07	10.67	5.71	10.38	13.06	25.3	17.51
47.69	67.03	55.88	28.71	37.91	89.55	170.99
87.12	99.31	59.58	62.56	89.9	241.61	171.72
19961211	19970506	19980302	19990629	20001226	20010601	20020104
44.8	51.93	26.17	21.25	35.47	77.62	109.98
19961111	19971224	19980812	19990310	20000316	20010212	20021127
51.67	73.43	40.63	37.08	56.85	165.09	141.86
67.03	55.88	28.71	37.91	89.55	171.53	113.51
59.48	145.45	98.97	53.58	84.96	137.63	265.74
198.14	184.19	98.97	125.42	137.69	435.57	262.31
19961209	19970506	19980210	19990629	20001229	20010525	20020705
58.97	92.79	49.88	41.56	75.92	124.6	185.52
19960102	19971223	19980813	19990310	20000316	20010213	20021126
84.82	139.61	75.49	75.28	106	282.61	222.27
145.48	98.97	53.58	84.66	137.69	265.67	186.98

2-4 1992—2002 年股票发行情况统计表

	1991	1992	1993	1994	1995
股票发行量(亿股) Amount Issued(bil. Shares)	5	20.75	95.79	91.26	31.60
A 股 A Shares	5	10.00	42.59	10.97	5.32
H 股，N 股 H Shares & N Shares			40.41	69.89	15.38
B 股 B Shares		10.75	12.79	10.40	10.90
股票筹资额(亿元人民币) Raised Capital	5	94.09	375.47	326.78	150.32
A 股 A Shares	5	50.00	194.83	49.62	22.68
H 股，N 股 H Shares & N Shares			60.93	188.73	31.46
B 股 B Shares		44.09	38.13	38.27	33.35
A，B 股配股筹资 A & B shares rights issued			81.58	50.16	62.83

注：折算汇率 1992 年 1 美元＝5.75 元人民币 1 港元＝0.74 元人民币
1993 年 1 美元＝5.80 元人民币 1 港元＝0.75 元人民币
1994 年 1 美元＝8.46 元人民币 1 港元＝1.09 元人民币
1995 年 1 美元＝8.30 元人民币 1 港元＝1.07 元人民币
1996 年 1 美元＝8.30 元人民币 1 港元＝1.07 元人民币
1997 年 1 美元＝8.30 元人民币 1 港元＝1.07 元人民币
1998 年 1 美元＝8.30 元人民币 1 港元＝1.07 元人民币
1999—2002 年 1 美元＝8.28 元人民币 1 港元＝1.07 元人民币。

数据来源：中国证监会

Source：CSRC

Issuing Summary for Stocks（1991—2002）

1996	1997	1998	1999	2000	2001	2002	合计 total
86.11	267.63	105.56	122.93	512.04	141.48	291.74	1771.89
38.29	105.65	86.30	98.11	145.68	93.00	134.20	775.11
31.77	136.88	12.86	23.05	359.26	48.48	157.54	895.52
16.05	25.10	9.90	1.77	7.10	0.00	0.00	104.76
425.08	1293.82	841.52	944.56	2103.08	1252.34	961.75	8773.81
224.45	655.06	443.05	572.63	1007.41	751.50	723.14	4699.37
83.56	360.00	37.95	47.17	562.21	70.21	181.99	1624.22
47.18	80.76	25.55	3.79	13.99	0.00	0.00	325.11
69.89	198.00	334.97	320.97	519.46	430.63	56.61	2125.10

2-5　1992—2002年A股筹资概况统计表

Summary for Raised Capital of A Shares(1992—2002)

	1991	1992	1993	1994	1995	1996	1997	1998	1999	2000	2001	2002	合计 total
A股总发行筹资额(亿元) Total of A Share Raised Capital (100000000)	5	50.00	276.41	99.78	85.51	294.34	853.06	778.02	893.60	1527.02	1182.13	779.75	6044.87
A股首次发行筹资额(亿元) A Share First Issuing Raised Capital (100000000)	5	50.00	194.83	49.62	22.68	224.45	655.06	412.59	512.88	840.87	534.29	558.46	3502.27
A股再发行筹资额(亿元) A Share Non-first Issuing Raised Capital (100000000)			81.58	50.16	62.83	69.89	198.00	365.43	380.72	686.15	647.84	221.29	2542.60
其中：配股额(亿元) Rights Issuing			81.58	50.16	62.83	69.89	198.00	334.97	320.97	519.45	430.63	56.61	2125.09
增发额(亿元) Re-Issuing								30.46	59.75	166.70	217.21	164.68	638.80

注：配股筹资为A、B股配股筹资，B股所占比例很小。

数据来源：中国证监会

Source：CSRC

2-6 2002年股票市场A股筹资地区分布

Regional Distribution of Raised Capital of A Shares in Stock Market in 2002

单位:万元 Unit:10000 yuan

地区 Region	筹资总额 Raised Capital		首次发行筹资 First Issuing Raised Capital	再发行筹资 Non-First Issuing Raised Capital	
	金额 Capital	(%)		增发	配售
安 徽	84912	3.29	0.00	64500.00	20412.00
北 京	149099.10	5.78	0.00	149099.10	0.00
福 建	0.00	0.00	0.00	0.00	0.00
甘 肃	0.00	0.00	0.00	0.00	0.00
广 东	180000.00	6.98	180000.00	0.00	0.00
广 西	58500.00	2.27	0.00	58500.00	0.00
贵 州	0.00	0.00	0.00	0.00	0.00
海 南	49900.00	1.93	0.00	49900.00	0.00
河 北	165653.00	6.42	0.00	165653.00	0.00
河 南	111842.06	4.33	0.00	60000.00	51842.06
黑龙江	0.00	0.00	0.00	0.00	0.00
湖 北	65004.84	2.52	0.00	20393.77	44611.07
湖 南	278606.13	10.80	0.00	207096.40	71509.73
吉 林	171760.00	6.66	171760.00	0.00	0.00
江 苏	131096.24	5.08	0.00	107471.24	23625.00
江 西	0.00	0.00	0.00	0.00	0.00
辽 宁	0.00	0.00	0.00	0.00	0.00
内蒙古	179520.00	6.96	0.00	179520.00	0.00
宁 夏	0.00	0.00	0.00	0.00	0.00
青 海	42700.00	1.65	0.00	42700.00	0.00
山 东	183802.03	7.12	0.00	15688.40	168113.63
山 西	52700.00	2.04	0.00	52700.00	0.00
陕 西	12038.40	0.47	0.00	0.00	12038.40
上 海	440842.97	17.09	0.00	384483.08	56359.89
四 川	43599.07	1.69	0.00	0.00	43599.07
天 津	0.00	0.00	0.00	0.00	0.00
西 藏	0.00	0.00	0.00	0.00	0.00
新 疆	0.00	0.00	0.00	0.00	0.00
云 南	73072.80	2.83	0.00	54540.00	18532.80
浙 江	105452.01	4.09	0.00	49967.70	55484.31
重 庆	0.00	0.00	0.00	0.00	0.00

数据来源:上海、深圳证券交易所

Source:Shanghai Shenzhen Stock Exchange

2-7 2002年A股发行情况一览表

公司名称 Issuer	行业分类 Industry	地区 region	发行时间 Date Issued	发行方式 Pattern	发行量 (万元面值) Issued Volume	发行价 (元) Issuing Price
营口港	F11	辽宁	20020116	网上累计投标询价	10000	5.9
海油工程	B50	天津	20020121	网上累计投标询价	8000	9.6
海螺水泥	C61	安徽	20020124	网上累计投标询价	20000	4.1
天富热电	D01	新疆	20020128	网上累计投标询价	6000	7
鑫新股份	C69	江西	20020204	网上累计投标询价	4500	2.68
山东基建	K01	山东	20020228	网上累计投标询价	50500	2.6
北大荒	A01	黑龙江	20020313	网上累计投标询价	30000	5.38
栖霞建设	J01	江苏	20020314	网上累计投标询价	4000	8.3
招商银行	I01	深圳	20020327	网上累计投标询价	150000	7.3
宝钛股份	C67	陕西	20020328	网上累计投标询价	6000	5.4
中远航运	F07	广东	20020403	网上累计投标询价	13000	7.39
扬农化工	C43	江苏	20020412	网上累计投标询价	3000	6.75
京能热电	D01	北京	20020419	网上累计投标询价	10000	5
天地科技	C73	北京	20020423	网上累计投标询价	2500	12.48
中软股份	G87	北京	20020424	网上累计投标询价	3000	11.1
中海发展	F07	上海	20020513	网上累计投标询价	35000	2.36
西昌电力	D01	四川	20020515	网上累计投标询价	5500	4.36
山东药玻	C61	山东	20020517	网上累计投标询价	3200	12.18
长江股份	C73	安徽	20020522	网上累计投标询价	4000	3.61
卧龙科技	C76	浙江	20020523	网上累计投标询价	3500	8.28
精伦电子	C57	湖北	20020529	上网配售	3100	16.18
黑牡丹	C13	江苏	20020603	上网配售	3800	14.49
华鲁恒升	C43	山东	20020605	上网配售	6000	6.28
大厦股份	H11	江苏	20020610	上网配售	4000	9.4
中孚实业	C67	河南	20020612	上网配售	5000	8.3
安源股份	C75	江西	20020617	上网配售	8000	5.99
泰豪科技	C76	江西	20020619	上网配售	4000	4.76
宏智科技	G87	福建	20020624	上网配售	4000	8.68
大连圣亚	K34	辽宁	20020626	上网配售	3200	7.71
江西长运	F03	江西	20020701	上网配售	3000	4.78
湘电股份	C71	湖南	20020703	上网配售	7500	5.6
菲达环保	C73	浙江	20020708	上网配售	4000	7.2
迪马股份	C75	重庆	20020710	上网配售	2000	15.8
豫光金铅	C67	河南	20020715	上网配售	4500	7.34
龙溪股份	C71	福建	20020722	上网配售	5000	6

Issuing Summary for A Shares in 2002

筹资总额（万元）Raised Capital	超额认购倍数 Level of Over Subscription	有效申购总量（万股）Shares of Effcient Application	申购资金（亿元）Capital for Application	中签率 % Ratio of Placement	主承销 Lead Underwriter	上市地点 Exchange Listed in
59000	637.12	6371173.6	3758.57	0.157	海通证券	上海
76800	365.93	2927468.0	2809.6	0.273	中信证券	上海
82000	263.26	5265237.8	0	0.380	南方证券	上海
42000	481.95	2891712.5	2023.86	0.207	湘财证券	上海
12060	1782.79	8022573.5	2149.8	0.056	广发证券	上海
131300	295.61	14928517.1	3880.84	0.338	华夏证券	上海
161400	177.71	5331404.1	2868	0.563	南方证券	上海
33200	0	0.0	0	0.000	华夏证券	上海
1095000	80.49	4829159.7	3524.52	1.242	中金公司	上海
32400	553.62	3321698.3	1793.11	0.181	国泰君安	上海
96070	550.68	7158677.8	5290.26	0.182	中信证券	上海
20250	1781.22	5343671.9	3606.56	0.056	华泰证券	上海
50000	890	8899976.4	4449.41	0.112	大鹏证券	上海
31200	329.94	824860.1	1029.27	0.303	长江证券	上海
33300	0	0.0	0	—	中信证券	上海
82600	488.88	17110785.0	4037.91	0.205	中金公司	上海
23980	738.69	4062789.9	1771.11	0.135	广发证券	上海
38976	872.27	2791260.4	3399.43	0.115	平安证券	上海
14440	1374.2	5496781.4	1983.79	0.073	华安证券	上海
28980	1088.51	3809796.0	3154.15	0.092	东方证券	上海
50158	0	0.0	0	—	国通证券	上海
55062	0	0.0	0	—	华泰证券	上海
37680	0	0.0	0	—	天同证券	上海
37600	0	0.0	0	—	海通证券	上海
41500	0	0.0	0	—	银河证券	上海
47920	0	0.0	0	—	兴业证券	上海
19040	0	0.0	0	—	长城证券	上海
34720	0	0.0	0	—	广发证券	上海
24672	0	0.0	0	—	广发证券	上海
14340	0	0.0	0	—	长城证券	上海
42000	0	0.0	0	—	东北证券	上海
28800	0	0.0	0	—	东北证券	上海
31600	0	0.0	0	—	泰阳证券	上海
33030	0	0.0	0	—	湘财证券	上海
30000	0	0.0	0	—	光大证券	上海

续表

公司名称 Issuer	行业分类 Industry	地区 region	发行时间 Date Issued	发行方式 Pattern	发行量 (万元面值) Issued Volume	发行价 (元) Issuing Price
第一投资	H11	海　南	20020724	上网配售	5000	4.6
黄海股份	C48	山　东	20020725	上网配售	6000	5
金晶科技	C61	山　东	20020731	上网配售	3500	9.58
八一钢铁	C65	新　疆	20020801	上网配售	13000	7.38
太行股份	C61	河　北	20020807	上网配售	5000	5.73
天士力	C81	天　津	20020808	上网配售	5000	14.7
光明乳业	C01	上　海	20020814	上网配售	15000	6.5
海龙科技	C61	甘　肃	20020815	上网配售	8000	6.06
科大创新	C57	安　徽	20020821	上网配售	2500	4
承德钒钛	C65	河　北	20020822	上网配售	10000	5.4
精达股份	C76	安　徽	20020828	上网配售	2000	9.9
华冠科技	C01	黑龙江	20020829	上网配售	4000	3.47
京自天正	C73	北　京	20020904	上网配售	3000	9
康缘药业	C81	江　苏	20020905	上网配售	4000	7
亚宝药业	C81	山　西	20020911	上网配售	4000	4.8
新华医疗	C73	山　东	20020912	上网配售	2100	9.2
科达机电	C73	广　东	20020918	上网配售	2000	14.2
上海航空	F09	上　海	20020919	上网配售	20000	5.33
中国联通	G85	北　京	20020920	上网配售	500000	2.3
中天科技	G81	江　苏	20021010	上网配售	7000	5.4
裕丰股份	C05	河　北	20021014	上网配售	4000	4.36
华阳科技	C43	山　东	20021016	上网配售	4000	6.26
信雅达	G87	浙　江	20021017	上网配售	1800	13.87
方兴科技	C61	安　徽	20021023	上网配售	4000	5.6
厦门钨业	C67	福　建	20021024	上网配售	3000	11.6
旭光股份	C51	四　川	20021105	上网配售	3000	7.8
国药股份	H01	北　京	20021112	上网配售	5300	5
长园新材	C99	深　圳	20021118	上网配售	2500	7.6
法拉电子	C51	福　建	20021125	上网配售	5000	8.04
时代新材	C48	湖　南	20021204	上网配售	3500	6.6
腾达建设	E01	浙　江	20021211	上网配售	6000	5
中信证券	I21	深　圳	20021217	上网定价发行	40000	4.5
皖通高速	F11	安　徽	20021223	上网配售	25000	2.2
北海国发	C85	广　西	20021227	上网配售	4500	6.69

数据来源:上海、深圳证券交易所

Source:Shanghai Shenzhen Stock Exchange

Continued

筹资总额(万元) Raised Capital	超额认购倍数 Level of Over Subscription	有效申购总量(万股) Shares of Effcient Application	申购资金(亿元) Capital for Application	中签率 % Ratio of Placement	主承销 Lead Underwriter	上市地点 Exchange Listed in
23000	0	0.0	0	—	闽发证券	上海
30000	0	0.0	0	—	海通证券	上海
33530	0	0.0	0	—	天同证券	上海
95940	0	0.0	0	—	西南证券	上海
28650	0	0.0	0	—	国信证券	上海
73500	0	0.0	0	—	招商证券	上海
97500	0	0.0	0	—	东方证券	上海
48480	0	0.0	0	—	天一证券	上海
10000	0	0.0	0	—	广东证券	上海
54000	0	0.0	0	—	宏源证券	上海
19800	0	0.0	0	—	光大证券	上海
13880	0	0.0	0	—	天同证券	上海
27000	0	0.0	0	—	北京证券	上海
28000	0	0.0	0	—	华泰证券	上海
19200	0	0.0	0	—	南方证券	上海
19320	0	0.0	0	—	华安证券	上海
28400	0	0.0	0	—	闽发证券	上海
106600	0	0.0	0	—	国泰君安	上海
1150000	0	0.0	0	—	中金公司	上海
37800	0	0.0	0	—	华泰证券	上海
17440	0	0.0	0	—	河北证券	上海
25040	0	0.0	0	—	平安证券	上海
24966	0	0.0	0	—	西北证券	上海
22400	0	0.0	0	—	平安证券	上海
34800	0	0.0	0	—	广发证券	上海
23400	0	0.0	0	—	广东证券	上海
26500	0	0.0	0	—	国信证券	上海
19000	0	0.0	0	—	招商证券	上海
40200	0	0.0	0	—	国信证券	上海
23100	0	0.0	0	—	湘财证券	上海
30000	0	0.0	0	—	东北证券	上海
180000	354.61	6153561.9	2769.1	—	广发证券	上海
55000	0	0.0	0	—	国泰君安	上海
30105	0	0.0	0	—	平安证券	上海

2-8 2002年A股发行量按行业情况统计表

Industrial distribution of A Shares Issued Volume in 2002

行 业 Industries	发行量(万股) Issued Volume	比例 (%)
农、林、牧、副、渔业 Agriculture, Forestry, Fishing and Hunting	30000	2.38
采掘业 Mining	8000	0.63
食品、饮料 Food, Beverage	23000	1.82
纺织、服装、毛皮 Textile, Apparel, Leather	3800	0.30
木材、家俱 Wood Product	0	0.00
造纸、印刷 Paper, Printing	0	0.00
石油、化学、橡胶、塑料 Petroleum, Chemical Product, Plastics, Rubber	112200	8.90
电子 Electrical Equipment	23100	1.83
金属、非金属 Metal, Nonmetallic Mineral Product	89700	7.11
机械、设备、仪表 Machinery, Equipment, Meter	40100	3.18
医药、生物 Medicine, Biologic Product	17500	1.39
其他制造业 Other Manufacuring	2500	0.20
电力、蒸汽及水的生产及供应业 Electricity, Gas, Water Supply	21500	1.70
建筑业 Construction	6000	0.48
交通运输、仓储业 Transport, Storage	156500	12.41
信息技术业 Information, Technology	515800	40.90
批发和零售贸易 Wholesale and Retail Trade	14300	1.13
金融、保险业 Finance, Insurance	190000	15.07
房地产业 Real Estate	4000	0.32
社会服务业 Social Services	3200	0.25
传播及文化产业 Transmission, Culture	0	0.00
综合类 Conglomerat	0	0.00

注:本表指A股首次发行。

数据来源:上海、深圳证券交易所

Source: Shanghai Shenzhen Stock Exchange

2-9 2002年A股筹资金额行业分布表

Industrial distribution of A Shares Raised Capital in 2002

行 业 Industries	筹资总额(万元) Raised Capital	比例 (%)
农、林、牧、副、渔业 Agriculture, Forestry, Fishing and Hunting	161400	2.82
采掘业 Mining	76800	1.34
食品、饮料 Food, Beverage	128820	2.25
纺织、服装、毛皮 Textile, Apparel, Leather	55062	0.96
木材、家俱 Wood Product	0	0.00
造纸、印刷 Paper, Printing	0	0.00
石油、化学、橡胶、塑料 Petroleum, Chemical Product, Plastics, Rubber	693836	12.11
电子 Electrical Equipment	191578	3.34
金属、非金属 Metal, Nonmetallic Mineral Product	557766	9.74
机械、设备、仪表 Machinery, Equipment, Meter	300680	5.25
医药、生物 Medicine, Biologic Product	150805	2.63
其他制造业 Other Manufacuring	19000	0.33
电力、蒸汽及水的生产及供应业 Electricity, Gas, Water Supply	115980	2.03
建筑业 Construction	30000	0.52
交通运输、仓储业 Transport, Storage	544910	9.51
信息技术业 Information, Technology	1280786	22.36
批发和零售贸易 Wholesale and Retail Trade	87100	1.52
金融、保险业 Finance, Insurance	1275000	22.26
房地产业 Real Estate	33200	0.58
社会服务业 Social Services	24672	0.43
传播及文化产业 Transmission, Culture	0	0.00
综合类 Conglomerat	0	0.00

注:本表指A股首次发行。

数据来源:上海、深圳证券交易所

Source: Shanghai Shenzhen Stock Exchange

2-10 1991—2002年股票市场历史交易记录一览表

年份 Year		1991	1992	1993	1994	1995
日收市综合指数 Daily Closing Composite Index	最高 highest 上海 shanghai			1536.82	1033.47	897.42
	日期 date			19930215	19940913	19950522
	深圳 shenzhen	136.94	312.21	359.44	242.06	169.66
	日期 date	19911114	19920526	19930222	19940107	19950522
	最低 lowest 上海 shanghai			778.33	333.92	532.49
	日期 date			19931027	19940729	19950207
	深圳 shenzhen	45.66	107.08	203.91	96.56	112.63
	日期 date	19910906	19920116	19930721	19940729	19951228
	升幅% 上海 shanghai			16.44	33.46	30.99
	日期 date			19930602	19940801	19950518
	深圳 shenzhen	19.27	12.02	12.43	31.29	28.28
	日期 date	19911009	19920413	19930824	19940801	19950518
	跌幅% 上海 shanghai			−13.08	−12.68	−16.39
	日期 date			19931220	19940809	19950523
	深圳 shenzhen	−18.63	−10.04	−11.80	−12.66	−17.21
	日期 date	19911118	19921116	19930817	19941005	19950523
日成交金额(亿元) Daily Trading Value	最大 largest 上海 shanghai			38.24	157.54	114.30
	日期 date			19931207	19940906	19950522
	深圳 shenzhen	1.1	5.06	22.71	74.49	42.15
	日期 date	19911113	19921201	19931118	19940906	19950522
	最小 shortest 上海 shanghai			0.98	1.60	1.14
	日期 date			19930722	19940712	19950215
	深圳 shenzhen	0	0.11	0.02	0.03	0.02
	日期 date	19910420	19920202	19930717	19940707	19950617
日平均市盈率 Daily P/E Ratio	最高 highest 上海 shanghai					
	日期 date					
	深圳 shenzhen	54.08	64.1	97.67	33.58	13.8
	日期 date	19910102	19920810	19930222	19940106	19950522
	最低 lowest 上海 shanghai					
	日期 date					
	深圳 shenzhen	11.46	21.3	28.56	7.37	8.52
	日期 date	19910906	19920405	19930721	19940729	19950510

数据来源:上海、深圳证券交易所

Source:Shanghai Shenzhen Stock Exchange

Summary for Stock Trading Records(1991—2002)

Y1996	1997	1998	1999	2000	2001	2002
1247.658	1500.398	1420	1739.205	2119.439	2242.423	1732.934
19961209	19970512	19980603	19990629	20001123	20010613	20020708
473.02	517.91	441.04	525.14	654.37	664.85	512.38
19961211	19970512	19980603	19990629	20001123	20010613	20020624
516.46	876.495	1070.41	1059.874	1406.371	1520.669	1357.654
19960122	19970106	19980817	19990518	20000104	20011022	20021231
105.34	305.81	317.10	310.65	414.69	439.36	371.79
19960122	19970106	19980818	19990518	20000104	20011022	20020122
9.83	7.58	5.11	6.59	9.05	9.86	9.25
19961202	19970219	19980819	19990909	20000214	20011023	20020624
11.04	6.55	5.87	7.03	9.07	9.68	9.05
19960426	19970620	19980819	19990720	20000214	20011023	20020624
−9.91	−8.91	−8.36	−7.61	−4.40	−5.27	−6.33
19961216	19970218	19980817	19990701	20000316	20010730	20020128
−10.00	−9.75	−8.32	−7.99	−4.75	−5.50	−6.59
19961216	19970218	19980817	19990701	20000316	20010730	20020128
192.74	159.83	119.00	404.43	472.62	234.13	494.80
19961203	19970512	19980409	19990625	20000217	20011024	20020624
189.57	215.81	101.37	353.36	408.34	187.97	325.87
19961120	19970507	19980511	19990625	20000217	20010323	20020624
1.53	11.51	15.74	11.62	42.92	27.27	26.60
19960209	19971014	19981231	19990104	20000927	20011115	20021008
0.51	11.59	14.77	10.51	46.73	14.41	16.15
19960207	19971007	19981231	19990104	20000925	20011115	20021209
42.784			47.391	59.997	62.347	44.402
19961209			19990629	20001123	20010417	20020708
50.76	50.04	41.54	48.05	57.63	57.21	47.97
19961211	19970507	19980108	19990629	20001123	20010103	20020624
26.952			7.797	38.005	34.98	31.29
19960912			19990428	20000114	20011022	20020128
8.84	31.56	28.31	28.05	37.42	36.53	31.36
19960122	19970819	19980818	19990208	20000104	20011022	20020122

2-11 1993—2002 年全国股票交易统计表

	1993 年	1994 年	1995 年
交易所会员总数 Number of Members	907	1046	1085
其中:异地会员 Nonlocal Members	836	967	1002
上市公司数(个)Number of Listed Companies	183	291	323
上市股票数(只) Number of Listed Stocks	218	345	381
其中 A 股 A Shares	177	287	311
B 股 B Shares	41	58	70
发行总股本(亿股)	328.67	639.65	765.63
其中 A 股 A Shares	300.18	592.63	704.08
B 股 B Shares	28.49	47.01	61.55
流通股本(亿股) Negotiable Shares	81.61	185.63	234.98
A 股 A Shares	57.13	144.40	178.98
B 股 B Shares	24.48	41.22	45.99
流通市值(亿元) Nego. Market Capitalization	861.62	968.89	938.22
A 股 A Shares	683.03	813.87	790.94
B 股 B Shares	178.59	155.01	147.28
市价总值(亿元)Total Market Capitalization	3531.01	3690.61	3474.28
其中 A 股 A Shares	3318.67	3516.03	3310.57
B 股 B Shares	212.35	174.57	163.70
成交金额(亿元)Total Turnover	3627.20	8127.62	4036.45
其中 A 股 A Shares	3522.55	8003.08	3958.58
B 股 B Shares	104.65	124.55	77.86
成交量(百万股)Trading Volume	22656.47	101333.91	70530.78
其中 A 股 A Shares	20916.50	98802.40	68106.57
B 股 B Shares	1739.97	2531.51	2424.20
最高上证综合股价指数 Highest Shanghai Composite Index	1558.95	1052.94	926.41
其中 A 股 A Shares	1640.71	1092.85	972.03
B 股 B Shares	105.78	104.71	63.81
最低上证综合股价指数 Lowest Shanghai Composite Index	750.46	325.89	524.43
其中 A 股 A Shares	765.58	321.20	539.86
B 股 B Shares	51.01	59.81	47.03
最高深证综合股价指数 Highest Shenzhen Composite Index	359.44	242.06	169.66
其中 A 股 A Shares	379.07	249.71	176.77
B 股 B Shares	185.45	142.85	86.59
最低深证综合股价指数 Lowest Shenzhen Composite Index	203.91	96.56	112.63
其中 A 股 A Shares	214.89	95.26	116.32
B 股 B Shares	80.63	85.07	59.40

数据来源:上海、深圳证券交易所

Source:Shanghai Shenzhen Stock Exchange

Trading Summary for Stocks(1993—2002)

1996年	1997年	1998年	1999年	2000年	2001年	2002年
1066	840	659	628	631	547	437
986	773	632	603	603	521	406
530	745	851	949	1088	1160	1224
599	821	931	1029	1174	1240	1310
514	720	825	921	1010	1130	1199
85	101	106	108	114	110	111
1110.73	1771.42	2345.35	2908.85	3613.39	4838.35	5462.99
1025.23	1646.13	2203.96	2757.88	3439.60	4650.45	5283.64
85.49	125.29	141.37	150.96	173.79	187.90	179.34
345.56	560.82	740.94	952.34	1233.32	1480.88	1679.94
267.14	443.24	607.01	810.45	1078.33	1315.21	1508.43
78.41	117.57	133.91	141.88	154.99	165.67	171.51
2867.03	5204.42	5745.59	8213.96	16087.52	14463.17	12484.56
2514.01	4856.08	5550.02	7937.46	15524.21	13344.90	11718.75
353.01	348.33	195.57	276.49	563.31	1118.28	765.81
9842.38	17529.24	19505.64	26471.17	48090.94	43522.20	38329.13
9448.55	17154.19	19299.29	26167.62	47455.75	42245.56	37526.56
394.02	375.04	206.34	303.54	635.19	1276.65	802.57
21332.17	30721.83	23544.25	31319.60	60826.65	38305.18	27990.45
21052.29	30295.21	23417.72	31049.55	60278.67	33242.04	27142.04
279.87	426.62	126.52	270.04	547.97	5063.13	848.41
253314.43	256001.89	215410.56	293238.88	475838.21	315228.76	301619.49
246492.91	247129.88	209250.08	280974.70	455802.07	246340.74	285949.20
6821.52	8872.02	6160.48	12264.18	20036.13	68888.02	15670.29
1258.69	1510.18	1422.98	1756.18	2125.72	2245.44	1748.89
1313.92	1578.61	1508.41	1860.86	2251.89	2341.02	1825.77
87.12	99.31	59.58	62.56	89.90	241.61	171.72
512.83	870.18	1043.02	1047.83	1361.21	1514.86	1339.20
527.85	905.50	1108.91	1113.16	1446.12	1579.63	1397.01
44.80	51.93	26.17	21.25	35.47	77.62	109.98
473.02	517.91	441.04	525.14	654.37	664.85	512.38
498.45	546.02	471.99	561.56	703.97	698.10	540.59
198.14	184.19	98.97	125.42	137.69	435.57	262.31
105.34	305.81	317.10	310.65	414.69	439.36	371.79
107.93	319.25	341.00	333.77	445.32	461.95	391.10
58.97	92.79	49.88	41.56	75.92	124.60	185.52

2-12 1993—2002 年上海股票交易情况统计表

	1993 年	1994 年	1995 年
交易所会员总数 Number of Members	481	550	553
其中:异地会员 Nonlocal Members	438	501	504
上市公司数(个)Number of Listed Companies	106	171	188
上市股票数(只) Number of Listed Stocks	123	203	220
其中 A股 A Shares	101	169	184
B股 B Shares	22	34	36
发行总股本(亿股)Total Issued Capital	206.62	419.06	498.25
其中 A股 A Shares	188.67	387.63	463.60
B股 B Shares	17.95	31.43	34.65
流通股本(亿股) Negotiable Shares	45.43	108.06	129.85
A股 A Shares	27.15	76.81	95.20
B股 B Shares	18.28	31.25	24.65
流通市值(亿元) Nego. Market Capitalization	423.94	586.96	587.00
A股 A Shares	294.40	470.37	495.05
B股 B Shares	129.54	116.59	91.95
市价总值(亿元)Total Market Capitalization	2195.69	2600.13	2525.66
其中 A股 A Shares	2067.66	2483.54	2433.71
B股 B Shares	128.04	116.59	91.95
成交金额(亿元)Total Turnover	2340.54	5735.07	3103.46
其中 A股 A Shares	2261.68	5626.73	3042.63
B股 B Shares	78.86	108.35	60.83
成交量(百万股)Trading Volume	14741.81	65676.03	51382.72
其中 A股 A Shares	13367.93	63432.75	49449.90
B股 B Shares	1373.88	2243.28	1932.82
最高综合股价指数 Highest Composite Index	1558.95	1052.94	926.41
其中 A股 A Shares	1640.71	1092.85	972.03
B股 B Shares	105.78	104.71	63.81
最低综合股价指数 Lowest Composite Index	750.46	325.89	524.43
其中 A股 A Shares	765.58	321.20	539.86
B股 B Shares	51.01	59.81	47.03

数据来源:上海证券交易所

Source:Shanghai Stock Exchange

Trading Summary for Shanghai Stock Exchange (1993—2002)

1996年	1997年	1998年	1999年	2000年	2001年	2002年
524	467	330	310	305	263	200
478	424	318	299	293	253	186
293	383	438	484	572	646	715
329	422	477	525	614	690	759
287	372	425	471	559	636	705
42	50	52	54	55	54	54
671.19	975.57	1280.35	1580.15	2032.42	3164.44	3727.84
625.76	907.76	1206.11	1498.68	1947.35	3073.76	3635.49
45.43	67.81	74.23	81.47	85.07	90.68	92.35
186.81	285.76	379.73	494.41	648.99	837.53	992.53
141.38	217.95	305.49	412.94	563.92	746.85	900.18
45.43	67.81	74.23	81.47	85.07	90.68	92.35
1408.74	2513.47	2947.45	4249.69	8481.33	8382.11	7467.30
1247.06	2327.86	2846.92	4109.94	8146.79	7726.06	7025.00
161.68	185.61	100.53	139.75	334.54	656.06	442.30
5477.81	9218.07	10625.91	14580.47	26930.86	27590.56	25363.72
5316.13	9032.45	10525.38	14440.72	26596.32	26934.51	24921.42
161.88	185.61	100.53	139.75	334.54	656.06	442.30
9114.82	13763.17	12386.11	16965.79	31373.86	22709.38	16959.09
9020.24	13550.24	12304.23	16826.20	31029.69	19876.84	16441.71
94.57	212.93	81.88	139.59	344.17	2832.54	517.38
110188.37	121568.19	112795.49	156038.27	243765.39	181995.43	178109.61
107400.20	116601.27	108541.93	148825.08	231087.66	142969.11	169353.26
2788.17	4966.92	4253.56	7213.19	12677.73	39026.32	8756.35
1258.69	1510.18	1422.98	1756.18	2125.72	2245.44	1748.89
1313.92	1578.61	1508.41	1860.86	2251.89	2341.02	1825.77
87.12	99.31	59.58	62.56	89.90	241.61	171.72
512.83	870.18	1043.02	1047.83	1361.21	1514.86	1339.20
527.85	905.50	1108.91	1113.16	1446.12	1579.63	1397.01
44.80	51.93	26.17	21.25	35.47	77.62	109.98

2-13 1993—2002 年深圳股票交易情况统计表

	1993 年	1994 年	1995 年
交易所会员总数 Number of Members	426	496	532
其中:异地会员 Nonlocal Members	398	466	498
上市公司数(个)Number of Listed Companies	77	120	135
上市股票数(只) Number of Listed Stocks	95	142	161
其中 A股 A Shares	76	118	127
B股 B Shares	19	24	34
发行总股本(亿股)Total Issued Capital	122.05	220.59	267.38
其中 A股 A Shares	111.51	205.00	240.48
B股 B Shares	10.54	15.58	26.90
流通股本(亿股) Negotiable Shares	36.18	77.57	105.13
A股 A Shares	29.98	67.59	83.78
B股 B Shares	6.20	9.97	21.34
流通市值(亿元) Nego. Market Capitalization	437.68	381.93	351.22
A股 A Shares	388.63	343.50	295.89
B股 B Shares	49.05	38.42	55.33
市价总值(亿元)Total Market Capitalization	1335.32	1090.48	948.62
其中 A股 A Shares	1251.01	1032.49	876.86
B股 B Shares	84.31	57.98	71.75
成交金额(亿元)Total Turnover	1286.66	2392.55	932.99
其中 A股 A Shares	1260.87	2376.35	915.95
B股 B Shares	25.79	16.20	17.03
成交量(百万股)Trading Volume	7914.66	35657.88	19148.06
其中 A股 A Shares	7548.57	35369.65	18656.67
B股 B Shares	366.09	288.23	491.38
最高综合股价指数 Highest Composite Index	359.44	242.06	169.66
其中 A股 A Shares	379.07	249.71	176.77
B股 B Shares	185.45	142.85	86.59
最低综合股价指数 Lowest Composite Index	203.91	96.56	112.63
其中 A股 A Shares	214.89	95.26	116.32
B股 B Shares	80.63	85.07	59.40

数据来源:深圳证券交易所
Source: Shenzhen Stock Exchange

Trading Summary for Shenzhen Stock Exchange (1993—2002)

1996 年	1997 年	1998 年	1999 年	2000 年	2001 年	2002 年
542	373	329	318	326	284	237
508	349	314	304	310	268	220
237	362	413	465	516	514	509
270	399	454	504	560	550	551
227	348	400	450	451	494	494
43	51	54	54	59	56	57
439.54	795.85	1065.00	1328.70	1580.97	1673.91	1735.15
399.47	738.37	997.85	1259.20	1492.25	1576.69	1648.15
40.06	57.48	67.14	69.49	88.72	97.22	86.99
158.75	275.06	361.21	457.93	584.33	643.35	687.41
125.76	225.29	301.52	397.51	514.41	568.36	608.25
32.98	49.76	59.68	60.41	69.92	74.99	79.16
1458.29	2690.95	2798.14	3964.27	7606.19	6081.06	5017.26
1266.95	2528.22	2703.10	3827.52	7377.42	5618.84	4693.75
191.33	162.72	95.04	136.74	228.77	462.22	323.51
4364.57	8311.17	8879.73	11890.70	21160.08	15931.64	12965.41
4132.42	8121.74	8773.91	11726.90	20859.43	15311.05	12605.14
232.14	189.43	105.81	163.79	300.65	620.59	360.27
12217.35	16958.66	11158.14	14353.81	29452.79	15595.80	11031.36
12032.05	16744.97	11113.49	14223.35	29248.98	13365.20	10700.33
185.30	213.69	44.64	130.45	203.80	2230.59	331.03
143126.06	134433.70	102615.07	137200.61	232072.82	133233.33	123509.88
139092.71	130528.61	100708.15	132149.62	224714.41	103371.63	116595.94
4033.35	3905.10	1906.92	5050.99	7358.40	29861.70	6913.94
473.02	517.91	441.04	525.14	654.37	664.85	512.38
498.45	546.02	471.99	561.56	703.97	698.10	540.59
198.14	184.19	98.97	125.42	137.69	435.57	262.31
105.34	305.81	317.10	310.65	414.69	439.36	371.79
107.93	319.25	341.00	333.77	445.32	461.95	391.10
58.97	92.79	49.88	41.56	75.92	124.60	185.52

2-14 2002年境外股票发行情况一览表

Summary of H Shares Offering in 2002

公司简称 Issuer	发行量(百万股) No. of Shares Offered (Mil shares)	发行价(港元) Offer Price (HK$)	筹资金额(百万港元) Funds Raised (HK$ mil)	上市时间 Listing Date	上市地点 Listing Venue
比亚迪	14950	10.95	1637	20020731	香港主板
中国电信	808122.4	1.47	11879.4	20021115	香港主板/美国
美兰机场	20170	3.78	762.4	20021118	香港主板
中海油服	153485	1.68	2579	20021120	香港主板
复旦微电子**	10560.4	1.07	113	20020222	香港创业板
东北虎药业*	20700	0.26	53.8	20020228	香港创业板
浙大兰德*	11212.5	0.83	93	20020503	香港创业板
天津泰达生物*	10000	0.98	98	20020618	香港创业板
常茂生化*	18370	0.45	101	20020628	香港创业板
长春达兴药业*	14000	0.55	63	20020628	香港创业板
上海交大慧谷*	13200	0.66	87.12	20020731	香港创业板
上海复旦张江*	19800	0.8	158.4	20020813	香港创业板
深圳元征*	11000	0.72	79.2	20021007	香港创业板
郑州燃气*	55066	0.25	137.665	20021029	香港创业板
浙江永隆*	25000	0.26	65	20021108	香港创业板
赛迪顾问*	20900	0.25	52.25	20021212	香港创业板
深圳宝德*	22000	0.28	61.6	20021212	香港创业板
合计	1248536.3		18020.835		

注:* 每股面值0.1元

** 增资发行。

数据来源:中国证监会

Source: CSRC

2-15 2002年全国股票分行业成交量、成交额

Trading Volume and Value for Stocks in 2002 (Categorized by Industries)

行 业 Industry	成交数量 Transaction Volume(10000)		成交金额 Turnover(10000)	
	数量(万股)Volume	(%)	金额(万元)	(%)
合计 Total	30161949.14	100	279904550.9	100
其中:15000万股以上	27273820.75	90.42	244024365.6	87.18
5000万股—15000万股	2857314.8	9.47	35679229.41	12.75
5000万股以下	30813.58	0.10	200955.89	0.07
农、林、牧、副、渔业 Agriculture, Forestry, Fishing and Hunting	752895.77	2.50	7056459.63	2.52
采掘业 Mining	862916.85	2.86	5696249.31	2.04
食品、饮料 Food, Beverage	1148297.57	3.81	12260276.94	4.38
纺织、服装、毛皮 Textile, Apparel, Leather	942723.7	3.13	9650524.13	3.45
木材、家俱 Wood Product	18685.26	0.06	208684.3	0.07
造纸、印刷 Paper, Printing	482533.81	1.60	4744520.23	1.70
石油、化学、橡胶、塑料 Petroleum, Chemical Product, Plastics, Rubber	2781826.33	9.22	24599699.12	8.79
电子 Electrical Equipment	1151278.03	3.82	11731105.94	4.19
金属、非金属 Metal, Nonmetallic Mineral Product	3540091.94	11.74	26869144.91	9.60
机械、设备、仪表 Machinery, Equipment, Meter	4440947.82	14.72	40441920.56	14.45
医药、生物 Medicine, Biologic Product	1283678.77	4.26	13385624.44	4.78
其他制造业 Other Manufacuring	272681.92	0.90	2941894.31	1.05
电力、蒸汽及水的生产及供应业 Electricity, Gas, Water Supply	1191015.36	3.95	11579792.68	4.14
建筑业 Construction	425630.06	1.41	4090704.73	1.46
交通运输、仓储业 Transport, Storage	1654863.01	5.49	14383573.15	5.14
信息技术业 Information, Technology	1983125.79	6.57	20384909.86	7.28
批发和零售贸易 Wholesale and Retail Trade	1639825.06	5.44	16188767.19	5.78
金融、保险业 Finance, Insurance	931931.37	3.09	10418605.49	3.72
房地产业 Real Estate	1181493.07	3.92	12303978.1	4.40
社会服务业 Social Services	1030644.33	3.42	8965915.57	3.20
传播及文化产业 Transmission, Culture	159509.36	0.53	2209302.38	0.79
综合类 Conglomerat	2285353.97	7.58	19792897.9	7.07

数据来源:上海、深圳证券交易所

Source: Shanghai Shenzhen Stock Exchange

2-16 2002年上海股票分行业成交量、成交额

Trading Volume and Value of Shanghai Stock Exchange in 2002 (Categorized by Industries)

行 业 Industry	成交数量 Transaction Volume(10000)		成交金额 Turnover(10000)	
	数量(万股)Volume	(%)	金额(万元)	(%)
合计	17810961.28	100.00	169590928	100.00
其中:15000万股以上	16114926.16	90.48	146109624.8	86.15
5000万股—15000万股	1685389.07	9.46	23398495.25	13.80
5000万股以下	10646.04	0.06	82807.97	0.05
农、林、牧、副、渔业 Agriculture, Forestry, Fishing and Hunting	471512.88	2.65	4391085.02	2.59
采掘业 Mining	575277.03	3.23	3080603.72	1.82
食品、饮料 Food, Beverage	733057.27	4.12	7781305.38	4.59
纺织、服装、毛皮 Textile, Apparel, Leather	535353.85	3.01	5766559.43	3.40
木材、家俱 Wood Product	5417.27	0.03	99631.27	0.06
造纸、印刷 Paper, Printing	305106.59	1.71	2926166.02	1.73
石油、化学、橡胶、塑料 Petroleum, Chemical Product, Plastics, Rubber	1267975.56	7.12	12169386.79	7.18
电子 Electrical Equipment	681696.1	3.83	7341941.8	4.33
金属、非金属 Metal, Nonmetallic Mineral Product	1997635.04	11.22	15370284.44	9.06
机械、设备、仪表 Machinery, Equipment, Meter	2444586.9	13.73	24500453.27	14.45
医药、生物 Medicine, Biologic Product	625750.57	3.51	7865865.56	4.64
其他制造业 Other Manufacuring	204003.11	1.15	2234403.35	1.32
电力、蒸汽及水的生产及供应业 Electricity, Gas, Water Supply	748086.47	4.20	7820198.37	4.61
建筑业 Construction	279945.88	1.57	2665399.6	1.57
交通运输、仓储业 Transport, Storage	1333306.64	7.49	11509487.53	6.79
信息技术业 Information, Technology	1271312.81	7.14	11953573.41	7.05
批发和零售贸易 Wholesale and Retail Trade	955854.34	5.37	10040884.95	5.92
金融、保险业 Finance, Insurance	596622.81	3.35	6377187.97	3.76
房地产业 Real Estate	654935	3.68	7278241.21	4.29
社会服务业 Social Services	697029.77	3.91	5561946.79	3.28
传播及文化产业 Transmission, Culture	104399.63	0.59	1487318.74	0.88
综合类 Conglomerat	1322095.77	7.42	11369003.39	6.70

数据来源:上海证券交易所
Source:Shanghai Stock Exchange

2-17　2002年深圳股票分行业成交量、成交额

Trading Volume and Value of Shenzhen Stock Exchange in 2002 (Categorized by Industries)

行　业 Industry	成交数量 Transaction Volume(10000)		成交金额 Turnover(10000)	
	数量(万股)Volume	(%)	金额(万元)	(%)
合计	12350987.86	100.00	110313622.9	100.00
其中：15000万股以上	11158894.59	90.35	97914740.78	88.76
5000万股—15000万股	1171925.73	9.49	12280734.16	11.13
5000万股以下	20167.54	0.16	118147.92	0.11
农、林、牧、副、渔业 Agriculture, Forestry, Fishing and Hunting	281382.89	2.28	2665374.61	2.42
采掘业 Mining	287639.82	2.33	2615645.59	2.37
食品、饮料 Food, Beverage	415240.3	3.36	4478971.56	4.06
纺织、服装、毛皮 Textile, Apparel, Leather	407369.85	3.30	3883964.7	3.52
木材、家俱 Wood Product	13267.99	0.11	109053.03	0.10
造纸、印刷 Paper, Printing	177427.22	1.44	1818354.21	1.65
石油、化学、橡胶、塑料 Petroleum, Chemical Product, Plastics, Rubber	1513850.77	12.26	12430312.33	11.27
电子 Electrical Equipment	469581.93	3.80	4389164.14	3.98
金属、非金属 Metal, Nonmetallic Mineral Product	1542456.9	12.49	11498860.47	10.42
机械、设备、仪表 Machinery, Equipment, Meter	1996360.92	16.16	15941467.29	14.45
医药、生物 Medicine, Biologic Product	657928.2	5.33	5519758.88	5.00
其他制造业 Other Manufacuring	68678.81	0.56	707490.96	0.64
电力、蒸汽及水的生产及供应业 Electricity, Gas, Water Supply	442928.89	3.59	3759594.31	3.41
建筑业 Construction	145684.18	1.18	1425305.13	1.29
交通运输、仓储业 Transport, Storage	321556.37	2.60	2874085.62	2.61
信息技术业 Information, Technology	711812.98	5.76	8431336.45	7.64
批发和零售贸易 Wholesale and Retail Trade	683970.72	5.54	6147882.24	5.57
金融、保险业 Finance, Insurance	335308.56	2.71	4041417.52	3.66
房地产业 Real Estate	526558.07	4.26	5025736.89	4.56
社会服务业 Social Services	333614.56	2.70	3403968.78	3.09
传播及文化产业 Transmission, Culture	55109.73	0.45	721983.64	0.65
综合类 Conglomerat	963258.2	7.80	8423894.51	7.64

数据来源：深圳证券交易所

Source: Shenzhen Stock Exchange

2-18 2002年全国股票每日成交量、成交额

日期 Date	1月 Jan.		2月 Feb.		3月 Mar.		4月 Apr.		5月 May.		6月 Jun.	
	成交额 Turnover	成交量 Volume	成交额 Turnover	成交量 Volume	成交额 Turnover	成交量 Volume	成交额 Turnover	成交量 Volume	成交额 Turnover	成交量 Volume	成交额 Turnover	成交量 Volume
1			193.83	21975465.90	88.52	10369636.62	117.70	12355746.51				
2							135.15	14253512.79				
3							117.39	12263235.73			83.70	8905562.18
4	50.12	5056828.83	126.00	14811382.75	88.28	10266009.16	154.83	16183648.05			77.16	8377952.81
5			141.32	16584554.49	189.99	20442599.72	165.55	17562906.06			72.89	8113309.21
6			121.38	14045945.17	275.06	30530115.10					142.00	15350114.25
7	48.09	5054489.89	135.28	15683775.07	274.89	30237418.59					163.46	18032291.61
8	54.24	5381660.55	108.96	12162062.12	394.77	42699900.88	111.25	11418930.27	90.68	8964235.99		
9	65.66	7206033.56					248.75	24724410.95	106.85	10732047.64		
10	85.64	8947084.64					201.06	20138719.20	114.91	11729991.83	81.66	8988747.95
11	66.86	8033248.88			338.64	35467745.36	169.71	17083768.56			85.35	9285819.33
12					356.69	36549994.99	143.40	14176799.36			71.12	7476861.07
13					261.96	27429118.85			101.55	10095440.90	73.78	7542521.06
14	83.67	9415158.44			221.57	22929468.32			100.18	9465226.83	66.90	7358770.19
15	76.88	8643548.71			260.89	25966371.04	125.04	13029224.32	106.41	10224630.72		
16	83.97	9509015.18					112.82	11407840.53	133.49	13726478.26		
17	75.98	8886230.43					103.52	10392932.72	125.30	12302907.45		
18	103.25	12233669.67			190.09	21423901.48	120.51	12326294.19			97.15	10410555.82
19					222.66	22161844.48	138.84	14904308.03			57.91	6312589.96
20					301.75	29439715.81			89.09	9045420.02	73.85	8228996.45
21	76.02	9558233.04			235.75	23513460.87			187.67	18374554.64	242.78	26565847.90
22	91.75	11533795.70			183.89	18331628.82	98.17	10101418.20	115.96	11377243.92		
23	131.75	17324645.48					89.99	9232684.43	115.32	12811226.88		
24	183.54	22847049.56					88.20	9079779.36	96.51	10556830.86	820.67	82010396.08
25	108.28	13582252.62	124.50	13380485.29	153.17	14984191.71	85.41	8726941.36			683.72	72298427.69
26			105.38	11883191.89	162.10	16107330.61	122.58	12604255.83			405.78	42192536.40
27			105.23	12084988.88	136.03	14029654.17			68.72	7166912.07	315.78	34432755.92
28	133.55	17231959.23	100.86	11212535.55	149.85	14446066.81			75.09	7612077.15	404.01	43066231.28
29	92.34	12111646.36			187.20	19706274.51	179.44	17819011.58	89.13	9442173.23		
30	76.79	10368167.11					177.38	17020704.33	88.62	9378131.86		
31	266.27	30298349.82							70.66	7470268.60		

数据来源：上海、深圳证券交易所

Source: Shanghai Shenzhen Stock Exchange

Daily Trading Volume and Value for Stocks in 2002

成交额:亿元;成交量:手

7月 Jul.		8月 Aug.		9月 Sep.		10月 Oct.		11月 Nov.		12月 Dec.	
成交额 Turnover	成交量 Volume	成交额 Turnover	成交量 Volume	成交额 Turnover	成交量 Volume	成交额 Turnover	成交量 Volume	成交额 Turnover	成交量 Volume	成交额 Turnover	成交量 Volume
219.42	23332921.21	78.05	7891554.35					51.98	5922194.11		
199.19	21203680.95	69.13	6714858.96	64.58	6085008.85					84.80	10496896.31
204.76	22091437.39			74.05	6837278.67					63.90	8190487.62
210.22	23043728.89			74.68	7212427.23			74.74	8361327.91	92.81	11419955.47
149.44	15941651.31	65.36	6248940.73	104.23	10345547.71			166.13	18838961.06	60.63	7677137.88
		106.54	11169277.47	87.00	8834404.53			96.16	10272002.65	53.52	6614533.79
		62.77	6154985.51					87.77	9921846.66		
176.74	18086795.33	68.02	6797269.94			43.70	4466662.13	115.41	13962431.98		
165.23	17203049.21	80.17	7788618.45	72.73	7366934.85	97.68	19484893.95			44.02	5477747.58
186.21	19165681.40			60.92	5841386.97	52.72	7075069.15			64.60	8036280.12
146.78	14842611.30			71.30	7102171.93	63.39	8074857.65	61.82	7056579.79	56.30	7110723.42
127.10	12706332.91	71.45	7023025.64	61.85	5827624.49			96.94	12257711.19	60.95	7397044.64
		54.37	5196916.26	52.85	4951311.84			84.55	10151048.58	74.67	9513865.64
		52.77	5160162.13			63.30	8179700.67	79.15	8842945.15		
123.94	12765314.27	54.45	5365324.71			49.08	6021895.35	85.05	9764300.85		
106.42	10886546.14	85.61	8984736.43	72.46	7148176.38	65.15	7925361.94			89.28	11667344.44
103.21	10524192.82			70.82	7356644.42	55.45	6712433.77			86.89	11104251.61
133.72	13699444.64			56.82	5511756.06	59.12	6915416.30	59.51	6830676.50	96.00	12045503.11
120.67	11950981.22	59.04	5893817.24	94.04	9448961.62			61.49	7153600.16	71.42	8694503.01
		122.96	12837891.80	66.80	6324602.17			73.36	8833413.27	94.58	11791818.64
		103.23	10401478.73			47.69	5613148.93	86.75	11028648.76		
133.88	13644418.78	161.14	15133530.62			88.84	10325573.47	85.64	11030540.94		
112.34	11059134.66	103.78	9361733.55	47.32	4413803.92	68.66	7819269.00			97.75	12155344.62
89.93	8869372.05			55.59	5397605.66	70.89	7624806.68			76.72	9059714.06
87.34	8953495.36			68.67	6579388.26	68.79	8010612.87	53.95	7185034.41	82.51	10010257.03
80.28	8405120.46	96.42	8819665.55	78.01	7742530.77			64.40	8369379.24	112.75	14257697.52
		126.78	11039878.87	68.38	6672434.58			79.56	11044630.38	95.57	11948528.17
		107.74	9504117.82			64.85	7868138.79	96.32	12693641.25		
77.99	7884143.24	85.40	8254407.46			67.32	7566788.62	186.02	23440014.11		
91.33	9011758.58	70.82	6716175.16			58.36	6623872.66			84.91	10382978.25
90.07	8586122.30					54.24	6164199.25			90.09	10493259.23

2-19 2002年上海股票每日成交量、成交额

日期 Date	1月 Jan.		2月 Feb.		3月 Mar.		4月 Apr.		5月 May.		6月 Jun.	
	成交额 Turnover	成交量 Volume	成交额 Turnover	成交量 Volume	成交额 Turnover	成交量 Volume	成交额 Turnover	成交量 Volume	成交额 Turnover	成交量 Volume	成交额 Turnover	成交量 Volume
1			124.98	13337527.36	53.51	5693486.10	68.39	6679695.17				
2							75.93	7718210.87				
3							64.22	6399649.82			50.63	5179195.53
4	32.11	2985868.32	77.97	8424641.95	53.70	5520684.11	91.08	9103065.04			43.03	4578394.84
5			89.42	9616518.41	117.35	11747637.87	98.49	10135102.06			41.14	4408387.96
6			76.83	8320730.31	157.13	16091549.47					84.54	8775635.15
7	30.33	2996971.40	85.16	9612959.29	161.04	16338197.69					91.91	9858533.24
8	37.53	3482540.09	65.86	7061289.57	228.07	23154292.10	65.82	6674853.25	51.79	4750115.37		
9	42.44	4474517.33					166.60	16016338.71	59.60	5573095.88		
10	55.30	5586041.11					125.65	12020417.76	64.07	6014882.43	42.70	4484869.57
11	45.16	5431457.96			195.31	19476518.43	97.60	9448777.25			47.09	5003363.34
12					212.64	21011327.26	85.64	8133523.98			37.36	3818565.20
13					152.92	15002303.52			61.57	5672195.38	37.02	3564520.59
14	54.22	5929977.27			123.92	11950761.47			61.09	5334277.47	36.28	3919950.45
15	51.12	5598173.27			149.15	13994572.93	72.05	7267555.02	66.81	6034633.50		
16	57.90	6379898.74					63.72	6175373.75	82.14	8076546.67		
17	49.94	5682127.87					59.79	5840953.26	77.54	7162783.10	27.74	2933161.41
18	68.56	7761445.30			113.28	12883393.64	74.67	7304703.52			52.09	5365160.70
19					140.85	13314615.19	83.58	8627697.71			29.04	3052877.21
20					194.63	18018799.16			49.57	4782701.12	37.20	3975060.67
21	47.82	5676970.90			142.30	13438278.65			101.68	9710709.51	118.48	12542143.66
22	58.72	7052188.16			107.74	10234517.65	55.34	5501231.36	59.37	5729430.00		
23	85.03	10514134.68					51.34	4999096.80	68.43	8191360.51		
24	117.32	13670102.43					50.85	5030651.52	51.57	5648000.50	494.80	48518061.00
25	68.84	8078976.88	79.34	8070317.10	94.27	8792640.37	49.51	4688895.53			392.77	42238117.21
26			63.62	6634698.67	98.16	9253757.18	72.83	7039041.18			228.50	24305871.05
27			65.72	7113872.39	76.03	7170408.95			37.09	3822155.33	195.28	21996948.75
28	86.73	10562804.31	62.41	6477988.13	88.65	7934353.08			40.05	3780718.07	273.19	29735382.35
29	58.78	7303144.12			117.72	11978677.40	108.74	10460378.29	49.44	5169973.06		
30	47.21	5993504.98					106.83	9702350.70	52.90	5526898.14		
31	171.19	18800696.94							40.65	4214319.96		

数据来源:上海证券交易所

Source:Shanghai Stock Exchange

Daily Trading Volume and Value of Shanghai Stock Exchange in 2002

成交额:亿元;成交量:手

7月 Jul.		8月 Aug.		9月 Sep.		10月 Oct.		11月 Nov.		12月 Dec.	
成交额 Turnover	成交量 Volume	成交额 Turnover	成交量 Volume	成交额 Turnover	成交量 Volume	成交额 Turnover	成交量 Volume	成交额 Turnover	成交量 Volume	成交额 Turnover	成交量 Volume
144.10	15519282.05	46.98	4825007.73					31.49	3581795.34		
126.93	13378133.14	40.67	4031842.73	37.20	3444607.03					56.63	6695142.88
132.63	13949882.63			42.61	3867721.43					42.19	5220098.45
128.57	13898309.45			41.01	3950597.19			43.42	4908304.96	65.04	7696891.17
108.23	11401355.01	40.86	3803472.71	61.44	6016194.08			105.28	11900344.96	39.77	4782470.21
		64.27	6781171.89	52.70	5394322.66			61.51	6479493.52	33.09	3817210.98
		36.10	3496561.37					55.51	6406281.78		
110.99	10851015.48	40.62	4013094.50			26.60	2623791.09	75.41	9401243.87		
104.45	10536015.82	48.57	4636838.12	41.53	4182601.23	75.74	16939410.62			27.87	3283261.66
119.50	12233202.92			37.55	3512015.74	35.88	5087009.81			43.42	5177533.05
92.82	9187410.82			44.28	4352775.65	46.45	6107085.91	38.56	4398726.71	36.43	4427199.90
83.91	8083986.97	43.43	4196162.56	37.22	3428518.08			62.13	8063699.13	37.92	4379943.95
		31.57	2923386.66	33.62	3061823.93			53.24	6400306.76	46.21	5598028.10
		30.83	2963372.64			40.97	5496463.50	49.54	5316643.43		
80.26	7999838.88	32.72	3207423.18			29.74	3741745.62	52.76	6004438.72		
69.46	7056377.22	53.67	5716302.98	46.18	4438231.08	40.13	4996201.85			52.47	6490985.94
62.53	6300344.21			42.14	4285329.04	34.07	4168961.96			47.66	5818917.78
81.10	8167793.73			36.83	3426915.98	35.42	4087332.93	37.01	4122235.59	52.87	6354157.86
74.54	7183229.39	35.15	3540750.19	56.83	5505083.83			37.10	4228376.24	42.09	4825847.42
		74.30	8062757.11	38.92	3485245.46			48.12	5693871.81	53.49	6343386.92
		60.19	6243426.93			29.47	3456682.20	54.83	6827936.82		
82.74	8333871.30	94.49	8882656.74			55.64	6481898.35	54.03	6767398.60		
66.94	6540925.78	62.00	5499822.16	27.68	2497116.82	41.66	4729963.95			54.74	6385502.29
52.97	5248491.99			33.28	3175032.03	42.08	4422758.59			46.05	5306864.43
51.82	5268207.43			38.54	3576562.41	44.38	5292811.32	34.16	4458813.15	46.80	5434680.28
48.61	5076343.57	53.67	4951815.54	44.17	4053377.61			41.74	5322511.23	70.55	8652098.38
		70.74	6133730.06	41.88	3905580.48			53.33	7257235.46	56.91	6857979.04
		64.40	5598880.49			40.87	5082703.16	62.09	7946340.99		
48.24	4831983.02	44.72	4350363.83			42.14	4645928.77	122.68	15064712.83		
61.17	5887828.83	42.61	3950754.22			33.83	3748566.36			53.28	6347282.62
53.25	5103073.73					31.54	3579217.69			58.34	6505833.38

2-20 2002 年深圳股票每日成交量、成交额

日期 Date	1月 Jan.		2月 Feb.		3月 Mar.		4月 Apr.		5月 May.		6月 Jun.	
	成交额 Turnover	成交量 Volume	成交额 Turnover	成交量 Volume	成交额 Turnover	成交量 Volume	成交额 Turnover	成交量 Volume	成交额 Turnover	成交量 Volume	成交额 Turnover	成交量 Volume
1			68.85	8637938.54	35.01	4676150.52	49.31	5676051.34				
2							59.22	6535301.92				
3							53.17	5863585.91			33.07	3726366.65
4	18.01	2070960.51	48.03	6386740.80	34.58	4745325.05	63.75	7080583.01			34.13	3799557.97
5			51.90	6968036.08	72.64	8694961.85	67.06	7427804.00			31.75	3704921.25
6			44.55	5725214.86	117.93	14438565.63					57.46	6574479.10
7	17.76	2057518.49	50.12	6070815.78	113.85	13899220.90					71.55	8173758.37
8	16.71	1899120.46	43.10	5100772.55	166.70	19545608.78	45.43	4744077.02	38.89	4214120.62		
9	23.22	2731516.23					82.15	8708072.24	47.25	5158951.76		
10	30.34	3361043.53					75.41	8118301.44	50.84	5715109.40	38.96	4503878.38
11	21.70	2601790.92			143.33	15991226.93	72.11	7634991.31			38.26	4282455.99
12					144.05	15538667.73	57.76	6043275.38			33.76	3658295.87
13					109.04	12426815.33			39.98	4423245.52	36.76	3978000.47
14	29.45	3485181.17			97.65	10978706.85			39.09	4130949.36	30.62	3438819.74
15	25.76	3045375.44			111.74	11971798.11	52.99	5761669.30	39.60	4189997.22		
16	26.07	3129116.44					49.10	5232466.78	51.35	5649931.59		
17	26.04	3204102.56					43.73	4551979.46	47.76	5140124.35	23.19	2652885.64
18	34.69	4472224.37			76.81	8540507.84	45.84	5021590.67			45.06	5045395.12
19					81.81	8847229.29	55.26	6276610.32			28.87	3259712.75
20					107.12	11420916.65			39.52	4262718.90	36.65	4253935.78
21	28.20	3881262.14			93.45	10075182.22			85.99	8663845.13	124.30	14023704.24
22	33.03	4481607.54			76.15	8097111.17	42.83	4600186.84	56.59	5647813.92		
23	46.72	6810510.80					38.65	4233587.63	46.89	4619866.37		
24	66.22	9176947.13					37.35	4049127.84	44.94	4908830.36	325.87	33492335.08
25	39.44	5503275.74	45.16	5310168.19	58.90	6191551.34	35.90	4038045.83			290.95	30060310.48
26			41.76	5248493.22	63.94	6853573.43	49.75	5565214.65			177.28	17886665.35
27			39.51	4971116.49	60.00	6859245.22			31.63	3344756.74	120.50	12435807.17
28	46.82	6669154.92	38.45	4734547.42	61.20	6511713.73			35.04	3831359.08	130.82	13330848.93
29	33.56	4808502.24			69.48	7727597.11	70.70	7358633.29	39.69	4272200.17		
30	29.58	4374662.13					70.55	7318353.63	35.72	3851233.72		
31	95.08	11497652.88							30.01	3255948.64		

数据来源:深圳证券交易所

Source: Shenzhen Stock Exchange

Daily Trading Volume and Value of Shenzhen Stock Exchange in 2002

成交额:亿元;成交量:手

7月 Jul.		8月 Aug.		9月 Sep.		10月 Oct.		11月 Nov.		12月 Dec.	
成交额 Turnover	成交量 Volume	成交额 Turnover	成交量 Volume	成交额 Turnover	成交量 Volume	成交额 Turnover	成交量 Volume	成交额 Turnover	成交量 Volume	成交额 Turnover	成交量 Volume
75.32	7813639.16	31.07	3066546.62					20.49	2340398.77		
72.26	7825547.81	28.46	2683016.23	27.38	2640401.82					28.17	3801753.43
72.13	8141554.76			31.44	2969557.24					21.71	2970389.17
81.65	9145419.44			33.67	3261830.04			31.32	3453022.95	27.77	3723064.30
41.21	4540296.30	24.50	2445468.02	42.79	4329353.63			60.85	6938616.10	20.86	2894667.67
		42.27	4388105.58	34.30	3440081.87			34.65	3792509.13	20.43	2797322.81
		26.67	2658424.14					32.26	3515564.88		
65.75	7235779.85	27.40	2784175.44			17.10	1842871.04	40.00	4561188.11		
60.78	6667033.39	31.60	3151780.33	31.20	3184333.62	21.94	2545483.33			16.15	2194485.92
66.71	6932478.48			23.37	2329371.23	16.84	1988059.34			21.18	2858747.07
53.96	5655200.48			27.02	2749396.28	16.94	1967771.74	23.26	2657853.08	19.87	2683523.52
43.19	4622345.94	28.02	2826863.08	24.63	2399106.41			34.81	4194012.06	23.03	3017100.69
		22.80	2273529.60	19.23	1889487.91			31.31	3750741.82	28.46	3915837.54
		21.94	2196789.49			22.33	2683237.17	29.61	3526301.72		
43.68	4765475.39	21.73	2157901.53			19.34	2280149.73	32.29	3759862.13		
36.96	3830168.92	31.94	3268433.45	26.28	2709945.30	25.02	2929160.09			36.81	5176358.50
40.68	4223848.61			28.68	3071315.38	21.38	2543471.81			39.23	5285333.83
52.62	5531650.91			19.99	2084840.08	23.70	2828083.37	22.50	2708440.91	43.13	5691345.25
46.13	4767751.83	23.89	2353067.05	37.21	3943877.79			24.39	2925223.92	29.33	3868655.59
		48.66	4775134.69	27.88	2839356.71			25.24	3139541.46	41.09	5448431.72
		43.04	4158051.80			18.22	2156466.73	31.92	4200711.94		
51.14	5310547.48	66.65	6250873.88			33.20	3843675.12	31.61	4263142.34		
45.40	4518208.88	41.78	3861911.39	19.64	1916687.10	27.00	3089305.05			43.01	5769842.33
36.96	3620880.06			22.31	2222573.63	28.81	3202048.09			30.67	3752849.63
35.52	3685287.93			30.13	3002825.85	24.41	2717801.55	19.79	2726221.26	35.71	4575576.75
31.67	3328776.89	42.75	3867850.01	33.84	3689153.16			22.66	3046868.01	42.20	5605599.14
		56.04	4906148.81	26.50	2766854.10			26.23	3787394.92	38.66	5090549.13
		43.34	3905237.33			23.98	2785435.63	34.23	4747300.26		
29.75	3052160.22	40.68	3904043.63			25.18	2920859.85	63.34	8375301.28		
30.16	3123929.75	28.21	2765420.94			24.53	2875306.30			31.63	4035695.63
36.82	3483048.57					22.70	2584981.56			31.75	3987425.85

2-21　2002 年全国 A 股每日成交量、成交额

日期 Date	1月 Jan.		2月 Feb.		3月 Mar.		4月 Apr.		5月 May.		6月 Jun.	
	成交额 Turnover	成交量 Volume	成交额 Turnover	成交量 Volume	成交额 Turnover	成交量 Volume	成交额 Turnover	成交量 Volume	成交额 Turnover	成交量 Volume	成交额 Turnover	成交量 Volume
1			180.64	19489392.33	86.40	9936146.65	114.99	11889588.53				
2							132.06	13716286.83				
3							114.70	11801660.83			81.98	8576342.15
4	46.81	4580346.97	119.07	13482246.45	86.19	9854730.09	150.63	15450504.42			75.64	8070618.52
5			134.90	15348840.81	181.28	18854309.27	161.92	16945590.30			71.92	7924368.01
6			116.25	13083330.68	263.43	28398051.11					139.32	14816047.37
7	44.34	4483902.94	130.44	14803829.65	265.71	28572208.86					160.99	17544493.37
8	45.72	4125890.52	103.90	11268983.61	378.90	39848874.05	109.44	11118977.39	88.72	8609423.54		
9	55.23	5589716.81					244.56	24019859.56	104.95	10381123.58		
10	78.27	7761357.84					198.80	19745215.54	113.24	11408586.99	80.81	8826754.56
11	62.48	7325188.89			326.50	33389159.58	167.43	16696829.72			84.32	9097801.96
12					344.71	34460270.04	140.55	13684992.25			70.46	7352286.06
13					255.31	26227756.16			100.12	9832997.93	72.86	7361444.85
14	77.41	8367322.46			214.61	21691187.39			98.85	9216053.81	65.98	7174144.60
15	71.58	7721537.49			252.28	24469863.92	116.70	11560431.08	102.64	9544242.31		
16	78.96	8665229.48					108.35	10578551.92	130.20	13127751.55		
17	71.09	8077729.93					101.17	9956765.45	123.05	11889064.39	49.45	5304687.85
18	96.81	11121849.98			185.37	20573632.37	116.64	11619639.65			95.78	10138120.96
19					217.16	21186734.02	133.26	13839397.55			57.25	6182304.02
20					295.00	28257906.83			87.63	8777490.79	72.71	8012072.11
21	70.18	8515625.54			232.03	22847280.83			184.75	17838670.79	237.22	25481421.79
22	82.40	9834042.12			180.62	17740314.02	95.52	9615655.79	114.62	11133544.74		
23	118.51	14700723.20					87.80	8807093.91	113.07	12454337.30		
24	172.49	20766487.87					86.42	8737149.53	93.90	10114338.26	795.69	77945021.44
25	102.86	12541277.01	119.61	12484764.86	150.53	14505694.56	82.94	8289428.80			662.74	68619040.32
26			102.43	11334357.59	158.10	15385928.73	117.36	11651862.69			398.17	40826722.07
27			103.07	11673366.34	132.16	13332971.47			66.82	6833417.64	310.78	33532094.38
28	124.97	15592390.85	97.03	10490129.82	144.00	13485766.71			73.85	7390483.06	397.08	41856607.99
29	86.73	10986326.10			182.37	18865647.46	174.53	16913073.26	86.73	8970196.65		
30	73.56	9705340.23					173.47	16250230.03	87.14	9092166.47		
31	249.16	27299242.74							69.67	7281714.98		

数据来源:上海、深圳证券交易所

Source:Shanghai Shenzhen Stock Exchange

Daily Trading Volume and Value for A shares in 2002

成交额:亿元;成交量:手

7月 Jul.		8月 Aug.		9月 Sep.		10月 Oct.		11月 Nov.		12月 Dec.	
成交额 Turnover	成交量 Volume	成交额 Turnover	成交量 Volume	成交额 Turnover	成交量 Volume	成交额 Turnover	成交量 Volume	成交额 Turnover	成交量 Volume	成交额 Turnover	成交量 Volume
215.73	22654273.78	76.65	7636926.63					50.79	5654202.28		
189.97	19535907.55	68.06	6515097.82	63.78	5945942.76					83.12	10101807.09
187.16	18874650.08			73.32	6713767.33					62.46	7853720.95
188.47	19234744.43			73.26	6959215.07			73.01	7979290.50	90.55	10894396.32
138.48	13996742.81	64.41	6077655.75	101.85	9909534.63			161.96	17947445.37	59.58	7420227.89
		104.36	10767543.45	85.89	8635621.53			94.51	9924954.66	51.87	6221972.41
		61.98	6011947.33					86.39	9627071.41		
164.13	15829094.56	67.02	6610810.74			42.25	4198013.40	112.60	13360495.39		
156.73	15678172.81	79.05	7582322.90	71.55	7150255.35	95.97	19154971.01			42.67	5155808.47
179.72	18009509.32			60.18	5705180.80	51.23	6790482.48			63.08	7667733.52
140.70	13760047.20			70.37	6928346.87	62.01	7802630.46	60.37	6742345.94	55.10	6826931.55
122.14	11865237.95	70.37	6829474.70	61.14	5698397.73			94.30	11676486.35	59.48	7061633.18
		53.61	5060852.13	52.31	4855552.69			82.54	9700554.00	72.50	8994723.07
		52.09	5036850.87			62.23	7969062.28	77.62	8484414.18		
120.21	12081416.65	53.77	5243419.92			48.33	5868314.55	82.76	9248234.47		
103.87	10436064.97	84.14	8711077.43	71.28	6934652.95	63.81	7651826.45			86.61	11059236.46
99.11	9767368.60			69.46	7098411.38	53.57	6334187.81			84.00	10443160.67
127.73	12582995.97			56.01	5347724.48	57.44	6523679.83	58.55	6615179.35	93.07	11396803.92
115.00	10946644.11	58.29	5758998.32	92.27	9105947.43			59.85	6790604.25	69.89	8356035.60
		120.33	12378958.31	65.92	6151464.02			71.43	8401531.78	92.40	11303869.94
		101.96	10180038.70			46.80	5407751.35	84.44	10498624.45		
128.65	12686087.65	157.81	14550754.29			86.99	9929625.09	83.50	10540183.47		
109.54	10550302.41	102.59	9149485.76	46.85	4325221.53	67.75	7618521.23			95.67	11691630.33
87.84	8492088.12			55.05	5295380.72	70.05	7450886.04			75.52	8793354.10
84.29	8408189.37			68.04	6463384.78	66.67	7586590.50	52.76	6914304.33	81.32	9731992.07
76.19	7677177.08	95.31	8629693.12	77.05	7558270.04			62.83	7998414.12	110.47	13727686.89
		125.73	10861437.60	67.36	6488952.77			77.30	10519653.04	93.83	11526278.14
		106.62	9312422.81			62.33	7344516.78	94.07	12161074.48		
75.73	7467835.11	84.46	8086898.76			65.45	7178345.21	181.23	22356288.25		
89.49	8661465.78	70.02	6571711.57			57.04	6322078.68			83.49	10049504.44
88.54	8304459.19					53.00	5890370.76			88.76	10182285.81

2-22 2002年上海A股每日成交量、成交额

日期 Date	1月 Jan.		2月 Feb.		3月 Mar.		4月 Apr.		5月 May		6月 Jun.	
	成交额 Turnover	成交量 Volume	成交额 Turnover	成交量 Volume	成交额 Turnover	成交量 Volume	成交额 Turnover	成交量 Volume	成交额 Turnover	成交量 Volume	成交额 Turnover	成交量 Volume
1			115.92	11773141.20	52.38	5492013.51	66.76	6424987.02				
2							73.94	7392492.25				
3							62.91	6188820.24			49.41	4958214.15
4	29.82	2676349.11	73.62	7667903.26	52.55	5320753.64	88.73	8728707.78			42.04	4398647.69
5			85.64	8955386.60	112.07	10861838.84	96.69	9844314.09			40.57	4302911.58
6			73.59	7775734.14	150.46	14974363.50					82.75	8446166.24
7	27.99	2679844.23	82.10	9098124.78	155.56	15446336.77					90.29	9563137.34
8	31.38	2623516.82	62.74	6546975.76	219.27	21733201.33	64.78	6512643.52	50.94	4603863.20		
9	35.07	3393486.64					164.22	15656343.83	58.63	5409170.74		
10	49.90	4765444.28					124.45	11830414.06	63.19	5855559.57	42.15	4386042.15
11	42.09	4974556.21			188.59	18408840.94	96.26	9243534.82			46.46	4892955.87
12					205.46	19864019.28	84.39	7932298.00			37.00	3752146.62
13					149.06	14365313.88			60.60	5504044.86	36.44	3457664.55
14	49.98	5274079.43			119.68	11273691.03			60.21	5176834.70	35.70	3812591.40
15	47.47	5019471.52			143.72	13139689.72	66.14	6296393.90	63.90	5531631.65		
16	54.47	5848283.56					60.74	5669503.26	79.74	7660784.90		
17	46.82	5200676.56					58.27	5578497.89	75.97	6885777.31	27.24	2840713.76
18	64.23	7087731.40			110.37	12407833.04	71.97	6843292.61			51.30	5219983.69
19					137.90	12853941.97	79.73	7955705.35			28.72	2998618.85
20					190.77	17406239.22			48.63	4618275.50	36.49	3850964.25
21	43.68	5004016.32			140.13	13091177.86			99.81	9385257.42	115.28	11975587.41
22	51.50	5820935.00			105.86	9930306.97	54.00	5264807.15	58.45	5570175.39		
23	75.32	8720186.11					50.11	4777451.59	66.63	7918200.52		
24	109.96	12405766.10					49.79	4837743.22	49.41	5297396.93	478.32	45994428.21
25	65.10	7419747.06	76.52	7603108.24	93.10	8606413.52	48.66	4536308.58			381.19	40377324.84
26			61.72	6315358.45	96.16	8932741.72	69.65	6500907.11			224.48	23644593.78
27			64.48	6901316.85	74.04	6856905.35			35.70	3599154.71	192.32	21507783.49
28	80.82	9497453.36	60.01	6066644.49	84.70	7327015.87			39.25	3647584.36	267.95	28861920.46
29	55.11	6621869.16			114.54	11478558.85	105.64	9920385.71	48.03	4920505.71		
30	44.98	5568080.04					104.84	9358255.88	51.99	5366693.06		
31	158.75	16731967.21							39.99	4098824.76		

数据来源:上海证券交易所
Source:Shanghai Stock Exchange

Daily Trading Volume and Value of A Shares in Shanghai Stock Exchange in 2002

成交额:亿元;成交量:手

7月 Jul.		8月 Aug.		9月 Sep.		10月 Oct.		11月 Nov.		12月 Dec.	
成交额 Turnover	成交量 Volume	成交额 Turnover	成交量 Volume	成交额 Turnover	成交量 Volume	成交额 Turnover	成交量 Volume	成交额 Turnover	成交量 Volume	成交额 Turnover	成交量 Volume
141.60	15088519.55	46.17	4689345.27					30.89	3466843.59		
121.29	12458061.30	40.09	3929999.14	36.80	3380625.04					55.46	6436175.36
123.99	12564396.51			42.19	3801376.14					41.20	5004400.76
118.01	12224025.68			40.20	3815257.84			42.56	4743631.68	63.50	7368188.57
101.94	10385711.84	40.30	3710047.64	60.01	5778090.16			103.07	11487504.31	39.14	4641046.49
		62.99	6564959.80	52.00	5277975.02			60.60	6312131.52	32.24	3637636.55
		35.64	3419539.06					54.68	6251617.66		
105.22	9937111.17	40.09	3922133.21			25.72	2470644.07	73.70	9078752.23		
100.27	9864573.78	47.98	4538485.84	40.85	4070315.82	74.70	16758836.89			27.21	3142775.37
115.57	11594278.63			37.17	3449004.96	34.97	4928973.20			42.64	5006310.73
89.20	8603367.21			43.75	4263879.71	45.71	5979292.95	37.76	4244575.30	35.70	4266999.81
80.50	7550774.26	42.82	4095362.50	36.82	3362494.40			60.38	7712786.96	36.94	4169809.62
		31.17	2857239.92	33.33	3014875.58			51.90	6130909.07	44.87	5301097.36
		30.46	2902217.50			40.31	5379115.82	48.77	5162257.89		
78.31	7688821.59	32.36	3148754.36			29.30	3663401.01	51.35	5719216.66		
67.98	6824693.78	52.85	5578482.46	45.39	4307014.33	39.38	4862252.72			50.83	6144245.65
60.18	5908372.79			41.25	4128708.97	33.21	4011788.04			46.20	5517380.74
78.18	7685193.89			36.34	3335807.73	34.64	3949732.93	36.43	4005532.14	50.98	5961717.46
71.09	6628458.19	34.73	3470062.20	55.82	5332703.96			36.08	4024954.88	41.05	4605426.80
		72.91	7835916.22	38.52	3417596.34			46.90	5444699.68	52.22	6076280.04
		59.47	6126030.02			29.07	3383436.61	53.26	6496896.99		
79.78	7845740.06	92.69	8590071.33			54.69	6310494.27	52.59	6461430.06		
65.37	6282368.63	61.34	5388337.97	27.42	2453089.66	41.18	4645101.30			53.46	6121635.14
51.62	5026372.77			33.00	3127109.32	41.67	4348982.87			45.24	5136457.08
49.99	4970691.81			38.23	3524353.63	42.83	5009552.48	33.34	4284923.71	46.12	5287198.88
45.82	4615974.05	53.15	4867002.27	43.56	3947136.16			40.70	5095337.83	69.08	8334622.52
		70.18	6045645.51	41.15	3783548.63			51.71	6897596.73	55.89	6635252.03
		63.79	5501371.02			39.05	4733582.13	60.56	7612822.53		
46.82	4593365.57	44.30	4281754.59			40.89	4407618.88	119.41	14377159.84		
60.23	5728605.58	42.19	3880081.80			33.21	3630368.86			52.36	6141685.87
52.36	4955015.35					30.88	3453110.53			57.52	6325839.85

2-23 2002 年深圳 A 股每日成交量、成交额

日期 Date	1月 Jan.		2月 Feb.		3月 Mar.		4月 Apr.		5月 May		6月 Jun.	
	成交额 Turnover	成交量 Volume	成交额 Turnover	成交量 Volume	成交额 Turnover	成交量 Volume	成交额 Turnover	成交量 Volume	成交额 Turnover	成交量 Volume	成交额 Turnover	成交量 Volume
1			64.72	7716251.13	34.02	4444133.14	48.23	5464601.51				
2							58.12	6323794.58				
3							51.79	5612840.59			32.57	3618128.00
4	16.99	1903997.86	45.45	5814343.19	33.64	4533976.45	61.90	6721796.64			33.60	3671970.83
5			49.26	6393454.21	69.21	7992470.43	65.23	7101276.21			31.35	3621456.43
6			42.66	5307596.54	112.97	13423687.61					56.57	6369881.13
7	16.35	1804058.71	48.34	5705704.87	110.15	13125872.09					70.70	7981356.03
8	14.34	1502373.70	41.16	4722007.85	159.63	18115672.72	44.66	4606333.87	37.78	4005560.34		
9	20.16	2196230.17					80.34	8363515.73	46.32	4971952.84		
10	28.37	2995913.56					74.35	7914801.48	50.05	5553027.42	38.66	4440712.41
11	20.39	2350632.68			137.91	14980318.64	71.17	7453294.90			37.86	4204846.09
12					139.25	14596250.76	56.16	5752694.25			33.46	3600139.44
13					106.25	11862442.28			39.52	4328953.07	36.42	3903780.30
14	27.43	3093243.03			94.93	10417496.36			38.64	4039219.11	30.28	3361553.20
15	24.11	2702065.97			108.56	11330174.20	50.56	5264037.18	38.74	4012610.66		
16	24.49	2816945.92					47.61	4909048.66	50.46	5466966.65		
17	24.27	2877053.37					42.90	4378267.56	47.08	5003287.08	22.21	2463974.09
18	32.58	4034118.58			75.00	8165799.33	44.67	4776347.04			44.48	4918137.27
19					79.26	8332792.05	53.53	5883692.20			28.53	3183685.17
20					104.23	10851667.61			39.00	4159215.29	36.22	4161107.86
21	26.50	3511609.22			91.90	9756102.97			84.94	8453413.37	121.94	13505834.38
22	30.90	4013107.12			74.76	7810007.05	41.52	4350848.64	56.17	5563369.35		
23	43.19	5980537.09					37.69	4029642.32	46.44	4536136.78		
24	62.53	8360721.77					36.63	3899406.31	44.49	4816941.33	317.37	31950593.23
25	37.76	5121529.95	43.09	4881656.62	57.43	5899281.04	34.28	3753120.22			281.55	28241715.48
26			40.71	5018999.14	61.94	6453187.01	47.71	5150955.58			173.69	17182128.29
27			38.59	4772049.49	58.12	6476066.12			31.12	3234262.93	118.46	12024310.89
28	44.15	6094937.49	37.02	4423485.33	59.30	6158750.84			34.60	3742898.70	129.13	12994687.53
29	31.62	4364456.94			67.83	7387088.61	68.89	6992687.55	38.70	4049690.94		
30	28.58	4137260.19					68.63	6891974.15	35.15	3725473.41		
31	90.41	10567275.53							29.68	3182890.22		

数据来源：深圳证券交易所

Source: Shenzhen Stock Exchange

Daily Trading Volume and Value of A Shares in Shenzhen Stock Exchange in 2002

成交额：亿元；成交量：手

7月 Jul.		8月 Aug.		9月 Sep.		10月 Oct.		11月 Nov.		12月 Dec.	
成交额 Turnover	成交量 Volume	成交额 Turnover	成交量 Volume	成交额 Turnover	成交量 Volume	成交额 Turnover	成交量 Volume	成交额 Turnover	成交量 Volume	成交额 Turnover	成交量 Volume
74.13	7565754.23	30.48	2947581.36					19.90	2187358.69		
68.68	7077846.25	27.97	2585098.68	26.98	2565317.72					27.66	3665631.73
63.17	6310253.57			31.13	2912391.19					21.26	2849320.19
70.46	7010718.75			33.06	3143957.23			30.45	3235658.82	27.05	3526207.75
36.54	3611030.97	24.11	2367608.11	41.84	4131444.47			58.89	6459941.06	20.44	2779181.40
		41.37	4202583.65	33.89	3357646.51			33.91	3612823.14	19.63	2584335.86
		26.34	2592408.27					31.71	3375453.75		
58.91	5891983.39	26.93	2688677.53			16.53	1727369.33	38.90	4281743.16		
56.46	5813599.03	31.07	3043837.06	30.70	3079939.53	21.27	2396134.12			15.46	2013033.10
64.15	6415230.69			23.01	2256175.84	16.26	1861509.28			20.44	2661422.79
51.50	5156679.99			26.62	2664467.16	16.30	1823337.51	22.61	2497770.64	19.40	2559931.74
41.64	4314463.69	27.55	2734112.20	24.32	2335903.33			33.92	3963699.39	22.54	2891823.56
		22.44	2203612.21	18.98	1840677.11			30.64	3569644.93	27.63	3693625.71
		21.63	2134633.37			21.92	2589946.46	28.85	3322156.29		
41.90	4392595.06	21.41	2094665.56			19.03	2204913.54	31.41	3529017.81		
35.89	3611371.19	31.29	3132594.97	25.89	2627638.62	24.43	2789573.73			35.78	4914990.81
38.93	3858995.81			28.21	2969702.41	20.36	2322399.77			37.80	4925779.93
49.55	4897802.08			19.67	2011916.75	22.80	2573946.90	22.12	2609647.21	42.09	5435086.46
43.91	4318185.92	23.56	2288936.12	36.45	3773243.47			23.77	2765649.37	28.84	3750608.80
		47.42	4543042.09	27.40	2733867.68			24.53	2956832.10	40.18	5227589.90
		42.49	4054008.68			17.73	2024314.74	31.18	4001727.46		
48.87	4840347.59	65.12	5960682.96			32.30	3619130.82	30.91	4078753.41		
44.17	4267933.78	41.25	3761147.79	19.43	1872131.87	26.57	2973419.93			42.21	5569995.19
36.22	3465715.35			22.05	2168271.40	28.38	3101903.17			30.28	3656897.02
34.30	3437497.56			29.81	2939031.15	23.84	2577038.02	19.42	2629380.62	35.20	4444793.19
30.37	3061203.03	42.16	3762690.85	33.49	3611133.88			22.13	2903076.29	41.39	5393064.37
		55.55	4815792.09	26.21	2705404.14			25.59	3622056.31	37.94	4891026.11
		42.83	3811051.79			23.28	2610934.65	33.51	4548251.95		
28.91	2874469.54	40.16	3805144.17			24.56	2770726.33	61.82	7979128.41		
29.26	2932860.20	27.83	2691629.77			23.83	2691709.82			31.13	3907818.57
36.18	3349443.84					22.12	2437260.23			31.24	3856445.96

2-24 2002年全国B股每日成交量、成交额

日期 Date	1月 Jan.		2月 Feb.		3月 Mar.		4月 Apr.		5月 May		6月 Jun.	
	成交额 Turnover	成交量 Volume	成交额 Turnover	成交量 Volume	成交额 Turnover	成交量 Volume	成交额 Turnover	成交量 Volume	成交额 Turnover	成交量 Volume	成交额 Turnover	成交量 Volume
1			13.20	2486073.57	2.12	433489.97	2.71	466157.98				
2							3.09	537225.96				
3							2.69	461574.90			1.72	329220.03
4	3.31	476481.86	6.93	1329136.30	2.08	411279.07	4.19	733143.63			1.52	307334.29
5			6.42	1235713.68	8.71	1588290.45	3.62	617315.76			0.98	188941.20
6			5.12	962614.49	11.63	2132063.99					2.68	534066.88
7	3.75	570586.95	4.84	879945.42	9.18	1665209.73					2.47	487798.24
8	8.51	1255770.03	5.06	893078.51	15.87	2851026.83	1.82	299952.88	1.98	354812.45		
9	10.42	1616316.75					4.20	704551.39	1.89	350924.06		
10	7.37	1185726.80					2.26	393503.66	1.67	321404.84	0.84	161993.39
11	4.38	708059.99			12.13	2078585.78	2.29	386938.84			1.02	188017.37
12					11.99	2089724.95	2.85	491807.11			0.67	124575.01
13					6.65	1201362.69			1.42	262442.97	0.92	181076.21
14	6.25	1047835.98			6.95	1238280.93			1.33	249173.02	0.93	184625.59
15	5.32	922011.22			8.61	1496507.12	8.34	1468793.24	3.77	680388.41		
16	5.02	843785.70					4.47	829288.61	3.27	598726.71		
17	4.88	808500.50					2.37	436167.27	2.25	413843.06	1.48	281359.20
18	6.44	1111819.69			4.72	850269.11	3.87	706654.54			1.38	272434.86
19					5.49	975110.46	5.58	1064910.48			0.67	130285.94
20					6.75	1181808.98			1.46	267929.23	1.14	216924.34
21	5.84	1042607.50			3.72	666180.04			2.93	535883.85	5.55	1084426.11
22	9.36	1699753.58			3.27	591314.80	2.65	485762.41	1.33	243699.18		
23	13.26	2623922.28					2.19	425590.52	2.25	356889.58		
24	11.06	2080561.69					1.78	342629.83	2.62	442492.60	24.98	4065374.64
25	5.43	1040975.61	4.89	895720.43	2.64	478497.15	2.47	437512.56			20.98	3679387.37
26			2.95	548834.30	4.00	721401.88	5.22	952393.14			7.61	1365814.33
27			2.16	411622.54	3.88	696682.70			1.89	333494.43	5.00	900661.54
28	8.57	1639568.38	3.82	722405.73	5.86	960300.10			1.24	221594.09	6.94	1209623.29
29	5.61	1125320.26			4.83	840627.05	4.90	905938.32	2.40	471976.58		
30	3.23	662826.88					3.91	770474.30	1.47	285965.39		
31	17.11	2999107.08							1.00	188553.62		

数据来源：上海、深圳证券交易所

Source：Shanghai Shenzhen Stock Exchange

Daily Trading Volume and Value for B Shares in 2002

成交额:亿元;成交量:手

7月 Jul.		8月 Aug.		9月 Sep.		10月 Oct.		11月 Nov.		12月 Dec.	
成交额 Turnover	成交量 Volume	成交额 Turnover	成交量 Volume	成交额 Turnover	成交量 Volume	成交额 Turnover	成交量 Volume	成交额 Turnover	成交量 Volume	成交额 Turnover	成交量 Volume
3.69	678647.43	1.40	254627.72					1.19	267991.83		
9.22	1667773.40	1.08	199761.14	0.81	139066.09					1.68	395089.22
17.59	3216787.31			0.72	123511.34					1.43	336766.67
21.75	3808984.46			1.42	253212.16			1.74	382037.41	2.26	525559.15
10.96	1944908.50	0.96	171284.98	2.38	436013.08			4.17	891515.69	1.04	256909.99
		2.18	401734.02	1.11	198783.00			1.65	347047.99	1.64	392561.38
		0.79	143038.18					1.39	294775.25		
12.62	2257700.77	1.01	186459.20			1.46	268648.73	2.81	601936.59		
8.49	1524876.40	1.12	206295.55	1.17	216679.50	1.72	329922.94			1.36	321939.11
6.49	1156172.08			0.74	136206.17	1.48	284586.67			1.52	368546.60
6.10	1082564.10			0.93	173825.06	1.37	272227.19	1.45	314233.85	1.20	283791.87
4.96	841094.96	1.08	193550.94	0.71	129226.76			2.63	581224.84	1.47	335411.46
		0.75	136064.13	0.54	95759.15			2.01	450494.58	2.18	519142.57
		0.68	123311.26			1.08	210638.39	1.53	358530.97		
3.72	683897.62	0.67	121904.79			0.77	153580.80	2.28	516066.38		
2.55	450481.17	1.47	273659.00	1.18	213523.43	1.34	273535.49			2.67	608107.98
4.10	756824.22			1.35	258233.04	1.88	378245.96			2.87	661090.94
5.99	1116448.67			0.82	164031.58	1.68	391736.47	0.96	215497.15	2.92	648699.19
5.66	1004337.11	0.75	134818.92	1.77	343014.19			1.65	362995.91	1.53	338467.41
		2.64	458933.49	0.87	173138.15			1.93	431881.49	2.18	487948.70
		1.27	221440.03			0.90	205397.58	2.33	530024.31		
5.23	958331.13	3.33	582776.33			1.85	395948.38	2.15	490357.47		
2.79	508832.25	1.20	212247.79	0.48	88582.39	0.92	200747.77			2.08	463714.29
2.09	377283.93			0.54	102224.94	0.85	173920.64			1.20	266359.96
3.05	545305.99			0.63	116003.48	2.13	424022.37	1.19	270730.08	1.18	278264.96
4.10	727943.38	1.10	189972.43	0.95	184260.73			1.58	370965.12	2.28	530010.63
		1.06	178441.27	1.01	183481.81			2.25	524977.34	1.73	422250.03
		1.12	191695.01			2.52	523622.01	2.25	532566.77		
2.26	416308.13	0.94	167508.70			1.87	388443.41	4.78	1083725.86		
1.84	350292.80	0.81	144463.59			1.33	301793.98			1.41	333473.81
1.53	281663.11					1.24	273828.49			1.32	310973.42

2-25 2002年上海B股每日成交量、成交额

日期 Date	1月 Jan.		2月 Feb.		3月 Mar.		4月 Apr.		5月 May		6月 Jun.	
	成交额 Turnover	成交量 Volume	成交额 Turnover	成交量 Volume	成交额 Turnover	成交量 Volume	成交额 Turnover	成交量 Volume	成交额 Turnover	成交量 Volume	成交额 Turnover	成交量 Volume
1			9.07	1564386.16	1.13	201472.59	1.63	254708.15				
2							1.99	325718.62				
3							1.31	210829.58			1.22	220981.38
4	2.29	309519.21	4.35	756738.69	1.15	199930.47	2.35	374357.26			0.98	179747.15
5			3.78	661131.81	5.28	885799.03	1.80	290787.97			0.58	105476.38
6			3.23	544996.17	6.67	1117185.97					1.79	329468.91
7	2.34	317127.17	3.06	514834.51	5.48	891860.92					1.62	295395.90
8	6.14	859023.27	3.12	514313.81	8.80	1421090.77	1.04	162209.73	0.86	146252.17		
9	7.36	1081030.69					2.39	359994.88	0.97	163925.14		
10	5.40	820596.83					1.20	190003.70	0.88	159322.86	0.54	98827.42
11	3.07	456901.75			6.71	1067677.49	1.34	205242.43			0.62	110407.47
12					7.18	1147307.98	1.25	201225.98			0.37	66418.58
13					3.86	636989.64			0.96	168150.52	0.58	106856.04
14	4.23	655897.84			4.23	677070.44			0.88	157442.77	0.59	107359.05
15	3.66	578701.75			5.43	854883.21	5.91	971161.12	2.91	503001.85		
16	3.43	531615.18					2.98	505870.49	2.39	415761.77		
17	3.11	481451.31					1.53	262455.37	1.57	277005.79	0.50	92447.65
18	4.33	673713.90			2.90	475560.60	2.70	461410.91			0.79	145177.01
19					2.95	460673.22	3.86	671992.36			0.32	54258.36
20					3.86	612559.94			0.94	164425.62	0.71	124096.42
21	4.14	672954.58			2.17	347100.79			1.88	325452.09	3.20	566556.25
22	7.23	1231253.16			1.88	304210.68	1.34	236424.21	0.91	159254.61		
23	9.72	1793948.57					1.23	221645.21	1.80	273159.99		
24	7.36	1264336.33					1.06	192908.30	2.17	350603.57	16.48	2523632.79
25	3.75	659229.82	2.82	467208.86	1.17	186226.85	0.85	152586.95			11.58	1860792.37
26			1.90	319340.22	2.00	321015.46	3.18	538134.07			4.02	661277.27
27			1.24	212555.54	2.00	313503.60			1.38	223000.62	2.96	489165.26
28	5.91	1065350.95	2.40	411343.64	3.96	607337.21			0.80	133133.71	5.25	873461.89
29	3.67	681274.96			3.18	500118.55	3.10	539992.58	1.41	249467.35		
30	2.23	425424.94					1.99	344094.82	0.91	160205.08		
31	12.44	2068729.73							0.66	115495.20		

数据来源:上海证券交易所

Source: Shanghai Stock Exchange

Daily Trading Volume and Value of B Shares in Shanghai Stock Exchange in 2002

成交额:亿元;成交量:手

7月 Jul.		8月 Aug.		9月 Sep.		10月 Oct.		11月 Nov.		12月 Dec.	
成交额 Turnover	成交量 Volume	成交额 Turnover	成交量 Volume	成交额 Turnover	成交量 Volume	成交额 Turnover	成交量 Volume	成交额 Turnover	成交量 Volume	成交额 Turnover	成交量 Volume
2.50	430762.50	0.81	135662.46					0.60	114951.75		
5.64	920071.84	0.59	101843.59	0.40	63981.99					1.17	258967.52
8.63	1385486.12			0.42	66345.29					0.98	215697.69
10.56	1674283.77			0.81	135339.35			0.87	164673.28	1.54	328702.60
6.29	1015643.17	0.56	93425.07	1.43	238103.92			2.21	412840.65	0.63	141423.72
		1.28	216212.09	0.70	116347.64			0.91	167362.00	0.84	179574.43
		0.47	77022.31					0.83	154664.12		
5.77	913904.31	0.54	90961.29			0.88	153147.02	1.71	322491.64		
4.18	671442.04	0.59	98352.28	0.67	112285.41	1.04	180573.73			0.67	140486.29
3.93	638924.29			0.38	63010.78	0.90	158036.61			0.78	171222.32
3.63	584043.61			0.53	88895.94	0.74	127792.96	0.80	154151.41	0.73	160200.09
3.41	533212.71	0.61	100800.06	0.40	66023.68			1.74	350912.17	0.98	210134.33
		0.40	66146.74	0.29	46948.35			1.34	269397.69	1.35	296930.74
		0.37	61155.14			0.66	117347.68	0.77	154385.54		
1.95	311017.29	0.35	58668.82			0.45	78344.61	1.40	285222.06		
1.48	231683.44	0.82	137820.52	0.79	131216.75	0.75	133949.13			1.64	346740.29
2.35	391971.42			0.88	156620.07	0.86	157173.92			1.45	301537.04
2.92	482599.84			0.50	91108.25	0.78	137600.00	0.58	116703.45	1.89	392440.40
3.44	554771.20	0.42	70687.99	1.01	172379.87			1.03	203421.36	1.04	220420.62
		1.39	226840.89	0.40	67649.12			1.22	249172.13	1.27	267106.88
		0.72	117396.91			0.41	73245.59	1.58	331039.83		
2.96	488131.24	1.80	292585.41			0.95	171404.08	1.44	305968.54		
1.57	258557.15	0.67	111484.19	0.26	44027.16	0.48	84862.65			1.28	263867.15
1.35	222119.22			0.28	47922.71	0.42	73775.72			0.81	170407.35
1.83	297515.62			0.31	52208.78	1.55	283258.84	0.82	173889.44	0.68	147481.40
2.79	460369.52	0.52	84813.27	0.61	106241.45			1.05	227173.40	1.47	317475.86
		0.57	88084.55	0.72	122031.85			1.62	359638.73	1.02	222727.01
		0.61	97509.47			1.82	349121.03	1.53	333518.46		
1.42	238617.45	0.42	68609.24			1.25	238309.89	3.27	687552.99		
0.94	159223.25	0.42	70672.42			0.63	118197.50			0.91	205596.75
0.89	148058.38					0.66	126107.16			0.81	179993.53

2-26 2002年深圳B股每日成交量、成交额

日期 Date	1月 Jan.		2月 Feb.		3月 Mar.		4月 Apr.		5月 May		6月 Jun.	
	成交额 Turnover	成交量 Volume	成交额 Turnover	成交量 Volume	成交额 Turnover	成交量 Volume	成交额 Turnover	成交量 Volume	成交额 Turnover	成交量 Volume	成交额 Turnover	成交量 Volume
1			4.13	921687.41	0.99	232017.38	1.08	211449.83				
2							1.10	211507.34				
3							1.38	250745.32			0.50	108238.65
4	1.02	166962.65	2.58	572397.61	0.93	211348.60	1.84	358786.37			0.54	127587.14
5			2.64	574581.87	3.43	702491.42	1.82	326527.79			0.40	83464.82
6			1.89	417618.32	4.96	1014878.02					0.89	204597.97
7	1.41	253459.78	1.78	365110.91	3.70	773348.81					0.85	192402.34
8	2.37	396746.76	1.94	378764.70	7.07	1429936.06	0.78	137743.15	1.12	208560.28		
9	3.06	535286.06					1.81	344556.51	0.92	186998.92		
10	1.97	365129.97					1.06	203499.96	0.79	162081.98	0.30	63165.97
11	1.31	251158.24			5.42	1010908.29	0.95	181696.41			0.40	77609.90
12					4.81	942416.97	1.60	290581.13			0.30	58156.43
13					2.79	564373.05			0.46	94292.45	0.34	74220.17
14	2.02	391938.14			2.72	561210.49			0.45	91730.25	0.34	77266.54
15	1.66	343309.47			3.18	641623.91	2.43	497632.12	0.86	177386.56		
16	1.59	312170.52					1.49	323418.12	0.88	182964.94		
17	1.77	327049.19					0.84	173711.90	0.68	136837.27	0.98	188911.55
18	2.11	438105.79			1.82	374708.51	1.17	245243.63			0.59	127257.85
19					2.54	514437.24	1.72	392918.12			0.35	76027.58
20					2.89	569249.04			0.52	103503.61	0.43	92827.92
21	1.70	369652.92			1.55	319079.25			1.05	210431.76	2.35	517869.86
22	2.13	468500.42			1.39	287104.12	1.31	249338.20	0.42	84444.57		
23	3.54	829973.71					0.96	203945.31	0.45	83729.59		
24	3.70	816225.36					0.72	149721.53	0.45	91889.03	8.50	1541741.85
25	1.68	381745.79	2.07	428511.57	1.47	292270.30	1.62	284925.61			9.40	1818595.00
26			1.05	229494.08	2.00	400386.42	2.04	414259.07			3.59	704537.06
27			0.92	199067.00	1.88	383179.10			0.51	110493.81	2.04	411496.28
28	2.66	574217.43	1.42	311062.09	1.90	352962.89			0.44	88460.38	1.69	336161.40
29	1.94	444045.30			1.65	340508.50	1.80	365945.74	0.99	222509.23		
30	1.00	237401.94					1.92	426379.48	0.56	125760.31		
31	4.67	930377.35							0.34	73058.42		

数据来源：深圳证券交易所

Source：Shenzhen Stock Exchange

Daily Trading Volume and Value of B Shares in Shenzhen Stock Exchange in 2002

成交额:亿元;成交量:手

7月 Jul.		8月 Aug.		9月 Sep.		10月 Oct.		11月 Nov.		12月 Dec.	
成交额 Turnover	成交量 Volume	成交额 Turnover	成交量 Volume	成交额 Turnover	成交量 Volume	成交额 Turnover	成交量 Volume	成交额 Turnover	成交量 Volume	成交额 Turnover	成交量 Volume
1.19	247884.93	0.59	118965.26					0.59	153040.08		
3.58	747701.56	0.49	97917.55	0.41	75084.10					0.51	136121.70
8.96	1831301.19			0.30	57166.05					0.45	121068.98
11.19	2134700.69			0.61	117872.81			0.87	217364.13	0.72	196856.55
4.67	929265.33	0.40	77859.91	0.95	197909.16			1.96	478675.04	0.41	115486.27
		0.90	185521.93	0.41	82435.36			0.74	179685.99	0.80	212986.95
		0.32	66015.87					0.56	140111.13		
6.85	1343796.46	0.47	95497.91			0.58	115501.71	1.10	279444.95		
4.31	853434.36	0.53	107943.27	0.50	104394.09	0.68	149349.21			0.69	181452.82
2.56	517247.79			0.36	73195.39	0.58	126550.06			0.74	197324.28
2.47	498520.49			0.40	84929.12	0.63	144434.23	0.65	160082.44	0.47	123591.78
1.55	307882.25	0.47	92750.88	0.31	63203.08			0.89	230312.67	0.49	125277.13
		0.35	69917.39	0.25	48810.80			0.67	181096.89	0.83	222211.83
		0.31	62156.12			0.42	93290.71	0.76	204145.43		
1.77	372880.33	0.32	63235.97			0.32	75236.19	0.88	230844.32		
1.07	218797.73	0.65	135838.48	0.39	82306.68	0.59	139586.36			1.03	261367.69
1.75	364852.80			0.47	101612.97	1.02	221072.04			1.42	359553.90
3.07	633848.83			0.32	72923.33	0.90	254136.47	0.38	98793.70	1.03	256258.79
2.22	449565.91	0.33	64130.93	0.76	170634.32			0.62	159574.55	0.49	118046.79
		1.25	232092.60	0.47	105489.03			0.71	182709.36	0.91	220841.82
		0.55	104043.12			0.49	132151.99	0.75	198984.48		
2.27	470199.89	1.53	290190.92			0.90	224544.30	0.71	184388.93		
1.22	250275.10	0.53	100763.60	0.22	44555.23	0.44	115885.12			0.80	199847.14
0.74	155164.71			0.26	54302.23	0.43	100144.92			0.39	95952.61
1.22	247790.37			0.32	63794.70	0.58	140763.53	0.37	96840.64	0.50	130783.56
1.31	267573.86	0.58	105159.16	0.34	78019.28			0.53	143791.72	0.81	212534.77
		0.49	90356.72	0.29	61449.96			0.63	165338.61	0.71	199523.02
		0.51	94185.54			0.70	174500.98	0.72	199048.31		
0.84	177690.68	0.52	98899.46			0.62	150133.52	1.51	396172.87		
0.90	191069.55	0.39	73791.17			0.70	183596.48			0.50	127877.06
0.64	133604.73					0.58	147721.33			0.51	130979.89

2-27 2002年股票成交金额地区分布

Regional Distribution of Stock Turnover

成交额:百万元;(1000000)

地区 Region	总成交额 Turnover	比例 (%)	A股成交金额 Turnover of A	比例 (%)	B股成交金额 Turnover of B	比例 (%)
安 徽	57365.76	2.05	56865.05	2.10	500.71	0.59
北 京	229452.23	8.20	229046.71	8.44	405.52	0.48
福 建	90106.75	3.22	89759.47	3.31	347.28	0.41
甘 肃	25588.16	0.91	25587.91	0.94	0.26	0.00
广 东	180197.90	6.44	173574.29	6.40	6623.62	7.81
广 西	21375.29	0.76	21371.44	0.79	3.85	0.00
贵 州	20831.53	0.74	20827.82	0.77	3.71	0.00
海 南	24202.40	0.86	23583.00	0.87	619.40	0.73
河 北	38310.43	1.37	38306.62	1.41	3.81	0.00
河 南	63908.56	2.28	63908.56	2.35	0.00	0.00
黑龙江	94981.45	3.39	93580.80	3.45	1400.66	1.65
湖 北	92233.05	3.30	91348.91	3.37	884.14	1.04
湖 南	46756.12	1.67	46756.12	1.72	0.00	0.00
吉 林	40230.41	1.44	40191.39	1.48	39.02	0.05
江 苏	158220.97	5.65	156693.15	5.77	1527.82	1.80
江 西	60804.90	2.17	60804.90	2.24	0.00	0.00
辽 宁	108537.71	3.88	107193.46	3.95	1344.26	1.58
内蒙古	33185.96	1.19	31219.77	1.15	1966.19	2.32
宁 夏	12651.82	0.45	12649.85	0.47	1.98	0.00
青 海	9481.51	0.34	9481.51	0.35	0.00	0.00
山 东	143216.70	5.12	141719.37	5.22	1497.34	1.76
山 西	20617.40	0.74	20615.70	0.76	1.71	0.00
陕 西	49798.52	1.78	49793.55	1.83	4.97	0.01
上 海	576711.62	20.60	534712.33	19.70	41999.29	49.50
深 圳	172512.50	6.16	153534.96	5.66	18977.55	22.37
四 川	103863.03	3.71	103825.50	3.83	37.54	0.04
天 津	51315.91	1.83	50310.36	1.85	1005.54	1.19
西 藏	11524.31	0.41	11524.31	0.42	0.00	0.00
新 疆	45178.84	1.61	45171.01	1.66	7.83	0.01
云 南	21791.01	0.78	21791.01	0.80	0.00	0.00
浙 江	152424.26	5.45	148180.39	5.46	4243.87	5.00
重 庆	40409.93	1.44	40274.75	1.48	135.18	0.16
境 外	1258.66	0.04	0.00	0.00	1258.66	1.48
合 计	2799045.51	100.00	2714203.88	100.00	84841.62	100.00

数据来源:上海、深圳证券交易所

Source:Shanghai Shenzhen Stock Exchange

2-28 2002年全国A股按成交量排序前50名

Top 50 of A Share Trading Volume in 2002

序号 No.	代码 Code	股票简称 Shares	年成交量(百万股) Trading Volume(1000000)	交易所 Exchange
1	600050	中国联通	5021.9	14926.93
2	600028	中国石化	4422.07	15382.62
3	600350	山东基建	3216.73	15976.09
4	600036	招商银行	3034.3	31482.58
5	600026	中海发展	2955.57	17689.6
6	600019	宝钢股份	2809.17	11958.95
7	000001	深发展A	2186.39	29300.01
8	600653	申华控股	2186.21	10720.95
9	600362	江西铜业	2102.82	10664.57
10	000557	ST银广夏	2042.12	9741.69
11	000009	深宝安A	2000.21	12744.64
12	000682	ST 东方	1823.69	11450.76
13	000898	鞍钢新轧	1450.13	5467.17
14	600104	上海汽车	1441.19	10155.56
15	000029	深深房A	1289.72	12468.31
16	600598	北 大 荒	1286.82	9630.3
17	600609	金杯汽车	1235.11	7466.17
18	000825	太钢不锈	1203.74	7425.16
19	600808	马钢股份	1162.15	4102.35
20	600115	东方航空	1121.25	6492.46
21	600548	深 高 速	1032.6	8273.76
22	000510	金路集团	1026.98	10756.69
23	600585	海螺水泥	956.92	6731.88
24	600799	ST 龙 科	952.45	7802.45
25	600839	四川长虹	946.51	8036.8
26	600816	鞍山信托	936.65	7117.19
27	000800	一汽轿车	927.39	5205
28	000735	罗 牛 山	920.88	5514.09
29	600072	江南重工	873.76	8787.45
30	600664	哈药集团	873.51	13346.49
31	600207	安彩高科	835.8	10955.71
32	000875	吉电股份	827.38	4366.51
33	600895	张江高科	823.62	9426.25
34	000932	华菱管线	805.56	4621.43
35	000005	世纪星源	789.21	4511.24
36	600016	民生银行	778.89	9666.76
37	600748	浦东不锈	773.91	8708.2
38	600069	银鸽投资	763.8	4464.57
39	600705	北亚集团	758.87	6307.1
40	600642	申能股份	758.74	9062.42
41	000585	ST东北电	741.47	2986.63
42	600688	上海石化	739.38	2757.29
43	000625	长安汽车	737.03	5262.18
44	000068	赛格三星	730.84	6226.24
45	000620	ST圣方科	726.8	5968.22
46	600862	ST 纵 横	715.46	4624.72
47	600649	原水股份	706.45	5781.04
48	000892	长丰通信	698.03	6543.62
49	000550	江铃汽车	697.14	6062.02
50	600221	海南航空	693.53	4992.36

数据来源:上海、深圳证券交易所

Source:Shanghai Shenzhen Stock Exchange

2-29 2002年上海A股按成交量排序前50名

Top 50 of Shanghai Stock Exchange A Share Trading Volume in 2002

序号 No.	代码 Code	股票简称 Shares	年成交量(百万股) Trading Volume(1000000)	年成交金额(百万元) Turnover (1000000)
1	600050	中国联通	5021.9	14926.93
2	600028	中国石化	4422.07	15382.62
3	600350	山东基建	3216.73	15976.09
4	600036	招商银行	3034.3	31482.58
5	600026	中海发展	2955.57	17689.6
6	600019	宝钢股份	2809.17	11958.95
7	600653	申华控股	2186.21	10720.95
8	600362	江西铜业	2102.82	10664.57
9	600104	上海汽车	1441.19	10155.56
10	600598	北 大 荒	1286.82	9630.3
11	600609	金杯汽车	1235.11	7466.17
12	600808	马钢股份	1162.15	4102.35
13	600115	东方航空	1121.25	6492.46
14	600548	深 高 速	1032.6	8273.76
15	600585	海螺水泥	956.92	6731.88
16	600799	ST 龙科	952.45	7802.45
17	600839	四川长虹	946.51	8036.8
18	600816	鞍山信托	936.65	7117.19
19	600072	江南重工	873.76	8787.45
20	600664	哈药集团	873.51	13346.49
21	600207	安彩高科	835.8	10955.71
22	600895	张江高科	823.62	9426.25
23	600016	民生银行	778.89	9666.76
24	600748	浦东不锈	773.91	8708.2
25	600069	银鸽投资	763.8	4464.57
26	600705	北亚集团	758.87	6307.1
27	600642	申能股份	758.74	9062.42
28	600688	上海石化	739.38	2757.29
29	600862	ST 纵 横	715.46	4624.72
30	600649	原水股份	706.45	5781.04
31	600221	海南航空	693.53	4992.36
32	600000	浦发银行	690.92	10004.34
33	600800	天津磁卡	686.43	5310.83
34	600602	广电电子	684.56	6250.25
35	600700	数码测绘	681.3	5680.78
36	600601	方正科技	679.12	7320.08
37	600033	福建高速	669.4	6280.03
38	600091	明天科技	657.81	6045.48
39	600675	中华企业	646.46	6531.06
40	600317	营 口 港	633.23	7265.75
41	600011	华能国际	624.06	8016.77
42	600603	ST 兴 业	622.48	5950.15
43	600812	华北制药	613.75	3409.86
44	600868	梅雁股份	611.54	2782.67
45	600591	上海航空	606.78	4342.76
46	600641	中远发展	598.74	7442.53
47	600010	钢联股份	579.87	3124.89
48	600071	凤凰光学	579.55	4608.64
49	600377	宁沪高速	565.01	6027.36
50	600379	宝光股份	563.04	6768

数据来源:上海、深圳证券交易所

Source:Shanghai Shenzhen Stock Exchange

2-30 2002年深圳A股按成交量排序前50名

Top 50 of Shenzhen Stock Exchange A Share Trading Volume in 2002

序号 No.	代码 Code	股票简称 Shares	年成交量(百万股) Trading Volume(1000000)	年成交金额(百万元) Turnover (1000000)
1	000001	深发展A	2186.39	29300.01
2	000557	ST银广夏	2042.12	9741.69
3	000009	深宝安A	2000.21	12744.64
4	000682	ST东方	1823.69	11450.76
5	000898	鞍钢新轧	1450.13	5467.17
6	000029	深深房A	1289.72	12468.31
7	000825	太钢不锈	1203.74	7425.16
8	000510	金路集团	1026.98	10756.69
9	000800	一汽轿车	927.39	5205
10	000735	罗牛山	920.88	5514.09
11	000875	吉电股份	827.38	4366.51
12	000932	华菱管线	805.56	4621.43
13	000005	世纪星源	789.21	4511.24
14	000585	ST东北电	741.47	2986.63
15	000625	长安汽车	737.03	5262.18
16	000068	赛格三星	730.84	6226.24
17	000620	ST圣方科	726.8	5968.22
18	000892	长丰通信	698.03	6543.62
19	000550	江铃汽车	697.14	6062.02
20	000653	ST九州	673.41	1603.93
21	000031	深宝恒A	669.83	6891.83
22	000839	中信国安	658.01	9919.25
23	000680	山推股份	655.63	5341.66
24	000040	深鸿基A	643.26	5075
25	000027	深能源A	639.66	5822.94
26	000562	宏源证券	631.99	6326.47
27	000713	丰乐种业	610.2	6746.84
28	000618	ST吉化	598.13	3198.92
29	000405	ST鑫光	575.33	3223.15
30	000412	ST五环	556.95	3447.1
31	000817	辽河油田	556.55	4213.7
32	000515	渝钛白	545.23	5511.78
33	000866	扬子石化	540.63	2550.19
34	000594	ST宏峰	538.29	3644.56
35	000783	石炼化	537.91	2820.62
36	000563	陕国投A	534.71	4787.69
37	000498	丹东化纤	532.58	3219.66
38	000554	泰山石油	522.55	5014.86
39	000962	东方钽业	522.34	7166.9
40	000976	春晖股份	508.83	4165.3
41	000688	朝华集团	508.17	4458.4
42	000597	东北药	506.46	4444.04
43	000150	ST麦科特	498.43	3534.55
44	000806	银河科技	496.02	5331.96
45	000927	天津汽车	491.68	3167.51
46	000765	华信股份	479.01	3862.04
47	000707	双环科技	475.41	2872.93
48	000151	中成股份	470.8	5635.14
49	000063	中兴通讯	470.57	9431.36
50	000529	粤美雅A	466.8	2952.35

数据来源:上海、深圳证券交易所

Source:Shanghai Shenzhen Stock Exchange

2-31 2002 年全国 A 股按成交额排序前 50 名

Top 50 of A Share Turnover in 2002

序号 No.	代码 Code	股票简称 Shares	年成交额(百万元) Tutnover(1000000)	交易所 Exchange
1	600036	招商银行	31482.58	3034.3
2	000078	海王生物	4177.77	393.8
3	000930	丰原生化	4186.29	354.6
4	000817	辽河油田	4213.7	556.55
5	000539	粤电力A	4214.2	398.05
6	000540	世纪中天	4284.02	203.2
7	000748	湘计算机	4330.34	417.27
8	000012	南玻科控	4332.79	322.98
9	000875	吉电股份	4366.51	827.38
10	000931	中 关 村	4395.56	350.91
11	000597	东 北 药	4444.04	506.46
12	000688	朝华集团	4458.4	508.17
13	000005	世纪星源	4511.24	789.21
14	000932	华菱管线	4621.43	805.56
15	000549	湘火炬A	4758.97	236.52
16	000563	陕国投A	4787.69	534.71
17	000720	鲁能泰山	4789.48	267.06
18	000778	新兴铸管	4873.31	361.8
19	000636	风华高科	4948.95	465.24
20	000554	泰山石油	5014.86	522.55
21	000002	万 科 A	5072.47	412.79
22	000040	深鸿基A	5075	643.26
23	000021	深科技A	5142.67	397.78
24	000800	一汽轿车	5205	927.39
25	000625	长安汽车	5262.18	737.03
26	000806	银河科技	5331.96	496.02
27	000680	山推股份	5341.66	655.63
28	000898	鞍钢新轧	5467.17	1450.13
29	000518	四环生物	5510.33	432.1
30	000515	渝 钛 白	5511.78	545.23
31	000735	罗 牛 山	5514.09	920.88
32	000151	中成股份	5635.14	470.8
33	600700	数码测绘	5680.78	681.3
34	600170	上海建工	5752.84	509.3
35	600649	原水股份	5781.04	706.45
36	000027	深能源A	5822.94	639.66
37	600652	爱使股份	5865.25	523.94
38	600073	上海梅林	5883.77	437.05
39	600456	宝钛股份	5908.34	339.76
40	600603	ST 兴 业	5950.15	622.48
41	600226	升华拜克	5960.96	389.16
42	000620	ST圣方科	5968.22	726.8
43	600377	宁沪高速	6027.36	565.01
44	600091	明天科技	6045.48	657.81
45	000550	江铃汽车	6062.02	697.14
46	600663	陆 家 嘴	6085.2	403.56
47	000068	赛格三星	6226.24	730.84
48	600602	广电电子	6250.25	684.56
49	600033	福建高速	6280.03	669.4
50	600705	北亚集团	6307.1	758.87

数据来源:上海、深圳证券交易所

Source:Shanghai Shenzhen Stock Exchange

2-32　2002年上海A股按成交额排序前50名

Top 50 of Shanghai Stock Exchange A Share Turnover in 2002

序号 No.	代码 Code	股票简称 Shares	年成交额(百万元) Tutnover(1000000)	年成交量(百万股) Trading Volume (1000000)
1	600036	招商银行	31482.58	3034.3
2	600026	中海发展	17689.6	2955.57
3	600350	山东基建	15976.09	3216.73
4	600028	中国石化	15382.62	4422.07
5	600050	中国联通	14926.93	5021.9
6	600664	哈药集团	13346.49	873.51
7	600019	宝钢股份	11958.95	2809.17
8	600207	安彩高科	10955.71	835.8
9	600653	申华控股	10720.95	2186.21
10	600362	江西铜业	10664.57	2102.82
11	600104	上海汽车	10155.56	1441.19
12	600000	浦发银行	10004.34	690.92
13	600016	民生银行	9666.76	778.89
14	600598	北 大 荒	9630.3	1286.82
15	600895	张江高科	9426.25	823.62
16	600642	申能股份	9062.42	758.74
17	600072	江南重工	8787.45	873.76
18	600748	浦东不锈	8708.2	773.91
19	600548	深 高 速	8273.76	1032.6
20	600839	四川长虹	8036.8	946.51
21	600011	华能国际	8016.77	624.06
22	600799	ST 龙 科	7802.45	952.45
23	600100	清华同方	7549.29	377.22
24	600198	大唐电信	7528.09	465.39
25	600609	金杯汽车	7466.17	1235.11
26	600641	中远发展	7442.53	598.74
27	600601	方正科技	7320.08	679.12
28	600317	营 口 港	7265.75	633.23
29	600816	鞍山信托	7117.19	936.65
30	600379	宝光股份	6768	563.04
31	600585	海螺水泥	6731.88	956.92
32	600675	中华企业	6531.06	646.46
33	600115	东方航空	6492.46	1121.25
34	600690	青岛海尔	6490.31	473.57
35	600057	ST 厦 新	6466.78	534.67
36	600006	东风汽车	6381.74	505.32
37	600705	北亚集团	6307.1	758.87
38	600033	福建高速	6280.03	669.4
39	600602	广电电子	6250.25	684.56
40	600663	陆 家 嘴	6085.2	403.56
41	600091	明天科技	6045.48	657.81
42	600377	宁沪高速	6027.36	565.01
43	600226	升华拜克	5960.96	389.16
44	600603	ST 兴 业	5950.15	622.48
45	600456	宝钛股份	5908.34	339.76
46	600073	上海梅林	5883.77	437.05
47	600652	爱使股份	5865.25	523.94
48	600649	原水股份	5781.04	706.45
49	600170	上海建工	5752.84	509.3
50	600700	数码测绘	5680.78	681.3

数据来源：上海证券交易所

Source: Shanghai Stock Exchange

2-33 2002年深圳A股按成交额排序前50名

Top 50 of Shenzhen Stock Exchange A Share Turnover in 2002

序号 No.	代码 Code	股票简称 Shares	年成交额(百万元) Tutnover(1000000)	年成交量(百万股) Trading Volume (1000000)
1	000001	深发展A	29300.01	2186.39
2	000009	深宝安A	12744.64	2000.21
3	000029	深深房A	12468.31	1289.72
4	000682	ST东方	11450.76	1823.69
5	000510	金路集团	10756.69	1026.98
6	000839	中信国安	9919.25	658.01
7	000557	ST银广夏	9741.69	2042.12
8	000063	中兴通讯	9431.36	470.57
9	000825	太钢不锈	7425.16	1203.74
10	000962	东方钽业	7166.9	522.34
11	000031	深宝恒A	6891.83	669.83
12	000713	丰乐种业	6746.84	610.2
13	000892	长丰通信	6543.62	698.03
14	000562	宏源证券	6326.47	631.99
15	000858	五粮液	6314.33	394.47
16	000068	赛格三星	6226.24	730.84
17	000550	江铃汽车	6062.02	697.14
18	000620	ST圣方科	5968.22	726.8
19	000027	深能源A	5822.94	639.66
20	000151	中成股份	5635.14	470.8
21	000735	罗牛山	5514.09	920.88
22	000515	渝钛白	5511.78	545.23
23	000518	四环生物	5510.33	432.1
24	000898	鞍钢新轧	5467.17	1450.13
25	000680	山推股份	5341.66	655.63
26	000806	银河科技	5331.96	496.02
27	000625	长安汽车	5262.18	737.03
28	000800	一汽轿车	5205	927.39
29	000021	深科技A	5142.67	397.78
30	000040	深鸿基A	5075	643.26
31	000002	万科A	5072.47	412.79
32	000554	泰山石油	5014.86	522.55
33	000636	风华高科	4948.95	465.24
34	000778	新兴铸管	4873.31	361.8
35	000720	鲁能泰山	4789.48	267.06
36	000563	陕国投A	4787.69	534.71
37	000549	湘火炬A	4758.97	236.52
38	000932	华菱管线	4621.43	805.56
39	000005	世纪星源	4511.24	789.21
40	000688	朝华集团	4458.4	508.17
41	000597	东北药	4444.04	506.46
42	000931	中关村	4395.56	350.91
43	000875	吉电股份	4366.51	827.38
44	000012	南玻科控	4332.79	322.98
45	000748	湘计算机	4330.34	417.27
46	000540	世纪中天	4284.02	203.2
47	000539	粤电力A	4214.2	398.05
48	000817	辽河油田	4213.7	556.55
49	000930	丰原生化	4186.29	354.6
50	000078	海王生物	4177.77	393.8

数据来源:深圳证券交易所

Source: Shenzhen Stock Exchange

2-34 2002年全国B股按成交量排序前50名

Top 50 of B Share Trading Volume in 2002

序号 No.	代码 Code	股票简称 Shares	年成交量(百万股) Trading Volume(1000000)	交易所 Exchange
1	900919	大江B股	1002.34	上海
2	200625	长 安 B	855.88	深圳
3	900949	东电B股	530.26	上海
4	200761	本钢板B	424.58	深圳
5	200539	粤电力B	412.52	深圳
6	200017	ST中华B	386.04	深圳
7	900946	ST轻骑B	380.45	上海
8	900932	陆家B股	352.31	上海
9	900953	凯马B股	339.68	上海
10	900908	氯碱B股	332.87	上海
11	200058	深赛格B	266.82	深圳
12	900937	龙电B股	266.56	上海
13	200012	深南玻B	265.84	深圳
14	900909	轮胎B股	251.49	上海
15	900902	二纺B股	246.62	上海
16	900910	海立B股	228.25	上海
17	200429	粤高速B	215.99	深圳
18	900911	金桥B股	214.09	上海
19	900950	ST新城B	213.72	上海
20	900901	上电B股	207.91	上海
21	900920	上柴B股	195.53	上海
22	900938	天海B股	193.13	上海
23	200029	深深房B	187.55	深圳
24	900903	大众B股	168.43	上海
25	200553	沙隆达B	165.8	深圳
26	900940	华源B股	164.53	上海
27	200488	晨 鸣 B	164.08	深圳
28	900914	新锦B股	164	上海
29	900934	新亚B股	163.89	上海
30	200550	江 铃 B	160.49	深圳
31	200513	丽 珠 B	157.65	深圳
32	900906	ST中纺B	154.31	上海
33	900948	伊煤B股	143.73	上海
34	200054	ST建摩B	142.8	深圳
35	900928	ST自仪B	141.35	上海
36	900916	凤凰B股	137.98	上海
37	200152	山 航 B	135.13	深圳
38	200057	ST大洋B	130.65	深圳
39	900915	ST永久B	130.41	上海
40	900936	鄂绒B股	130.37	上海
41	900917	海欣B股	129.2	上海
42	900952	锦港B股	128.54	上海
43	200160	帝 贤 B	125.23	深圳
44	200725	京东方B	123.4	深圳
45	900923	友谊B股	122.97	上海
46	900912	外高B股	122.83	上海
47	200770	武 锅 B	118.43	深圳
48	200016	深康佳B	116.64	深圳
49	900957	凌云B股	116.55	上海
50	900905	中铅B股	115.26	上海

数据来源:上海、深圳证券交易所

Source:Shanghai Shenzhen Stock Exchange

2-35　2002 年上海 B 股按成交量排序前 50 名

Top 50 of Shanghai Stock Exchange B Share Trading Volume in 2002

序号 No.	代码 Code	股票简称 Shares	年成交量(百万股) Trading Volume(1000000)	年成交金额(百万元) Turnover (1000000)
1	900919	大江B股	1002.34	4809.77
2	900949	东电B股	530.26	3141.59
3	900946	ST轻骑B	380.45	1477.55
4	900932	陆家B股	352.31	2313.55
5	900953	凯马B股	339.68	1782.49
6	900908	氯碱B股	332.87	1730.03
7	900937	龙电B股	266.56	1361.21
8	900909	轮胎B股	251.49	1322.65
9	900902	二纺B股	246.62	1250.35
10	900910	海立B股	228.25	1713.62
11	900911	金桥B股	214.09	1414.55
12	900950	ST新城B	213.72	1143.96
13	900901	上电B股	207.91	1221.21
14	900920	上柴B股	195.53	1074.63
15	900938	天海B股	193.13	1005.54
16	900903	大众B股	168.43	1189.44
17	900940	华源B股	164.53	933.21
18	900914	新锦B股	164	934.43
19	900934	新亚B股	163.89	974.27
20	900906	ST中纺B	154.31	772.13
21	900948	伊煤B股	143.73	918.41
22	900928	ST自仪B	141.35	699.59
23	900916	凤凰B股	137.98	893.33
24	900915	ST永久B	130.41	723.41
25	900936	鄂绒B股	130.37	1045.51
26	900917	海欣B股	129.2	935.67
27	900952	锦港B股	128.54	743.85
28	900923	友谊B股	122.97	1004.25
29	900912	外高B股	122.83	805.19
30	900957	凌云B股	116.55	712.77
31	900905	中铅B股	115.26	643.57
32	900951	大化B股	107.76	592.6
33	900926	宝　信　B	101.73	729.18
34	900924	上工B股	99.88	652.79
35	900918	耀皮B股	98.67	715.08
36	900945	海航B股	95.74	608.25
37	900930	邮通B股	87.86	682.59
38	900925	上菱B股	81.72	666.59
39	900913	联华B股	81.02	580.49
40	900956	东贝B股	80.33	459.31
41	900941	东信B股	77.72	679.64
42	900921	英雄B股	77.5	503.12
43	900942	黄山B股	73.91	464.94
44	900947	振华B股	72.89	608.3
45	900933	华新B股	71.74	393.45
46	900935	金泰B股	63.68	447.3
47	900927	物贸B股	55.52	379.86
48	900939	汇丽B股	51.99	359.46
49	900943	开开B股	50.22	335.77
50	900904	永生B股	41.35	313.5

数据来源：上海证券交易所

Source: Shanghai Stock Exchange

2-36 2002年深圳B股按成交量排序前50名

Top 50 of Shenzhen Stock Exchange B Share Trading Volume in 2002

序号 No.	代码 Code	股票简称 Shares	年成交量(百万股) Trading Volume(1000000)	年成交金额(百万元) Turnover (1000000)
1	200625	长 安 B	855.88	3080.96
2	200761	本钢板 B	424.58	1458.69
3	200539	粤电力 B	412.52	2174.65
4	200017	ST 中华 B	386.04	1134.97
5	200058	深赛格 B	266.82	1052.94
6	200012	深南玻 B	265.84	1295.57
7	200429	粤高速 B	215.99	793.6
8	200029	深深房 B	187.55	738.35
9	200553	沙隆达 B	165.8	703.23
10	200488	晨 鸣 B	164.08	1049.97
11	200550	江 铃 B	160.49	651.22
12	200513	丽 珠 B	157.65	904.67
13	200054	ST 建摩 B	142.8	543.67
14	200152	山 航 B	135.13	671.03
15	200057	ST 大洋 B	130.65	481.8
16	200160	帝 贤 B	125.23	778.51
17	200725	京东方 B	123.4	753.45
18	200770	武 锅 B	118.43	521.71
19	200016	深康佳 B	116.64	554.13
20	200521	皖美菱 B	115.14	416.01
21	200039	中 集 B	105.68	1163.81
22	200986	粤华包 B	104.53	567.44
23	200992	中 鲁 B	98.81	531.11
24	200512	闽灿坤 B	96.18	590.14
25	200055	方 大 B	95.44	520.27
26	200570	苏常柴 B	90.4	349.72
27	200020	深华发 B	88.97	497.8
28	200468	宁通信 B	88.17	524.06
29	200418	小天鹅 B	82.74	454.37
30	200011	ST 物业 B	81.84	342.23
31	200022	深赤湾 B	74.54	469.86
32	200413	宝 石 B	73.03	308.21
33	200505	珠 江 B	70.44	300.34
34	200613	ST 东海 B	69.58	172.91
35	200726	鲁 泰 B	66.89	541.42
36	200530	大 冷 B	66.46	311.13
37	200002	万 科 B	66.08	521.5
38	200541	粤照明 B	62.82	537.6
39	200037	深南电 B	59.05	376.89
40	200771	杭汽轮 B	56.48	291.54
41	200030	ST 盛润 B	54.31	205.3
42	200024	招商局 B	53.7	348.33
43	200581	苏威孚 B	50.78	316.74
44	200056	深国商 B	49.29	250.08
45	200013	ST 石化 B	43.42	206.28
46	200028	一 致 B	41.31	256
47	200706	瓦 轴 B	38.48	180.59
48	200869	张 裕 B	38.24	313.97
49	200168	雷 伊 B	36.45	241.92
50	200053	深基地 B	36.16	262.5

数据来源:深圳证券交易所

Source:Shenzhen Stock Exchange

2-37 2002年全国B股按成交额排序前50名

Top 50 of B Share Turnover in 2002

序号 No.	代码 Code	股票简称 Shares	年成交额(百万元) Turnover(1000000)	交易所 Exchange
1	900919	大江B股	4809.77	上海
2	900949	东电B股	3141.59	上海
3	200625	长 安 B	3080.96	深圳
4	900932	陆家B股	2313.55	上海
5	200539	粤电力B	2174.65	深圳
6	900953	凯马B股	1782.49	上海
7	900908	氯碱B股	1730.03	上海
8	900910	海立B股	1713.62	上海
9	900946	ST轻骑B	1477.55	上海
10	200761	本钢板B	1458.69	深圳
11	900911	金桥B股	1414.55	上海
12	900937	龙电B股	1361.21	上海
13	900909	轮胎B股	1322.65	上海
14	200012	深南玻B	1295.57	深圳
15	900902	二纺B股	1250.35	上海
16	900901	上电B股	1221.21	上海
17	900903	大众B股	1189.44	上海
18	200039	中 集 B	1163.81	深圳
19	900950	ST新城B	1143.96	上海
20	200017	ST中华B	1134.97	深圳
21	900920	上柴B股	1074.63	上海
22	200058	深赛格B	1052.94	深圳
23	200488	晨 鸣 B	1049.97	深圳
24	900936	鄂绒B股	1045.51	上海
25	900938	天海B股	1005.54	上海
26	900923	友谊B股	1004.25	上海
27	900934	新亚B股	974.27	上海
28	900917	海欣B股	935.67	上海
29	900914	新锦B股	934.43	上海
30	900940	华源B股	933.21	上海
31	900948	伊煤B股	918.41	上海
32	200513	丽 珠 B	904.67	深圳
33	900916	凤凰B股	893.33	上海
34	900912	外高B股	805.19	上海
35	200429	粤高速B	793.6	深圳
36	200160	帝 贤 B	778.51	深圳
37	900906	ST中纺B	772.13	上海
38	200725	京东方B	753.45	深圳
39	900952	锦港B股	743.85	上海
40	200029	深深房B	738.35	深圳
41	900926	宝 信 B	729.18	上海
42	900915	ST永久B	723.41	上海
43	900918	耀皮B股	715.08	上海
44	900957	凌云B股	712.77	上海
45	200553	沙隆达B	703.23	深圳
46	900928	ST自仪B	699.59	上海
47	900930	邮通B股	682.59	上海
48	900941	东信B股	679.64	上海
49	200152	山 航 B	671.03	深圳
50	900925	上菱B股	666.59	上海

数据来源：上海、深圳证券交易所

Source：Shanghai Shenzhen Stock Exchange

2-38 2002年上海B股按成交额排序前50名

Top 50 of Shanghai Stock Exchange B Share Trading Volume in 2002

序号 No.	代码 Code	股票简称 Shares	年成交额(百万元) Turnover(1000000)	年成交量(百万股) Trading Volume(1000000)
1	900919	大江B股	4809.77	1002.34
2	900949	东电B股	3141.59	530.26
3	900932	陆家B股	2313.55	352.31
4	900953	凯马B股	1782.49	339.68
5	900908	氯碱B股	1730.03	332.87
6	900910	海立B股	1713.62	228.25
7	900946	ST轻骑B	1477.55	380.45
8	900911	金桥B股	1414.55	214.09
9	900937	龙电B股	1361.21	266.56
10	900909	轮胎B股	1322.65	251.49
11	900902	二纺B股	1250.35	246.62
12	900901	上电B股	1221.21	207.91
13	900903	大众B股	1189.44	168.43
14	900950	ST新城B	1143.96	213.72
15	900920	上柴B股	1074.63	195.53
16	900936	鄂绒B股	1045.51	130.37
17	900938	天海B股	1005.54	193.13
18	900923	友谊B股	1004.25	122.97
19	900934	新亚B股	974.27	163.89
20	900917	海欣B股	935.67	129.2
21	900914	新锦B股	934.43	164
22	900940	华源B股	933.21	164.53
23	900948	伊煤B股	918.41	143.73
24	900916	凤凰B股	893.33	137.98
25	900912	外高B股	805.19	122.83
26	900906	ST中纺B	772.13	154.31
27	900952	锦港B股	743.85	128.54
28	900926	宝信B	729.18	101.73
29	900915	ST永久B	723.41	130.41
30	900918	耀皮B股	715.08	98.67
31	900957	凌云B股	712.77	116.55
32	900928	ST自仪B	699.59	141.35
33	900930	邮通B股	682.59	87.86
34	900941	东信B股	679.64	77.72
35	900925	上菱B股	666.59	81.72
36	900924	上工B股	652.79	99.88
37	900905	中铅B股	643.57	115.26
38	900947	振华B股	608.3	72.89
39	900945	海航B股	608.25	95.74
40	900951	大化B股	592.6	107.76
41	900913	联华B股	580.49	81.02
42	900921	英雄B股	503.12	77.5
43	900942	黄山B股	464.94	73.91
44	900956	东贝B股	459.31	80.33
45	900935	金泰B股	447.3	63.68
46	900933	华新B股	393.45	71.74
47	900927	物贸B股	379.86	55.52
48	900939	汇丽B股	359.46	51.99
49	900943	开开B股	335.77	50.22
50	900904	永生B股	313.5	41.35

数据来源:上海证券交易所

Source:Shanghai Stock Exchange

2-39　2002 年深圳 B 股按成交额排序前 50 名

Top 50 of Shenzhen Stock Exchange B Share Turnover in 2002

序号 No.	代码 Code	股票简称 Shares	年成交额(百万元) Turnover(1000000)	年成交量(百万股) Trading Volume(1000000)
1	200625	长 安 B	3080.96	855.88
2	200539	粤电力 B	2174.65	412.52
3	200761	本钢板 B	1458.69	424.58
4	200012	深南玻 B	1295.57	265.84
5	200039	中 集 B	1163.81	105.68
6	200017	ST 中华 B	1134.97	386.04
7	200058	深赛格 B	1052.94	266.82
8	200488	晨 鸣 B	1049.97	164.08
9	200513	丽 珠 B	904.67	157.65
10	200429	粤高速 B	793.6	215.99
11	200160	帝 贤 B	778.51	125.23
12	200725	京东方 B	753.45	123.4
13	200029	深深房 B	738.35	187.55
14	200553	沙隆达 B	703.23	165.8
15	200152	山 航 B	671.03	135.13
16	200550	江 铃 B	651.22	160.49
17	200512	闽灿坤 B	590.14	96.18
18	200986	粤华包 B	567.44	104.53
19	200016	深康佳 B	554.13	116.64
20	200054	ST 建摩 B	543.67	142.8
21	200726	鲁 泰 B	541.42	66.89
22	200541	粤照明 B	537.6	62.82
23	200992	中 鲁 B	531.11	98.81
24	200468	宁通信 B	524.06	88.17
25	200770	武 锅 B	521.71	118.43
26	200002	万 科 B	521.5	66.08
27	200055	方 大 B	520.27	95.44
28	200020	深华发 B	497.8	88.97
29	200057	ST 大洋 B	481.8	130.65
30	200022	深赤湾 B	469.86	74.54
31	200418	小天鹅 B	454.37	82.74
32	200521	皖美菱 B	416.01	115.14
33	200037	深南电 B	376.89	59.05
34	200570	苏常柴 B	349.72	90.4
35	200024	招商局 B	348.33	53.7
36	200011	ST 物业 B	342.23	81.84
37	200581	苏威孚 B	316.74	50.78
38	200869	张 裕 B	313.97	38.24
39	200530	大 冷 B	311.13	66.46
40	200413	宝 石 B	308.21	73.03
41	200505	珠 江 B	300.34	70.44
42	200771	杭汽轮 B	291.54	56.48
43	200053	深基地 B	262.5	36.16
44	200028	一 致 B	256	41.31
45	200056	深国商 B	250.08	49.29
46	200168	雷 伊 B	241.92	36.45
47	200025	ST 特力 B	226.5	35.07
48	200026	飞亚达 B	223.71	35.85
49	200019	深深宝 B	218.59	33.19
50	200596	古井贡 B	206.56	30.03

数据来源：深圳证券交易所

Source: Shenzhen Stock Exchange

2-40 2002年上海证券交易所每日收市指数

Daily Closing Composite Index of Shanghai Stock Exchange in 2002

日期 Date	1月 Jan.	2月 Feb.	3月 Mar.	4月 Apr.	5月 May	6月 Jun.	7月 Jul.	8月 Aug.	9月 Sep.	10月 Oct.	11月 Nov.	12月 Dec.
1		1485.77	1502.54	1608.51			1713.71	1653.01			1510.76	
2				1582.88			1724.95	1661.87	1668.77			1395.68
3				1594.51		1483.35	1730.92		1674.07			1408.84
4	1611.39	1511.33	1526.80	1641.70		1490.51	1713.14		1663.97		1531.84	1414.45
5		1518.28	1560.08	1634.64		1462.00	1722.19	1653.96	1641.81		1558.24	1404.88
6		1485.80	1569.21			1521.26		1670.62	1631.38		1552.56	1405.53
7	1596.76	1515.39	1613.00			1529.51		1668.07			1554.24	
8	1583.46	1506.62	1640.26	1640.65	1652.37		1732.93	1659.80		1562.99	1522.19	
9	1561.35			1667.52	1650.58		1729.99	1647.05	1621.58	1535.37		1400.87
10	1576.44			1677.66	1638.20	1517.23	1701.82		1625.11	1530.41		1383.84
11	1535.59		1664.09	1649.53		1530.96	1696.94		1620.36	1524.05	1504.40	1379.20
12			1643.69	1658.98		1524.84	1698.30	1634.57	1624.56		1485.91	1383.91
13			1623.43		1623.94	1511.71		1636.63	1625.76		1490.46	1396.90
14	1485.11		1665.15		1616.23	1494.25		1646.72		1531.68	1460.80	
15	1459.65		1620.98	1649.50	1598.35		1687.95	1634.37		1524.73	1463.69	
16	1479.62			1640.29	1549.50		1691.62	1646.79	1604.08	1537.39		1408.52
17	1419.52			1644.40	1567.50	1496.24	1701.72		1604.88	1513.10		1416.10
18	1415.44		1623.88	1628.14		1524.07	1704.91		1594.58	1519.54	1451.29	1411.72
19			1665.36	1635.17		1507.67	1713.86	1644.30	1619.35		1462.17	1413.60
20			1682.51		1541.53	1516.15		1671.35	1604.91		1425.84	1427.94
21	1366.97		1685.02		1588.11	1562.72		1673.55		1524.93	1390.63	
22	1358.69		1669.69	1627.48	1564.49		1681.01	1686.11		1548.10	1395.50	
23	1444.97			1624.55	1571.61		1673.86	1683.21	1602.59	1548.97		1430.20
24	1456.40			1611.05	1549.47	1707.31	1672.40		1596.73	1536.52		1430.83
25	1451.48	1530.28	1675.29	1615.92		1706.59	1665.11		1597.84	1520.31	1398.44	1421.52
26		1531.43	1649.48	1640.59		1712.91	1657.50	1670.69	1587.65		1371.17	1384.15
27		1538.32	1654.23		1555.05	1723.55		1679.69	1581.62		1378.75	1382.97
28	1359.55	1524.70	1650.67		1558.52	1732.76		1676.77		1502.72	1417.53	
29	1392.78		1603.91	1665.81	1524.81		1665.67	1667.32		1510.88	1434.18	
30	1396.61			1667.75	1523.52		1669.00	1666.62		1509.71		1366.36
31	1491.67				1515.73		1651.59			1507.50		1357.65

数据来源：上海、深圳证券交易所

2-41 2002 年上海证券交易所每日收市 A 股指数

Daily Closing A Share Composite Index of Shanghai Stock Exchange in 2002

日期 Date	1月 Jan.	2月 Feb.	3月 Mar.	4月 Apr.	5月 May	6月 Jun.	7月 Jul.	8月 Aug.	9月 Sep.	10月 Oct.	11月 Nov.	12月 Dec.
1		1548.61	1566.84	1677.40			1790.19	1725.02			1578.49	
2				1650.63			1801.20	1734.38	1741.72			1459.33
3				1662.86		1548.09	1806.63		1747.31			1472.89
4	1676.30	1575.19	1592.36	1712.55		1555.27	1788.04		1736.82		1600.35	1478.67
5		1582.75	1626.75	1705.26		1525.22	1797.08	1726.12	1713.64		1627.73	1468.62
6		1548.97	1636.38			1587.32		1743.64	1702.60		1621.68	1469.21
7	1660.75	1579.91	1682.17			1596.11		1740.92			1623.67	
8	1648.48	1571.12	1710.68	1711.71	1725.90		1808.51	1732.26		1631.38	1590.48	
9	1626.16			1739.96	1724.01		1805.89	1718.81	1692.31	1602.29		1464.20
10	1641.45			1750.78	1711.10	1583.27	1776.20		1696.02	1597.24		1446.54
11	1599.04		1735.63	1721.19		1597.77	1770.81		1691.00	1590.57	1571.90	1441.68
12			1714.85	1731.49		1591.45	1772.25	1705.69	1695.34		1553.18	1446.45
13			1693.71		1696.22	1577.62		1707.86	1696.66		1557.79	1459.78
14	1546.43		1737.06		1688.06	1559.34		1718.44		1598.48	1526.75	
15	1519.58		1691.07	1722.84	1668.44		1761.59	1705.42		1591.25	1529.64	
16	1539.82			1713.45	1616.59		1765.48	1718.38	1674.04	1604.49		1471.80
17	1476.95			1717.54	1635.63	1561.56	1775.60		1674.95	1579.27		1479.66
18	1472.35		1693.90	1701.58		1590.78	1779.15		1664.11	1585.96	1516.56	1475.11
19			1737.42	1708.65		1573.47	1788.42	1715.80	1689.95		1527.56	1477.08
20			1755.66		1608.27	1582.35		1744.38	1674.87		1489.96	1492.02
21	1422.36		1758.57		1657.37	1631.02		1746.74		1591.59	1453.42	
22	1416.08		1742.48	1700.84	1632.52		1754.09	1759.88		1616.01	1458.55	
23	1506.64			1697.43	1640.09		1746.54	1756.87	1672.50	1617.01		1494.50
24	1518.84			1683.08	1616.89	1781.80	1745.03		1666.29	1603.97		1495.21
25	1513.61	1595.98	1748.45	1688.06		1781.54	1737.21		1667.43	1587.95	1461.80	1485.49
26		1597.64	1721.37	1713.26		1788.33	1729.81	1743.69	1656.75		1433.60	1446.65
27		1604.87	1726.09		1622.97	1799.71		1753.13	1650.48		1441.78	1445.38
28	1418.28	1590.18	1721.83		1626.65	1809.96		1750.06		1570.06	1482.12	
29	1453.07		1672.64	1739.64	1591.42		1738.38	1740.15		1578.46	1499.36	
30	1456.88			1742.02	1590.00		1741.80	1739.34		1577.29		1428.15
31	1555.08				1581.82		1723.56			1574.93		1419.12

数据来源：上海、深圳证券交易所

2-42 2002年上海证券交易所每日收市B股指数

Daily Closing B Share Composite Index of Shanghai Stock Exchange in 2002

日期 Date	1月 Jan.	2月 Feb.	3月 Mar.	4月 Apr.	5月 May	6月 Jun.	7月 Jul.	8月 Aug.	9月 Sep.	10月 Oct.	11月 Nov.	12月 Dec.
1		143.50	142.01	151.81			148.59	150.92			129.28	
2				149.59			152.71	151.27	151.31			114.53
3				150.24		134.94	156.72		151.51			116.58
4	169.02	146.17	143.43	152.67		136.85	155.21		150.38		131.87	117.42
5		145.57	147.83	151.74		135.53	157.79	150.55	148.57		135.04	116.82
6		142.14	148.23			139.83		151.48	148.33		135.07	117.24
7	168.82	144.62	151.86			139.78		151.47			134.12	
8	161.01	142.30	154.06	151.50	144.20		157.84	150.91		141.42	130.05	
9	155.89			153.09	144.13		155.61	150.32	147.67	140.03		117.51
10	159.12			152.98	142.94	138.79	154.35		147.91	139.02		115.43
11	154.51		155.92	151.44		139.33	155.17		147.70	138.61	128.53	115.08
12			151.95	150.40		138.46	155.19	149.60	148.29		124.24	116.18
13			150.08		141.65	137.82		149.73	148.10		125.25	118.40
14	149.58		154.68		141.44	136.47		150.42		139.53	122.92	
15	148.44		150.20	144.20	143.99		153.63	149.84		138.79	123.78	
16	152.74			142.38	143.29		153.75	151.03	146.14	139.81		119.95
17	147.85			143.62	143.78	136.03	156.44		145.88	137.04		120.86
18	148.88		151.29	137.79		137.81	155.82		145.33	137.75	123.26	120.36
19			154.09	139.61		137.16	156.91	150.70	147.64		125.90	120.50
20			154.23		142.53	137.81		151.64	146.35		121.14	121.89
21	142.02		153.25		144.65	141.74		151.58		138.20	116.99	
22	131.53		152.23	138.00	143.37		154.12	152.55		139.29	117.23	
23	137.23			139.21	143.43		153.87	152.24	145.92	138.88		121.61
24	137.21			139.14	141.81	155.44	153.68		145.80	138.00		121.40
25	137.14	143.79	152.22	140.02		153.24	153.94		145.98	132.49	116.64	120.55
26		141.98	150.47	144.61		152.99	150.88	151.57	145.23		113.00	116.46
27		142.44	151.89		141.23	152.70		152.20	144.58		112.48	116.55
28	126.23	143.15	153.85		141.31	150.79		152.05		128.72	116.58	
29	128.78		151.19	146.68	138.43		151.44	151.39		130.04	118.75	
30	129.93			145.28	138.64		152.01	151.64		129.66		114.54
31	142.71				138.17		150.72			129.70		113.51

数据来源：上海、深圳证券交易所

Source：Shanghai Shenzhen Stock Exchange

2-43 2002年上海证券交易所每日收市180指数

Daily Closing 180 Shares Index of Shanghai Stock Exchange in 2002

日期 Date	1月 Jan.	2月 Feb.	3月 Mar.	4月 Apr.	5月 May	6月 Jun.	7月 Jul.	8月 Aug.	9月 Sep.	10月 Oct.	11月 Nov.	12月 Dec.
1		2815.78	2831.70	2948.51			3260.33	3109.11			2821.36	
2				2905.62			3280.49	3123.12	3125.50			2617.40
3				2917.26		2727.32	3279.20		3137.57			2643.48
4	3016.94	2858.30	2869.12	3005.94		2732.79	3242.34		3117.74		2863.35	2650.50
5		2886.77	2934.80	2984.33		2687.77	3249.60	3109.82	3078.60		2908.59	2632.42
6		2824.99	2955.86			2788.68		3143.48	3060.66		2897.38	2632.78
7	2992.38	2873.76	3031.54			2805.69		3140.74			2897.24	
8	2972.45	2855.54	3085.91	2987.76	2998.37		3269.07	3124.99		2923.63	2840.25	
9	2937.66			3051.33	3004.76		3258.16	3102.38	3036.41	2869.64		2624.32
10	2959.65				2980.12	2787.11	3200.07		3038.26	2856.73		2594.02
11	2891.81		3138.19	3026.27		2805.38	3193.38		3025.50	2842.34	2804.26	2582.81
12			3099.93	3033.54		2796.68	3195.88	3078.28	3032.58		2775.90	2594.04
13			3068.57		2951.40	2778.92		3082.63	3035.56		2784.99	2615.17
14	2789.16		3130.90		2919.61	2757.88		3101.05		2856.47	2732.93	
15	2736.09		3036.01	3013.97	2897.52		3173.74	3076.53		2843.23	2738.68	
16	2776.11			3007.33	2808.82		3181.33	3098.13	2995.36	2868.38		2636.76
17	2664.07			3001.94	2851.01	2764.35	3204.15		3000.23	2823.17		2651.07
18	2663.84		3033.60	2970.60		2803.10	3211.78		2979.86	2833.17	2715.18	2641.49
19			3089.27	2974.78		2778.86	3228.86	3092.74	3028.40		2734.08	2642.90
20			3127.07		2810.94	2788.86		3145.62	2998.90		2668.49	2668.49
21	2584.98		3132.88		2901.27	2868.51		3149.60		2837.71	2605.68	
22	2593.61		3100.80	2964.06	2864.36		3171.48	3174.04		2881.73	2612.96	
23	2751.51			2951.29	2882.95		3157.77	3170.17	2994.68	2883.26		2673.48
24	2755.36			2930.32	2833.92	3145.02	3153.81		2982.63	2856.37		2674.17
25	2762.36	2890.44	3106.12	2938.71		3171.43	3138.92		2982.86	2833.39	2618.94	2656.37
26		2885.11	3040.49	2979.60		3209.49	3129.62	3139.51	2966.56		2569.64	2585.16
27		2890.58	3040.34		2855.68	3235.77		3149.65	2953.91		2581.46	2586.07
28	2578.98	2869.65	3036.25		2853.25	3299.06		3143.91		2806.42	2658.88	
29	2651.08		2941.43	3019.11	2796.56		3142.36	3129.58		2822.49	2689.83	
30	2647.59			3028.49	2803.92		3151.64	3124.83		2818.14		2561.45
31	2828.96				2773.90		3117.08			2817.64		2549.60

数据来源:上海、深圳证券交易所

Source:Shanghai Shenzhen Stock Exchange

2-44 2002年深圳证券交易所每日收市综合指数
Daily Closing Composite Index of Shenzhen Stock Exchange in 2002

日期 Date	1月 Jan.	2月 Feb.	3月 Mar.	4月 Apr.	5月 May	6月 Jun.	7月 Jul.	8月 Aug.	9月 Sep.	10月 Oct.	11月 Nov.	12月 Dec.
1		418.65	426.88	469.37			502.11	487.23			440.35	
2				462.21			507.54	488.91	492.13			396.71
3				464.24		437.07	509.17		493.65			401.03
4	467.03	427.81	434.48	476.61		440.15	503.89		491.03		447.06	402.63
5		430.28	445.87	475.72		429.47	505.97	487.16	484.91		454.31	400.20
6		418.22	451.63			448.54		492.23	482.53		451.91	400.15
7	461.58	428.51	466.35			452.87		490.82			451.38	
8	457.08	427.31	476.21	476.77	481.61		510.14	488.10		457.80	439.40	
9	447.62			485.14	483.71		508.34	484.86	478.49	448.85		398.78
10	451.38			487.26	479.81	449.55	499.58		479.26	446.86		393.40
11	438.61		486.96	479.18		453.45	500.31		477.40	446.27	434.57	391.50
12			478.29	482.11		451.15	500.54	481.75	479.00		424.56	394.32
13			469.36		475.11	446.94		482.33	477.84		426.54	399.17
14	421.68		484.26		473.42	441.41		486.14		448.53	417.43	
15	413.63		470.94	479.63	469.09		496.43	482.79		447.31	419.35	
16	418.46			478.39	453.23		497.25	485.90	470.76	451.45		403.04
17	397.39			478.19	458.75	442.60	500.93		469.97	443.57		406.70
18	393.88		472.27	472.18		453.02	501.87		466.69	444.74	414.50	404.31
19			482.27	473.35		448.13	503.71	484.63	476.00		418.25	405.73
20			486.67		453.38	452.16		491.46	470.83		407.17	410.27
21	375.30		488.05		469.06	469.84		492.23		445.95	394.00	
22	371.79		482.96	471.58	462.77		495.90	496.94		452.63	394.60	
23	397.95			470.01	464.90		493.68	495.66	470.86	453.21		410.50
24	402.20			465.84	458.28	512.38	491.91		468.55	449.35		411.09
25	403.74	435.61	484.94	467.34		507.56	489.36		468.31	444.11	396.44	408.17
26		436.82	476.97	475.54		510.33	487.42	492.08	464.46		387.59	395.52
27		438.08	480.03		459.45	509.76		495.66	462.65		391.26	395.68
28	377.14	434.27	480.64		460.16	507.00		494.30		437.33	402.49	
29	388.12		466.54	484.28	450.05		490.19	490.59		440.02	408.58	
30	391.77			485.28	449.87		491.22	491.01		439.81		391.70
31	419.94				447.56		486.66			439.65		388.76

数据来源:上海、深圳证券交易所
Source:Shanghai Shenzhen Stock Exchange

2-45 2002年深圳证券交易所每日收市A股综合指数
Daily Closing A Share Composite Index of Shenzhen Stock Exchange in 2002

日期 Date	1月 Jan.	2月 Feb.	3月 Mar.	4月 Apr.	5月 May	6月 Jun.	7月 Jul.	8月 Aug.	9月 Sep.	10月 Oct.	11月 Nov.	12月 Dec.
1		440.67	449.41	494.61			529.84	513.21			465.13	
2				487.01			535.12	514.98	518.58			418.33
3				489.12		461.38	536.13		520.19			422.89
4	489.97	450.21	457.47	502.33		464.48	530.62		517.47		472.14	424.57
5		452.98	469.32	501.38		452.93	532.36	513.16	511.02		479.69	422.00
6		440.31	475.42			473.16		518.55	508.51		477.14	421.87
7	484.00	451.04	490.97			477.88		517.01			476.66	
8	480.06	449.74	501.38	502.56	508.17		537.06	514.13		482.48	464.11	
9	470.51			511.47	510.46		535.55	510.68	504.27	472.98		420.38
10	474.15			513.81	506.45	474.35	526.25		505.11	471.08		414.72
11	460.80		512.75	505.24		478.53	526.91		503.10	470.49	459.16	412.69
12			503.86	508.40		476.11	527.19	507.43	504.76		448.66	415.69
13			494.60		501.42	471.57		508.06	503.56		450.68	420.79
14	443.32		510.21		499.64	465.67		512.13		472.80	441.01	
15	434.78		496.25	506.30	494.82		523.10	508.55		471.54	442.93	
16	439.57			505.15	477.71		523.95	511.79	496.08	475.88		424.81
17	417.53			504.81	483.64	467.05	527.45		495.28	467.91		428.66
18	413.64		497.68	498.73		478.14	528.55		491.85	469.16	437.72	426.23
19			508.19	499.74		472.88	530.43	510.40	501.57		441.57	427.77
20			512.93		477.92	477.19		517.73	496.16		429.73	432.61
21	394.28		514.57		494.71	495.80		518.57		470.52	415.67	
22	391.10		509.21	497.92	488.01		522.41	523.53		477.61	416.22	
23	418.69			496.19	490.34		520.03	522.21	496.21	478.26		432.89
24	423.23			491.59	483.21	540.59	518.11		493.69	474.20		433.52
25	424.93	458.60	511.41	493.14		535.44	515.28		493.36	468.80	418.18	430.48
26		459.98	503.08	501.57		538.34	513.46	518.43	489.24		408.78	417.02
27		461.33	506.29		484.70	537.87		522.24	487.30		412.58	417.27
28	397.21	457.19	506.67		485.60	534.97		520.79		461.88	424.52	
29	408.97		491.69	510.87	475.14		516.38	516.87		464.67	430.96	
30	412.95			512.03	474.91		517.44	517.32		464.54		413.13
31	442.31				472.44		512.66			464.34		409.95

数据来源：上海、深圳证券交易所

Source: Shanghai Shenzhen Stock Exchange

2-46　2002 年深圳证券交易所每日收市 B 股综合指数
Daily Closing B Share Composite Index of Shenzhen Stock Exchange in 2002

日期 Date	1 月 Jan.	2 月 Feb.	3 月 Mar.	4 月 Apr.	5 月 May	6 月 Jun.	7 月 Jul.	8 月 Aug.	9 月 Sep.	10 月 Oct.	11 月 Nov.	12 月 Dec.
1		213.70	216.64	231.09			235.76	243.46			199.66	
2				228.36			245.42	244.21	242.61			191.05
3				229.73		202.42	257.52		243.35			193.06
4	261.62	219.86	219.50	233.12		206.25	254.03		241.27		203.81	193.83
5		218.59	227.57	232.89		205.64	262.31	243.14	238.24		208.76	192.73
6		212.00	229.93			212.79		244.85	237.24		207.84	194.01
7	261.91	218.79	236.64			212.42		244.92			206.44	
8	249.12	218.70	241.18	232.38	226.70		259.56	243.87		224.63	199.29	
9	238.97			235.01	226.50		252.46	242.74	234.94	221.19		194.06
10	244.98			234.34	223.15	211.51	249.19		234.84	217.22		191.28
11	237.27		245.74	231.34		212.24	251.24		234.69	216.37	194.78	190.66
12			237.70	231.50		211.10	250.82	240.90	235.92		188.97	191.67
13			230.97		221.95	210.67		240.89	234.87		191.14	194.24
14	224.20		239.78		221.00	209.13		241.93		218.66	187.75	
15	220.90		231.96	222.21	223.02		244.92	241.13		217.68	190.44	
16	227.19			219.09	221.19		245.63	243.23	231.83	220.10		197.09
17	214.50			221.11	222.21	207.66	253.42		230.99	210.67		199.07
18	215.78		232.34	214.37		211.11	252.12		228.87	211.19	189.41	196.46
19			237.63	218.35		210.33	254.03	243.31	234.98		193.07	196.49
20			238.16		220.52	211.30		244.64	231.69		190.22	197.91
21	203.20		236.01		224.02	220.33		244.54		210.37	186.43	
22	193.50		233.44	216.73	222.20		246.87	246.92		212.92	188.03	
23	206.03			217.21	221.98		246.30	245.91	231.43	212.56		197.36
24	207.09			218.31	221.01	241.78	246.17		231.67	210.56		197.42
25	206.78	221.12	232.66	219.58		240.75	247.33		232.66	205.96	188.69	195.39
26		220.16	227.65	226.81		242.29	242.84	244.15	231.78		185.52	191.19
27		220.38	229.33		217.57	240.04		245.28	231.61		188.28	189.99
28	188.75	220.39	233.82		215.50	238.46		245.02		199.13	192.31	
29	191.34		228.75	229.66	207.55		244.23	243.37		201.07	194.85	
30	191.12			228.68	208.20		245.01	243.46		199.74		187.14
31	209.96				207.64		242.39			200.10		186.98

数据来源：上海、深圳证券交易所

Source: Shanghai Shenzhen Stock Exchange

2-47 2002年深圳证券交易所每日收市成份指数
Daily Closing Composite Component Index of Shenzhen Stock Exchange in 2002

日期 Date	1月 Jan.	2月 Feb.	3月 Mar.	4月 Apr.	5月 May	6月 Jun.	7月 Jul.	8月 Aug.	9月 Sep.	10月 Oct.	11月 Nov.	12月 Dec.
1		2967.73	2991.26	3179.12			3519.30	3416.68			3050.56	
2				3124.47			3546.52	3420.58	3443.90			2837.99
3				3142.70		2978.96	3568.01		3452.72			2861.35
4	3265.88	3027.54	3037.51	3217.56		3010.46	3521.71		3437.86		3107.24	2870.32
5		3041.47	3113.07	3207.22		2964.01	3537.31	3401.46	3390.95		3161.54	2850.23
6		2961.80	3151.44			3073.67		3436.11	3374.31		3143.19	2854.59
7	3231.80	3030.38	3262.39			3083.29		3428.08			3148.12	
8	3201.57	3022.26	3318.93	3208.06	3227.93		3547.96	3407.69		3197.94	3075.18	
9	3149.30			3263.70	3249.01		3533.89	3385.10	3345.22	3141.26		2847.52
10	3159.45			3271.02	3216.69	3068.69	3460.20		3350.09	3115.62		2818.30
11	3065.99		3380.56	3216.97		3079.75	3456.78		3337.22	3107.04	3036.70	2796.81
12			3303.29	3231.38		3071.09	3454.43	3360.75	3344.59		2997.21	2806.01
13			3267.93		3175.67	3046.88		3367.40	3339.90		3015.37	2830.63
14	2934.39		3359.13		3153.15	3023.21		3393.60		3118.35	2971.27	
15	2893.02		3267.81	3198.26	3131.42		3423.98	3377.37		3114.86	2983.54	
16	2938.22			3193.79	3066.88		3423.93	3389.33	3276.57	3138.53		2859.53
17	2796.46			3192.77	3100.25	3022.02	3459.66		3280.54	3072.65		2878.57
18	2784.10		3283.79	3146.06		3076.09	3481.36		3258.32	3088.17	2938.10	2868.42
19			3334.75	3145.47		3045.52	3487.87	3393.99	3326.97		2952.31	2865.94
20			3356.72		3072.23	3062.74		3451.11	3287.15		2904.20	2905.01
21	2682.46		3357.02		3170.61	3180.94		3448.52		3088.94	2836.14	
22	2697.66		3312.76	3124.57	3133.53		3425.49	3480.54		3126.87	2833.50	
23	2890.07			3108.31	3127.13		3433.98	3476.67	3292.88	3123.79		2907.33
24	2898.46			3107.74	3080.79	3478.12	3425.82		3277.05	3093.74		2905.86
25	2896.85	3064.48	3312.11	3122.27		3496.40	3406.54		3286.08	3062.99	2840.49	2887.14
26		3048.74	3251.03	3174.88		3507.51	3398.79	3448.37	3265.64		2788.78	2809.94
27		3055.67	3257.63		3083.76	3522.94		3456.97	3243.93		2810.55	2802.96
28	2702.89	3029.49	3259.68		3102.26	3551.33		3454.27		3009.19	2876.89	
29	2770.23		3173.90	3228.41	3051.85		3427.95	3437.61		3037.30	2920.72	
30	2779.39			3253.46	3059.33		3431.46	3436.84		3037.94		2771.02
31	2982.70				3037.00		3405.70			3036.18		2759.30

数据来源:上海、深圳证券交易所
Source:Shanghai Shenzhen Stock Exchange

2-48 2002年深圳证券交易所每日收市成份A股指数

Daily Closing A Share Composite Component Index of Shenzhen Stock Exchange in 2002

日期 Date	1月 Jan.	2月 Feb.	3月 Mar.	4月 Apr.	5月 May	6月 Jun.	7月 Jul.	8月 Aug.	9月 Sep.	10月 Oct.	11月 Nov.	12月 Dec.
1		3249.73	3280.52	3498.51			3913.87	3781.14			3413.40	
2				3435.85			3931.82	3785.70	3815.60			3148.32
3				3456.77		3296.78	3940.79		3826.00			3174.20
4	3553.92	3315.69	3333.06	3547.13		3328.79	3892.74		3811.49		3475.75	3183.47
5		3336.84	3412.67	3535.01		3271.38	3899.24	3763.44	3758.35		3532.79	3159.95
6		3246.68	3459.20			3396.79		3803.58	3739.36		3511.77	3161.23
7	3509.72	3321.89	3587.24			3409.53		3794.43			3522.37	
8	3489.93	3312.58	3652.58	3535.80	3571.00		3918.48	3770.59		3543.06	3443.87	
9	3438.13			3601.00	3598.99		3912.17	3743.14	3707.26	3479.15		3150.28
10	3445.41			3612.49	3564.29	3392.33	3824.13		3713.57	3457.97		3119.59
11	3346.25		3723.36	3549.95		3404.01	3817.17		3696.91	3447.60	3403.61	3093.29
12			3642.00	3566.24		3394.58	3815.49	3714.68	3704.88		3363.16	3103.97
13			3608.42		3513.38	3365.04		3723.18	3700.79		3379.68	3128.05
14	3204.91		3709.08		3487.07	3337.05		3753.89		3456.95	3326.48	
15	3153.08		3609.17	3538.26	3456.54		3786.16	3733.98		3454.62	3336.55	
16	3197.90			3536.39	3380.81		3785.43	3745.62	3626.56	3478.58		3157.39
17	3044.02			3533.17	3419.72	3339.87	3817.38		3631.66	3418.30		3177.31
18	3024.66		3627.93	3485.99		3401.77	3847.44		3606.46	3435.63	3281.58	3169.88
19			3682.89	3479.96		3365.51	3853.81	3750.97	3681.94		3291.68	3167.06
20			3710.15		3387.11	3386.88		3820.44	3638.89		3235.18	3212.99
21	2916.28		3714.77		3500.95	3519.04		3817.61		3440.65	3155.16	
22	2945.84		3663.28	3457.20	3459.25		3787.73	3853.17		3482.20	3147.57	
23	3162.31			3438.97	3450.91		3799.38	3851.66	3646.50	3478.31		3219.73
24	3171.38			3433.59	3394.00	3845.11	3788.99		3626.04	3445.77		3216.72
25	3172.43	3362.67	3665.08	3451.69		3879.16	3764.31		3635.84	3416.64	3156.24	3197.83
26		3344.86	3595.94	3504.91		3893.58	3761.46	3820.04	3612.41		3097.15	3109.05
27		3353.75	3602.08		3403.77	3915.49		3828.20	3585.90		3118.78	3103.02
28	2963.97	3321.85	3597.29		3430.22	3951.11		3825.16		3361.48	3194.93	
29	3042.28		3496.92	3568.61	3378.48		3796.10	3807.44		3392.92	3246.44	
30	3055.51			3600.45	3388.06		3797.11	3806.43		3394.99		3070.01
31	3268.31				3360.79		3769.04			3394.32		3055.91

数据来源：上海、深圳证券交易所

Source: Shanghai Shenzhen Stock Exchange

2-49 2002年深圳证券交易所每日收市成份B股指数

Daily Closing B Share Composite Component Index of Shenzhen Stock Exchange in 2002

日期 Date	1月 Jan.	2月 Feb.	3月 Mar.	4月 Apr.	5月 May	6月 Jun.	7月 Jul.	8月 Aug.	9月 Sep.	10月 Oct.	11月 Nov.	12月 Dec.
1		1342.03	1337.11	1383.95			1404.47	1419.69			1171.67	
2				1367.98			1452.86	1420.60	1417.82			1161.00
3				1373.27		1240.36	1506.97		1419.58			1170.67
4	1540.12	1367.64	1352.15	1381.12		1262.01	1477.99		1407.47		1196.19	1176.13
5		1355.68	1396.02	1378.94		1260.66	1517.30	1416.00	1391.74		1226.57	1171.12
6		1328.66	1399.38			1294.19		1424.94	1386.56		1220.78	1182.20
7	1553.20	1359.36	1429.26			1291.92		1422.41			1209.39	
8	1485.28	1356.97	1444.18	1379.71	1347.33		1498.59	1417.81		1317.96	1173.20	
9	1439.82			1391.62	1342.06		1464.07	1415.85	1374.18	1297.52		1187.43
10	1460.01			1384.16	1325.37	1288.94	1453.58		1373.41	1268.13		1171.00
11	1405.50		1461.84	1370.12		1295.25	1461.82		1375.44	1266.83	1151.12	1168.62
12			1416.81	1375.04		1291.17	1458.03	1410.36	1379.04		1126.15	1171.18
13			1384.86		1324.97	1290.23		1409.65	1373.75		1143.07	1189.69
14	1335.81		1423.66		1319.80	1286.30		1415.31		1279.77	1136.23	
15	1344.22		1382.08	1334.34	1330.29		1432.06	1414.49		1274.33	1150.55	
16	1383.45			1322.95	1316.46		1434.09	1424.35	1360.05	1289.91		1208.62
17	1315.01			1329.01	1324.35	1272.11	1472.11		1359.56	1230.17		1219.56
18	1333.41		1385.42	1295.61		1288.16	1462.67		1352.15	1236.24	1143.86	1205.37
19			1411.09	1312.02		1283.04	1467.93	1425.68	1382.17		1164.51	1204.53
20			1411.05		1317.54	1282.95		1430.40	1362.54		1153.03	1213.76
21	1278.37		1397.90		1342.97	1327.91		1429.19		1226.06	1137.01	
22	1245.23		1387.28	1302.18	1329.63		1433.00	1442.12		1242.86	1148.11	
23	1314.31			1296.13	1330.89		1429.66	1432.05	1361.63	1242.82		1203.82
24	1318.45			1310.64	1329.12	1460.46	1430.42		1362.72	1228.53		1206.83
25	1309.02	1364.10	1379.19	1310.59		1424.56	1432.58		1366.96	1203.41	1148.57	1194.23
26		1358.77	1358.58	1347.60		1422.48	1411.91	1421.24	1360.59		1131.94	1170.86
27		1357.89	1364.90		1310.92	1413.73		1428.92	1358.02		1147.44	1163.53
28	1209.13	1356.04	1387.64		1300.74	1412.31		1427.98		1170.07	1167.88	
29	1225.37		1368.82	1356.40	1267.58		1416.80	1418.84		1180.92	1178.26	
30	1219.62			1354.37	1266.81		1427.04	1419.02		1177.75		1144.11
31	1342.01				1265.19		1415.00			1173.80		1142.21

数据来源:上海、深圳证券交易所

Source:Shanghai Shenzhen Stock Exchange

2-50　2002年上海股票交易所A股平均市盈率、换手率

P/E Ratio and Turnover Velocity of A Shares in Shanghai Stock Exchange in 2002

年份	市盈率 P/E		换手率（%）Turnover Velocity
年份 Year	发行股数平均 Total Shares	流通股数平均 Negotiable Shares	流通股平均换手率 Negotiable Shares
1992			
1993			
1994			
1995	16.32	13.66	519.41
1996	32.65	31.13	760.05
1997	43.43	42.44	534.99
1998	34.36	33.66	355.3
1999	38.13	36.59	421.55
2000	59.142	58.632	504.07
2001	124.229	37.593	216.66
2002	34.5	37.442	208.74

数据来源：上海、深圳证券交易所
Source: Shanghai Shenzhen Stock Exchange

2-51　2002年深圳股票交易所A股平均市盈率、换手率

P/E Ratio and Turnover Velocity of A Shares in Shenzhen Stock Exchange in 2002

年份	市盈率 P/E		换手率（%）Turnover Velocity
年份 Year	发行股数平均 Total Shares	流通股数平均 Negotiable Shares	流通股平均换手率 Negotiable Shares
1992	36.44	34.68	265.45
1993	35.94	37.9	324.43
1994	10.56	10.38	691.78
1995	9.97	9.39	309.55
1996	38.88	38.52	949.68
1997	42.66	42.38	662.32
1998	32.31	32.18	411.13
1999	37.56	38.28	371.60
2000	58.75	59.62	396.46
2001	40.76	41.02	189.97
2002	38.22	38.75	200.64

数据来源：上海、深圳证券交易所
Source: Shanghai Shenzhen Stock Exchange

2-52 2002年上海股票交易所B股平均市盈率、换手率

P/E Ratio and Turnover Velocity of B Shares in Shanghai Stock Exchange in 2002

年份	市盈率 P/E		换手率(%)Turnover Velocity
年份 Year	发行股数平均 Total Shares	流通股数平均 Negotiable Shares	流通股平均换手率 Negotiable Shares
1992			
1993			
1994			
1995	8	8	56.26
1996	14.04	14.04	61.58
1997	11.99	11.99	74.6
1998	6.04	6.04	57.3
1999	10.05	10.05	92.59
2000	25.231	25.231	151.23
2001	43.392	43.392	452.25
2002	30.609	30.609	95.99

数据来源:上海、深圳证券交易所

Source:Shanghai Shenzhen Stock Exchange

2-53 2002年深圳股票交易所B股平均市盈率、换手率

P/E Ratio and Turnover Velocity of B Shares in Shenzhen Stock Exchange in 2002

年份	市盈率 P/E		换手率(%)Turnover Velocity
年份 Year	发行股数平均 Total Shares	流通股数平均 Negotiable Shares	流通股平均换手率 Negotiable Shares
1992	35.56	17.76	124.28
1993	20.11	16.24	52.58
1994	7.02	6.97	42.16
1995	6.01	5.86	30.78
1996	14.07	12.54	96.84
1997	10.66	10.71	131.31
1998	5.71	5.82	45.88
1999	10.38	10.39	95.39
2000	13.06	13.5	89.08
2001	25.3	25.59	417.46
2002	17.51	18.34	89.97

数据来源:上海、深圳证券交易所

Source:Shanghai Shenzhen Stock Exchange

2-54　2002年上海股票交易所A股按行业平均市盈率、换手率

P/E Ratio and Turnover Velocity of A Shares in Shanghai Stock Exchange Classified by Industries in 2002

行业 Industries	市盈率 P/E		换手率（%）Turnover Velocity
	发行股数平均 Total Shares	流通股数平均 Negotiable Shares	流通股换手率 Negotiable Shares
农、林、牧、副、渔业 Agriculture, Forestry, Fishing and Hunting	40.484	44.482	257.32
采掘业 Mining	19.377	22.372	174.59
食品、饮料 Food, Beverage	63.779	67.243	186.39
纺织、服装、毛皮 Textile, Apparel, Leather	42.453	40.273	161.57
木材、家俱 Wood Product	35.745	35.745	124.83
造纸、印刷 Paper, Printing	−2888.115	−653.688	227.93
石油、化学、橡胶、塑料 Petroleum, Chemical Product, Plastics, Rubber	73.535	65.969	186.55
电子 Electrical Equipment	78.419	85.521	208.63
金属、非金属 Metal, Nonmetallic Mineral Product	26.874	28.513	218.56
机械、设备、仪表 Machinery, Equipment, Meter	68.692	59.237	242.51
医药、生物 Medicine, Biologic Product	47.128	46.362	159.25
其他制造业 Other Manufacuring	50.295	49.691	180.98
电力、蒸汽及水的生产及供应业 Electricity, Gas, Water Supply	24.63	28.994	166.64
建筑业 Construction	43.965	43.007	173.78
交通运输、仓储业 Transport, Storage	40.453	33.831	286.14
信息技术业 Information, Technology	39.346	41.47	261.51
批发和零售贸易 Wholesale and Retail Trade	58.356	64.239	175.38
金融、保险业 Finance, Insurance	36.921	43.927	291.53
房地产业 Real Estate	74.42	145.71	201.98
社会服务业 Social Services	37.463	36.693	269.97
传播及文化产业 Transmission, Culture	269.333	114.348	197.48
综合类 Conglomerat	56.007	52.029	167.12

数据来源：上海、深圳证券交易所
Source: Shanghai Shenzhen Stock Exchange

2-55　2002年深圳股票交易所A股按行业平均市盈率、换手率

P/E Ratio and Turnover Velocity of A Shares in Shenzhen Stock Exchange Classified by Industries in 2002

行业 Industries	市盈率 P/E 发行股数平均 Total Shares	市盈率 P/E 流通股数平均 Negotiable Shares	换手率(%) Turnover Velocity 流通股换手率 Negotiable Shares
农、林、牧、副、渔业 Agriculture, Forestry, Fishing and Hunting	57.16	56.81	259.87
采掘业 Mining	21.43	21.05	185.75
食品、饮料 Food, Beverage	26.94	27.68	181.85
纺织、服装、毛皮 Textile, Apparel, Leather	45.81	45.43	192.11
木材、家俱 Wood Product	28.9	28.9	159.01
造纸、印刷 Paper, Printing	35.79	35.94	173.25
石油、化学、橡胶、塑料 Petroleum, Chemical Product, Plastics, Rubber	55.32	50.78	202.31
电子 Electrical Equipment	60.03	52.84	209.39
金属、非金属 Metal, Nonmetallic Mineral Product	23.7	25.19	182.48
机械、设备、仪表 Machinery, Equipment, Meter	49.21	46.67	190.90
医药、生物 Medicine, Biologic Product	48.54	45.94	263.33
其他制造业 Other Manufacuring	61.85	62.79	213.64
电力、蒸汽及水的生产及供应业 Electricity, Gas, Water Supply	30.45	31.12	146.67
建筑业 Construction	41.8	41.28	161.39
交通运输、仓储业 Transport, Storage	31.57	30.5	122.79
信息技术业 Information, Technology	34.78	34.91	257.11
批发和零售贸易 Wholesale and Retail Trade	57.85	56.58	215.83
金融、保险业 Finance, Insurance	54.73	52.46	198.74
房地产业 Real Estate	25.57	22.8	261.53
社会服务业 Social Services	56.21	56.92	183.26
传播及文化产业 Transmission, Culture	61.6	56.37	226.21
综合类 Conglomerat	81.94	85.64	232.11

数据来源:上海、深圳证券交易所

Source:Shanghai Shenzhen Stock Exchange

主要统计指标解释
Definition and Explanation

1. 成交金额和成交数量(Trading Volume and Value)

成交金额和成交数量为买卖单方计算。

Trading volume and value counted on a one-way basis.

2. 上市公司(Listed Companies)

上市公司为向社会公开发行股票且股票在交易所上市的公司。

A pubic, limited-liability company with issued shares that are listed on an Exchange.

3. 上市股票数(Number of Listed Stocks)

上市股票数是指在交易所上市的A股、B股的总数目。

The figure of Number of listed stocks refers to the total number of A and B shares listed on an Exchange.

4. 市价总值(Total Market Capitalization)

指在交易所上市的证券在某一时点按市价与发行数量计算的总金额。

∑(市价×发行数量)

This figure represents the aggregate taken at a given time of the market price the listed volume for each security in the market.

∑(Marked Price × Negotiable Volume)

5. 流通市值(Negotiable Market Capitalization)

指在交易所上市的证券在某一时点按市价与上市流通量计算的总金额。

∑(市价×可流通量)

This figure represents the aggregate taken at a given time of the market price the negotiable volume for each security in the market.

∑(Marked Price × Negotiable Volume)

6. 流通数量(Total Negotiable Volume)

指在交易所上市的证券中可以流通的数量。

The total negotiable volume of all listed securities at certain time.

7. 数量单位(Trading Unit)

· 股:A股、B股均使用1元人民币面额为一股。对历史曾出现的大于1元面额的股票,在本年报的成交或交易股数指标中均已被换算到当前面额。

· 手:国债现货和国债回购品种均以1000元人民币面额为一手。

· 口:上海证券交易所国债期货以20000元国债面额为一口,深圳证券交易所国债期货以10000元国债面额为一口。

· 份:基金以1元面额为一份。

· Par value for both A and B share is calculated at 1.00 RMB. Trading volume of stocks whose actuarial par value is greater than 1.00 RMB has been converted correspondingly.

· For Bonds and T-Bond repurchase each block consists of 1000 RMB par value.

· For t-Bond Futures each block consists of 20000 RMB par value in Shanghai Stock Exchange, and is Shenzhen stock Exchange each block consists of 10000 RMB par Value.

· Par value of Investment Fund is 1.00 RMB par share.

8. 市盈率(Price-to-Earning Ratio (P/E Ratio)

$$市盈率 = \frac{股价}{每股盈利}$$

$$P/E\ Ratio = \frac{Stock\ Price}{Earnings\ Per\ Share}$$

第三部分　债　券

Bonds

3-1 1990～2002 年全国债券发行情况汇总表

Issuing Summary of Bonds (1990—2002)

单位:亿元 Unit:100000000

时期 Year	国债 T-Bonds			金融债 Financial Bonds			企业债 Enterprise Bonds		
	发行额 Amounts Issued	兑付额 Amounts Repayed	期末余额 Balance	发行额 Amounts Issued	兑付额 Amounts Repayed	期末余额 Balance	发行额 Amounts Issued	兑付额 Amounts Repayed	期末余额 Balance
1990 年	197.23	76.22	890.34	64.40	50.07	84.88	126.37	77.29	195.44
1991 年	281.25	111.60	1059.99	66.91	33.67	118.12	249.96	114.31	331.09
1992 年	460.78	238.05	1282.72	55.00	30.00	143.12	683.71	192.76	822.04
1993 年	381.31	123.29	1540.74		34.29	108.83	235.84	255.48	802.40
1994 年	1137.55	391.89	2286.40		13.54	95.29	161.75	282.04	682.11
1995 年	1510.86	496.96	3300.30			1708.49	300.80	336.30	646.61
1996 年	1847.77	786.64	4361.43	1055.60	254.50	2509.59	268.92	317.80	597.73
1997 年	2411.79	1264.29	5508.93	1431.50	312.30	3628.80	255.23	219.81	521.02
1998 年	3808.77	2060.86	7765.70	1950.23	320.40	5121.13	147.89	105.25	676.93
1999 年	4015.00	1238.70	10542.00	1800.89	473.20	6447.48	158.20	56.50	778.63
2000 年	4657.00	2179.00	13020.00	1645.00	709.20	7383.28	83.00	0.00	861.63
2001 年	4884.00	2286.00	15618.00	2590.00	1438.80	8534.48	147.00	0.00	925.63
2002 年	5934.30	2216.20	19336.10	3075.00	1555.70	10054.10	325.00		
1 月	0.00	0.00	15618.00	0.00	40.00	8494.80	0.00		
2 月	0.00	0.00	15618.00	0.00	38.00	8456.80	0.00		
3 月	560.00	334.70	15843.00	200.00	56.90	8599.90	0.00		
4 月	800.00	97.30	16546.00	555.00	223.00	8931.90	10.00		
5 月	520.00	307.40	16759.00	0.00	132.90	8799.00	10.00		
6 月	720.00	40.00	17439.00	300.00	132.10	8966.90	55.00		
7 月	438.30	415.20	17461.70	400.00	170.80	9196.10	10.00		
8 月	700.00	135.70	18026.00	350.00	159.40	9386.70	20.00		
9 月	766.00	22.60	18769.40	370.00	347.00	9409.70	50.00		
10 月	224.00	270.30	18723.10	200.00	100.00	9509.70	80.00		
11 月	238.00	101.00	18860.10	350.00	80.60	9779.10	60.00		
12 月	968.00	492.00	19336.10	350.00	75.00	10054.10	30.00		

数据来源:中国人民银行

Source:The People's Bank of China

3-2 主要存款项目利率表(1996—2002)

Interest Rates of Major Saving Deposites (1996—2002)

项 目	Item	1996.5.1 May 1 1996	1996.8.23 Aug 23 1996	1997.10.23 Oct 23 1997	1998.3.25 Mar 25 1998	1998.7.1 Jul 1 1998	1998.12.7 Dec 7 1998	1999.6.10 June 10 1999	2002.02.21 Feb. 21 2002
个人人民币储蓄存款	Household Saving Deposits								
活期	Demand	2.97	1.98	1.71	1.71	1.44	1.40	0.99	0.72
定期	Time								
3个月	3 Months	4.86	3.33	2.88	2.88	2.79	2.79	1.98	1.71
6个月	6 Months	7.20	5.40	4.14	4.14	3.96	3.33	2.16	1.89
1年	1 Year	9.18	7.47	5.67	5.22	4.77	3.78	2.25	1.98
2年	2 Years	9.90	7.92	5.94	5.58	4.86	3.96	2.43	2.25
3年	3 Years	10.80	8.28	6.21	6.21	4.95	4.14	2.70	2.52
5年	5 Years	12.06	9.00	6.66	6.66	5.22	4.50	2.88	2.79
8年及8年以上	8 Years or Longer								
企业单位	Enterprise Deposits								
活期	Demand	2.97	1.98	1.71	1.71	1.44	1.44	0.99	0.72
定期	Time								
3个月	3 Months	4.86	3.33	2.88	2.88	2.79	2.79	1.98	1.71
6个月	6 Months	7.20	5.40	4.14	4.14	3.96	3.33	2.16	1.89
1年	1 Year	9.18	7.47	5.67	5.22	4.77	3.78	2.25	1.98
2年	2 Years	9.90	7.92	5.94	5.58	4.86	3.96		
3年	3 Years	10.80	8.28	6.21	6.21	4.95	4.14		
5年	5 Years	12.06	9.00	6.66	6.66	5.22	4.50		
8年及8年以上	8 Years or Longer								
大额可转让定期存单	CDs								
1个月	1 Months	3.96	2.70						
3个月	3 Months	4.86	3.33	2.88	2.88	2.79	2.79	1.98	
6个月	6 Months	7.20	5.40	4.14	4.14	3.96	3.33	2.16	
9个月	9 Months	8.19	6.66						
12个月	12 Months	9.18	7.47	5.67	5.22	4.77	3.78	2.25	

注:2000年人民币存款利率没有进行调整。

数据来源:中国人民银行

Source: The People's Bank of China

3-3　2002年全国银行间同业拆借利率统计表

Interbank Offer Rates in 2002

单位:%

时期	隔夜	7天内	8～20天内	21～30天内	31～60天内	61～90天内	91～120天内
1月	2.32	2.36	2.34	2.71	2.94	3.84	3.30
2月	2.32	2.30	2.12	2.77	3.47	4.11	4.32
3月	2.11	2.24	2.09	2.39	2.22	2.75	2.88
4月	2.08	2.16	2.21	2.50	2.81	3.69	4.01
5月	2.06	2.12	2.26	2.12	2.50	3.54	0.00
6月	2.02	2.03	2.01	2.16	2.97	3.87	0.00
7月	2.02	1.99	2.22	2.51	2.61	3.23	3.64
8月	2.02	2.01	2.03	2.18	2.41	3.05	3.36
9月	2.09	2.10	2.16	2.19	2.54	3.27	2.45
10月	2.03	2.09	2.20	2.45	3.25	2.35	2.41
11月	2.05	2.10	2.13	2.32	2.76	2.60	2.85
12月	2.17	2.24	2.25	2.24	2.48	3.30	3.89

注:表中利率为加权平均利率。

数据来源:中国人民银行

Source: The People's Bank of China

3-4　2002年全国银行间市场债券回购利率统计表

Interbank Bonds Repurchase Rate in 2002

单位:%

时期	7天	14天	21天	1个月	2个月	3个月	4个月	6个月	9个月	一年
1月	2.14	2.15	2.16	2.21	2.22	2.28	0.00	0.00	0.00	0.00
2月	2.05	2.12	2.14	2.18	2.11	2.16	2.15	0.00	0.00	0.00
3月	1.96	1.97	1.99	2.01	2.02	2.02	2.04	2.07	2.09	0.00
4月	1.95	1.95	1.97	1.98	2.00	1.99	1.94	2.04	0.00	0.00
5月	1.95	1.95	1.97	1.98	1.99	1.98	2.05	0.00	0.00	0.00
6月	1.95	1.95	1.97	1.98	1.99	1.97	0.00	2.08	0.00	2.20
7月	1.95	1.95	1.96	1.98	1.99	2.03	0.00	1.99	0.00	2.01
8月	1.96	1.97	1.98	2.02	2.02	2.12	2.04	2.14	0.00	0.00
9月	2.17	2.25	2.30	2.25	2.22	2.23	2.23	2.28	2.32	0.00
10月	2.24	2.26	2.28	2.31	2.34	2.34	2.30	2.35	2.40	0.00
11月	2.23	2.25	2.27	2.25	2.29	2.33	2.31	0.00	2.40	0.00
12月	2.29	2.35	2.41	2.39	2.47	2.37	2.38	2.54	2.55	0.00

注:表中利率为加权平均利率。

数据来源:中国人民银行

Source: The People's Bank of China

3-5 2002 年中央银行公开市场业务回购利率统计表

Repurchase Rates for Opening Market in 2002

单位:%

时期	7 天	14 天	28 天	91 天	182 天	364 天
1 月						
2 月						
3 月						
4 月						
5 月						
6 月	0.00	0.00	0.00	1.95	1.96	0.00
7 月					2.02	2.01
8 月			2.00	2.04		
9 月				2.25	2.29	2.34
10 月				2.27		
11 月				2.27		
12 月				2.27		

注:表中利率为加权平均利率。

数据来源:中国人民银行

Source: The People's Bank of China

3-6 2002 年国债发行统计表

Issuing Summary for T-Bond in 2002

单位:亿元 Unit: 100000000

	发行对象 Issue Target	累计发行额 Total Amount Issued	发行利率(%) Interest Rate	偿还期限 Maturity
一、2002 年发行的国债 Issued In 2002		5934.30		
1. 凭证式国债(1) Certificate TB. (1)		600.00		
三年期 3 Year	个人投资者	420.00	2.42	3
五年期 5 Year	个人投资者	180.00	2.74	5
2. 凭证式国债(2) Certificate TB. (2)		300.00		
三年期 3 Year	个人投资者	150.00	2.07	3
五年期 5 Year	个人投资者	150.00	2.29	5
3. 凭证式国债(3) Certificate TB. (3)		335.00		
三年期 3 Year	个人投资者	167.50	2.12	3
五年期 5 Year	个人投资者	167.50	2.36	5
4. 凭证式国债(4) Certificate TB. (4)		238.00		
三年期 3 Year	个人投资者	123.00	2.22	3
五年期 5 Year	个人投资者	115.00	2.48	5
4. 记账式国债(1) Bookentry TB. (1)	银行间市场会员	200.00	2.70	10(按年付息)

续表 Continued

	发行对象 Issue Target	累计发行额 Total Amount Issued	发行利率(%) Interest Rate	偿还期限 Maturity
5. 记账式国债(2) Bookentry TB.(2)	银行间市场会员	360.00	2.22	5(按年付息)
6. 记账式国债(3) Bookentry TB.(3)	社会各类投资者	200.00	2.54	10(按年付息)
7. 记账式国债(4)Bookentry TB.(4)	银行间市场会员	260.00	1.90	2(按年付息)
8. 记账式国债(5) Bookentry TB.(5)	银行间市场会员	260.00	2.90	30(半年付息)
9. 记账式国债 6) Bookentry TB.(6)	银行间市场会员	255.00	2.00	7(按年付息)
9. 记账式国债 6) Bookentry TB.(6)	社会各类投资者	205.00	2.00	7(按年付息)
10. 记账式国债(7) Bookentry TB.(7)	银行间市场会员	260.00	1.90	3(按年付息)
11. 记账式国债(8) Bookentry TB.(8)	银行间市场会员	265.00	1.91	1
12. 记账式国债(9) Bookentry TB.(9)	银行间市场会员	173.30	2.70	10(按年付息)
13. 记账式国债(10) Bookentry TB.(10)	银行间市场会员	200.00	2.39	7(按年付息)
14. 记账式国债(11) Bookentry TB.(11)	银行间市场会员	200.00	2.64	12(按年付息)
15. 记账式国债(12) Bookentry TB.(12)	银行间市场会员	191.00	2.30	3(按年付息)
16. 记账式国债(13) Bookentry TB.(13)	社会各类投资者	240.00	2.60	15(半年付息)
17. 记账式国债(14) Bookentry TB.(14)	社会各类投资者	224.00	2.65	5(按年付息)
18. 记账式国债(15) Bookentry TB.(15)	社会各类投资者	600.00	2.93	7(按年付息)
19. 记账式国债(16) Bookentry TB.(16)	银行间/交易所/柜台	368.00	2.30	2(按年付息)
二、2002 年以前年度发行的国债 Issued Before 2002		26775.00		
合计 Total		32709.30		

注：代有*号的为浮动利率，即债券发行时利率略高于一年期储蓄利率的一定比例，在此基础上进行浮动。

数据来源：中国人民银行

Source：The People's Bank of China

3-7 1990—2002 年国债余额一览表

The Balance of T-Bond (1990—2002)

单位：亿元 Unit：100000000 yuan

年份 Year	年底余额 Balance at the end of the year
1990	890.34
1991	1059.99
1992	1282.72
1993	1540.74
1994	2286.4
1995	3300.3
1996	4361.43
1997	5508.93
1998	7765.7
1999	10542
2000	13020
2001	15618
2002	19336

数据来源：中国人民银行

Source：The People's Bank of China

3-8 1995—2002年全国债券交易情况汇总表

Summary for Bonds Trading (1995—2002)

		1995年	1996年	1997年	1998年	1999年	2000年	2001年	2002年
年末上市数目合计	Listed Numbers	62	43	42	39	43	46	54	74
金融债	Financial Bonds	4	2	0	0	0	0	0	0
企业债	Enterprise Bonds	13	6	7	7	12	12	13	15
可转换债券	Converse Bonds	1	0	0	1	2	3	3	9
国债	T-Bonds	44	35	35	31	29	31	38	50
现货	T-Bond Cash	12	18	18	14	12	14	21	33
期货	T-Bond Futures	12	0	0	0	0	0	0	0
回购	T-Bond Repurchase	20	17	17	17	17	17	17	17
成交数量(万手/口)	Transaction Volume	100660.50	174297.17	161732.38	203161.40	170716.33	197979.00	204707.68	329252.26
金融债	Financial Bonds	0.00	0.00	0.00	0.00	0.00	0.00	0.00	0.00
企业债(万手)	Enterprise Bonds	29.35	38.00	356.12	946.39	471.12	906.15	672.13	639.81
可转换债券(万手)	Converse Bonds	70905.00	0.00	0.00	833.45	3133.54	11717.48	3684.55	688.29
国债(万手)	T-Bond	29726.15	174259.17	161376.26	201381.56	167111.67	185355.37	200351.00	328152.15
现货(万手)	T-Bond Cash	6105.57	44172.76	32615.20	45973.57	38206.39	38018.57	45474.64	83955.76
期货(万口)	T-Bond Future	21151.63	0.00	0.00	0.00	0.00	0.00	0.00	0.00
回购(万手)	T-Bond Repurchase	2468.95	130086.41	128761.06	155407.99	128905.28	147336.80	154876.36	244196.39
成交金额(百万元)	Transaction Turnover	5936760.69	1803934.55	1647689.03	2166177.72	1828412.24	1911915.83	2041776.34	3324952.62
金融债	Financial Bonds	0.03	0.05	0.00	0.00	0.00	0.00	0.00	0.00
企业债	Enterprise Bonds	84.10	146.09	1808.10	4068.57	4799.48	9292.27	6884.31	7033.09
可转换债券	Converse Bonds	676.85	0.00	0.00	2030.17	4473.35	13506.68	4568.04	7369.70
国债	T-Bond	5935999.71	1803788.41	1645880.93	2160078.98	1819139.41	1889116.88	2030323.99	3312831.83
现货	T-Bond Cash	77520.01	502924.30	358274.52	605994.78	530086.53	415748.83	481560.35	870867.90
期货	T-Bond Future	5733628.12	0.00	0.00	0.00	0.00	0.00	0.00	0.00
回购	T-Bond Repurchase	124851.58	1300864.12	1287606.41	1554084.00	1289052.88	1473368.05	1548763.64	2441963.93
成交笔数合计(万笔)	Transaction Turnover	3941177.00	2546422.00	1535030.00	1700434.00	1586663.00	1937637.00	1161774.00	2136984.00
金融债	Financial Bonds	2.00	4.00	2.00	0.00	0.00	0.00	0.00	0.00
企业债	Enterprise Bonds	6288.00	13400.00	51350.00	310499.00	233767.00	434395.00	173256.00	120462.00
可转换债券	Converse Bonds	36721.00	0.00	0.00	172571.00	513702.00	827248.00	208841.00	191200.00
国债	T-Bond	3898166.00	2533018.00	1483678.00	1217364.00	839194.00	675994.00	779677.00	1902951.00
现货	T-Bond Cash	629531.00	1832141.00	1118563.00	796406.00	536532.00	385348.00	476656.00	1105316.00
期货	T-Bond Future	3185378.00	0.00	0.00	0.00	0.00	0.00	0.00	0.00
回购	T-Bond Repurchase	83257.00	700877.00	365115.00	420958.00	302662.00	290646.00	303021.00	797635.00

数据来源：上海、深圳证券交易所

Source: Shanghai Shenzhen Stock Exchange

3-9 1995—2002年上海债券交易情况统计表

Summary for Bonds Trading in Shanghai Stock Exchange (1995—2002)

		1995年	1996年	1997年	1998年	1999年	2000年	2001年	2002年
年末上市数目合计	Listed Numbers	47	24	22	20	23	25	31	39
金融债	Financial Bonds	4	2	0	0	0	0	0	0
企业债	Enterprise Bonds	12	5	5	5	9	10	12	11
可转换债券	Converse Bonds								3
国债	T-Bonds	31	17	17	15	14	15	19	25
现货	T-Bond Cash	6	9	9	7	6	7	11	17
期货	T-Bond Futures	12	0	0	0	0	0	0	0
回购	T-Bond Repurchase	13	8	8	8	8	8	8	8
成交数量(万手/口)	Transaction Volume	24246.06	167937.07	150768.00	197912.00	159528.81	165336.68	195274.87	305478.71
金融债	Financial Bonds								
企业债(万手)	Enterprise Bonds	5.51	9.76	128.00	170.00	300.44	790.26	610.45	454.99
可转换债券(万手)	Converse Bonds								228.00
国债(万手)	T-Bond	24240.55	167927.31	150640.00	197742.00	159228.37	164546.42	194664.42	305023.72
现货(万手)	T-Bond Cash	6004.60	43535.71	31518.00	45857.00	37987.20	33074.28	41234.63	60831.83
期货(万口)	T-Bond Future	16520.00	0.00	0.00	0.00	0.00	0.00	0.00	0.00
回购(万手)	T-Bond Repurchase	1715.95	124391.60	119122.00	151885.00	121241.17	131472.14	153429.79	244191.89
成交金额(百万元)	Transaction Turnover	5162822.95	1740269.88	1539606.07	2126655.84	1744673.41	1689582.58	1979403.51	3085105.73
金融债	Financial Bonds	0.03	0.05	0.00	0.00	0.00	0.00	0.00	0.00
企业债	Enterprise Bonds	61.06	116.12	1550.32	3131.84	4584.47	9155.65	6799.92	5103.67
可转换债券	Converse Bonds								2282.00
国债	T-Bond	5162761.86	1740153.71	1538055.75	2123524.00	1740088.94	1680426.93	1972603.59	3080002.06
现货	T-Bond Cash	76444.46	496237.71	346839.95	604669.80	527677.24	365705.53	438305.69	638083.16
期货	T-Bond Future	4969157.90	0.00	0.00	0.00	0.00	0.00	0.00	0.00
回购	T-Bond Repurchase	117159.50	1243916.00	1191215.80	1518854.00	1212411.70	1314721.40	1534297.90	2441918.90
成交笔数合计(万笔)	Transaction Turnover	2992638.00	2502405.00	1501749.00	1509904.00	1054994.00	1047980.00	914158.00	1899455.00
金融债	Financial Bonds	2.00	4.00	2.00	0.00	0.00	0.00	0.00	0.00
企业债	Enterprise Bonds	4442.00	11032.00	49205.00	304452.00	225834.00	427365.00	169902.00	104113.00
可转换债券	Converse Bonds								77629.00
国债	T-Bond	2988194.00	2491369.00	1452542.00	1205452.00	829160.00	620615.00	744256.00	1795342.00
现货	T-Bond Cash	622155.00	1805154.00	1096789.00	787783.00	531248.00	347069.00	443748.00	997717.00
期货	T-Bond Future	2287468.00	0.00	0.00	0.00	0.00	0.00	0.00	0.00
回购	T-Bond Repurchase	78571.00	686215.00	355753.00	417669.00	297912.00	273546.00	300508.00	797625.00

数据来源:上海、深圳证券交易所。

Source:Shanghai Shenzhen Stock Exchange

3-10　1995—2002 年深圳债券交易情况统计表

Summary for Bonds Trading in Shenzhen Stock Exchange (1995—2002)

		1995 年	1996 年	1997 年	1998 年	1999 年	2000 年	2001 年	2002 年
年末上市数目合计	Listed Numbers	15	19	20	19	20	21	23	35
金融债	Financial Bonds								0
企业债	Enterprise Bonds	1	1	2	2	3	2	1	4
可转换债券	Converse Bonds	1			1	2	3	3	6
国债	T-Bonds	13	18	18	16	15	16	19	25
现货	T-Bond Cash	6	9	9	7	6	7	10	16
期货	T-Bond Futures								0
回购	T-Bond Repurchase	7	9	9	9	9	9	9	9
成交数量(万手/口)	Transaction Volume	76414.44	6360.10	10964.38	5249.40	11187.52	32642.32	9432.81	23773.55
金融债	Financial Bonds								0.00
企业债(万手)	Enterprise Bonds	23.84	28.24	228.12	776.39	170.68	115.89	61.68	184.82
国债(万手)	T-Bonds	70905.00			833.45	3133.54	11717.48	3684.55	460.29
可转换债券(万手)	Converse Bonds	5485.60	6331.86	10736.26	3639.56	7883.30	20808.95	5686.58	23128.43
现货(万手)	T-Bond Cash	100.97	637.05	1097.20	116.57	219.19	4944.29	4240.01	23123.93
期货(万口)	T-Bond Future	4631.63							0.00
回购(万手)	T-Bond Repurchase	753.00	5694.81	9639.06	3522.99	7664.11	15864.66	1446.57	4.50
成交金额(百万元)	Transaction Turnover	773937.74	63664.67	108082.96	39521.88	83738.83	222333.25	62372.83	239,846.89
金融债	Financial Bonds								0.00
企业债	Enterprise Bonds	23.04	29.97	257.78	936.73	215.01	136.62	84.39	1,929.42
可转换债券	Converse Bonds	676.85			2030.17	4473.35	13506.68	4568.04	5087.7
国债	T-Bond	773237.85	63634.70	107825.18	36554.98	79050.47	208689.95	57720.40	232,829.77
现货	T-Bond Cash	1075.55	6686.59	11434.57	1324.98	2409.29	50043.30	43254.66	232,784.74
期货	T-Bond Future	764470.22							0.00
回购	T-Bond Repurchase	7692.08	56948.12	96390.61	35230.00	76641.18	158646.65	14465.74	45.03
成交笔数合计(万笔)	Transaction Turnover	948539.00	44017.00	33281.00	190530.00	531669.00	889657.00	247616.00	237,529.00
金融债	Financial Bonds								0.00
企业债	Enterprise Bonds	1846.00	2368.00	2145.00	6047.00	7933.00	7030.00	3354.00	16,349.00
可转换债券	Converse Bonds	36721.00			172571.00	513702.00	827248.00	208841.00	113571
国债	T-Bond	909972.00	41649.00	31136.00	11912.00	10034.00	55379.00	35421.00	107,609.00
现货	T-Bond Cash	7376.00	26987.00	21774.00	8623.00	5284.00	38279.00	32908.00	107,599.00
期货	T-Bond Future	897910.00							0.00
回购	T-Bond Repurchase	4686.00	14662.00	9362.00	3289.00	4750.00	17100.00	2513.00	10.00

数据来源：上海、深圳证券交易所。

Source：Shanghai Shenzhen Stock Exchange

3-11 2002年全国国债现货每日成交量、成交额

日期 Date	1月 Jan.		2月 Feb.		3月 Mar.		4月 Apr.		5月 May		6月 Jun.	
	成交额 Turnover	成交量 Volume	成交额 Turnover	成交量 Volume	成交额 Turnover	成交量 Volume	成交额 Turnover	成交量 Volume	成交额 Turnover	成交量 Volume	成交额 Turnover	成交量 Volume
1			114.42	11346813	57.67	5682994	138.42	13771718				
2							72.63	7176633				
3							217.43	21599062			124.78	12192147
4	187.88	18715283	218.55	21781790	149.83	14940558	152.90	15152247			88.57	8645956
5			50.92	4971948	54.22	5290742	43.59	4311076			113.79	11201418
6			43.49	4263723	64.29	6132049					114.61	11267386
7	136.62	13611163	138.66	13795744	155.80	15393787					62.16	6118081
8	41.80	4143272	50.39	4945215	61.84	6023385	125.50	12464228	212.89	21155650		
9	49.31	4824578					89.23	8715642	109.76	10835849		
10	152.53	15107601					59.97	5844289	75.36	7379762	137.16	13458421
11	81.96	8115427			178.94	17720562	144.71	14071306			94.88	9237296
12					62.95	6234588	155.71	15393998			90.38	8855527
13					164.58	16326540			333.63	33189054	128.41	12661693
14	145.14	14417594			153.39	15271088			96.83	9521299	65.66	6411983
15	90.95	9028175			56.54	5546624	124.48	12362175	194.82	19279036		
16	150.38	14930807					56.84	5591584	149.54	14705644		
17	138.17	13674192					64.42	6291518	188.87	18477843	155.47	15310549
18	114.48	11257838			136.10	13475396	153.14	15215958			91.95	8827311
19					77.18	7578442	206.31	20514449			97.22	9545414
20					57.52	5628796			160.48	15823460	142.41	14014846
21	243.95	24244417			149.61	14721113			73.51	7147802	93.97	9043825
22	70.14	6890684			55.41	5430410	181.12	18004739	157.27	15439388		
23	50.34	4946438					120.24	11873009	230.55	22558133		
24	159.30	15856322					70.63	6858578	130.65	12605617	252.74	24711828
25	93.99	9273259	292.83	28982505	173.82	17309605	160.26	15909517			91.85	8962779
26			67.96	6682223	93.03	9225967	124.43	12285808			96.70	9498016
27			79.58	7883683	159.32	15856192			166.64	16421393	176.20	17343127
28	246.04	24524048	227.83	22655767	182.89	18183345			125.45	12120368	65.02	6374176
29	76.69	7343563			60.34	5945305	198.16	19642492	107.55	10384746		
30	55.50	5524540					69.89	6769737	126.73	12329231		
31	144.46	14227324							79.77	7595313		

数据来源:上海、深圳证券交易所。

Source: Shanghai Shenzhen Stock Exchange

Daily Trading of T-Bonds in 2002

成交额:亿元;成交量:手

7月 Jul.		8月 Aug.		9月 Sep.		10月 Oct.		11月 Nov.		12月 Dec.	
成交额 Turnover	成交量 Volume	成交额 Turnover	成交量 Volume	成交额 Turnover	成交量 Volume	成交额 Turnover	成交量 Volume	成交额 Turnover	成交量 Volume	成交额 Turnover	成交量 Volume
112.96	11203338	109.60	10872449					169.75	17015531		
73.92	7287510	56.65	5577763	187.36	18668957					213.05	21232583
93.55	9247916			114.62	11210798					266.69	26517562
124.11	12289749			87.59	8582196			199.21	19938147	199.51	19834715
58.09	5676064	113.95	11305559	120.84	11946177			242.04	24217398	236.76	23643962
		77.21	7627648	74.24	7259555			160.95	16070018	183.75	18350370
		82.15	8123321					228.85	22819361		
123.74	12195317	128.39	12658206			302.10	30130936	159.04	15842504		
76.69	7558004	47.01	4640197	164.43	16356187	105.98	10497677			242.83	24248947
60.11	5944127			96.24	9481630	99.24	9780645			247.96	24711614
120.87	11944529			85.48	8457992	109.73	10798042	212.52	21182915	173.52	17299761
52.06	5068699	119.56	11919839	147.06	14622034			240.67	23991534	225.27	22472329
		75.79	7499841	70.37	6960880			142.98	14230018	192.70	19214985
		66.61	6567361			119.23	11779636	222.29	22078691		
127.35	12633206	123.60	12163719			210.15	20929417	183.98	18225247		
74.81	7360113	55.32	5435217	169.04	16762612	94.39	9358867			319.71	31878657
66.72	6572216			167.64	16674289	119.94	11899562			429.13	42811660
123.01	12125689			205.27	20420394	121.83	12022231	230.38	22888456	219.27	21832876
59.28	5790945	123.10	12251086	163.42	16177112			255.00	25380504	222.49	22151050
		88.40	8685138	84.24	8335695			166.68	16620989	182.16	18108311
		78.92	7830231			144.92	14400992	198.54	19866842		
144.31	14295056	105.80	10478517			234.83	23371272	142.78	14220026		
82.67	8139362	48.48	4746783	185.82	18423007	162.78	16132862			286.85	28484145
57.09	5649063			125.95	12365580	187.08	18662923			309.64	30916042
116.02	11520959			156.18	15387006	163.60	16306676	198.03	19817756	274.58	27434442
68.16	6642009	113.50	11240428	190.03	18793837			232.80	23203495	341.08	33978051
		65.26	6437992	77.05	7587523			176.97	17572685	278.23	27867556
		87.71	8631650			210.29	20986940	232.25	23149454		
137.16	13624910	127.33	12600754			212.01	21128169	172.33	17126014		
82.21	8151849	58.46	5767919			159.95	15825481			310.21	30979074
130.31	12598674					206.88	20647156			171.88	17127375

3-12 2002年上海国债现货每日成交量、成交额

日期 date	1月 Jan.		2月 Feb.		3月 Mar.		4月 Apr.		5月 May		6月 Jun.	
	成交额 Turnover	成交量 Volume	成交额 Turnover	成交量 Volume	成交额 Turnover	成交量 Volume	成交额 Turnover	成交量 Volume	成交额 Turnover	成交量 Volume	成交额 Turnover	成交量 Volume
1			114.39	11344401	57.66	5682231	138.42	13771467				
2							72.62	7175492				
3							217.42	21598637			124.65	12179664
4	187.83	18710944	218.53	21780092	149.82	14939352	152.89	15151739			88.56	8644914
5			50.91	4971081	54.21	5290011	43.59	4310812			113.70	11192718
6			43.48	4262864	64.28	6131371					114.35	11242240
7	136.60	13609895	138.65	13794965	155.79	15392724					62.00	6102171
8	41.77	4140442	50.38	4943919	61.83	6022566	125.49	12463056	212.89	21155240		
9	49.28	4821458					89.22	8714634	103.63	10224948		
10	152.47	15101939					59.94	5841662	62.04	6053020	136.93	13435413
11	81.95	8114332			178.91	17718386	144.70	14070388			94.69	9218279
12					62.87	6227265	155.70	15393401			90.37	8854105
13					164.54	16322449			308.41	30677904	127.46	12568168
14	145.13	14417066			153.32	15264658			75.70	7416917	64.88	6335682
15	90.87	9022274			56.22	5515618	124.45	12359626	194.81	19278287		
16	150.30	14923486					56.84	5591252	144.11	14165219		
17	138.03	13660958					64.42	6291066	188.87	18477580	153.89	15155801
18	114.43	11253781			136.02	13468090	153.13	15215266			90.64	8698251
19					77.17	7577270	206.31	20514101			91.05	8938919
20					57.49	5626199			160.48	15823050	142.18	13992562
21	243.92	24241580			149.58	14718664			73.49	7145660	93.62	9009789
22	70.12	6888974			55.39	5429032	181.12	18004329	157.26	15438300		
23	50.33	4945691					120.24	11872823	230.42	22545136		
24	159.29	15855331					70.63	6858386	130.64	12604483	252.68	24705863
25	93.96	9270207	292.81	28980449	173.81	17308279	160.26	15909232			91.84	8961753
26			67.89	6676047	93.03	9225554	124.43	12285504			96.69	9497340
27			79.50	7876113	159.32	15855772			166.61	16418971	163.08	16048326
28	246.03	24523061	227.79	22651849	182.89	18182879			116.51	11255711	64.40	6312832
29	76.67	7341510			60.34	5945081	197.78	19604383	106.80	10312337		
30	55.45	5519434					69.07	6688337	126.50	12306800		
31	144.43	14224511							79.67	7585190		

数据来源：上海证券交易所

Source：Shanghai Stock Exchange

Daily Trading of T-Bonds in Shanghai Stock Exchange in 2002

成交额:亿元;成交量:手

7月 Jul.		8月 Aug.		9月 Sep.		10月 Oct.		11月 Nov.		12月 Dec.	
成交额 Turnover	成交量 Volume	成交额 Turnover	成交量 Volume	成交额 Turnover	成交量 Volume	成交额 Turnover	成交量 Volume	成交额 Turnover	成交量 Volume	成交额 Turnover	成交量 Volume
110.88	10998042	108.24	10738489					142.98	14305597		
72.13	7111831	56.32	5545302	160.72	16019233					167.77	16731457
91.81	9076522			92.29	8993937					221.95	22073436
122.57	12138857			85.91	8420981			172.53	17242381	156.66	15568013
57.58	5625827	112.88	11200466	119.66	11833103			221.93	22164047	202.09	20141492
		76.92	7599451	69.04	6747410			135.53	13508062	146.76	14617962
		81.80	8088649					195.17	19462696		
122.96	12118864	128.19	12638263			297.17	29663709	123.15	12286603		
73.35	7229838	46.94	4633055	157.27	15648050	95.83	9536909			207.15	20659569
58.54	5789867			89.16	8781022	86.44	8573108			205.17	20434569
119.53	11812609			77.32	7657150	83.81	8286119	177.53	17721706	126.04	12568441
51.54	5017200	118.08	11774080	139.58	13889851			203.79	20347582	179.38	17902503
		73.98	7322180	58.16	5762830			109.90	10943660	145.95	14562762
		64.86	6395574			95.91	9509530	187.14	18594482		
124.66	12368592	123.52	12155901			194.48	19366903	150.21	14892978		
72.25	7108260	53.95	5302992	156.88	15571615	77.13	7631008			304.80	30420926
64.69	6372355			153.84	15314708	101.48	10046481			411.83	41127803
121.54	11981659			186.56	18591489	93.17	9201856	192.60	19137579	201.97	20137592
57.28	5594542	123.04	12245103	158.00	15672908			214.60	21391462	210.15	20944096
		86.67	8519704	72.39	7189349			136.36	13585940	171.47	17074131
		77.18	7663768			116.21	11574556	171.81	17154019		
142.99	14165021	104.54	10357945			202.58	20193350	138.49	13780258		
81.36	8010426	46.84	4589919	168.32	16717045	143.58	14208876			275.80	27493244
54.98	5441715			107.10	10526729	161.94	16149740			265.56	26459623
114.63	11384670			139.68	13777316	132.73	13224607	173.93	17373518	212.44	21161499
66.51	6479502	112.19	11115166	182.37	18065418			196.89	19638916	234.60	23392079
		63.47	6266611	56.42	5524922			141.61	14059163	165.45	16499684
		86.04	8471727			178.63	17825992	196.04	19563746		
136.05	13515475	125.95	12468818			179.52	17885564	140.60	13989839		
81.44	8076395	56.88	5616192			126.55	12504064			290.90	29040914
128.68	12438907					182.36	18152352			170.95	17037386

3-13 2002年深圳国债现货每日成交量、成交额

日期 date	1月 Jan.		2月 Feb.		3月 Mar		4月 Apr.		5月 May		6月 Jun.	
	成交额 Turnover	成交量 Volume	成交额 Turnover	成交量 Volume	成交额 Turnover	成交量 Volume	成交额 Turnover	成交量 Volume	成交额 Turnover	成交量 Volume	成交额 Turnover	成交量 Volume
1			0.03	2412	0.01	763	0.00	251				
2							0.01	1141				
3							0.01	425			0.13	12483
4	0.05	4339	0.02	1698	0.01	1206	0.01	508			0.01	1042
5			0.01	867	0.01	731	0.00	264			0.09	8700
6			0.01	859	0.01	678					0.26	25146
7	0.02	1268	0.01	779	0.01	1063					0.16	15910
8	0.03	2830	0.01	1296	0.01	819	0.01	1172	0.00	410		
9	0.03	3120					0.01	1008	6.13	610901		
10	0.06	5662					0.03	2627	13.32	1326742	0.23	23008
11	0.01	1095			0.03	2176	0.01	918			0.19	19017
12					0.08	7323	0.01	597			0.01	1422
13					0.04	4091			25.22	2511150	0.95	93525
14	0.01	528			0.07	6430			21.13	2104382	0.78	76301
15	0.08	5901			0.32	31006	0.03	2549	0.01	749		
16	0.08	7321					0.00	332	5.43	540425		
17	0.14	13234					0.00	452	0.00	263	1.58	154748
18	0.05	4057			0.08	7306	0.01	692			1.31	129060
19					0.01	1172	0.00	348			6.17	606495
20					0.03	2597			0.00	410	0.23	22284
21	0.03	2837			0.03	2449			0.02	2142	0.35	34036
22	0.02	1710			0.02	1378	0.00	410	0.01	1088		
23	0.01	747					0.00	186	0.13	12997		
24	0.01	991					0.00	192	0.01	1134	0.06	5965
25	0.03	3052	0.02	2056	0.01	1326	0.00	285			0.01	1026
26			0.07	6176	0.00	413	0.00	304			0.01	676
27			0.08	7570	0.00	420			0.03	2422	13.12	1294801
28	0.01	987	0.04	3918	0.00	466			8.94	864657	0.62	61344
29	0.02	2053			0.00	224	0.38	38109	0.75	72409		
30	0.05	5106					0.82	81400	0.23	22431		
31	0.03	2813							0.10	10123		

数据来源：深圳证券交易所

Source: Shenzhen Stock Exchange

Daily Trading of T-Bonds in Shenzhen Stock Exchange in 2002

成交额:亿元;成交量:手

7月 Jul.		8月 Aug.		9月 Sep.		10月 Oct.		11月 Nov.		12月 Dec.	
成交额 Turnover	成交量 Volume	成交额 Turnover	成交量 Volume	成交额 Turnover	成交量 Volume	成交额 Turnover	成交量 Volume	成交额 Turnover	成交量 Volume	成交额 Turnover	成交量 Volume
2.08	205296	1.36	133960					26.77	2709934		
1.79	175679	0.33	32461	26.64	2649724					45.28	4501126
1.74	171394			22.33	2216861					44.74	4444126
1.54	150892			1.68	161215			26.68	2695766	42.85	4266702
0.51	50237	1.07	105093	1.18	113074			20.11	2053351	34.67	3502470
		0.29	28197	5.20	512145			25.42	2561956	36.99	3732408
		0.35	34672					33.68	3356665		
0.78	76453	0.20	19943			4.93	467227	35.89	3555901		
3.34	328166	0.07	7142	7.16	708137	10.15	960768			35.68	3589378
1.57	154260			7.08	700608	12.80	1207537			42.79	4277045
1.34	131920			8.16	800842	25.92	2511923	34.99	3461209	47.48	4731320
0.52	51499	1.48	145759	7.48	732183			36.88	3643952	45.89	4569826
		1.81	177661	12.21	1198050			33.08	3286358	46.75	4652223
		1.75	171787			23.32	2270106	35.15	3484209		
2.69	264614	0.08	7818			15.67	1562514	33.77	3332269		
2.56	251853	1.37	132225	12.16	1190997	17.26	1727859			14.91	1457731
2.03	199861			13.80	1359581	18.46	1853081			17.30	1683857
1.47	144030			18.71	1828905	28.66	2820375	37.78	3750877	17.30	1695284
2.00	196403	0.06	5983	5.42	504204			40.40	3989042	12.34	1206954
		1.73	165434	11.85	1146346			30.32	3035049	10.69	1034180
		1.74	166463			28.71	2826436	26.73	2712823		
1.32	130035	1.26	120572			32.25	3177922	4.29	433768		
1.31	128936	1.64	156864	17.50	1705962	19.20	1923986			11.05	990901
2.11	207348			18.85	1838851	25.14	2513183			44.08	4456419
1.39	136289			16.50	1609690	30.87	3082069	24.10	2444238	62.14	6272943
1.65	162507	1.31	125262	7.66	728419			35.91	3564579	106.48	10585972
		1.79	171381	20.63	2062601			35.36	3513522	112.78	11367872
		1.67	159923			31.66	3160948	36.21	3585708		
1.11	109435	1.38	131936			32.49	3242605	31.73	3136175		
0.77	75454	1.58	151727			33.40	3321417			19.31	1938160
1.63	159767					24.52	2494804			0.93	89989

3-14 2002年全国国债回购每日成交量、成交额

日期	1月 Jan.		2月 Feb.		3月 Mar.		4月 Apr.		5月 May		6月 Jun.	
	成交额 Turnover	成交量 Volume	成交额 Turnover	成交量 Volume	成交额 Turnover	成交量 Volume	成交额 Turnover	成交量 Volume	成交额 Turnover	成交量 Volume	成交额 Turnover	成交量 Volume
1			94.63	9463100	40.31	4030600	122.15	12215300				
2							53.92	5392000				
3							184.59	18458600			84.72	8471600
4	157.88	15787800	197.12	19711800	137.60	13759500	114.84	11484100			55.33	5532600
5			33.18	3318300	29.53	2953200	29.99	2998800			79.67	7967200
6			23.40	2339900	35.99	3599400					90.50	9049900
7	114.40	11439900	113.00	11300300	130.47	13047400					43.76	4375700
8	28.61	2860600	30.44	3043900	31.28	3127500	101.08	10107800	181.92	18191700		
9	28.12	2811900					55.95	5595000	78.28	7827500		
10	118.37	11837400					30.34	3033700	36.28	3628300	100.01	10000900
11	64.21	6421200			150.29	15029000	98.02	9802300			57.24	5723500
12					51.24	5124200	128.14	12814130			63.77	6376500
13					140.00	14000100			274.73	27472500	97.25	9725300
14	126.28	12628400			136.41	13641400			49.04	4903900	40.58	4058100
15	77.89	7789100			28.78	2877700	103.86	10386200	163.07	16307100		
16	124.67	12467300					35.27	3526600	105.84	10583500		
17	98.87	9886600					36.24	3624400	130.15	13014700	121.56	12155900
18	77.80	7779700			103.74	10373600	133.15	13314600			51.39	5138500
19					43.87	4386600	183.16	18316300			69.08	6907600
20					34.31	3430700			122.51	12250500	108.74	10873500
21	209.93	20993400			97.06	9705600			39.76	3976100	45.89	4588700
22	42.00	4199900			30.59	3059300	161.33	16132900	114.17	11416600		
23	33.82	3382200					93.84	9383500	168.96	16895600		
24	141.01	14100500					36.98	3697500	78.64	7864000	163.56	16356400
25	65.01	6500600	240.83	24083200	156.11	15610900	135.01	13500500			53.37	5337200
26			44.55	4454800	71.30	7129800	95.27	9526500			64.07	6406600
27			61.47	6146600	134.94	13494400			132.23	13222700	117.78	11777900
28	224.61	22461000	203.17	20317400	152.05	15204600			68.00	6800300	38.41	3841400
29	36.48	3647600			41.54	4154100	143.01	14300500	60.18	6017500		
30	40.99	4098900					24.64	2464300	84.19	8418900		
31	103.23	10323300							34.18	3418100		

数据来源:上海、深圳证券交易所

Source:Shanghai Shenzhen Stock Exchange

Daily Trading Volume and Value of T-Bonds Repurchase in 2002

成交额:亿元;成交量:手

7月 Jul.		8月 Aug.		9月 Sep.		10月 Oct.		11月 Nov.		12月 Dec.	
成交额 Turnover	成交量 Volume	成交额 Turnover	成交量 Volume	成交额 Turnover	成交量 Volume	成交额 Turnover	成交量 Volume	成交额 Turnover	成交量 Volume	成交额 Turnover	成交量 Volume
96.46	9645700	94.63	9462700					103.53	10353400		
52.30	5229600	39.61	3961200	120.08	12008200					149.69	14968700
71.26	7125700			56.20	5620000					180.12	18011500
101.04	10103800			59.11	5910700			157.22	15721700	113.01	11301300
33.86	3386400	98.04	9803900	101.33	10133200			191.69	19169300	168.19	16818700
		59.94	5993700	45.79	4578500			109.66	10966200	117.52	11751500
		64.81	6481000					169.39	16939300		
97.49	9749400	97.50	9750200			278.43	27842600	105.93	10592700		
54.87	5487400	36.33	3632600	137.59	13758900	64.95	6494800			177.37	17737300
48.28	4827800			64.99	6499400	64.00	6399800			174.33	17432500
97.30	9729900			61.24	6123600	67.57	6757100	154.31	15431100	107.22	10722400
29.94	2994000	109.97	10997200	125.30	12529700			181.19	18119100	155.32	15532200
		61.04	6103800	47.53	4753200			86.13	8613200	127.11	12711000
		51.70	5170100			78.01	7800600	156.22	15622100		
107.22	10722200	92.43	9242800			172.51	17251000	106.60	10660000		
55.41	5541400	39.37	3936600	140.17	14016500	59.10	5909700			217.32	21731600
49.60	4959900			143.53	14353200	78.68	7868200			362.57	36257300
94.94	9494000			172.43	17243200	70.95	7095400	151.38	15138400	148.58	14857600
39.45	3945200	110.75	11074900	136.39	13639400			178.45	17844700	160.40	16040200
		63.75	6374800	64.39	6438700			108.79	10878700	121.14	12113500
		67.05	6705000			101.84	10184300	147.68	14768200		
121.61	12161200	87.03	8703400			181.85	18185100	108.62	10862100		
60.75	6075000	34.80	3479900	142.81	14281300	111.08	11107900			221.69	22169200
45.24	4524400			79.63	7963400	142.88	14288400			211.78	21178400
101.94	10194200			112.58	11258400	107.76	10776200	159.10	15910000	156.68	15667900
45.30	4530100	97.54	9753900	150.62	15062400			172.06	17205900	195.32	19532000
		48.88	4888300	38.81	3880800			106.74	10674400	135.80	13580300
		64.67	6466500			158.58	15858100	169.20	16919500		
118.89	11888800	103.77	10376500			155.70	15569600	111.23	11123000		
65.12	6511500	41.40	4140400			97.65	9765300			250.98	25098400
84.99	8498900					158.25	15825400			140.93	14093100

3-15 2002年上海国债回购每日成交量、成交额

日期 date	1月 Jan.		2月 Feb.		3月 Mar.		4月 Apr.		5月 May		6月 Jun.	
	成交额 Turnover	成交量 Volume	成交额 Turnover	成交量 Volume	成交额 Turnover	成交量 Volume	成交额 Turnover	成交量 Volume	成交额 Turnover	成交量 Volume	成交额 Turnover	成交量 Volume
1			94.63	9463100	40.31	4030600	122.15	12215300				
2							53.92	5392000				
3							184.59	18458600			84.72	8471600
4	157.88	15787800	197.12	19711800	137.60	13759500	114.84	11484100			55.33	5532600
5			33.18	3318300	29.53	2953200	29.99	2998800			79.67	7967200
6			23.40	2339900	35.99	3599400					90.50	9049900
7	114.40	11439900	113.00	11300300	130.47	13047400					43.76	4375700
8	28.61	2860600	30.44	3043900	31.28	3127500	101.08	10107800	181.92	18191700		
9	28.12	2811900					55.95	5595000	78.28	7827500		
10	118.37	11837400					30.34	3033700	36.28	3628300	100.01	10000900
11	64.21	6421200			150.29	15029000	98.02	9802300			57.24	5723500
12					51.24	5124200	128.14	12814100			63.77	6376500
13					140.00	14000100			274.73	27472500	97.25	9725300
14	126.28	12628400			136.41	13641400			49.04	4903900	40.58	4058100
15	77.89	7789100			28.78	2877700	103.86	10386200	163.07	16307100		
16	124.67	12467300					35.27	3526600	105.84	10583500		
17	98.87	9886600					36.24	3624400	130.15	13014700	121.56	12155900
18	77.80	7779700			103.74	10373600	133.15	13314600			51.39	5138500
19					43.87	4386600	183.16	18316300			69.08	6907600
20					34.31	3430700			122.51	12250500	108.74	10873500
21	209.93	20993400			97.06	9705600			39.76	3976100	45.89	4588700
22	42.00	4199900			30.59	3059300	161.33	16132900	114.17	11416600		
23	33.82	3382200					93.84	9383500	168.96	16895600		
24	141.01	14100500					36.98	3697500	78.64	7864000	163.56	16356400
25	65.01	6500600	240.83	24083200	156.11	15610900	135.01	13500500			53.37	5337200
26			44.55	4454800	71.30	7129800	95.27	9526500			64.07	6406600
27			61.47	6146600	134.94	13494400			132.23	13222700	117.78	11777900
28	224.61	22461000	203.17	20317400	152.05	15204600			68.00	6800300	38.41	3841400
29	36.48	3647600			41.54	4154100	143.01	14300500	60.18	6017500		
30	40.99	4098900					24.64	2464300	84.19	8418900		
31	103.23	10323300							34.18	3418100		

数据来源:上海证券交易所

Source:Shanghai Stock Exchange

Daily Trading Volume and Value of T-Bonds Repurchase in Shanghai in 2002

成交额:亿元;成交量:手

7月 Jul.		8月 Aug.		9月 Sep.		10月 Oct.		11月 Nov.		12月 Dec.	
成交额 Turnover	成交量 Volume	成交额 Turnover	成交量 Volume	成交额 Turnover	成交量 Volume	成交额 Turnover	成交量 Volume	成交额 Turnover	成交量 Volume	成交额 Turnover	成交量 Volume
96.46	9645700	94.63	9462700					103.53	10353400		
52.30	5229600	39.61	3961200	120.08	12008200					149.69	14968700
71.26	7125700			56.20	5620000					180.12	18011500
101.04	10103800			59.11	5910700			157.22	15721700	113.01	11301300
33.86	3386400	98.04	9803900	101.33	10133200			191.69	19169300	168.19	16818700
		59.94	5993700	45.79	4578500			109.66	10966200	117.52	11751500
		64.81	6481000					169.39	16939300		
97.49	9749400	97.50	9750200			278.43	27842600	105.93	10592700		
54.87	5487400	36.33	3632600	137.59	13758900	64.95	6494800			177.37	17737300
48.28	4827800			64.99	6499400	64.00	6399800			174.33	17432500
97.30	9729900			61.24	6123600	67.57	6757100	154.31	15431100	107.22	10722400
29.94	2994000	109.97	10997200	125.30	12529700			181.19	18119100	155.32	15532200
		61.04	6103800	47.53	4753200			86.13	8613200	127.11	12711000
		51.70	5170100			78.01	7800600	156.22	15622100		
107.22	10722200	92.43	9242800			172.51	17251000	106.60	10660000		
55.41	5541400	39.37	3936600	140.17	14016500	59.10	5909700			217.32	21731600
49.60	4959900			143.53	14353200	78.68	7868200			362.57	36257300
94.94	9494000			172.23	17223200	70.95	7095400	151.38	15138400	148.58	14857600
39.45	3945200	110.75	11074900	136.19	13619400			178.45	17844700	160.40	16040200
		63.75	6374800	64.39	6438700			108.79	10878700	121.14	12113500
		67.05	6705000			101.84	10184300	147.68	14768200		
121.61	12161200	87.03	8703400			181.85	18185100	108.62	10862100		
60.75	6075000	34.80	3479900	142.81	14281300	111.08	11107900			221.69	22169200
45.24	4524400			79.63	7963400	142.88	14288400			211.78	21178400
101.94	10194200			112.58	11258400	107.76	10776200	159.10	15910000	156.68	15667900
45.30	4530100	97.54	9753900	150.57	15057400			172.06	17205900	195.32	19532000
		48.88	4888300	38.81	3880800			106.74	10674400	135.80	13580300
		64.67	6466500			158.58	15858100	169.20	16919500		
118.89	11888800	103.77	10376500			155.70	15569600	111.23	11123000		
65.12	6511500	41.40	4140400			97.65	9765300			250.98	25098400
84.99	8498900					158.25	15825400			140.93	14093100

3-16 2002年深圳国债回购每日成交量、成交额

日期 date	1月 Jan.		2月 Feb.		3月 Mar.		4月 Apr.		5月 May		6月 Jun.	
	成交额 Turnover	成交量 Volume	成交额 Turnover	成交量 Volume	成交额 Turnover	成交量 Volume	成交额 Turnover	成交量 Volume	成交额 Turnover	成交量 Volume	成交额 Turnover	成交量 Volume
1			0.00	0	0.00	0	0.00	0				
2							0.00	0				
3							0.00	0			0.00	0
4	0.00	0	0.00	0	0.00	0	0.00	0			0.00	0
5			0.00	0	0.00	0	0.00	0			0.00	0
6			0.00	0	0.00	0					0.00	0
7	0.00	0	0.00	0	0.00	0					0.00	0
8	0.00	0	0.00	0	0.00	0	0.00	0	0.00	0		
9	0.00	0					0.00	0	0.00	0		
10	0.00	0					0.00	0	0.00	0	0.00	0
11	0.00	0			0.00	0	0.00	0			0.00	0
12					0.00	0	0.00	30			0.00	0
13					0.00	0			0.00	0	0.00	0
14	0.00	0			0.00	0			0.00	0	0.00	0
15	0.00	0			0.00	0	0.00	0	0.00	0		
16	0.00	0					0.00	0	0.00	0		
17	0.00	0					0.00	0	0.00	0	0.00	0
18	0.00	0			0.00	0	0.00	0			0.00	0
19					0.00	0	0.00	0			0.00	0
20					0.00	0			0.00	0	0.00	0
21	0.00	0			0.00	0			0.00	0	0.00	0
22	0.00	0			0.00	0	0.00	0	0.00	0		
23	0.00	0					0.00	0	0.00	0		
24	0.00	0					0.00	0	0.00	0	0.00	0
25	0.00	0	0.00	0	0.00	0	0.00	0			0.00	0
26			0.00	0	0.00	0	0.00	0			0.00	0
27			0.00	0	0.00	0			0.00	0	0.00	0
28	0.00	0	0.00	0	0.00	0			0.00	0	0.00	0
29	0.00	0			0.00	0	0.00	0	0.00	0		
30	0.00	0					0.00	0	0.00	0		
31	0.00	0							0.00	0		

数据来源:深圳证券交易所

Source:Shenzhen Stock Exchange

Daily Trading Volume and Value of T-Bonds Repurchase in Shenzhen in 2002

成交额:亿元;成交量:手

7月 Jul.		8月 Aug.		9月 Sep.		10月 Oct.		11月 Nov.		12月 Dec.	
成交额 Turnover	成交量 Volume	成交额 Turnover	成交量 Volume	成交额 Turnover	成交量 Volume	成交额 Turnover	成交量 Volume	成交额 Turnover	成交量 Volume	成交额 Turnover	成交量 Volume
0.00	0	0.00	0					0.00	0		
0.00	0	0.00	0	0.00	0					0.00	0
0.00	0			0.00	0					0.00	0
0.00	0			0.00	0			0.00	0	0.00	0
0.00	0	0.00	0	0.00	0			0.00	0	0.00	0
		0.00	0	0.00	0			0.00	0	0.00	0
		0.00	0					0.00	0		
0.00	0	0.00	0			0.00	0	0.00	0		
0.00	0	0.00	0	0.00	0	0.00	0			0.00	0
0.00	0			0.00	0	0.00	0			0.00	0
0.00	0			0.00	0	0.00	0	0.00	0	0.00	0
0.00	0	0.00	0	0.00	0			0.00	0	0.00	0
		0.00	0	0.00	0			0.00	0	0.00	0
		0.00	0			0.00	0	0.00	0		
0.00	0	0.00	0			0.00	0	0.00	0		
0.00	0	0.00	0	0.00	0	0.00	0			0.00	0
0.00	0			0.00	0	0.00	0			0.00	0
0.00	0			0.20	20000	0.00	0	0.00	0	0.00	0
0.00	0	0.00	0	0.20	20000			0.00	0	0.00	0
		0.00	0	0.00	0			0.00	0	0.00	0
		0.00	0			0.00	0	0.00	0		
0.00	0	0.00	0			0.00	0	0.00	0		
0.00	0	0.00	0	0.00	0	0.00	0			0.00	0
0.00	0			0.00	0	0.00	0			0.00	0
0.00	0			0.00	0	0.00	0	0.00	0	0.00	0
0.00	0	0.00	0	0.05	5000			0.00	0	0.00	0
		0.00	0	0.00	0			0.00	0	0.00	0
		0.00	0			0.00	0	0.00	0		
0.00	0	0.00	0			0.00	0	0.00	0		
0.00	0	0.00	0			0.00	0			0.00	0
0.00	0					0.00	0			0.00	0

3-17 2002年全国企业债每日成交量、成交额

日期	1月 Jan.		2月 Feb.		3月 Mar.		4月 Apr.		5月 May		6月 Jun.	
	成交额 Turnover	成交量 Volume	成交额 Turnover	成交量 Volume	成交额 Turnover	成交量 Volume	成交额 Turnover	成交量 Volume	成交额 Turnover	成交量 Volume	成交额 Turnover	成交量 Volume
1			0.12	11093	0.08	7954	0.04	3909				
2							0.03	2308				
3							0.11	9481			0.29	25842
4	0.03	2890	0.20	18722	0.11	10210	0.05	4819			0.12	10263
5			0.15	14622	0.16	15649	0.03	2882			0.32	28151
6			0.15	14412	0.26	24403					0.67	62144
7	0.06	5942	0.05	4387	0.13	12600					0.32	29666
8	0.16	14584	0.07	6663	0.10	9152	0.04	3728	0.13	11818		
9	0.07	6807					0.11	10439	0.11	10720		
10	0.06	5568					0.07	6280	0.67	62389	0.81	71060
11	0.07	6335			0.15	14114	0.19	16428			0.77	67609
12					0.14	13003	0.10	9458			0.37	35225
13					0.13	12324			2.64	255121	0.30	27804
14	0.07	6191			0.11	10398			0.27	24368	0.58	53747
15	0.16	14730			0.11	10539	0.15	13881	0.16	14412		
16	0.07	6260					0.03	2542	0.15	13879		
17	0.07	6986					0.09	8443	0.28	25786	0.44	39584
18	0.24	22309			0.21	20275	0.05	4589			0.42	37525
19					0.14	13384	3.03	278442			0.17	15309
20					0.38	34921			0.38	33513	0.12	10552
21	0.23	21028			0.76	69400			0.10	9148	0.37	31784
22	0.15	14054			0.42	40871	0.63	58581	1.05	97616		
23	0.12	10821					0.22	19437	0.32	29017		
24	0.21	19122					0.15	14351	0.27	23506	0.63	56696
25	0.40	36554	0.14	13340	0.10	9410	0.63	55506			0.50	42046
26			0.19	17667	0.07	6857	0.29	26582			0.14	12336
27			0.21	19940	0.11	10134			0.20	18173	0.11	10089
28	0.30	29009	0.10	9732	0.04	3449			0.26	23180	0.13	11902
29	0.18	16529			0.29	26577	0.48	44767	0.68	60724		
30	0.25	23290					0.31	28830	0.41	35884		
31	0.11	10290							0.74	64320		

数据来源:上海、深圳证券交易所

Source:Shanghai Shenzhen Stock Exchange

Daily Trading Volume and Value of Enterprise Bonds in 2002

成交额:亿元;成交量:手

7月 Jul.		8月 Aug.		9月 Sep.		10月 Oct.		11月 Nov.		12月 Dec.	
成交额 Turnover	成交量 Volume	成交额 Turnover	成交量 Volume	成交额 Turnover	成交量 Volume	成交额 Turnover	成交量 Volume	成交额 Turnover	成交量 Volume	成交额 Turnover	成交量 Volume
0.12	11255	0.15	14161					0.96	85401		
0.10	9074	0.05	4220	0.04	4130					0.05	4612
0.27	24635			0.09	8391					0.05	4337
0.08	7094			0.18	16889			0.08	7218	0.10	9625
0.36	31657	0.11	9564	0.35	33090			0.11	10378	0.11	9771
		0.16	14760	0.07	6159			0.20	18263	0.06	6339
		0.12	9872					0.22	20661		
0.31	28023	0.10	9421			0.09	8286	0.46	43087		
0.15	13117	0.08	6914	0.12	10419	0.09	8576			0.06	5430
0.33	26169			0.10	8893	0.07	6027			4.37	416067
0.20	18436			0.19	17981	0.08	6932	0.15	13253	0.96	91352
0.19	17060	0.08	7444	0.07	6175			0.36	33313	0.61	57449
		0.14	12609	0.06	5986			0.25	22426	0.39	36768
		0.20	18670			0.22	18836	0.15	14019		
0.13	11637	0.13	11816			0.15	13574	0.10	9691		
0.15	13971	0.07	7157	1.85	141469	0.12	11244			0.65	61389
0.17	15668			0.09	8262	0.10	9622			1.45	136336
0.21	19185			0.65	59533	0.13	11657	0.48	44315	1.19	113894
0.23	21097	0.18	17478	0.17	15753			0.26	23922	1.23	115301
		1.55	117855	0.05	4380			0.07	6863	0.38	35836
		0.07	6161			0.25	23648	0.09	7426		
0.07	6453	0.07	5842			0.39	37265	0.10	9139		
0.09	7271	0.05	3984	0.10	9347	0.14	12097			0.40	37903
0.20	18841			1.18	91921	0.09	8159			0.43	41084
0.60	57496			0.26	21961	0.07	7178	0.07	7173	0.19	18572
0.24	18427	0.07	6067	0.28	23377			0.45	43072	0.30	27598
		0.08	7818	0.06	5077			0.45	41467	0.78	75774
		0.61	47722			0.15	13622	0.20	19186		
0.05	4832	0.85	64041			0.23	21564	0.15	13959		
0.15	13042	0.08	7208			0.11	9801			0.79	74985
0.29	27776					0.53	47196			0.13	11869

3-18 2002年上海企业债每日成交量、成交额

日期 date	1月 Jan.		2月 Feb.		3月 Mar.		4月 Apr.		5月 May		6月 Jun.	
	成交额 Turnover	成交量 Volume	成交额 Turnover	成交量 Volume	成交额 Turnover	成交量 Volume	成交额 Turnover	成交量 Volume	成交额 Turnover	成交量 Volume	成交额 Turnover	成交量 Volume
1			0.12	11093	0.08	7954	0.04	3909				
2							0.03	2308				
3							0.11	9481			0.25	21993
4	0.03	2884	0.20	18722	0.11	10210	0.05	4819			0.11	9163
5			0.15	14622	0.16	15649	0.03	2882			0.28	24419
6			0.15	14412	0.26	24403					0.20	17981
7	0.06	5941	0.05	4387	0.13	12600					0.11	9713
8	0.16	14522	0.07	6663	0.10	9152	0.04	3728	0.12	10471		
9	0.07	6740					0.11	10439	0.10	9560		
10	0.05	5048					0.07	6280	0.44	40119	0.73	63540
11	0.05	4976			0.15	14114	0.19	16428			0.71	62089
12					0.14	13003	0.10	9458			0.21	19757
13					0.13	12324			0.59	53180	0.17	15198
14	0.07	6191			0.11	10398			0.27	23956	0.45	41016
15	0.16	14730			0.11	10539	0.15	13881	0.15	13590		
16	0.07	6260					0.03	2542	0.14	12522		
17	0.07	6986					0.09	8443	0.27	24919	0.41	37004
18	0.24	22309			0.21	20275	0.05	4589			0.37	33138
19					0.14	13384	2.77	252620			0.15	13212
20					0.38	34921			0.37	33010	0.11	9664
21	0.23	21028			0.76	69400			0.10	8753	0.34	28914
22	0.15	14054			0.42	40871	0.51	46530	0.99	91785		
23	0.12	10821					0.19	16899	0.32	28611		
24	0.21	19122					0.14	12896	0.26	22827	0.55	49221
25	0.40	36554	0.14	13340	0.10	9410	0.58	50523			0.46	38503
26			0.19	17667	0.07	6857	0.28	25360			0.13	11431
27			0.21	19940	0.11	10134			0.20	17961	0.09	8109
28	0.30	29009	0.10	9732	0.04	3449			0.23	20568	0.10	8994
29	0.18	16529			0.29	26577	0.33	29583	0.62	54499		
30	0.25	23290					0.28	26177	0.33	28511		
31	0.11	10290							0.65	55897		

数据来源：上海证券交易所

Source: Shanghai Stock Exchange

Daily Trading Volume and Value of Enterprise Bonds in Shanghai in 2002

成交额:亿元;成交量:手

7月 Jul.		8月 Aug.		9月 Sep.		10月 Oct.		11月 Nov.		12月 Dec.	
成交额 Turnover	成交量 Volume	成交额 Turnover	成交量 Volume	成交额 Turnover	成交量 Volume	成交额 Turnover	成交量 Volume	成交额 Turnover	成交量 Volume	成交额 Turnover	成交量 Volume
0.09	8354	0.14	12911					0.95	84659		
0.10	8646	0.04	3598	0.04	3847					0.04	3961
0.26	23337			0.06	5501					0.04	3576
0.07	5936			0.09	7960			0.08	6771	0.04	3694
0.36	31274	0.09	7806	0.11	9708			0.06	5573	0.05	4133
		0.09	8305	0.05	4167			0.18	16031	0.04	4012
		0.10	8225					0.20	18766		
0.30	26898	0.09	8380			0.08	7430	0.45	41731		
0.14	12369	0.07	6202	0.10	8871	0.08	7320			0.05	4860
0.32	25421			0.09	8411	0.06	5468			0.08	7274
0.19	17434			0.12	10982	0.08	6863	0.14	12241	0.05	4820
0.18	16410	0.07	6451	0.06	5248			0.33	30198	0.05	4623
		0.11	10212	0.05	4808			0.24	21559	0.05	4575
		0.13	12394			0.19	16453	0.12	11258		
0.07	6334	0.06	5255			0.14	12894	0.09	8231		
0.13	11709	0.05	4927	1.79	136142	0.12	10799			0.09	8074
0.17	15223			0.08	7125	0.09	8317			1.10	102817
0.17	15053			0.63	57804	0.12	10751	0.12	10208	0.32	30925
0.22	19745	0.18	17194	0.16	15250			0.25	22739	0.68	62816
		1.54	116786	0.04	3738			0.06	5848	0.07	6633
		0.07	5953			0.24	23018	0.07	5972		
0.06	5537	0.06	4692			0.38	36077	0.08	7636		
0.08	6597	0.04	3334	0.08	7243	0.12	10373			0.06	5232
0.08	7375			1.10	84682	0.07	6708			0.05	5058
0.04	3660			0.25	20655	0.06	5815	0.05	4918	0.05	4888
0.23	17915	0.07	5755	0.26	21386			0.44	41741	0.12	10930
		0.05	4552	0.05	4322			0.42	38605	0.60	57925
		0.61	47472			0.11	9776	0.15	14463		
0.03	2575	0.84	62945			0.22	20478	0.12	11181		
0.06	4902	0.08	6980			0.09	8235			0.12	11895
0.12	11325					0.51	45722			0.06	5058

3-19 2002 年深圳企业债每日成交量、成交额

日期 date	1月 Jan.		2月 Feb.		3月 Mar.		4月 Apr.		5月 May		6月 Jun.	
	成交额 Turnover	成交量 Volume	成交额 Turnover	成交量 Volume	成交额 Turnover	成交量 Volume	成交额 Turnover	成交量 Volume	成交额 Turnover	成交量 Volume	成交额 Turnover	成交量 Volume
1												
2												
3											0.04	3849
4	0.00	6									0.01	1100
5											0.04	3732
6											0.47	44163
7	0.00	1									0.21	19953
8	0.00	62							0.01	1347		
9	0.00	67							0.01	1160		
10	0.01	520							0.23	22270	0.08	7520
11	0.02	1359									0.06	5520
12											0.16	15468
13									2.05	201941	0.13	12606
14									0.00	412	0.13	12731
15									0.01	822		
16									0.01	1357		
17									0.01	867	0.03	2580
18											0.05	4387
19							0.26	25822			0.02	2097
20									0.01	503	0.01	888
21									0.00	395	0.03	2870
22							0.12	12051	0.06	5831		
23							0.03	2538	0.00	406		
24							0.01	1455	0.01	679	0.08	7475
25							0.05	4983			0.04	3543
26							0.01	1222			0.01	905
27									0.00	212	0.02	1980
28									0.03	2612	0.03	2908
29							0.15	15184	0.06	6225		
30							0.03	2653	0.08	7373		
31									0.09	8423		

数据来源:深圳证券交易所

Source:Shenzhen Stock Exchange

Daily Trading Volume and Value of Enterprise Bonds in Shenzhen in 2002

成交额：亿元；成交量：手

7月 Jul.		8月 Aug.		9月 Sep.		10月 Oct.		11月 Nov.		12月 Dec.	
成交额 Turnover	成交量 Volume	成交额 Turnover	成交量 Volume	成交额 Turnover	成交量 Volume	成交额 Turnover	成交量 Volume	成交额 Turnover	成交量 Volume	成交额 Turnover	成交量 Volume
0.03	2901	0.01	1250					0.01	742		
0.00	428	0.01	622	0.00	283					0.01	651
0.01	1298			0.03	2890					0.01	761
0.01	1158			0.09	8929			0.00	447	0.06	5931
0.00	383	0.02	1758	0.24	23382			0.05	4805	0.06	5638
		0.07	6455	0.02	1992			0.02	2232	0.02	2327
		0.02	1647					0.02	1895		
0.01	1125	0.01	1041			0.01	856	0.01	1356		
0.01	748	0.01	712	0.02	1548	0.01	1256			0.01	570
0.01	748			0.01	482	0.01	559			4.29	408793
0.01	1002			0.07	6999	0.00	69	0.01	1012	0.91	86532
0.01	650	0.01	993	0.01	927			0.03	3115	0.56	52826
		0.03	2397	0.01	1178			0.01	867	0.34	32193
		0.07	6276			0.03	2383	0.03	2761		
0.06	5303	0.07	6561			0.01	680	0.01	1460		
0.02	2262	0.02	2230	0.06	5327	0.00	445			0.56	53315
0.00	445			0.01	1137	0.01	1305			0.35	33519
0.04	4132			0.02	1729	0.01	906	0.36	34107	0.87	82969
0.01	1352	0.00	284	0.01	503			0.01	1183	0.55	52485
		0.01	1069	0.01	642			0.01	1015	0.31	29203
		0.00	208			0.01	630	0.02	1454		
0.01	916	0.01	1150			0.01	1188	0.02	1503		
0.01	674	0.01	650	0.02	2104	0.02	1724			0.34	32671
0.12	11466			0.08	7239	0.02	1451			0.38	36026
0.56	53836			0.01	1306	0.01	1363	0.02	2255	0.14	13684
0.01	512	0.00	312	0.02	1991			0.01	1331	0.18	16668
		0.03	3266	0.01	755			0.03	2862	0.18	17849
		0.00	250			0.04	3846	0.05	4723		
0.02	2257	0.01	1096			0.01	1086	0.03	2778		
0.09	8140	0.00	228			0.02	1566			0.67	63090
0.17	16451					0.02	1474			0.07	6811

3-20　2002年全国可转债每日成交量、成交额

日期	1月 Jan.		2月 Feb.		3月 Mar.		4月 Apr.		5月 May		6月 Jun.	
	成交额 Turnover	成交量 Volume	成交额 Turnover	成交量 Volume	成交额 Turnover	成交量 Volume	成交额 Turnover	成交量 Volume	成交额 Turnover	成交量 Volume	成交额 Turnover	成交量 Volume
1			0.15	13889	0.06	4887	0.10	8457				
2							0.10	8812				
3							0.05	4536			0.51	48781
4	0.15	13339	0.14	12877	0.05	5495	0.18	16676			0.34	32900
5			0.25	22900	0.14	13098	0.12	11231			0.32	31159
6			0.09	8276	0.31	29723					0.17	16774
7	0.09	7799	0.18	16201	0.38	34529					0.21	20701
8	0.04	3199	0.15	13885	0.42	38412	0.12	10972	0.06	4658		
9	0.07	6240					0.36	33711	0.17	16268		
10	0.10	9058					0.10	9469	0.11	9580	0.37	35340
11	0.05	4458			0.49	43564	0.30	27414			0.07	7190
12					0.49	43069	0.12	10485			0.17	15509
13					0.30	25648			0.11	10079	0.26	23393
14	0.06	6050			0.16	13764			0.07	6203	0.64	57205
15	0.11	10013			0.13	11916	0.12	10540	0.07	5972		
16	0.09	8701					0.29	28547	2.09	207865		
17	0.09	8681					0.63	56507	0.34	32960	0.37	34961
18	0.17	15092			0.23	21988	0.62	54554			0.15	13868
19					0.30	27319	0.27	23875			0.26	23210
20					0.25	21818			0.38	38536	0.25	22325
21	0.16	14497			0.18	16891			0.87	84128	0.41	37756
22	0.27	26578			0.19	16328	0.13	11693	0.20	18304		
23	0.17	16674					0.16	14496	0.26	24344		
24	0.17	14683					0.28	25219	0.10	10307	3.33	318873
25	0.08	7709	0.12	10911	0.29	25356	0.28	24533			1.10	103129
26			0.41	35738	0.21	18101	0.36	31602			0.24	21999
27			0.07	6345	0.20	17647			0.35	31436	0.57	53658
28	0.37	34755	0.09	8121	0.30	26343			0.42	39357	3.82	374103
29	0.12	11976			0.19	16904	0.18	16415	0.65	64624		
30	0.12	11078					0.31	27216	0.23	22692		
31	0.35	31892							0.27	26042		

数据来源：上海、深圳证券交易所

Source: Shanghai Shenzhen Stock Exchange

Daily Trading Volume and Value of Converse Bonds in 2002

成交额:亿元;成交量:手

7月 Jul.		8月 Aug.		9月 Sep.		10月 Oct.		11月 Nov.		12月 Dec.	
成交额 Turnover	成交量 Volume	成交额 Turnover	成交量 Volume	成交额 Turnover	成交量 Volume	成交额 Turnover	成交量 Volume	成交额 Turnover	成交量 Volume	成交额 Turnover	成交量 Volume
1.88	181405	0.07	5801					0.06	6220		
0.32	30713	0.16	15836	0.08	8146					0.06	5817
0.32	30057			0.10	9271					0.17	16352
0.44	42646			0.18	17615			0.12	11189	0.11	10535
0.26	24654	0.07	6507	0.46	44219			0.28	27664	0.12	11903
		0.10	9747	0.59	56555			0.51	46162	0.29	25828
		0.16	14873					0.51	47636		
0.41	39522	0.05	4540			0.17	15778	0.37	35822		
0.88	80741	0.16	15105	0.34	32494	0.21	18311			0.24	22417
0.55	53511			0.19	17356	0.19	17762			0.22	21062
0.79	73076			0.34	31551	0.13	11723	0.62	55825	0.45	41782
0.54	50415	0.14	13226	0.23	20788			0.40	35402	0.15	15027
		0.11	10278	0.15	13972			0.39	36856	0.24	23715
		0.12	11518			0.43	38612	0.25	22978		
0.46	44201	0.04	4380			0.23	20709	0.13	12175		
0.50	44373	0.27	25952	0.31	27930	0.20	17363			0.12	12477
0.08	7385			0.34	31292	0.14	13020			0.24	22795
0.13	12539			0.34	30619	0.22	19611	0.34	30407	0.13	11798
0.16	14768	0.48	44896	0.22	21883			0.17	16067	0.60	54195
		1.65	150047	0.21	20477			0.25	22735	0.25	22814
		0.50	47670			0.07	6437	0.19	17876		
0.08	7658	0.82	74478			0.19	17099	0.37	34277		
0.14	13377	0.28	26477	0.74	66423	0.05	4402			0.92	80305
0.09	7726			0.82	70998	0.15	13500			0.47	43872
0.16	14720			0.33	28948	0.12	10262	0.28	26645	0.40	37469
0.12	11480	0.32	30752	0.20	19607			0.71	65300	0.22	21572
		0.15	14102	0.14	12623			0.27	24523	0.49	44092
		0.39	38642			0.11	9521	0.22	19570		
0.37	36070	0.19	18912			0.13	11958	0.39	35398		
0.27	26013	0.22	21758			0.12	11154			0.71	65209
0.09	8641					0.12	10613			0.34	31636

3-21 2002年上海可转债每日成交量、成交额

日期 date	1月 Jan.		2月 Feb.		3月 Mar.		4月 Apr.		5月 May		6月 Jun.	
	成交额 Turnover	成交量 Volume	成交额 Turnover	成交量 Volume	成交额 Turnover	成交量 Volume	成交额 Turnover	成交量 Volume	成交额 Turnover	成交量 Volume	成交额 Turnover	成交量 Volume
1			0.04	4369	0.02	1717	0.01	674				
2							0.01	611				
3							0.01	645			0.39	38499
4	0.02	1768	0.04	3857	0.02	2524	0.11	10643			0.27	26955
5			0.02	2424	0.06	5918	0.01	1331			0.23	22877
6			0.03	2788	0.15	15471					0.14	14108
7	0.02	1735	0.04	3972	0.08	8105					0.16	15942
8	0.01	569	0.07	7209	0.12	12275	0.01	1029	0.02	1555		
9	0.01	1043					0.17	17318	0.05	5372		
10	0.02	2328					0.02	2289	0.00	253	0.18	18522
11	0.00	357			0.08	7955	0.10	9766			0.05	5383
12					0.05	5226	0.04	3504			0.05	5079
13					0.02	1896			0.04	3723	0.04	4463
14	0.02	2318			0.04	3869			0.00	278	0.12	11831
15	0.01	1009			0.03	3046	0.03	2608	0.01	1022		
16	0.02	2412					0.19	19437	1.94	194542		
17	0.01	1284					0.04	4092	0.24	24341	0.22	22014
18	0.03	2807			0.13	13454	0.01	835			0.02	2342
19					0.09	9511	0.01	1172			0.06	6066
20					0.08	7770			0.32	33075	0.05	4819
21	0.09	8720			0.05	5458			0.61	61475	0.13	13526
22	0.21	21606			0.04	3839	0.02	1896	0.11	10768		
23	0.05	5596					0.01	884	0.07	7352		
24	0.03	2599					0.03	3101	0.05	5580	2.62	256656
25	0.03	3332	0.05	5002	0.02	2107	0.01	698			0.59	58158
26			0.04	3746	0.03	2635	0.02	2128			0.11	10874
27			0.03	2920	0.03	2535			0.03	3190	0.31	31186
28	0.13	13630	0.01	1489	0.05	4934			0.20	20027	0.34	33531
29	0.05	5590			0.03	3360	0.06	6154	0.55	55410		
30	0.05	5218					0.01	721	0.23	22692		
31	0.10	9659							0.19	18619		

数据来源：上海证券交易所

Source：Shanghai Stock Exchange

Daily Trading Volume and Value of Converse Bonds in Shanghai in 2002

成交额:亿元;成交量:手

7月 Jul.		8月 Aug.		9月 Sep.		10月 Oct.		11月 Nov.		12月 Dec.	
成交额 Turnover	成交量 Volume	成交额 Turnover	成交量 Volume	成交额 Turnover	成交量 Volume	成交额 Turnover	成交量 Volume	成交额 Turnover	成交量 Volume	成交额 Turnover	成交量 Volume
0.30	29394	0.02	1576					0.03	3009		
0.06	6150	0.04	3951	0.05	4999					0.01	1075
0.14	13267			0.04	3920					0.07	7434
0.11	10808			0.10	9647			0.04	3795	0.02	1956
0.05	4572	0.02	1592	0.13	12850			0.10	10195	0.03	3474
		0.02	1670	0.12	12268			0.03	2832	0.05	5084
		0.01	1344					0.13	12807		
0.12	11490	0.02	1926			0.06	5943	0.08	8220		
0.11	10853	0.02	1609	0.08	8327	0.03	2639			0.12	11517
0.12	12210			0.02	1507	0.07	7152			0.12	11517
0.11	10749			0.07	6649	0.02	2225	0.20	19252	0.17	17090
0.07	6351	0.03	3007	0.04	3896			0.08	7513	0.08	7841
		0.04	3590	0.02	2485			0.24	23201	0.14	14050
		0.01	1440			0.04	4476	0.17	16206		
0.04	3888	0.01	1238			0.04	4083	0.04	3922		
0.06	5818	0.06	5759	0.03	2766	0.03	2909			0.09	9420
0.02	1787			0.15	14261	0.03	3145			0.15	14585
0.02	1952			0.04	3540	0.03	2641	0.09	8672	0.03	2536
0.04	3752	0.04	3528	0.05	5345			0.04	4142	0.10	10119
		0.26	26209	0.08	7853			0.09	8800	0.04	3634
		0.22	21832			0.02	2010	0.08	8144		
0.02	1933	0.04	3905			0.04	3547	0.11	10927		
0.02	2207	0.04	3601	0.08	8124	0.02	2000			0.06	6337
0.05	4497			0.01	976	0.01	938			0.14	14176
0.02	2321			0.03	2625	0.01	919	0.12	12661	0.13	12735
0.02	1784	0.09	8486	0.04	4453			0.19	19893	0.04	3693
		0.03	3347	0.03	3349			0.07	6714	0.04	4312
		0.30	30028			0.02	1998	0.03	2948		
0.03	2928	0.11	11232			0.05	4810	0.04	4415		
0.05	5334	0.10	10442			0.01	1176			0.11	11710
0.02	1787					0.03	2883			0.06	5971

3-22 2002年深圳可转债每日成交量、成交额

日期 date	1月 Jan.		2月 Feb.		3月 Mar.		4月 Apr.		5月 May		6月 Jun.	
	成交额 Turnover	成交量 Volume	成交额 Turnover	成交量 Volume	成交额 Turnover	成交量 Volume	成交额 Turnover	成交量 Volume	成交额 Turnover	成交量 Volume	成交额 Turnover	成交量 Volume
1			0.11	9520	0.04	3170	0.09	7783				
2							0.09	8201				
3							0.04	3891			0.12	10282
4	0.13	11571	0.10	9020	0.03	2971	0.07	6033			0.07	5945
5			0.23	20476	0.08	7180	0.11	9900			0.09	8282
6			0.06	5488	0.16	14252					0.03	2666
7	0.07	6064	0.14	12229	0.30	26424					0.05	4759
8	0.03	2630	0.08	6676	0.30	26137	0.11	9943	0.04	3103		
9	0.06	5197					0.19	16393	0.12	10896		
10	0.08	6730					0.08	7180	0.11	9327	0.19	16818
11	0.05	4101			0.41	35609	0.20	17648			0.02	1807
12					0.44	37843	0.08	6981			0.12	10430
13					0.28	23752			0.07	6356	0.22	18930
14	0.04	3732			0.12	9895			0.07	5925	0.52	45374
15	0.10	9004			0.10	8870	0.09	7932	0.06	4950		
16	0.07	6289					0.10	9110	0.15	13323		
17	0.08	7397					0.59	52415	0.10	8619	0.15	12947
18	0.14	12285			0.10	8534	0.61	53719			0.13	11526
19					0.21	17808	0.26	22703			0.20	17144
20					0.17	14048			0.06	5461	0.20	17506
21	0.07	5777			0.13	11433			0.26	22653	0.28	24230
22	0.06	4972			0.15	12489	0.11	9797	0.09	7536		
23	0.12	11078					0.15	13612	0.19	16992		
24	0.14	12084					0.25	22118	0.05	4727	0.71	62217
25	0.05	4377	0.07	5909	0.27	23249	0.27	23835			0.51	44971
26			0.37	31992	0.18	15466	0.34	29474			0.13	11125
27			0.04	3425	0.17	15112			0.32	28246	0.26	22472
28	0.24	21125	0.08	6632	0.25	21409			0.22	19330	3.48	340572
29	0.07	6386			0.16	13544	0.12	10261	0.10	9214		
30	0.07	5860					0.30	26495	0.00	0		
31	0.25	22233							0.08	7423		

数据来源:深圳证券交易所

Source:Shenzhen Stock Exchange

Daily Trading Volume and Value of Converse Bonds in Shenzhen in 2002

成交额:亿元;成交量:手

7月 Jul.		8月 Aug.		9月 Sep.		10月 Oct.		11月 Nov.		12月 Dec.	
成交额 Turnover	成交量 Volume	成交额 Turnover	成交量 Volume	成交额 Turnover	成交量 Volume	成交额 Turnover	成交量 Volume	成交额 Turnover	成交量 Volume	成交额 Turnover	成交量 Volume
1.58	152011	0.05	4225					0.03	3211		
0.26	24563	0.12	11885	0.03	3147					0.05	4742
0.18	16790			0.06	5351					0.10	8918
0.33	31838			0.08	7968			0.08	7394	0.09	8579
0.21	20082	0.05	4915	0.33	31369			0.18	17469	0.09	8429
		0.08	8077	0.47	44287			0.48	43330	0.24	20744
		0.15	13529					0.38	34829		
0.29	28032	0.03	2614			0.11	9835	0.29	27602		
0.77	69888	0.14	13496	0.26	24167	0.18	15672			0.12	10900
0.43	41301			0.17	15849	0.12	10610			0.10	9353
0.68	62327			0.27	24902	0.11	9498	0.42	36573	0.28	24692
0.47	44064	0.11	10219	0.19	16892			0.32	27889	0.07	7186
		0.07	6688	0.13	11487			0.15	13655	0.10	9665
		0.11	10078			0.39	34136	0.08	6772		
0.42	40313	0.03	3142			0.19	16626	0.09	8253		
0.44	38555	0.21	20193	0.28	25164	0.17	14454			0.03	3057
0.06	5598			0.19	17031	0.11	9875			0.09	8210
0.11	10587			0.30	27079	0.19	16970	0.25	21735	0.10	9262
0.12	11016	0.44	41368	0.17	16538			0.13	11925	0.50	44076
		1.39	123838	0.13	12624			0.16	13935	0.21	19180
		0.28	25838			0.05	4427	0.11	9732		
0.06	5725	0.78	70573			0.15	13552	0.26	23350		
0.12	11170	0.24	22876	0.66	58299	0.03	2402			0.86	73968
0.04	3229			0.81	70022	0.14	12562			0.33	29696
0.14	12399			0.30	26323	0.11	9343	0.16	13984	0.27	24734
0.10	9696	0.23	22266	0.16	15154			0.52	45407	0.18	17879
		0.12	10755	0.11	9274			0.20	17809	0.45	39780
		0.09	8614			0.09	7523	0.19	16622		
0.34	33142	0.08	7680			0.08	7148	0.35	30983		
0.22	20679	0.12	11316			0.11	9978			0.60	53499
0.07	6854					0.09	7730			0.28	25665

第四部分　证券投资基金

Securities Investment Funds

4-1 封闭式基金概况

List of Close Securities Investment Funds

序号 No.	基金简称 Investment Funds	发行时间 Date Issued	上市时间 Date Listed	基金存续期 Duration	基金规模(亿) Manage Capital	基金总资产净值(亿元) Net Asset	基金管理公司 Manager	基金托管银行 Castodian	上市地点 Exchange Listed in
1	基金开元	19980327	19980407	15	20	18.6	南方	工行	深圳
2	基金金泰	19980327	19980407	15	20	17.1	国泰	工行	上海
3	基金兴华	19980428	19980508	15	20	19.66	华夏	建行	上海
4	基金安信	19980622	19980626	15	20	18.38	华安	工行	上海
5	基金裕阳	19980725	19980730	15	20	17.67	博时	农行	上海
6	基金普惠	19990106	19990127	15	20	17.7	鹏华	交行	深圳
7	基金泰和	19990408	19990420	15	20	17.55	嘉实	建行	上海
8	基金同益	19990408	19990421	15	20	17.86	长盛	工行	深圳
9	基金景宏	19990505	19990518	15	20	14.51	大成	中行	深圳
10	基金汉盛	19990510	19990518	15	20	16.58	富国	农行	上海
11	基金安顺	19990615	19990622	15	30	28.91	华安	交行	上海
12	基金裕隆	19990615	19990624	15	30	26.14	博时	农行	深圳
13	基金兴和	19990714	19990730	15	30	27.77	华夏	建行	上海
14	基金普丰	19990714	19990730	15	30	26.02	鹏华	工行	深圳
15	基金天元	19990826	19990920	15	30	27.38	南方	工行	深圳
16	基金景阳	19990917	19991022	15	10	9.14	大成	农行	上海
17	基金景博	19990922	19991022	15	10	8.73	大成	农行	深圳
18	基金裕元	19990921	19991028	15	15	13.82	博时	工行	上海
19	基金金鑫	19991021	19991126	15	30	27.06	国泰	建行	上海
20	基金同盛	19991105	19991126	15	30	26.36	长盛	中行	深圳
21	基金景福	19991230	20000110	15	30	24.99	大成	农行	深圳
22	基金汉兴	19991230	20000110	15	30	23.05	富国	交行	上海
23	基金裕华	20000714	20000224	15	5	4.56	博时	交行	深圳
24	基金同智	20000721	20000515	15	5	4.44	长盛	中行	深圳
25	基金裕泽	20000714	20000517	15	5	4.2	博时	工行	深圳
26	基金金盛	20000908	20000630	15	5	4.16	国泰	建行	深圳
27	基金金元	20000908	20000711	15	5	3.77	南方	工行	上海

续表

序号 No.	基金简称 Investment Funds	发行时间 Date Issued	上市时间 Date Listed	基金存续期 Duration	基金规模(亿) Manage Capital	基金总资产净值(亿元) Net Asset	基金管理公司 Manager	基金托管银行 Castodian	上市地点 Exchange Listed in
28	基金兴科	20000825	20000718	15	5	4.35	华夏	交行	深圳
29	基金金鼎	20001020	20000804	15	5	3.88	国泰	建行	上海
30	基金汉鼎	20001027	20000817	15	5	3.64	富国	工行	上海
31	基金兴安	20001110	20000920	15	5	4.1	华夏	中行	深圳
32	基金汉博	20001124	20001017	15	5	4	富国	建行	上海
33	基金隆元	20001201	20001018	15	5	3.69	南方	工行	深圳
34	基金科讯	20010712	20010620	10	8	7.04	易方达	交行	上海
35	基金科汇	20010712	20010620	10	8	7.42	易方达	交行	深圳
36	基金科翔	20010712	20010620	10	8	7.38	易方达	工行	深圳
37	基金兴业	20000818	20010727	10	5	3.88	华夏	农行	上海
38	基金同德	20010904	20010801	10	5	4.38	长盛	农行	上海
39	基金天华	20010904	20010808	10	25	20.78	银华	农行	深圳
40	基金普华	20011019	20010829	10	5	4.04	鹏华	工行	深圳
41	基金安瑞	20011103	20010830	15	5	4.66	华安	工行	上海
42	基金安久	20000704	20010831	10	5	3.88	华安	交行	深圳
43	基金普润	20011025	20010904	10	5	4.23	鹏华	工行	上海
44	基金通宝	20011023	20010906	10	5	4.25	融通	建行	深圳
45	基金通乾	20010829	20010921	15	20	17.23	融通	建行	上海
46	基金鸿飞	20010518	20011128	10	5	4.19	宝盈	交行	深圳
47	基金鸿阳	20011210	20011218	15	20	16.81	宝盈	农行	深圳
48	基金景业	20000816	20011219	10	5	3.62	大成	农行	上海
49	基金科瑞	20020312	20020320	15	30	27.53	易方达	交行	上海
50	基金丰和	20020322	20020404	15	30	26.77	嘉实	交行	深圳
51	基金久富	20011227	20020418	10	5	4.26	长城	交行	深圳
52	基金久嘉	20020705	20020827	15	20	18.26	长城	农行	深圳
53	基金融鑫	20020809	20020902	15	8	7.94	中融	工行	深圳
54	基金银丰	20020815	20020910	15	30	28.74	银河	建行	上海
合计					817	717.06	—	—	—

数据来源：中国证监会
Source：CSRC

4-2 开放式基金概况
List of Open Securities Investment Funds

序号 No.	基金简称 Investment Funds	基金性质 Sort	成立时间 Date Founded	基金规模(亿元) Manage Capital	基金总资产净值(亿元) Net Asset	基金管理公司 Manager	基金托管银行 Castodian
1	华安创新	开放式、契约型	2001.9.21	46.85	42.93	华 安	交 行
2	南方稳健成长	开放式、契约型	2001.9.28	31.65	28.49	南 方	工 行
3	华夏成长	开放式、契约型	2001.12.18	41.64	39.34	华 夏	建 行
4	国泰金鹰增长	开放式、契约型	2002.5.9	26.15	22.96	国 泰	交 行
5	鹏华行业成长	开放式、契约型	2002.5.24	37.24	31.78	鹏 华	工 行
6	富国动态平衡	开放式、契约型	2002.8.16	39	35.99	富 国	农 行
7	易方达平稳增长	开放式、契约型	2002.8.23	41.73	40.69	易方达	中 行
8	融通新蓝筹	开放式、契约型	2002.9.13	18.68	18.09	融 通	建 行
9	长盛成长价值	开放式、契约型	2002.9.18	20.11	19.71	长 盛	农 行
10	南方宝元债券型	开放式、契约型	2002.9.20	39.64	39.84	南 方	工 行
11	宝盈鸿利收益	开放式、契约型	2002.10.8	11.79	11.18	宝 盈	农 行
12	博时价值增长	开放式、契约型	2002.10.9	28.09	27.6	博 时	建 行
13	华夏债券	开放式、契约型	2002.10.23	37	37.24	华 夏	交 行
14	嘉实成长收益	开放式、契约型	2002.11.5	18.7	18.07	嘉 实	中 行
15	华安上证180指数增强型	开放式、契约型	2002.11.8	30.94	22.01	华 安	工 行
16	大成价值增长	开放式、契约型	2002.11.11	19.63	19.56	大 成	农 行
17	银华优势企业	开放式、契约型	2002.11.13	13.01	13.02	银 华	中 行
合计				501.85	468.5	—	—

数据来源:中国证监会

Source:CSRC

4-3 历年全国基金交易情况汇总表(1994—2002)
Trading Summary of Funds in Recent Years (1994—2002)

年月 Data	基金数量(只) Number of Funds	成交数量(亿单位) Trading Volume(1000000000)	成交金额(亿元) Turnover(100000000)
1994年	20.00	237.89	357.5
1995年	22	241.8	510.19
1996年	25	474.3	1566.5
1997年	25	228.72	807.91
1998年	29	555.33	1016.89
1999年	42	1623.12	2485.48
2000年	36	2180.62	2801.84
2001年	48	2208.62	2561.88
2002年	54	1218.60	1166.62

注:2000年以前数据中包括非证券投资基金。

数据来源:上海、深圳证券交易所

Source:Shanghai Shenzhen Stock Exchange

4-4　历年上海基金交易情况汇总表（1994—2002）

Trading Summary of Funds in Shanghai Stock Exchange(1994—2002)

年月 Data	基金数量(只) Number of Funds	成交数量(亿单位) Trading Volume(1000000000)	成交金额(亿元) Turnover(100000000)
1994 年	12	56.73	117.34
1995 年	12	107.21	305.67
1996 年	15	128.01	497.38
1997 年	15	55.57	219.53
1998 年	19	329.58	605.28
1999 年	26	827.95	1365.82
2000 年	18	995.32	1334.18
2001 年	23	1148.35	1348.92
2002 年	25	573.69	556.77

注:2000 年以前数据中包括非证券投资基金

数据来源:上海证券交易所

Source:Shenzhen Stock Exchange

4-5　历年深圳基金交易情况汇总表（1994—2002）

Trading Summary of Funds in Shenzhen Stock Exchange(1994—2002)

年月 Data	基金数量(只) Number of Funds	成交数量(亿单位) Trading Volume(1000000000)	成交金额(亿元) Turnover(100000000)
1994 年	8	181.16	240.16
1995 年	10	134.59	204.52
1996 年	10	346.29	1069.12
1997 年	10	173.15	588.38
1998 年	10	225.75	411.61
1999 年	16	795.17	1119.66
2000 年	18	1185.3	1467.66
2001 年	25	1060.27	1212.96
2002 年	29	644.91	609.85

注:2000 年以前数据中包括非证券投资基金。

数据来源:深圳证券交易所

Source:Shenzhen Stock Exchange

4-6　2002 年全国基金成交概况

Trading Summary of Funds in 2002

		本年	上年	增减(%)
交易日数(天)	No. of Dates	237.00	240	－1.25
基金上市品种(个)	Variety	54	48	12.50
基金成交金额(亿元)	Turnover (100000000)	1166.62	2561.88	－54.46
其中：证券投资基金	Securities Investment Funds	1166.62	2552.29	－54.29
非证券投资基金		0	9.59	－100.00
基金日均成交金额(亿元)	Average Turnover (100000000)	4.92	10.66	－53.85
基金成交股数(亿股)	Transaction Volume(100000000)	1218.60	2208.62	－44.83
其中：证券投资基金	Securities Investment Funds	1218.60	2204.06	－44.71
非证券投资基金		0	4.56	－100.00
基金成交笔数(百万笔)		6.15	14.17	－56.60
其中：证券投资基金	Securities Investment Funds	6.15	14	－56.07
非证券投资基金		0	0.17	－100.00
上证基金指数开市	Opening Composite Index of Shanghai Stock Exchange	1168.82	1133.17	3.15
上证基金指数最高	Highest	1237.98	1367.37	－9.46
上证基金指数最低	Lowest	934.54	1077.73	－13.29
上证基金指数收市	Closing	942.33	1183.13	－20.35
深证基金指数开市	Opening Composite Index of Shenzhen Stock Exchange	1112.72	1156.99	－3.83
深证基金指数最高	Highest	1176.06	1363.26	－13.73
深证基金指数最低	Lowest	866.22	1042.26	－16.89
深证基金指数收市	Closing	876.97	1139.75	－23.06

数据来源：深圳证券交易所
Source：Shenzhen Stock Exchange

4-7　2002年上海证券交易所基金成交概况

Trading Summary of Securities Investment Funds in Shanghai Stock Exchange in 2002

		本年	上年	增减(%)
交易日数(天)	No. of Dates	237	240.00	-1.25
基金上市品种(个)	Variety	25	23	8.70
基金成交金额(亿元)	Turnover (100000000)	556.77	1348.92	-58.72
其中：证券投资基金	Securities Investment Funds	556.77	1343.01	-58.54
非证券投资基金		0	5.91	-100.00
基金日均成交金额(亿元)	Average Turnover (100000000)	2.35	5.62	-58.19
基金成交股数(亿股)	Transaction Volume(100000000)	573.69	1148.35	-50.04
其中：证券投资基金	Securities Investment Funds	573.69	1145.96	-49.94
非证券投资基金		0	2.39	-100.00
基金成交笔数(百万笔)		3.08	7.25	-57.52
其中：证券投资基金	Securities Investment Funds	3.08	7.14	-56.86
非证券投资基金		0	0.11	-100.00
上证基金指数开市	Opening Composite Index of Shanghai Stock Exchange	1168.82	1133.17	3.15
上证基金指数最高	Highest	1237.98	1367.37	-9.46
上证基金指数最低	Lowest	934.54	1077.73	-13.29
上证基金指数收市	Closing	942.33	1183.13	-20.35

数据来源：上海、深圳证券交易所
Source：Shanghai、Shenzhen Stock Exchange

4-8　2002年深圳证券交易所基金成交概况

Trading Summary of Securities Investment Funds in Shenzhen Stock Exchange in 2002

		本年	上年	增减(%)
交易日数(天)	No. of Dates	237.00	240	-1.25
基金上市品种(个)	Variety	29	25	16
基金成交金额(亿元)	Turnover (100000000)	609.85	1212.96	-49.72
其中：证券投资基金	Securities Investment Funds	609.85	1209.28	-49.57
非证券投资基金		0	3.68	0
基金日均成交金额(亿元)	Average Turnover (100000000)	2.57	5.04	-48.93
基金成交股数(亿股)	Transcation Volume(100000000)	644.91	1060.27	-39.17
其中：证券投资基金	Securities Investment Funds	644.91	1058.1	-39.05
非证券投资基金		0	2.17	0
基金成交笔数(百万笔)		3.07	6.92	-55.66
其中：证券投资基金	Securities Investment Funds	3.07	6.86	-55.28
非证券投资基金		0	0.06	0
深证基金指数开市	Opening Composite Index of Shanghai Stock Exchange	1112.72	1156.99	-3.83
深证基金指数最高	Highest	1176.06	1363.26	-13.73
深证基金指数最低	Lowest	866.22	1042.26	-16.89
深证基金指数收市	Closing	876.97	1139.75	-23.06

数据来源：上海、深圳证券交易所
Source：Shanghai、Shenzhen Stock Exchange

4-9 基金管理公司概况

序号 No.	基金管理公司全称 Company	注册资本(万元) Registered Capital	注册地点 Registered in	法定代表人 corporation	总经理 Manager
1	国泰基金管理有限公司	11000	上海市	陈永胜	李春平
2	南方基金管理有限公司	10000	深圳市	刘　波	高良玉
3	华夏基金管理有限公司	13800	北京市	邵　淳	范勇宏
4	华安基金管理有限公司	15000	上海市	杜建国	韩方河
5	博时基金管理有限公司	10000	深圳市	吴雄伟	肖　风
6	鹏华基金管理有限公司	10000	深圳市	陈正蓉	孙晓刚
7	长盛基金管理有限公司	10000	深圳市	王其华	蒋月勤
8	嘉实基金管理有限公司	6000	北京市	余利平	赵学君
9	大成基金管理有限公司	10000	深圳市	姜继增	龙小波
10	富国基金管理有限公司	10000	上海市	虞志浩	李建国
11	易方达基金管理有限公司	12000	珠海市	梁　棠	叶俊英
12	宝盈基金管理有限公司	10000	深圳市	谭向东	刘京湘
13	融通基金管理有限公司	12500	深圳市	孟立坤	冯立新
14	银华基金管理有限公司	10000	深圳市	黑学彦	于　楠
15	长城基金管理有限公司	10000	深圳市	杨光裕	汪　滨
16	银河基金管理有限公司	10000	上海市	刘澎湃	熊科金
17	湘财合丰基金管理公司	10000	上海市	程国安	李克难
18	中融基金管理公司	10000	深圳市	吴铁锁	万朝领
19	天同基金管理公司	10000	深圳市	柳亚楠	马志刚
20	招商基金管理公司	10000	深圳市	牛冠兴	成保良
21	金鹰基金管理公司	10000	广州市	吴　张	林金腾

数据来源：中国证监会
Source：CSRC

Summary of Securities Investment Funds Management Corp.

成立时间 Date Founded	管理基金只数 No. of Funds Managed	管理基金规模（亿份） Manage Capital	管理基金名称 Funds Managed
1998-3-1	5	86.15	国泰金鹰增长、基金金泰、基金金鑫、基金金盛、基金金鼎
1998/03	6	131.29	南方稳健成长、基金开元、基金天元、基金金元、基金隆元、南方宝元债券型
1998/04	7	143.64	华夏成长、基金兴华、基金兴和、基金兴科、基金兴安、基金兴业、华夏债券
1998/05	6	137.79	华安创新、基金安信、基金安顺、基金安瑞、基金安久、华安180指数增强型
1998/07	6	103.09	基金裕阳、基金裕隆、基金裕元、基金裕华、基金裕泽、博时价值增长
1998/12	5	97.24	鹏华行业成长、基金普惠、基金普丰、基金普华、基金普润
1999/03	5	80.11	基金同益、基金同盛、基金同智、基金同德、长盛成长价值
1999/03	3	68.70	基金泰和、基金丰和、嘉实成长收益
1999/04	6	94.63	基金景宏、基金景阳、基金景博、基金景福、基金景业、大成价值增长
1999/04	5	99.00	富国动态平衡、基金汉盛、基金汉兴、基金汉鼎、基金汉博
2001/04	5	95.73	易方达平稳增长、基金科讯、基金科汇、基金科翔、基金科瑞
2001/05	3	36.79	基金鸿飞、基金鸿阳、宝盈鸿利收益
2001/05	3	43.68	基金通宝、基金通乾、融通新蓝筹
2001/05	2	38.01	基金天华、银华优势企业
2001/11	2	25.00	基金久富、基金久嘉
2002/05	1	30.00	基金银丰
2002/06	0	0.00	—
2002/06	1	8.00	基金融鑫
2002/08	0	0.00	—
2002/12	0	0.00	—
2002/12	0	0.00	—

4-10 2002年全国证券投资基金每日成交量、成交额

日期 Date	1月 Jan.		2月 Feb.		3月 Mar.		4月 Apr.		5月 May		6月 Jun.	
	成交额 Turnover	成交量 Volume	成交额 Turnover	成交量 Volume	成交额 Turnover	成交量 Volume	成交额 Turnover	成交量 Volume	成交额 Turnover	成交量 Volume	成交额 Turnover	成交量 Volume
1			10.29	482403638	3.43	160626347	4.95	258870353				
2							6.30	301774891				
3							4.57	267377156			2.00	106620122
4	4.41	225824665	6.94	320240725	4.41	203048463	7.75	420161861			2.30	98383174
5			10.49	442449457	17.31	712395938	6.50	314807058			2.53	102588019
6			7.72	358147202	12.89	504022954					4.97	221974402
7	3.73	214992452	7.35	323242176	12.34	574445001					3.74	161247818
8	5.67	261870778	5.29	232892253	21.51	1003053629	2.41	117856453	1.58	59585226		
9	4.34	235455055					6.14	277404177	1.80	97467729		
10	12.76	696452124					4.74	249620264	2.51	99830202	2.42	101214310
11	4.39	223525983			40.00	1709566962	4.99	234508645			1.92	81542548
12					22.14	987770120	5.68	310673359			18.12	803131744
13					11.63	482176261			2.71	112256696	5.43	224667551
14	5.71	296827412			9.36	459084561			1.88	98351529	4.11	157079088
15	3.30	173241571			9.24	357206858	5.73	327076684	2.93	179731088		
16	3.56	174955280					3.10	138944073	4.88	247793942		
17	4.41	244981212					6.62	324590451	2.84	130031100	3.78	157367046
18	4.86	277466558			8.07	348499799	4.42	227831029			8.20	305711103
19					9.15	394824724	5.67	200821716			3.76	140806810
20					14.80	826537611			3.03	125065668	4.55	173795465
21	4.01	217701145			9.95	496616485			5.73	282192622	14.16	552202287
22	4.41	249287041			7.40	337061042	3.01	112763409	3.72	199324972		
23	5.92	335812275					2.95	141373733	1.81	96744202		
24	7.13	370237481					4.35	185410118	1.93	74044966	77.02	3693168027
25	3.53	165156752	7.58	335130751	4.04	232557738	2.20	123150127			24.79	1079270868
26			5.32	269036727	8.67	455265113	4.25	205877444			10.81	526910843
27			9.20	455023690	4.64	203811637			1.85	87174894	9.25	416694079
28	7.27	346768727	6.45	258986845	2.84	162676679			1.97	91226675	23.16	1090115550
29	3.07	144364854			6.25	303112480	4.98	230485459	2.64	145019381		
30	2.25	113876297					3.37	159179074	2.38	120080585		
31	18.38	889641511							1.39	64505578		

数据来源:上海、深圳证券交易所

Source:Shanghai Shenzhen Stock Exchange

Daily Trading Volume and Value of Securities Investment Funds in 2002

成交额：亿元；成交量：手

7月 Jul.		8月 Aug.		9月 Sep.		10月 Oct.		11月 Nov.		12月 Dec.	
成交额 Turnover	成交量 Volume	成交额 Turnover	成交量 Volume	成交额 Turnover	成交量 Volume	成交额 Turnover	成交量 Volume	成交额 Turnover	成交量 Volume	成交额 Turnover	成交量 Volume
10.06	535306231	3.15	116172574					2.74	253186772		
3.89	183752581	1.97	125941812	2.97	121358112					3.06	200849624
4.05	160408053			4.36	240511181					1.67	113104332
7.00	323382798			2.40	109956583			2.99	220714772	2.66	162648556
4.62	272848472	1.44	66597182	4.87	225372387			5.63	381264366	1.36	79693438
		3.51	130595003	3.10	160563326			2.54	168946827	0.92	63556431
		1.60	74172428					2.57	173788265		
3.69	161158379	1.57	103485368			1.83	89920616	4.68	275282148		
3.61	112618090	1.31	87119953	2.65	118733912	3.41	219486904			1.05	76086870
7.01	331566053			4.37	348294640	2.91	214114573			1.46	87758048
4.85	212974351			3.17	198137386	3.26	210759189	2.01	123856644	1.34	82960290
2.63	96668077	1.66	95206847	2.48	166450950			2.66	173977733	2.61	218325104
		1.34	80085009	1.44	49042362			2.29	163833930	1.80	131479849
		1.94	116624797			2.21	109083891	1.57	118313000		
3.00	166427704	2.02	128958108			1.64	96837382	1.86	129310976		
2.17	91786506	3.71	210682002	3.76	203516904	2.69	140455514			1.54	111223339
2.55	112378815			3.32	182778973	1.85	95258154			1.34	89186361
3.54	141378072			1.88	95613408	2.05	100388051	0.94	51929537	1.13	92240071
2.24	88970867	2.14	68724188	3.22	172152942			1.12	75839183	1.06	77840382
		5.96	262973237	1.67	75236554			2.22	137374338	1.32	89163708
		2.23	115650534			0.97	43489693	3.02	204385184		
3.35	187797520	6.77	336470028			1.82	89306034	2.47	178763279		
2.63	89797154	2.90	147990485	1.49	108170284	1.04	52222069			2.78	193010299
1.80	83009839			1.96	108126504	1.23	73775924			1.60	99007099
2.88	137788376			1.85	84513561	1.77	117088305	1.31	91303583	2.38	134475487
2.50	85386750	1.96	107767571	3.43	174386453			2.15	146591908	5.23	392978558
		3.80	133790281	4.49	236042742			2.79	159814706	2.51	145371878
		4.51	191859098			2.03	143279496	2.70	169458390		
3.17	135938298	2.75	135531063			2.83	217753183	11.01	644522690		
4.66	159761158	1.64	71788429			4.81	451253826			2.13	145717282
2.73	132603866					4.30	401671363			5.08	341797350

4-11 2002年上海证券投资基金每日成交量、成交额

日期 Date	1月 Jan.		2月 Feb.		3月 Mar.		4月 Apr.		5月 May		6月 Jun.	
	成交额 Turnover	成交量 Volume	成交额 Turnover	成交量 Volume	成交额 Turnover	成交量 Volume	成交额 Turnover	成交量 Volume	成交额 Turnover	成交量 Volume	成交额 Turnover	成交量 Volume
1			4.65	476297840	1.60	158660183	2.75	256673364				
2							3.21	298653153				
3							2.89	265724121			0.95	105435654
4	2.31	223694738	3.05	316018150	2.03	200579846	4.61	416986856			0.89	96797594
5			4.23	435793490	7.03	701602034	3.25	311677124			0.93	100765284
6			3.43	353552921	5.01	496023580					2.01	218653256
7	2.40	213713500	3.07	318589580	5.91	567982044					1.47	158694588
8	2.72	258895918	2.23	229594783	10.09	991392343	1.17	116567271	0.57	58540514		
9	2.40	233411639					2.71	273847148	0.92	96555494		
10	6.90	690167494					2.52	247337048	0.97	98252678	0.89	99467509
11	2.20	221225318			17.57	1687423706	2.32	231773812			0.73	80200467
12					10.27	976016281	3.17	308103408			7.40	791581008
13					4.95	475493772			1.06	110526735	2.06	221137405
14	2.88	293729711			4.74	454444822			0.97	97406606	1.41	154164309
15	1.65	171442843			3.67	351638224	3.33	324587526	1.70	178456619		
16	1.67	172857513					1.44	137235426	2.33	245045754		
17	2.34	242701631					3.16	320934849	1.21	128247060	1.44	154915287
18	2.48	274722851			3.56	343972566	2.23	225559597			2.80	300018009
19					4.09	389736581	1.92	197135989			1.27	138155894
20					8.49	820187679			1.14	123026384	1.56	170557505
21	1.93	215292508			5.20	491988851			2.59	278826981	5.13	542576535
22	2.24	246786319			3.52	333211972	1.08	110823457	1.84	197310782		
23	3.01	332547054					1.31	139718153	0.91	95775222		
24	3.40	366055767					1.85	182890360	0.68	72677515	37.18	3653396109
25	1.49	162875268	3.32	330546465	2.38	230911170	1.18	122116166			10.77	1065186594
26			2.69	266201993	4.72	451318128	1.96	203484686			5.26	521299252
27			4.66	450336662	2.13	201268300			0.80	86007407	4.11	411502792
28	3.15	342130438	2.64	254992567	1.67	161503276			0.84	89993713	10.94	1078055070
29	1.28	142302290			3.08	299891737	2.26	227684181	1.34	143573313		
30	1.02	112451690					1.55	157299265	1.11	118657664		
31	8.63	878902312							0.59	63611978		

数据来源:上海证券交易所

Source:Shanghai Stock Exchange

Daily Trading Volume and Value of Securities Investment Funds in Shanghai Stock Exchange in 2002

成交额:亿元;成交量:手

7月 Jul.		8月 Aug.		9月 Sep.		10月 Oct.		11月 Nov.		12月 Dec.	
成交额 Turnover	成交量 Volume	成交额 Turnover	成交量 Volume	成交额 Turnover	成交量 Volume	成交额 Turnover	成交量 Volume	成交额 Turnover	成交量 Volume	成交额 Turnover	成交量 Volume
5.35	530628356	1.13	114037136					2.19	252537458		
1.82	181689947	1.22	125171035	1.18	119579152					1.60	198981531
1.58	157937856			2.41	238511409					0.90	112106435
3.20	319534767			1.07	108565495			1.93	219458745	1.30	160925091
2.69	270888689	0.63	65743686	2.20	222550209			3.37	378648566	0.63	78743466
		1.24	128209796	1.54	158915649			1.47	167708975	0.50	63018658
		0.71	73240608					1.52	172567760		
1.59	159040565	1.00	102895892			0.83	88805604	2.42	272651498		
1.13	110179220	0.84	86635026	1.15	117138015	2.02	217907422			0.61	75517505
3.33	327860217			3.25	347089101	1.97	213033859			0.69	86785904
2.09	210128283			1.89	196758847	1.92	209236589	1.08	122771338	0.65	82065727
0.94	95048210	0.91	94418295	1.57	165468649			1.50	172608957	1.77	217239989
		0.77	79486042	0.45	47960858			1.41	162776105	1.04	130499921
		1.12	115758574			0.98	107682992	1.01	117637769		
1.60	165007867	1.24	128140128			0.86	95950882	1.09	128384630		
0.86	90452635	2.08	208956587	1.93	201540281	1.27	138841221			0.87	110355383
1.08	110864155			1.68	180996005	0.86	94126935			0.71	88380274
1.38	139152020			0.88	94512408	0.90	99033645	0.44	51319509	0.72	91715261
0.87	87570548	0.64	67146296	1.60	170398541			0.64	75248334	0.61	77263772
		2.54	259375465	0.70	74190525			1.15	136067573	0.71	88387765
		1.12	114472373			0.39	42804641	1.68	202698899		
1.83	186229787	3.25	332812410			0.80	88139872	1.44	177464073		
0.86	87963404	1.44	146476464	1.01	107642328	0.47	51560297			1.54	191448030
0.80	81968291			1.02	107094252	0.67	73125107			0.79	97995609
1.30	136160974			0.77	83334328	1.09	116299588	0.73	90562049	1.06	132814921
0.82	83642655	1.03	106787700	1.65	172441774			1.17	145335425	3.11	390249583
		1.30	131169679	2.22	233540142			1.26	157788178	1.12	143575424
		1.88	189114715			1.32	142462022	1.33	167665354		
1.30	133938981	1.33	134057146			1.95	216727975	5.34	637506907		
1.51	156449357	0.70	70807836			3.99	450292800			1.14	144410163
1.29	131101545					3.48	400706981			2.72	338694021

4-12　2002年深圳证券投资基金每日成交量、成交额

日期 Date	1月 Jan.		2月 Feb.		3月 Mar.		4月 Apr.		5月 May		6月 Jun.	
	成交额 Turnover	成交量 Volume	成交额 Turnover	成交量 Volume	成交额 Turnover	成交量 Volume	成交额 Turnover	成交量 Volume	成交额 Turnover	成交量 Volume	成交额 Turnover	成交量 Volume
1			5.64	6105798	1.83	1966164	2.20	2196989				
2							3.09	3121738				
3							1.68	1653035			1.05	1184468
4	2.10	2129927	3.89	4222575	2.38	2468617	3.14	3175005			1.41	1585580
5			6.26	6655967	10.28	10793904	3.25	3129934			1.60	1822735
6			4.29	4594281	7.88	7999374					2.96	3321146
7	1.33	1278952	4.28	4652596	6.43	6462957					2.27	2553230
8	2.95	2974860	3.06	3297470	11.42	11661286	1.24	1289182	1.01	1044712		
9	1.94	2043416					3.43	3557029	0.88	912235		
10	5.86	6284630					2.22	2283216	1.54	1577524	1.53	1746801
11	2.19	2300665			22.43	22143256	2.67	2734833			1.19	1342081
12					11.87	11753839	2.51	2569951			10.72	11550736
13					6.68	6682489			1.65	1729961	3.37	3530146
14	2.83	3097701			4.62	4639739			0.91	944923	2.70	2914779
15	1.65	1798728			5.57	5568634	2.40	2489158	1.23	1274469		
16	1.89	2097767					1.66	1708647	2.55	2748188		
17	2.07	2279581					3.46	3655602	1.63	1784040	2.34	2451759
18	2.38	2743707			4.51	4527233	2.19	2271432			5.40	5693094
19					5.06	5088143	3.75	3685727			2.49	2650916
20					6.31	6349932			1.89	2039284	2.99	3237960
21	2.08	2408637			4.75	4627634			3.14	3365641	9.03	9625752
22	2.17	2500722			3.88	3849070	1.93	1939952	1.88	2014190		
23	2.91	3265221					1.64	1655580	0.90	968980		
24	3.73	4181714					2.50	2519758	1.25	1367451	39.84	39771918
25	2.04	2281484	4.26	4584286	1.66	1646568	1.02	1033961			14.02	14084274
26			2.63	2834734	3.95	3946985	2.29	2392758			5.55	5611591
27			4.54	4687028	2.51	2543337			1.05	1167487	5.14	5191287
28	4.12	4638289	3.81	3994278	1.17	1173403			1.13	1232962	12.22	12060480
29	1.79	2062564			3.17	3220743	2.72	2801278	1.30	1446068		
30	1.23	1424607					1.82	1879809	1.27	1422921		
31	9.75	10739199							0.80	893600		

数据来源：深圳证券交易所

Source: Shenzhen Stock Exchange

Daily Trading Volume and Value of Securities Investment Funds in Shenzhen Stock Exchange in 2002

成交额:亿元;成交量:手

7月 Jul.		8月 Aug.		9月 Sep.		10月 Oct.		11月 Nov.		12月 Dec.	
成交额 Turnover	成交量 Volume	成交额 Turnover	成交量 Volume	成交额 Turnover	成交量 Volume	成交额 Turnover	成交量 Volume	成交额 Turnover	成交量 Volume	成交额 Turnover	成交量 Volume
4.71	4677875	2.02	2135438					0.55	649314		
2.07	2062634	0.75	770777	1.79	1778960					1.46	1868093
2.47	2470197			1.95	1999772					0.77	997897
3.80	3848031			1.33	1391088			1.06	1256027	1.36	1723465
1.93	1959783	0.81	853496	2.67	2822178			2.26	2615800	0.73	949972
		2.27	2385207	1.56	1647677			1.07	1237852	0.42	537773
0.89	931820					1.05	1220505				
2.10	2117814	0.57	589476			1.00	1115012	2.26	2630650		
2.48	2438870	0.47	484927	1.50	1595897	1.39	1579482			0.44	569365
3.68	3705836			1.12	1205539	0.94	1080714			0.77	972144
2.76	2846068			1.28	1378539	1.34	1522600	0.93	1085306	0.69	894563
1.69	1619867	0.75	788552	0.91	982301			1.16	1368776	0.84	1085115
		0.57	598967	0.99	1081504			0.88	1057825	0.76	979928
		0.82	866223			1.23	1400899	0.56	675231		
1.40	1419837	0.78	817980			0.78	886500	0.77	926346		
1.31	1333871	1.63	1725415	1.83	1976623	1.42	1614293			0.67	867956
1.47	1514660			1.64	1782968	0.99	1131219			0.63	806087
2.16	2226052			1.00	1101000	1.15	1354406	0.50	610028	0.41	524810
1.37	1400319	1.50	1577892	1.62	1754401			0.48	590849	0.45	576610
		3.42	3597772	0.97	1046029			1.07	1306765	0.61	775943
		1.11	1178161			0.58	685052	1.34	1686285		
1.52	1567733	3.52	3657618			1.02	1166162	1.03	1299206		
1.77	1833750	1.46	1514021	0.48	527956	0.57	661772			1.24	1562269
1.00	1041548			0.94	1032252	0.56	650817			0.81	1011490
1.58	1627402			1.08	1179233	0.68	788717	0.58	741534	1.32	1660566
1.68	1744095	0.93	979871	1.78	1944679			0.98	1256483	2.12	2728975
		2.50	2620602	2.27	2502600			1.53	2026528	1.39	1796454
		2.63	2744383			0.71	817474	1.37	1793036		
1.87	1999317	1.42	1473917			0.88	1025208	5.67	7015783		
3.15	3311801	0.94	980593			0.82	961026			0.99	1307119
1.44	1502321					0.82	964382			2.36	3103329

4-13　2002 年上海证券交易所每日收市基金指数

Daily Closing B-Share Composite Index of Shanghai Stock Exchange in 2002

日期 Date	1 月 Jan.	2 月 Feb.	3 月 Mar.	4 月 Apr.	5 月 May	6 月 Jun.	7 月 Jul.	8 月 Aug.	9 月 Sep.	10 月 Oct.	11 月 Nov.	12 月 Dec.
1		1089.75	1114.19	1171.08			1198.31	1157.64			1051.02	
2				1164.36			1203.01	1159.58	1156.88			958.95
3				1163.43		1080.70	1196.69		1161.59			968.46
4	1154.04	1101.97	1127.12	1173.88		1085.24	1192.96		1155.00		1059.39	971.02
5		1111.59	1146.55	1167.46		1071.84	1194.09	1154.52	1147.75		1075.73	964.76
6		1092.08	1147.51			1095.88		1161.92	1149.54		1069.62	962.44
7	1157.24	1105.71	1166.53			1091.66		1158.35			1068.42	
8	1144.07	1107.11	1177.00	1166.72	1154.42		1196.04	1155.11		1110.71	1055.99	
9	1136.12			1180.92	1152.58		1198.15	1151.12	1143.42	1099.57		958.89
10	1126.99			1181.74	1149.01	1087.77	1184.43		1141.08	1092.35		951.87
11	1108.65		1200.33	1170.45		1090.20	1184.43		1138.73	1086.24	1051.83	951.42
12			1179.84	1173.11		1111.74	1183.78	1149.01	1139.79		1041.57	954.37
13			1170.74		1142.10	1094.84		1149.82	1138.49		1038.86	958.59
14	1089.20		1190.27		1137.98	1088.32		1156.63		1086.09	1026.88	
15	1081.39		1172.96	1166.39	1127.57		1177.68	1149.98		1084.52	1026.82	
16	1092.04			1165.23	1113.26		1179.47	1154.46	1130.58	1091.99		963.10
17	1057.37			1151.12	1119.42	1094.51	1176.45		1128.62	1079.23		962.50
18	1043.95		1178.71	1145.67		1109.86	1181.35		1127.26	1082.69	1020.50	959.64
19			1193.46	1151.60		1102.30	1179.95	1151.28	1135.33		1025.92	959.04
20			1197.90		1112.19	1112.13		1160.62	1130.52		1001.21	966.11
21	1021.93		1198.15		1129.09	1130.49		1158.90		1080.58	975.35	
22	1028.99		1192.55	1141.19	1110.83		1166.56	1166.14		1090.60	976.65	
23	1063.57			1143.95	1111.70		1164.22	1165.17	1124.19	1088.56		968.46
24	1063.18			1137.78	1104.73	1227.21	1162.44		1122.54	1081.33		969.30
25	1059.67	1120.55	1188.76	1142.65		1196.85	1162.18		1123.83	1075.61	974.69	966.95
26		1119.25	1180.19	1155.07		1201.72	1157.21	1162.57	1118.84		956.69	952.48
27		1132.70	1185.41		1105.44	1208.85		1167.93	1118.78		949.53	956.09
28	1030.55	1125.51	1179.25		1105.77	1216.51		1163.87		1067.70	967.83	
29	1044.37		1161.82	1161.98	1098.05		1161.69	1157.92		1067.85	986.46	
30	1049.91			1160.04	1096.52		1163.80	1161.92		1061.98		943.21
31	1093.69				1093.44		1156.40			1057.58		942.33

数据来源:上海、深圳证券交易所

Source:Shanghai Shenzhen Stock Exchange

4-14　2002年深圳证券交易所每日收市基金指数

Daily Closing B-Share Composite Index of Shenzhen Stock Exchange in 2002

日期 Date	1月 Jan.	2月 Feb.	3月 Mar.	4月 Apr.	5月 May	6月 Jun.	7月 Jul.	8月 Aug.	9月 Sep.	10月 Oct.	11月 Nov.	12月 Dec.
1		1030.26	1058.26	1117.15			1145.10	1100.66			982.71	
2				1104.85			1146.17	1103.74	1097.84			890.65
3				1108.54		1019.45	1143.71		1097.55			903.56
4	1097.50	1044.79	1071.37	1120.68		1023.99	1138.26		1092.57		988.70	902.26
5		1055.08	1096.52	1111.01		1012.33	1139.98	1095.51	1087.52		1008.16	898.57
6		1034.30	1098.62			1032.82		1106.04	1081.73		1001.49	897.71
7	1096.61	1050.45	1117.30			1031.87		1102.60			1001.06	
8	1085.19	1051.68	1126.83	1109.14	1098.42		1141.98	1099.27		1034.76	986.98	
9	1074.22			1124.92	1096.88		1141.76	1096.20	1077.22	1020.57		895.41
10	1065.67			1125.23	1091.39	1020.83	1128.65		1072.88	1014.92		888.88
11	1046.12		1152.42	1110.36		1028.79	1124.44		1069.72	1012.73	982.43	884.32
12			1128.99	1118.40		1050.95	1124.92	1090.37	1071.42		971.21	886.46
13			1113.17		1080.39	1032.99		1092.70	1068.16		968.52	892.08
14	1022.74		1136.08		1079.10	1027.31		1099.33		1012.02	958.03	
15	1014.14		1122.13	1107.25	1069.04		1118.17	1092.36		1009.67	961.43	
16	1023.46			1106.85	1056.44		1115.79	1097.16	1058.09	1013.58		894.33
17	991.22			1096.39	1063.35	1035.08	1116.69		1057.81	1001.62		899.21
18	983.39		1126.08	1090.64		1054.92	1120.49		1053.20	1004.27	954.63	894.19
19			1144.83	1093.96		1046.03	1125.87	1090.09	1065.26		958.45	891.35
20			1145.31		1050.78	1056.61		1101.47	1058.24		940.67	899.40
21	966.45		1145.38		1066.45	1079.44		1097.60		1001.97	916.39	
22	970.91		1138.51	1085.15	1050.32		1108.35	1105.38		1013.76	914.72	
23	1006.88			1086.13	1049.16		1107.31	1105.37	1058.24	1011.89		903.12
24	1007.66			1080.11	1043.70	1167.44	1108.18		1052.15	1004.05		907.55
25	1006.36	1065.38	1139.32	1084.67		1137.92	1105.74		1052.51	996.35	912.22	904.65
26		1065.63	1127.93	1095.01		1142.18	1099.56	1100.32	1051.36		890.63	891.85
27		1074.96	1129.81		1047.53	1151.37		1106.18	1046.46		883.54	894.56
28	974.18	1067.71	1125.25		1046.79	1159.10		1099.68		989.23	898.49	
29	989.82		1116.54	1106.65	1039.20		1104.20	1098.21		992.22	916.72	
30	993.22			1104.36	1036.18		1106.84	1098.54		988.68		884.34
31	1029.15				1030.96		1098.58			985.89		876.97

数据来源：上海、深圳证券交易所

Source: Shanghai Shenzhen Stock Exchange

4-15 基金托管人概况

Summary of Securities Investment Funds Custodian

序号 No.	托管人名称 Custodian	注册地点 Registered in	取得托管资格时间 Founding Date	托管基金只数 No. of Funds Custodied	托管基金名称 Funds Custodied	月末托管基金总规模(亿份) Volume	月末托管基金资产净值(亿元) Net Asset
1	工商银行	北京市	1998-2-24	20	基金开元、基金天元、基金隆元、基金金元、基金安信、基金安瑞、基金裕元、基金裕泽、基金普丰、基金普华、基金普润、基金同益、基金金泰、基金科翔、基金汉鼎、基金融鑫、南方稳健成长、鹏华行业成长、南方宝元债券型、华安180指数增强型	345.47	304.83
2	建设银行	北京市	1998-3-18	14	基金鸿飞、基金金盛、基金通宝、基金泰和、基金兴华、基金金鑫、基金兴和、基金金鼎、基金汉博、基金通乾、基金银丰、华夏成长、博时价值增长	263.41	243.52
3	农业银行	北京市	1998-5-29	17	基金裕隆、基金景博、基金景福、基金天华、基金丰和、基金鸿阳、基金汉盛、基金裕阳、基金景阳、基金景业、基金兴业、基金同德、基金久嘉、富国动态平衡、宝盈鸿利收益、长盛成长价值、大成价值增长	320.53	284.19
4	交通银行	上海市	1998-7-3	13	基金裕华、基金久富、基金汉兴、基金安久、基金安顺、基金兴科、基金普惠、基金科汇、基金科讯、基金科瑞、国泰金鹰增长、华安创新、华夏债券	256	231.83
5	中国银行	北京市	1998-7-7	7	基金景宏、基金同盛、基金同智、基金兴安、易方达平稳增长、银华优势企业、嘉实成长收益	133.44	121.19
6	中国光大银行	北京市	2002-10-23	—	—	—	—
7	招商银行	深圳市	2002-11-6	—	—	—	—
合计				71	—	1318.85	1185.56

数据来源:中国证监会

Source:CSRC

第五部分　上市公司

Listed Companies

5-1 1990—2002年上市公司数量变化

Changes of Listed Companies in Recent Years(1990—2002)

年份 Year	全国 National	上交所 Shanghai Stock Exchange	深交所 Shenzhen Stock Exchange
1990年	10	8	2
1991年	14	8	6
1992年	53	29	24
1993年	183	106	77
1994年	291	171	120
1995年	323	188	135
1996年	530	293	237
1997年	745	383	362
1998年	851	438	413
1999年	949	484	465
2000年	1088	572	516
2001年	1160	646	514
2002年	1224	715	509

数据来源：上海、深圳证券交易所
Source：Shanghai Shenzhen Stock Exchange

5-2 2002年上市公司行业分类

Industrial Distribution of Listed Companies in 2002

行业 Industries	全国合计 Total		上交所 Shanghai Stock Exchange		深交所 Shenzhen Stock Exchange	
	公司数量 No. of Listed Companies	占总额 (%)	公司数量 No. of Listed Companies	占总额 (%)	公司数量 No. of Listed Companies	占总额 (%)
农、林、牧、副、渔业 Agriculture, Forestry, Fishing and Hunting	30	2.45	18	2.52	12	2.36
采掘业 Mining	17	1.39	7	0.98	10	1.96
食品、饮料 Food, Beverage	57	4.66	33	4.62	24	4.72
纺织、服装、毛皮 Textile, Apparel, Leather	59	4.82	33	4.62	26	5.11
木材、家俱 Wood Product	2	0.16	1	0.14	1	0.20
造纸、印刷 Paper, Printing	24	1.96	15	2.10	9	1.77
石油、化学、橡胶、塑料 Petroleum, Chemical Product, Plastics, Rubber	131	10.70	69	9.65	62	12.18
电子 Electrical Equipment	38	3.10	21	2.94	17	3.34
金属、非金属 Metal, Nonmetallic Mineral Product	115	9.40	66	9.23	49	9.63
机械、设备、仪表 Machinery, Equipment, Meter	195	15.93	110	15.38	85	16.70
医药、生物 Medicine, Biologic Product	68	5.56	44	6.15	24	4.72
其他制造业 Other Manufacuring	18	1.47	13	1.82	5	0.98
电力、蒸汽及水的生产及供应业 Electricity, Gas, Water Supply	49	4.00	30	4.20	19	3.73
建筑业 Construction	21	1.72	13	1.82	8	1.57
交通运输、仓储业 Transport, Storage	50	4.08	33	4.62	17	3.34
信息技术业 Information, Technology	67	5.47	38	5.31	29	5.70
批发和零售贸易 Wholesale and Retail Trade	99	8.09	64	8.95	35	6.88
金融、保险业 Finance, Insurance	8	0.65	5	0.70	3	0.59
房地产业 Real Estate	42	3.43	25	3.50	17	3.34
社会服务业 Social Services	41	3.35	21	2.94	20	3.93
传播及文化产业 Transmission, Culture	12	0.98	9	1.26	3	0.59
综合类 Conglomerat	81	6.62	47	6.57	34	6.68
合计 Total	1224	100.00	715	100.00	509	100.00

数据来源：上海、深圳证券交易所
Source：Shanghai Shenzhen Stock Exchange

5-3　2002年新上市公司行业分类

Industrial Distribution of New Listed Companies in 2002

行业 Industries	全国合计 Total		上交所 Shanghai Stock Exchange		深交所 Shenzhen Stock Exchange	
	公司数量 No. of Listed Companies	占总额 (%)	公司数量 No. of Listed Companies	占总额 (%)	公司数量 No. of Listed Companies	占总额 (%)
农、林、牧、副、渔业 Agriculture, Forestry, Fishing and Hunting	1	1.41	1	1.43	0	0
采掘业 Mining	1	1.41	1	1.43	0	0
食品、饮料 Food, Beverage	3	4.23	3	4.29	0	0
纺织、服装、毛皮 Textile, Apparel, Leather	1	1.41	1	1.43	0	0
木材、家俱 Wood Product	0	0.00	0	0.00	0	0
造纸、印刷 Paper, Printing	0	0.00	0	0.00	0	0
石油、化学、橡胶、塑料 Petroleum, Chemical Product, Plastics, Rubber	5	7.04	5	7.14	0	0
电子 Electrical Equipment	4	5.63	4	5.71	0	0
金属、非金属 Metal, Nonmetallic Mineral Product	14	19.72	14	20.00	0	0
机械、设备、仪表 Machinery, Equipment, Meter	15	21.13	15	21.43	0	0
医药、生物 Medicine, Biologic Product	3	4.23	3	4.29	0	0
其他制造业 Other Manufacuring	1	1.41	1	1.43	0	0
电力、蒸汽及水的生产及供应业 Electricity, Gas, Water Supply	4	5.63	3	4.29	1	100.00
建筑业 Construction	1	1.41	1	1.43	0	0
交通运输、仓储业 Transport, Storage	5	7.04	5	7.14	0	0
信息技术业 Information, Technology	5	7.04	5	7.14	0	0
批发和零售贸易 Wholesale and Retail Trade	4	5.63	4	5.71	0	0
金融、保险业 Finance, Insurance	1	1.41	1	1.43	0	0
房地产业 Real Estate	1	1.41	1	1.43	0	0
社会服务业 Social Services	2	2.82	2	2.86	0	0
传播及文化产业 Transmission, Culture	0	0.00	0	0.00	0	0
综合类 Conglomerat	0	0.00	0	0.00	0	0
合计 Total	71	100.00	70	100.00	1	100.00

数据来源：上海、深圳证券交易所
Source：Shanghai Shenzhen Stock Exchange

5-4 全国按股份类别划分的上市公司年末数量变化

Changes of Listed Companies by Shares Categories (National)

年份 Year	1994	1995	1996	1997	1998	1999	2000	2001	2002
仅发 A 股 Only A Shares	227	242	431	627	727	822	955	1025	1085
发 A、H 股 A & H Shares	6	11	14	17	18	19	19	23	28
发 A、B 股 A & B Shares	54	58	69	76	80	82	86	88	87
仅发 B 股 Only B Shares	4	12	16	25	26	26	28	24	24
合计 Total	291	324	530	745	851	949	1088	1160	1224
A 股合计 Total of A Shares	287	311	514	720	825	923	1060	1136	1200
B 股合计 Total of B Shares	58	70	85	101	106	108	114	112	111

数据来源：上海、深圳证券交易所

Source：Shanghai Shenzhen Stock Exchange

按股份类别划分的上市公司年末数量构成(2002)

Number of Listed Companies by Shares Categories in 2002

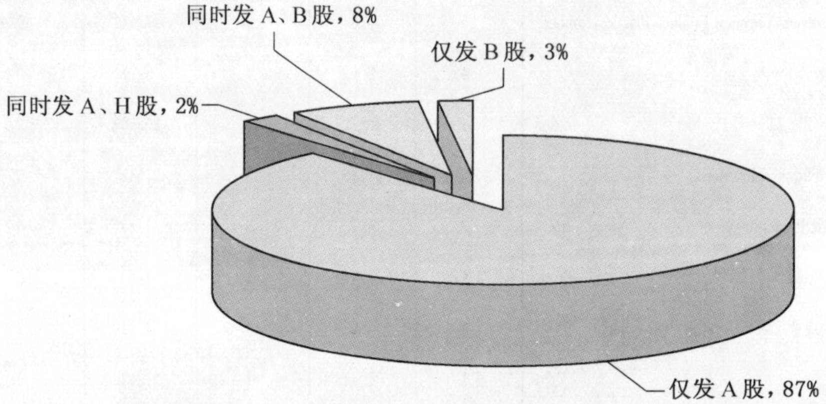

5-5 上交所按股份类别划分的上市公司年末数量变化

Changes of Listed Companies by Shares Categories (Shanghai Stock Exchange)

年份 Year	1994	1995	1996	1997	1998	1999	2000	2001	2002
仅发 A 股 Only A Shares	131	142	240	321	373	417	504	573	639
发 A、H 股 A & H Shares	6	10	11	12	13	13	13	19	22
发 A、B 股 A & B Shares	32	32	36	39	39	41	42	44	44
仅发 B 股 Only B Shares	2	4	6	11	13	13	13	10	10
合计 Total	171	189	293	383	438	484	572	646	715
A 股合计 Total of A Shares	169	184	287	372	425	471	559	636	705
B 股合计 Total of B Shares	34	36	42	50	52	54	55	54	54

数据来源：上海证券交易所

Source：Shanghai Stock Exchange

5-6　深交所按股份类别划分的上市公司年末数量变化

Changes of Listed Companies by Shares Categories（Shenzhen Stock Exchange）

年份 Year	1994	1995	1996	1997	1998	1999	2000	2001	2002
仅发 A 股 Only A Shares	96	100	191	306	354	405	451	452	446
发 A、H 股 A & H Shares	0	1	3	5	5	6	6	4	6
发 A、B 股 A & B Shares	22	26	33	37	41	41	44	44	43
仅发 B 股 Only B Shares	2	8	10	14	13	13	15	14	14
合计 Total	120	135	237	362	413	465	516	514	509
A 股合计 Total of A Shares	118	127	227	348	400	452	501	500	495
B 股合计 Total of B Shares	24	34	43	51	54	54	59	58	57

数据来源：深圳证券交易所
Source：Shenzhen Stock Exchange

5-7　2002 年按股本规模划分的上市公司年末数量变化

Changes of Listed Companies by Stock Capital in 2002

股本规模 Stock Capital	上海 Shanghai	深圳 Shenzhen	合计 Total
1 亿以下	224	20	244
1－2 亿	44	155	199
2—3 亿	50	129	179
3—5 亿	152	129	281
5—10 亿	167	54	221
10 亿以上	78	22	100
合计 Total	715	509	1224

数据来源：上海、深圳证券交易所
Source：Shanghai Shenzhen Stock Exchange

5-8 全国上市公司总体股份的历年年末数量

Capital Structure Figures

单位:亿股,每股面值一元

年份 Year	1992	1993	1994	1995	1996	1997	1998	1999	2000	2001	2002
国家股 State-owned Shares	29	190.22	296.47	328.67	432.01	612.28	865.51	1116.07	1475.13	2410.61	2773.43
发起法人股 Sponsor's Legal Person's Shares	9.05	34.97	73.87	135.18	224.63	439.91	528.06	590.51	642.54	663.17	664.51
外资法人股 Foreign Legal Person's Shares	2.8	4.09	7.52	11.84	14.99	26.07	35.77	40.51	46.20	45.80	53.26
定向募集法人股 Private Placement of Legal Person's Shares	6.49	41.06	72.82	61.93	91.82	130.48	152.34	190.10	214.20	245.25	299.70
内部职工股 Staff Shares	0.85	9.32	6.72	3.07	14.64	39.62	51.7	36.71	24.29	23.75	15.62
其他(转配股、基金配售股份、战略投资者配售股份) Others	0	0.19	1.1	6.27	11.6	22.87	31.47	33.20	35.07	16.28	32.02
A股 A Shares	10.93	61.34	143.76	179.94	267.32	442.68	608.03	813.18	1078.16	1318.13	1509.22
B股 B Shares	10.25	24.7	41.46	56.52	78.65	117.31	133.96	141.92	151.56	163.10	167.61
H股 H Shares	0	21.84	40.82	65	83.88	111.45	119.95	124.54	124.54	331.94	360.07
合计 Total Shares	68.87	387.73	684.54	848.42	1219.54	1942.67	2526.79	3088.95	3791.71	5218.01	5875.45

数据来源：上海、深圳证券交易所

Source：Shanghai Shenzhen Stock Exchange

5-9 1992—2002年全国上市公司股本结构变动情况汇总表

Changes in the Capital Structure of Listed Companies(1992—2002)

单位:亿股,每股面值一元

栏目序号	1	2	3	4	5	6	7	8
	92年底 No. at the end of 1992	新公司上市 New Listed Companies	送 股 Bonus Issues	配 股 Rights Issues	上市后发行 Issues after Listed	其他变动 Other Changes	增量合计 Total	2002年末 No. at the end of 2001
							(2-6合计)	(=1+7)
国家股 State-owned Shares	29	2228.32	396.98	47.71	9.72	63.55	2746.28	2774.78
发起法人股 Sponsor's Legal Person's Shares	9.05	509.33	253.55	24.10	2.38	−111.49	677.87	686.45
外资法人股 Foreign Legal Person's Shares	2.80	30.84	21.85	1.90	0.36	−4.49	50.46	53.26
募集法人股 Private Placement of Legal Person's Shares	6.49	127.03	114.79	13.37	−0.16	20.61	275.64	282.13
内部职工股 Staff Shares	0.85	82.91	26.92	7.17	0.44	−103.56	13.88	14.73
其他(转配股、基金配售股份、战略投资者配售股份) Others	0.00	76.25	11.89	23.46	5.33	−89.59	27.33	27.33
A股 A Shares	10.93	605.80	445.01	179.27	64.47	204.01	1498.56	1509.49
B股 B Shares	10.25	63.05	43.89	5.72	32.98	11.32	156.96	167.21
H股 H Shares	0.00	347.87	0.00	0.00	10.50	1.71	360.08	360.08
合计 Total Shares	68.87	4071.40	1314.86	302.71	126.01	−7.94	5807.05	5875.45

注：H股为同时发A、H股公司的H股。

数据来源：上海、深圳证券交易所

Source: Shanghai Shenzhen Stock Exchange

5-10 2002年分行业股本结构统计表

行业 Industries	国家股 State-owned Shares	发起法人股 Sponsor's Legal Person's Shares	外资法人股 Foreign Legal Person's Shares	募集法人股 Private Placement of Legal Person's Shares	内部职工股 Staff Shares
合计	2773.45	664.50	53.27	299.71	15.59
农、林、牧、副、渔业	34.69	11.28	0.00	6.22	0.80
采掘业	722.46	9.41	0.51	2.13	0.00
食品、饮料	73.89	25.83	3.08	9.28	0.16
纺织、服装、毛皮	44.55	29.07	3.83	10.54	1.92
木材、家俱	0.11	1.12	0.16	0.26	0.00
造纸、印刷	20.34	10.14	0.00	0.92	1.05
石油、化学、橡胶、塑料	206.07	119.11	2.66	18.47	1.11
电子	56.31	26.02	5.19	6.42	1.17
金属、非金属	407.21	66.99	8.55	15.52	3.10
机械、设备、仪表	244.00	86.96	10.45	26.11	0.33
医药、生物	68.92	26.64	1.88	8.01	0.56
其他制造业	15.16	6.79	1.37	4.21	0.37
电力、蒸汽及水的生产及供应业	164.18	38.14	1.14	21.18	2.09
建筑业	34.05	10.09	0.00	4.10	0.00
交通运输、仓储业	160.90	52.27	2.66	16.35	0.37
信息技术业	194.45	31.14	2.89	14.99	0.01
批发和零售贸易	87.54	10.87	0.00	30.27	1.03
金融、保险业	49.79	4.44	0.00	52.92	0.00
房地产业	58.38	17.23	3.80	9.98	0.74
社会服务业	81.16	23.39	1.03	8.84	0.33
传播及文化产业	4.65	9.35	0.51	3.38	0.00
综合类	44.66	48.21	3.57	29.62	0.47

数据来源：上海、深圳证券交易所

Source：Shanghai Shenzhen Stock Exchange

Capital Structure Categorized by Industries in 2002

转配股 Trans-Rights Issue Shares	基金配售股份 Issued to Funds	战略投资者 配售股份	其他未流通股 other	A股 A Share	B股 B Share	H股 H Share	股份总数 Total
0.46	0.80	9.48	19.15	1509.21	167.61	360.07	5875.45
0.00	0.11	0.00	0.16	31.96	0.00	0.00	85.27
0.00	0.00	0.00	0.60	49.44	2.26	178.00	964.82
0.00	0.00	0.00	0.00	61.28	5.76	3.47	182.74
0.00	0.13	0.00	0.74	53.83	11.43	0.00	157.58
0.00	0.00	0.00	0.00	1.31	0.00	0.00	2.96
0.00	0.00	0.00	0.00	23.15	3.03	0.00	58.62
0.00	0.23	0.00	0.00	142.59	11.78	46.95	548.95
0.00	0.00	0.00	0.00	53.78	10.14	0.00	159.02
0.00	0.20	0.00	0.00	182.10	13.47	43.90	741.02
0.09	0.06	0.00	0.00	194.02	42.90	13.90	618.82
0.00	0.00	0.00	0.00	68.28	1.22	4.70	180.66
0.00	0.00	0.00	0.00	13.98	2.90	0.00	44.77
0.00	0.00	0.00	0.33	74.28	18.96	15.00	335.43
0.00	0.00	0.00	0.00	26.23	2.72	0.00	77.20
0.00	0.00	0.00	0.00	74.84	10.49	48.32	366.20
0.05	0.00	5.18	17.32	94.90	4.79	2.42	368.12
0.32	0.00	0.00	0.00	89.57	2.97	0.00	222.56
0.00	0.00	4.30	0.00	44.56	0.00	0.00	156.02
0.00	0.00	0.00	0.00	48.82	13.68	0.00	152.64
0.00	0.00	0.00	0.00	44.36	7.78	3.40	170.28
0.00	0.00	0.00	0.00	7.72	0.46	0.00	26.05
0.00	0.07	0.00	0.00	128.20	0.88	0.00	255.71

5-11 2002 年分地区股本结构统计表

Capital Structure Categorized by Industries in 2002

地区 Area	国家股 State-owned Shares	发起法人股 Sponsor's Legal Person's Shares	外资法人股 Foreign Legal Person's Shares	募集法人股 Private Placement of Legal Person's Shares	内部职工股 Staff Shares	基金配售股份 Issued to Funds	其他(转配股等) Trans-Rights Issue Shares other	A股 A Share	B股 B Share	H股 H Share	股份总数 Total
安 徽	77.31	8.88	0.41	2.95	0.00	0.06	0.02	32.46	2.77	20.94	145.78
北 京	967.70	44.05	1.01	23.93	0.08	0.00	22.50	134.92	1.50	183.80	1379.49
福 建	32.48	17.86	6.99	7.48	0.00	0.00	0.00	36.99	1.83	0.00	103.64
甘 肃	19.72	6.13	0.00	2.02	0.52	0.00	0.00	18.89	0.00	0.00	47.30
广 东	75.24	49.07	6.78	18.38	1.46	0.13	0.39	85.73	13.64	8.37	259.18
广 西	19.61	3.58	0.00	4.01	0.69	0.00	0.00	14.91	0.00	0.00	42.81
贵 州	12.88	3.41	0.00	2.13	0.00	0.00	0.00	10.60	0.00	0.00	29.02
海 南	8.80	18.92	1.14	12.30	0.52	0.00	0.00	28.10	2.23	0.00	71.99
河 北	84.25	1.38	0.00	3.18	0.27	0.00	1.54	40.45	2.96	0.00	134.01
河 南	55.45	12.57	0.53	1.15	2.15	0.00	0.00	33.96	0.00	2.50	108.31
黑龙江	42.64	9.51	0.00	12.77	0.41	0.07	0.00	44.86	4.32	0.00	114.58
湖 北	72.78	22.30	0.00	15.71	0.97	0.00	0.00	60.51	5.19	0.00	177.45
湖 南	29.50	28.58	0.04	3.49	0.21	0.11	0.62	40.53	0.00	0.00	103.08
吉 林	33.96	43.16	0.00	5.47	1.89	0.23	0.00	47.75	0.00	9.65	142.10
江 苏	86.29	73.38	2.32	16.59	0.31	0.00	0.86	69.51	5.50	28.64	283.40
江 西	40.17	5.10	0.32	1.33	0.19	0.00	0.00	20.29	3.44	11.56	82.42
辽 宁	93.76	31.49	0.94	10.42	0.87	0.00	0.09	72.61	9.12	11.48	230.80
内蒙古	28.78	13.79	0.92	3.45	0.00	0.00	0.00	22.95	3.76	0.00	73.66
宁 夏	8.37	1.95	0.05	1.15	0.08	0.00	0.00	9.69	0.00	0.00	21.30
青 海	8.60	1.73	0.00	2.45	0.00	0.00	0.00	5.91	0.00	0.00	18.70
山 东	134.89	20.20	1.45	10.59	1.74	0.00	0.20	93.33	6.60	15.17	284.16
山 西	31.78	10.84	0.00	1.18	0.13	0.00	0.60	27.00	0.00	1.81	73.34
陕 西	19.97	5.96	0.12	6.10	0.00	0.00	0.00	24.30	0.00	0.00	56.43
上 海	438.13	80.38	14.00	49.25	0.34	0.00	0.00	217.93	63.17	51.93	915.12
深 圳	116.76	59.20	12.85	32.14	0.01	0.00	4.30	108.85	27.11	7.48	368.71
四 川	77.80	11.44	0.00	15.56	0.24	0.00	0.00	62.39	0.00	1.70	169.14
天 津	49.44	5.92	0.00	4.24	0.97	0.00	0.00	25.04	1.80	4.40	91.81
西 藏	5.16	2.27	0.00	0.00	0.00	0.00	0.00	4.62	0.00	0.00	12.05
新 疆	20.80	11.77	2.47	3.86	0.00	0.00	0.00	24.19	0.00	0.00	63.09
云 南	15.52	8.45	0.00	2.63	0.00	0.20	0.05	14.96	0.00	0.65	42.46
浙 江	33.39	49.29	0.46	17.72	1.52	0.00	0.00	53.81	9.20	0.00	165.40
重 庆	31.48	1.95	0.45	6.10	0.03	0.00	0.08	21.12	3.50	0.00	64.70
总 计	2773.43	664.50	53.26	299.72	15.59	0.80	31.24	1509.19	167.63	360.08	5875.44

数据来源:上海、深圳证券交易所

Source:Shanghai Shenzhen Stock Exchange

5-12 2002年上市公司地区分布
Regional Distribution of Listed Companies in 2002

地区 Area	上市公司家数 Listed Companies		
	上交所 Shanghai Stock Exchange	深交所 Shenzhen Stock Exchange	全国合计 National
安 徽	17	15	32
北 京	46	24	70
福 建	25	16	41
甘 肃	10	8	18
广 东	19	42	61
广 西	7	12	19
贵 州	8	5	13
海 南	8	14	22
河 北	14	16	30
河 南	17	11	28
黑龙江	24	9	33
湖 北	30	28	58
湖 南	11	25	36
吉 林	18	15	33
江 苏	46	22	68
江 西	14	8	22
辽 宁	28	28	56
内蒙古	15	5	20
宁 夏	3	7	10
青 海	6	3	9
山 东	41	27	68
山 西	9	10	19
陕 西	13	11	24
上 海	140	0	140
深 圳	5	73	78
四 川	32	29	61
天 津	15	7	22
西 藏	6	2	8
新 疆	17	6	23
云 南	10	8	18
浙 江	48	10	58
重 庆	13	13	26
总 计	715	509	1224

数据来源：上海、深圳证券交易所

Source：Shanghai Shenzhen Stock Exchange

5-13 1992—2001年上市公司主要财务指标一览表

Summary of Financial Figures for Listed Companies(1992—2002)

年份 year	资产总额(亿元) Total Assets (100,000,000)	净资产额(亿元) Net Assets (100,000,000)	主营收入(亿元) Accrued Revernue (100,000,000)	利润总额(亿元) Total Profit (100,000,000)	净利润(亿元) Net Profit (100,000,000)	资产负债率% Debt Ratio	净资产收益率% Net Asset Ratio	每股净资产(元) Net Asset Per Share	每股收益(元) EPS
1992年	481	168.27	225.55	31.64	24.03	65.01663202	14.28062043	2.443255798	0.348912087
1993年	1821	933	954	157	137	48.76441516	14.68381565	2.436031332	0.35770235
1994年	3309	1628	1680	256	214.12	50.80084618	13.15233415	2.394117647	0.314882353
1995年	4295	1958	2204	256	211	54.4121071	10.77630235	2.306242638	0.24852768
1996年	6352	2940	3235	344	282	53.71536524	9.591836735	2.40589198	0.230769231
1997年	9660.58	4824.77	5076.51	577.33	467.76	50.05713943	9.694969916	2.473581404	0.239812973
1998年	12407.52	6266.76	6269.71	614.4	466.97	49.49224341	7.451537956	2.484620691	0.185142454
1999年	16107.36	7639.35	7974.56	806.31	628.88	52.57230235	8.232113989	2.480050774	0.204160607
2000年	21673.88	10079.77	10783.87	1007.43	769.22	53.49346771	7.631324921	2.658419576	0.202872636
2001年	29257.03	12975.66	15475.8	1016.48	694.22	55.64942853	5.350171012	2.485801479	0.13299463

数据来源:上海、深圳证券交易所

Source:Shanghai Shenzhen Stock Exchange

数据来源:中国证监会

Source:CSRC

5-14　2001年报上市公司分地区主要财务指标

Regional Summary of Financial Figures for Listed Companies 2001

	总资产（亿元）Total Assets	股东权益（亿元）Stockholders' Equtiy	净利润（亿元）Net Profit	每股收益（元）EPS	净资产收益率（%）Net Profit Ratio	资产负债率（%）Debt Ratio	每股净资产（元）Net Asset Per Share	每股经营活动现金（元）Operating Cash Flow Per Share
安　徽	565.39	333.39	14.92	0.11	4.21	35.26	2.46	0.29
北　京	5361.06	2328.85	224.56	0.20	9.77	50.59	2.05	0.64
福　建	566.42	225.03	−1.28	−0.01	4.16	89.49	2.37	0.24
甘　肃	206.12	126.04	5.03	0.12	3.97	37.90	2.82	0.15
广　东	1296.75	647.66	6.27	0.02	−23.89	46.07	2.54	0.35
广　西	194.34	113.25	9.06	0.22	8.11	37.12	2.75	0.31
贵　州	166.75	104.43	6.32	0.22	4.91	36.14	3.57	0.12
海　南	365.72	122.64	−1.51	−0.02	−15.85	58.50	1.87	0.41
河　北	642.63	337.56	31.35	0.26	8.39	44.05	2.81	0.42
河　南	468.64	273.69	17.63	0.17	0.54	39.91	2.72	0.32
黑龙江	552.03	288.10	14.05	0.14	4.70	43.80	2.72	0.16
湖　北	805.66	447.31	29.74	0.17	6.22	42.36	2.58	0.19
湖　南	540.64	292.17	16.59	0.18	5.09	40.41	3.19	0.29
吉　林	618.55	305.61	−17.13	−0.13	−21.09	49.87	2.33	0.23
江　苏	1200.10	729.51	39.68	0.15	5.53	36.35	2.75	0.22
江　西	334.35	186.05	7.97	0.10	4.16	40.31	2.43	0.29
辽　宁	1084.46	544.90	15.83	0.07	−6.74	44.90	2.52	0.17
内蒙古	372.32	225.15	11.95	0.17	3.81	37.49	3.13	0.15
宁　夏	106.73	39.66	−3.36	−0.15	8.70	69.57	1.88	0.02
青　海	79.76	41.20	3.17	0.17	7.51	46.75	2.25	0.16
山　东	1331.19	753.44	48.26	0.18	6.41	40.78	2.88	0.35
山　西	386.65	207.47	13.46	0.19	6.32	42.87	2.91	0.34
陕　西	280.57	144.90	4.24	0.08	0.26	43.46	2.63	0.18
上　海	4123.82	1912.18	116.90	0.15	6.11	50.31	2.40	0.41
深　圳	2830.66	698.96	−8.11	−0.03	4.29	64.02	2.36	0.82
四　川	899.54	494.54	21.91	0.14	3.03	42.86	3.14	0.43
天　津	407.60	209.00	11.54	0.13	5.24	46.74	2.44	0.19
西　藏	47.95	28.60	0.70	0.06	2.73	37.46	2.70	−0.08
新　疆	369.15	132.96	10.34	0.19	7.06	57.77	2.47	0.11
云　南	208.87	104.88	6.54	0.16	−25.87	45.82	2.62	0.39
浙　江	810.21	424.75	37.10	0.25	8.75	43.26	2.82	0.36
重　庆	345.37	150.74	9.72	0.15	0.02	52.06	2.35	0.17

注：净资产收益率、每股净资产、每股收益、每股经营活动现金、资产负债率为总股本加权的

数据来源：上海、深圳证券交易所

Source：Shanghai Shenzhen Stock Exchange

5-15 2001 年报上市公司分行业主要财务指标

Industry Summary of Financial Figures for Listed Companies 2001

	总资产(亿元) Total Assets	股东权益(亿元) Stockholders' Equtiy	净利润(亿元) Net Profit	每股收益(元) EPS	净资产收益率(%) Net Profit Ratio	资产负债率(%) Debt Ratio	每股净资产(元) Net Asset Per Share	每股经营活动现金(元) Operating Cash Flow Per Share
农、林、牧、副、渔业 Agriculture, Forestry, Fishing and Hunting	443.03	272.34	26.91	0.26	9.32	36.55	2.59	0.3
采掘业 Mining	3853.78	1554.60	155.48	0.17	10.07	53.40	1.69	0.67
食品、饮料 Food, Beverage	1030.31	538.34	40.25	0.21	8.09	37.86	2.87	0.42
纺织、服装、毛皮 Textile, Apparel, Leather	833.17	457.70	9.57	0.06	1.13	40.34	2.93	0.26
木材、家俱 Wood Product	326.24	127.26	2.47	0.05	−17.93	58.42	2.52	−0.36
造纸、印刷 Paper, Printing	487.55	241.69	4.23	0.08	1.76	40.20	2.76	0.17
石油、化学、橡胶、塑料 Petroleum, Chemical Product, Plastics, Rubberr	2762.50	1381.55	−16.63	−0.03	−6.74	48.60	2.40	0.28
电子 Electrical Equipment	694.92	378.72	9.20	0.09	1.67	42.47	3.70	0.36
金属、非金属 Metal, Nonmetallic Mineral Product	2314.68	1242.84	100.39	0.19	7.99	44.42	2.38	0.4
机械、设备、仪表 Machinery, Equipment, Meter	2818.84	831.36	36.42	0.12	4.55	49.59	2.59	0.67
医药、生物 Medicine, Biologic Product	2018.28	1043.08	79.11	0.22	−5.22	49.45	2.88	0.4
其他制造业 Other Manufacuring	184.12	91.13	5.77	0.19	6.35	44.46	2.96	0.15
电力、蒸汽及水的生产及供应业 Electricity, Gas, Water Supply	1354.74	811.63	89.67	0.37	10.94	37.02	3.37	0.66
建筑业 Construction	724.74	281.68	−7.51	−0.06	−3.85	73.83	2.28	0.24
交通运输、仓储业 Transport, Storage	1243.55	630.42	39.78	0.16	8.90	46.45	2.50	0.46
信息技术业 Information, Technology	861.94	389.87	28.95	0.22	7.29	46.01	2.86	0.27
批发和零售贸易 Wholesale and Retail Trade	1986.16	918.41	13.90	0.04	−1.98	49.48	2.45	0.29
金融、保险业 Finance, Insurance	432.26	250.75	19.67	0.27	−5.33	38.79	3.65	0.35
房地产业 Real Estate	954.76	453.10	25.66	0.16	6.96	50.03	2.73	0.09
社会服务业 Social Services	788.06	428.01	19.86	0.12	3.85	43.05	2.47	0.29
传播及文化产业 Transmission, Culture	262.75	128.30	5.70	0.14	4.59	45.99	3.16	0.13
综合类 Conglomerat	1193.64	521.85	14.61	0.06	−2.43	56.95	2.19	0.15

注:净资产收益率、每股净资产、每股收益、每股经营活动现金、资产负债率为总股本加权的。

数据来源:上海、深圳证券交易所

Source: Shanghai Shenzhen Stock Exchange

5-16　2001年报上市公司分行业每股收益分布

EPS of Listed Companies by Industries 2001

	1.00元以上	0.80—1.00	0.50—0.80	0.30—0.50	0.20—0.30	0.10—0.20	0.05—0.10	0.05—0.00	亏损	合计
农、林、牧、副、渔业 Agriculture, Forestry, Fishing and Hunting	0	0	0	5	7	7	4	6	0	29
采掘业 Mining	0	0	4	5	2	3	2	1	0	17
食品、饮料 Food, Beverage	1	2	3	10	11	10	5	2	8	52
纺织、服装、毛皮 Textile, Apparel, Leather	0	0	4	14	8	13	5	6	7	57
木材、家俱 Wood Product	0	0	0	1	1	0	0	0	0	2
造纸、印刷 Paper, Printing	1	0	1	2	8	5	1	2	4	24
石油、化学、橡胶、塑料 Petroleum, Chemical Product, Plastics, Rubber	0	1	2	17	29	26	17	19	17	128
电子 Electrical Equipment	0	0	1	6	5	9	3	3	6	33
金属、非金属 Metal, Nonmetallic Mineral Product	1	1	7	18	18	30	6	13	8	102
机械、设备、仪表 Machinery, Equipment, Meter	2	0	8	27	32	39	20	25	26	179
医药、生物 Medicine, Biologic Product	0	1	4	17	12	16	1	7	6	64
其他制造业 Other Manufacuring	0	0	0	3	4	4	1	3	1	16
电力、蒸汽及水的生产及供应业 Electricity, Gas, Water Supply	0	0	5	14	8	14	2	1	2	46
建筑业 Construction	0	0	0	5	3	7	0	0	4	19
交通运输、仓储业 Transport, Storage	0	0	5	12	5	16	4	4	0	46
信息技术业 Information, Technology	2	0	6	12	16	13	4	3	6	62
批发和零售贸易 Wholesale and Retail Trade	0	0	2	16	18	25	7	9	17	94
金融、保险业 Finance, Insurance	0	0	0	2	3	1	1	0	1	8
房地产业 Real Estate	1	0	2	9	3	9	4	4	9	41
社会服务业 Social Services	0	0	0	10	6	10	5	5	3	39
传播及文化产业 Transmission, Culture	0	0	1	0	3	2	3	1	2	12
综合类 Conglomerat	0	0	0	7	18	22	6	13	16	82

注：各区间包括下限不包括上限。

数据来源：上海、深圳证券交易所

Source: Shanghai Shenzhen Stock Exchange

5-17 2001年报上市公司分行业每股净资产分布

Net Asset Per Share of Listed Companies by Industries 2001

	5元以上	3—5元	2—3元	1—2元	0.5—1元	0—0.5元	小于0元	合计
农、林、牧、副、渔业 Agriculture, Forestry, Fishing and Hunting	2	11	9	7	0	0	1	30
采掘业 Mining	0	8	7	2	0	0	0	17
食品、饮料 Food, Beverage	7	19	19	8	0	1	0	54
纺织、服装、毛皮 Textile, Apparel, Leather	2	23	19	12	0	1	0	57
木材、家俱 Wood Product	1	0	1	0	0	0	0	2
造纸、印刷 Paper, Printing	2	7	9	6	0	0	0	24
石油、化学、橡胶、塑料 Petroleum, Chemical Product, Plastics, Rubber	4	41	47	34	1	0	1	128
电子 Electrical Equipment	3	15	5	10	0	1	0	34
金属、非金属 Metal, Nonmetallic Mineral Product	3	33	39	25	0	3	3	106
机械、设备、仪表 Machinery, Equipment, Meter	9	56	54	49	5	6	1	180
医药、生物 Medicine, Biologic Product	8	27	15	12	0	1	2	65
其他制造业 Other Manufacuring	2	6	4	4	0	0	1	17
电力、蒸汽及水的生产及供应业 Electricity, Gas, Water Supply	2	20	18	6	0	0	0	46
建筑业 Construction	0	8	3	9	0	0	0	20
交通运输、仓储业 Transport, Storage	4	14	20	7	1	0	1	47
信息技术业 Information, Technology	10	11	19	20	1	0	1	62
批发和零售贸易 Wholesale and Retail Trade	3	30	32	26	0	2	3	96
金融、保险业 Finance, Insurance	0	1	2	4	0	0	0	7
房地产业 Real Estate	3	12	11	13	1	2	0	42
社会服务业 Social Services	0	14	17	8	0	0	0	39
传播及文化产业 Transmission, Culture	2	3	1	5	1	0	0	12
综合类 Conglomerat	1	13	29	28	2	6	3	82

注：各区间包括下限不包括上限。

数据来源：上海、深圳证券交易所

Source: Shanghai Shenzhen Stock Exchange

5-18 2001 年报上市公司分行业净资产收益率分布

Net Asset Ratio of Listed Companies by Industries 2001

	100%以上	60%—100%	40%—60%	30%—40%	20%—30%	10%—20%	5%—10%	0%—5%	小于0	合计
农、林、牧、副、渔业 Agriculture, Forestry, Fishing and Hunting	0	0	0	0	1	2	11	15	0	29
采掘业 Mining	0	0	0	0	1	9	3	4	0	17
食品、饮料 Food, Beverage	0	0	0	0	1	11	21	12	9	54
纺织、服装、毛皮 Textile, Apparel, Leather	0	0	0	0	0	9	28	13	7	57
木材、家俱 Wood Product	0	0	0	0	0	0	2	0	0	2
造纸、印刷 Paper, Printing	0	0	1	0	0	0	13	6	4	24
石油、化学、橡胶、塑料 Petroleum, Chemical Product, Plastics, Rubber	0	0	0	0	0	21	49	41	17	128
电子 Electrical Equipment	1	0	0	0	1	5	9	11	7	34
金属、非金属 Metal, Nonmetallic Mineral Product	0	0	0	1	2	24	43	26	9	105
机械、设备、仪表 Machinery, Equipment, Meter	1	0	0	0	1	31	69	53	25	180
医药、生物 Medicine, Biologic Product	0	0	1	0	0	17	24	18	5	65
其他制造业 Other Manufacuring	1	0	0	0	0	2	6	8	0	17
电力、蒸汽及水的生产及供应业 Electricity, Gas, Water Supply	0	0	0	0	3	15	17	9	2	46
建筑业 Construction	0	0	0	0	0	1	11	3	5	20
交通运输、仓储业 Transport, Storage	0	0	0	0	2	11	18	15	1	47
信息技术业 Information, Technology	1	0	0	1	2	19	27	7	5	62
批发和零售贸易 Wholesale and Retail Trade	0	1	0	1	1	11	43	23	16	96
金融、保险业 Finance, Insurance	0	0	0	0	0	3	3	0	1	7
房地产业 Real Estate	0	0	1	1	1	7	13	11	7	41
社会服务业 Social Services	0	0	0	0	0	9	14	12	4	39
传播及文化产业 Transmission, Culture	0	0	0	0	0	1	3	6	2	12
综合类 Conglomerat	1	1	0	1	3	10	30	21	14	81

注：各区间包括下限不包括上限。

数据来源：上海、深圳证券交易所

Source: Shanghai Shenzhen Stock Exchange

5-19 2001年报上市公司每股资本公积金分布

Capital Public Reserve Per Share of Listed Companies by Industries 2001

	3.00元以上	2.50—3.00	2.00—2.50	1.50—2.00	1.00—1.50	0.50—1.00	0.00—0.50	合计
农、林、牧、副、渔业 Agriculture, Forestry, Fishing and Hunting	2	2	4	9	3	5	5	30
采掘业 Mining	0	0	4	3	5	3	2	17
食品、饮料 Food, Beverage	7	5	7	13	7	10	5	54
纺织、服装、毛皮 Textile, Apparel, Leather	8	2	6	11	14	8	8	57
木材、家俱 Wood Product	1	0	0	0	0	1	0	2
造纸、印刷 Paper, Printing	2	0	5	3	5	5	4	24
石油、化学、橡胶、塑料 Petroleum, Chemical Product, Plastics, Rubber	5	6	11	25	30	32	19	128
电子 Electrical Equipment	5	4	3	6	6	6	4	34
金属、非金属 Metal, Nonmetallic Mineral Product	2	5	12	13	29	31	14	106
机械、设备、仪表 Machinery, Equipment, Meter	11	8	17	37	41	41	25	180
医药、生物 Medicine, Biologic Product	11	4	7	13	13	8	9	65
其他制造业 Other Manufacuring	4	1	2	2	4	3	1	17
电力、蒸汽及水的生产及供应业 Electricity, Gas, Water Supply	3	4	3	9	11	12	4	46
建筑业 Construction	0	2	4	3	3	3	5	20
交通运输、仓储业 Transport, Storage	5	2	5	5	14	6	10	47
信息技术业 Information, Technology	11	3	5	4	8	12	19	62
批发和零售贸易 Wholesale and Retail Trade	3	7	12	17	21	18	18	96
金融、保险业 Finance, Insurance	0	0	1	0	0	1	2	4
房地产业 Real Estate	1	2	6	7	6	10	10	42
社会服务业 Social Services	0	0	5	11	9	11	3	39
传播及文化产业 Transmission, Culture	3	0	0	1	2	3	3	12
综合类 Conglomerat	1	4	4	7	18	27	21	82

注：各区间包括下限不包括上限。

数据来源：上海、深圳证券交易所

Source: Shanghai Shenzhen Stock Exchange

5-20　2001年报上市公司每股未分配利润分布

Returned Profit Per Share of Listed Companies by Industries 2001

	3.00元以上	2.50—3.00	2.00—2.50	1.50—2.00	1.00—1.50	0.50—1.00	0.00—0.50	小于0	合计
农、林、牧、副、渔业 Agriculture, Forestry, Fishing and Hunting	0	0	0	0	0	3	23	4	30
采掘业 Mining	0	0	0	0	0	5	12	0	17
食品、饮料 Food, Beverage	0	0	0	1	1	10	33	9	54
纺织、服装、毛皮 Textile, Apparel, Leather	0	0	0	0	0	10	36	11	57
木材、家俱 Wood Product	0	0	0	0	0	0	2	0	2
造纸、印刷 Paper, Printing	0	0	0	0	0	3	15	6	24
石油、化学、橡胶、塑料 Petroleum, Chemical Product, Plastics, Rubber	0	0	0	1	1	13	90	23	128
电子 Electrical Equipment	0	0	0	0	0	7	16	11	34
金属、非金属 Metal, Nonmetallic Mineral Product	0	0	0	0	2	10	77	17	106
机械、设备、仪表 Machinery, Equipment, Meter	0	0	0	0	0	16	116	46	178
医药、生物 Medicine, Biologic Product	0	0	0	0	2	8	43	12	65
其他制造业 Other Manufacuring	0	0	0	0	1	0	14	2	17
电力、蒸汽及水的生产及供应业 Electricity, Gas, Water Supply	0	0	0	0	2	6	37	1	46
建筑业 Construction	0	0	0	0	0	3	12	5	20
交通运输、仓储业 Transport, Storage	0	0	0	0	1	9	35	2	47
信息技术业 Information, Technology	0	0	0	2	2	10	32	16	62
批发和零售贸易 Wholesale and Retail Trade	1	0	0	0	0	9	60	26	96
金融、保险业 Finance, Insurance	0	0	0	0	0	0	4	0	4
房地产业 Real Estate	0	0	0	0	3	3	23	12	41
社会服务业 Social Services	0	0	0	0	0	2	30	7	39
传播及文化产业 Transmission, Culture	0	0	0	0	0	3	5	4	12
综合类 Conglomerat	0	0	0	0	0	5	48	29	82

注：各区间包括下限不包括上限。

数据来源：上海、深圳证券交易所

Source：Shanghai Shenzhen Stock Exchange

5-21 2001年报上市公司每股经营活动现金分布

Operating Cash Flow Per Share of Listed Companies by Industries 2001

	3.00元以上	2.50—3.00	2.00—2.50	1.50—2.00	1.00—1.50	0.50—1.00	0.00—0.50	小于0	合计
农、林、牧、副、渔业 Agriculture, Forestry, Fishing and Hunting	0	0	0	0	0	2	17	11	30
采掘业 Mining	0	0	0	0	3	8	5	1	17
食品、饮料 Food, Beverage	0	0	1	0	1	11	31	4	48
纺织、服装、毛皮 Textile, Apparel, Leather	0	0	0	0	1	6	29	10	46
木材、家俱 Wood Product	0	0	0	0	0	0	2	0	2
造纸、印刷 Paper, Printing	0	0	0	0	1	2	14	1	18
石油、化学、橡胶、塑料 Petroleum, Chemical Product, Plastics, Rubber	0	0	0	0	1	27	76	11	115
电子 Electrical Equipment	0	0	0	0	3	6	22	1	32
金属、非金属 Metal, Nonmetallic Mineral Product	1	0	0	2	6	15	64	13	101
机械、设备、仪表 Machinery, Equipment, Meter	0	0	0	2	3	23	106	21	155
医药、生物 Medicine, Biologic Product	0	0	0	0	1	10	44	6	61
其他制造业 Other Manufacuring	0	0	0	0	0	0	13	0	13
电力、蒸汽及水的生产及供应业 Electricity, Gas, Water Supply	0	0	0	1	4	14	25	2	46
建筑业 Construction	0	0	0	3	1	0	9	7	20
交通运输、仓储业 Transport, Storage	0	0	0	1	2	13	29	2	47
信息技术业 Information, Technology	0	0	3	3	3	9	26	18	62
批发和零售贸易 Wholesale and Retail Trade	0	0	1	1	1	14	52	27	96
金融、保险业 Finance, Insurance	1	0	0	0	0	0	1	2	4
房地产业 Real Estate	0	0	0	1	1	2	14	24	42
社会服务业 Social Services	0	0	0	0	3	5	27	4	39
传播及文化产业 Transmission, Culture	0	0	0	0	0	2	6	4	12
综合类 Conglomerat	0	0	0	0	0	14	49	19	82

注:各区间包括下限不包括上限。

数据来源:上海、深圳证券交易所

Source: Shanghai Shenzhen Stock Exchange

5-22　2002年上市公司配股情况一览表

Summary for Rights Issuing of Listed Companies in 2002

序号 No.	股权登记日 Record Data	交易所 Exchange	股票代码 Code	公司简称 Companied	配股比例 Percent	配股价 Price	配股前总股本 Shares Befor Issue	配股后总股本 Shares After Issue	筹资总额（万元） Raised Capital	增加股本 Shares Changed
1	2002-12-26	深圳	000780	草原兴发	0.70	6.43	283272000	409117687	80918.78	125845687
2	2002-1-16	深圳	000821	京山轻机	0.30	5.60	308821332	345238781	20393.77	36417449
3	2002-3-22	深圳	000731	四川美丰	0.30	6.02	222332000	245665700	14046.89	23333700
4	2002-5-14	深圳	000837	秦川发展	0.19	6.08	212678400	232478400	12038.40	19800000
5	2002-5-23	深圳	000933	神火股份	0.30	13.60	228680000	250000000	28995.20	21320000
6	2002-8-27	深圳	000903	云内动力	0.30	9.36	180000000	199800000	18532.80	19800000
7	2002-9-13	深圳	000677	山东海龙	0.27	7.20	182223756	205674487	16884.53	23450731
8	2002-9-20	深圳	000722	金果实业	0.30	7.80	194799984	226774512	24940.13	31974528
9	2002-11-8	深圳	000568	泸州老窖	0.30	8.00	488934574	525874796	29552.18	36940222
10	2002-11-18	深圳	000612	焦作万方	0.30	7.50	269647572	300110052	22846.86	30462480
11	2002-11-29	深圳	000859	国风塑业	0.30	7.56	235800000	262800000	20412.00	27000000
12	2002-01-15	上海	600636	三 爱 富	0.30	8.00	116064000	132438866	13099.89	16374866
13	2002-04-22	上海	600212	江泉实业	0.30	11.00	219024000	254193600	38686.56	35169600
14	2002-04-25	上海	600105	永鼎光缆	0.30	10.50	249610462	272110462	23625.00	22500000
15	2002-05-13	上海	600796	钱江生化	0.30	12.10	106514000	117094850	12802.83	10580850
16	2002-06-07	上海	600079	人福科技	0.30	9.09	125970000	145236000	17512.79	19266000
17	2002-06-21	上海	600070	浙江富润	0.30	13.00	75733000	85593002	12818.00	9860002
18	2002-07-05	上海	600102	莱钢股份	0.30	7.70	871182000	922273092	39340.14	51091092
19	2002-08-16	上海	600226	升华拜克	0.21	17.70	253494144	270366165	29863.48	16872021
20	2002-10-25	上海	600635	大众科创	0.27	6.18	476181666	546181666	43260.00	70000000
21	2002-12-11	上海	600269	赣粤高速	0.30	10.20	353000000	389222493	36946.94	36222493

数据来源：上海、深圳证券交易所

Source：Shanghai Shenzhen Stock Exchange

5-23 2002 年上市公司送转股情况一览表
Summary for Bonus Shares of Listed Companies in 2002

序号 No.	交易所 Exchange	股票代码 Code	公司简称 Companies	送转股比例 Percent	股权登记日期 Record Data	送转股上市交易日 Date	送转股前总股本 Previous Shares	送股股本数 Bonus Shares 1	转股股本数 Bonus Shares 2	送转股后总股本 Shares Now
1	深圳	000416	健特生物	0.70	2002-3-15	2002-3-20	113679049	0	79575334	193254383
2	深圳	000518	四环生物	0.60	2002-3-19	2002-3-20	178742400	5362272	101883168	285987840
3	深圳	000810	四川锦华	0.35	2002-3-18	2002-3-21	96048680	0	33617038	129665718
4	深圳	200160	帝 贤 B	0.70	2002-4-8	2002-4-11	115000000	23000000	57500000	365500000
5	深圳	000858	五 粮 液	0.30	2002-4-17	2002-4-18	869040000	86904000	173808000	1129752000
6	深圳	000850	华茂股份	0.60	2002-4-18	2002-4-19	218999984	21899998	109499992	350399974
7	深圳	000778	新兴铸管	0.30	2002-4-22	2002-4-25	478067500	0	143420250	621487750
8	深圳	000906	南方建材	0.90	2002-4-24	2002-4-29	125000000	0	112500000	237500000
9	深圳	000970	中科三环	0.50	2002-4-29	2002-5-2	156600000	0	78300000	234900000
10	深圳	000812	陕西金叶	0.20	2002-5-15	2002-5-16	158400000	31680000	0	190080000
11	深圳	000583	托普软件	0.90	2002-5-17	2002-5-22	121924313	0	109731882	231656195
12	深圳	000806	银河科技	0.16	2002-5-22	2002-5-23	261582800	41853248	0	303436048
13	深圳	000953	河池化工	0.10	2002-5-22	2002-5-23	178217841	17821784	0	196039625
14	深圳	000591	桐 君 阁	0.10	2002-5-21	2002-5-24	99866192	9986619	0	109852811
15	深圳	000901	航天科技	0.60	2002-5-24	2002-5-27	99000000	19800000	39600000	158400000
16	深圳	000685	公用科技	0.65	2002-5-28	2002-5-29	136620000	6831000	81972000	225423000
17	深圳	000549	湘火炬A	0.50	2002-5-27	2002-5-30	416127360	0	208063680	624191040
18	深圳	000637	茂化实华	0.20	2002-5-31	2002-6-5	241487996	0	48297599	289785595
19	深圳	000078	海王生物	0.50	2002-6-3	2002-6-6	221800000	0	110900000	332700000
20	深圳	000786	北新建材	1.00	2002-6-6	2002-6-7	287575000	57515000	230060000	575150000
21	深圳	000965	天水股份	0.10	2002-6-10	2002-6-11	217004921	10850246	10850246	238705413
22	深圳	000627	百科药业	0.15	2002-6-11	2002-6-12	517212986	25860649	51721299	594794934
23	深圳	000039	中集集团	0.50	2002-6-12	2002-6-13	114431115	57215558	0	171646673
24	深圳	000593	成都华联	0.10	2002-6-12	2002-6-13	173006626	17300663	0	190307289
25	深圳	200039	中 集 B	0.50	2002-6-12	2002-6-13	225770283	112885142	0	338655425
26	深圳	000861	茂化永业	0.50	2002-6-14	2002-6-19	74169666	0	37084833	111254499
27	深圳	000417	合肥百货	0.30	2002-6-17	2002-6-20	101089619	0	30326886	131416505
28	深圳	000913	钱江摩托	0.60	2002-6-20	2002-6-21	283460000	56692000	113384000	453536000
29	深圳	000652	泰达股份	0.50	2002-6-25	2002-6-26	300279580	150139790	0	450419370
30	深圳	000517	甬 成 功	0.30	2002-6-27	2002-6-28	118847841	23769568	11884784	154502193
31	深圳	000716	广西斯壮	0.30	2002-6-25	2002-6-28	137122722	0	41136817	178259539
32	深圳	000955	欣龙无纺	0.10	2002-6-27	2002-6-28	205000000	10250000	10250000	225500000
33	深圳	000599	青岛双星	0.10	2002-6-28	2002-7-1	170514642	17051464	0	187566106
34	深圳	000672	铜城集团	0.40	2002-6-27	2002-7-2	108549997	0	43419999	151969996
35	深圳	200512	闽灿坤B	0.50	2002-6-27	2002-7-3	450937500	112734375	112734375	676406250
36	深圳	000876	新 希 望	0.25	2002-7-4	2002-7-5	194026000	29103900	19402600	242532500
37	深圳	000726	鲁 泰 A	0.30	2002-7-5	2002-7-10	166790000	0	50037000	216827000
38	深圳	000753	漳州发展	0.60	2002-7-8	2002-7-11	225472631	0	135283579	360756208
39	深圳	000883	三环股份	0.10	2002-7-10	2002-7-11	235857600	23585760	0	259443359
40	深圳	000963	华东医药	1.00	2002-7-10	2002-7-11	190000000	38000000	152000000	380000000
41	深圳	200726	鲁 泰 B	0.30	2002-7-5	2002-7-11	104000000	0	31200000	135200000
42	深圳	000930	丰原生化	0.80	2002-7-11	2002-7-12	176978800	35395760	106187280	318561840

续表 1 Continued 1

序号 No.	交易所 Exchange	股票代码 Code	公司简称 Companies	送转股比例 Percent	股权登记日期 Record Data	送转股上市交易日 Date	送转股前总股本 Previous Shares	送股股本数 Bonus Shares 1	转股股本数 Bonus Shares 2	送转股后总股本 Shares Now
43	深圳	000598	蓝星清洗	0.10	2002-7-22	2002-7-23	176265000	17626500	0	193891499
44	深圳	000099	中信海直	0.20	2002-7-23	2002-7-24	196000000	39200000	0	235200000
45	深圳	000406	石油大明	0.20	2002-7-26	2002-7-29	303356340	60671268	0	364027608
46	深圳	000927	天津汽车	0.10	2002-7-26	2002-7-29	1450158200	0	145015820	1595174020
47	深圳	000655	华光陶瓷	0.15	2002-7-29	2002-7-30	125907813	18886172	0	144793984
48	深圳	000027	深能源A	0.20	2002-7-31	2002-8-1	1002079444	200415889	0	1202495331
49	深圳	000426	富龙热力	0.20	2002-7-31	2002-8-1	221839464	22183946	22183946	266207356
50	深圳	000632	三木集团	0.20	2002-8-15	2002-8-16	175512979	0	35102596	210615574
51	深圳	000686	锦州六陆	0.10	2002-8-19	2002-8-20	147393197	0	14739320	162132516
52	深圳	000677	山东海龙	0.10	2002-8-26	2002-8-27	165657960	16565796	0	182223756
53	深圳	000518	四环生物	0.80	2002-8-28	2002-8-29	285987840	0	228790272	514778111
54	深圳	000619	海螺型材	1.00	2002-9-9	2002-9-10	180000000	0	180000000	360000000
55	深圳	000065	北方国际	0.60	2002-9-12	2002-9-13	101523200	0	60913920	162437120
56	深圳	000416	健特生物	0.30	2002-9-20	2002-9-23	193254383	38650877	19325438	251230697
57	深圳	000915	山大华特	0.70	2002-9-26	2002-9-27	90336000	9033600	54201600	153571199
58	深圳	000835	隆源双登	1.00	2002-10-8	2002-10-9	54000000	5400000	48600000	108000000
59	深圳	000720	鲁能泰山	0.50	2002-10-15	2002-10-16	319800000	95940000	63960000	479700000
60	深圳	000989	九 芝 堂	0.30	2002-10-17	2002-10-18	128620000	0	38586000	167206000
61	深圳	000532	粤华电A	0.30	2002-10-21	2002-10-22	218392200	0	65517660	283909859
62	深圳	000616	大连渤海	0.30	2002-10-31	2002-11-1	145340000	0	43602000	188942000
63	深圳	000157	中联重科	0.30	2002-11-6	2002-11-7	300000000	90000000	0	390000000
64	深圳	000876	新 希 望	0.30	2002-11-8	2002-11-11	242532500	24253250	48506500	315292250
65	深圳	000089	深圳机场	0.60	2002-11-11	2002-11-12	499890000	0	299934000	799824000
66	上海	600000	浦发银行	0.50	2002-08-21	2002-08-23	2410000000	0	1205000000	3615000000
67	上海	600016	民生银行	0.15	2002-06-18	2002-06-20	2249322889	337398433	0	2586721322
68	上海	600037	歌华有线	0.30	2002-10-14	2002-10-16	270000000	0	81000000	351000000
69	上海	600038	哈飞股份	0.60	2002-05-15	2002-05-17	150000000	30000000	60000000	240000000
70	上海	600061	中纺投资	0.30	2002-07-16	2002-07-18	287012000	0	86103600	373115600
71	上海	600062	双鹤药业	0.30	2002-05-10	2002-05-14	339289000	0	101786700	441075700
72	上海	600067	福州大通	0.60	2002-10-30	2002-11-01	105011658	21002332	42004663	168018653
73	上海	600072	江南重工	0.20	2002-07-24	2002-07-26	274580800	27458080	27458080	329496960
74	上海	600074	南京中达	0.80	2002-11-15	2002-11-19	189600000	56880000	94800000	341280000
75	上海	600081	东风科技	0.20	2002-11-13	2002-11-15	201000000	0	40200000	241200000
76	上海	600110	中科英华	0.80	2002-05-08	2002-05-10	185624330	37124866	111374598	334123794
77	上海	600119	长江投资	0.20	2002-11-08	2002-11-12	214500000	0	42900000	257400000
78	上海	600119	长江投资	0.30	2002-05-08	2002-05-10	165000000	16500000	33000000	214500000
79	上海	600120	浙江东方	0.40	2002-04-25	2002-04-29	225657792	45131558	45131558	315920909
80	上海	600145	四维瓷业	0.40	2002-04-12	2002-04-16	247500000	49500000	49500000	346500000
81	上海	600149	邢台轧辊	0.20	2002-07-10	2002-07-12	254700000	0	50940000	305640000
82	上海	600170	上海建工	0.20	2002-07-30	2002-08-01	599415000	119883000	0	719298000
83	上海	600171	上海贝岭	0.30	2002-04-22	2002-04-24	434434000	0	130330200	564764200
84	上海	600183	生益科技	0.30	2002-07-11	2002-07-15	490781250	147234375	0	638015625
85	上海	600185	海星科技	0.10	2002-07-18	2002-07-22	198000000	19800000	0	217800000
86	上海	600186	莲花味精	0.30	2002-07-10	2002-07-12	680000000	0	204000000	884000000
87	上海	600196	复星实业	0.30	2002-06-17	2002-06-19	293760000	0	88128000	381888000
88	上海	600202	哈 空 调	0.10	2002-07-08	2002-07-10	223392000	22339200	0	245731200

续表 2 Continued 2

序号 No.	交易所 Exchange	股票代码 Code	公司简称 Companies	送转股比例 Percent	股权登记日期 Record Data	送转股上市交易日 Date	送转股前总股本 Previous Shares	送股股本数 Bonus Shares 1	转股股本数 Bonus Shares 2	送转股后总股本 Shares Now
89	上海	600208	中宝股份	0.20	2002-07-23	2002-07-25	209033578	0	41806716	250840294
90	上海	600212	江泉实业	0.26	2002-07-19	2002-07-23	254193600	0	65706504	319900866
91	上海	600231	凌钢股份	0.30	2002-10-14	2002-10-16	310000000	0	93000000	403000000
92	上海	600233	大连创世	0.50	2002-07-23	2002-07-25	110000000	0	55000000	165000000
93	上海	600239	红河光明	0.80	2002-07-02	2002-07-04	98521200	0	78816960	177338160
94	上海	600252	梧州中恒	0.10	2002-07-22	2002-07-24	126717600	12671760	0	139389360
95	上海	600253	天方药业	1.00	2002-10-28	2002-10-30	210000000	0	210000000	420000000
96	上海	600256	广汇股份	0.20	2002-09-11	2002-09-13	601431420	120286284	0	721717704
97	上海	600270	外运发展	0.20	2002-06-19	2002-06-21	304876000	30487600	30487600	365851200
98	上海	600275	武 昌 鱼	0.30	2002-05-13	2002-05-15	244580900	48916180	24458090	317955170
99	上海	600276	恒瑞医药	0.20	2002-05-20	2002-05-22	212560000	42512000	0	255072000
100	上海	600286	国光瓷业	0.20	2002-03-25	2002-03-26	95000000	19000000	0	114000000
101	上海	600287	江苏舜天	0.30	2002-06-07	2002-06-11	167998490	50399547	0	218398037
102	上海	600288	大恒科技	0.50	2002-07-18	2002-07-22	140000000	0	70000000	210000000
103	上海	600290	苏 福 马	0.50	2002-05-23	2002-05-27	83000000	0	41500000	124500000
104	上海	600293	三峡新材	0.30	2002-07-02	2002-07-04	211000000	21100000	42200000	274300000
105	上海	600308	华泰股份	0.20	2002-07-05	2002-07-09	192473308	38494662	0	230967970
106	上海	600309	烟台万华	0.60	2002-04-12	2002-04-16	240000000	24000000	120000000	384000000
107	上海	600326	西藏天路	0.80	2002-03-27	2002-03-28	100000000	0	80000000	180000000
108	上海	600333	长春燃气	0.70	2002-05-22	2002-05-24	239136000	0	167395200	406531200
109	上海	600337	美克股份	0.20	2002-06-21	2002-06-25	92080000	0	18416000	110496000
110	上海	600339	天利高新	0.50	2002-09-13	2002-09-17	238000000	0	119000000	357000000
111	上海	600345	长江通信	0.20	2002-06-12	2002-06-14	165000000	33000000	0	198000000
112	上海	600358	国旅联合	0.50	2002-09-13	2002-09-17	140000000	0	70000000	210000000
113	上海	600363	联创光电	0.50	2002-05-17	2002-05-21	164803000	0	82401500	247204500
114	上海	600366	宁波韵升	0.50	2002-05-17	2002-05-21	190650000	0	95325000	285975000
115	上海	600367	红星发展	0.30	2002-04-15	2002-04-17	100000000	10000000	20000000	130000000
116	上海	600376	天鸿宝业	0.60	2002-05-17	2002-05-21	108250000	64950000	0	173200000
117	上海	600378	天科股份	0.30	2002-05-15	2002-05-17	150441070	7522054	37610268	195573391
118	上海	600380	太太药业	0.50	2002-05-31	2002-06-04	271080000	0	135540000	406620000
119	上海	600389	江山股份	0.20	2002-05-27	2002-05-29	150000000	0	30000000	180000000
120	上海	600398	凯诺科技	0.30	2002-04-15	2002-04-17	164391411	8219571	41097853	213708834
121	上海	600488	天药股份	0.30	2002-04-10	2002-04-12	149008883	14900888	29801777	193711548
122	上海	600500	中化国际	0.50	2002-09-13	2002-09-17	372650000	0	186325000	558975000
123	上海	600501	航天晨光	0.80	2002-08-02	2002-08-06	123000000	12300000	86100000	187314375
124	上海	600519	贵州茅台	0.10	2002-07-24	2002-07-26	250000000	0	25000000	275000000
125	上海	600550	天威保变	0.50	2002-05-16	2002-05-20	220000000	44000000	66000000	330000000
126	上海	600579	黄海股份	0.20	2002-12-02	2002-12-04	180000000	18000000	18000000	216000000
127	上海	600599	浏阳花炮	0.80	2002-07-11	2002-07-15	70000000	3500000	52500000	126000000
128	上海	600602	广电电子	0.10	2002-06-18	2002-06-20	632103929	0	63210393	695314322
129	上海	600606	金丰投资	0.15	2002-08-05	2002-08-07	221983540	32960116	0	254942546
130	上海	600616	第一食品	0.50	2002-10-22	2002-10-24	126930408	0	63465204	190395613
131	上海	600628	新 世 界	0.20	2002-08-20	2002-08-22	265752806	53150561	0	318903367
132	上海	600636	三 爱 富	0.20	2002-11-08	2002-11-12	155651691	0	31130338	186782029
133	上海	600636	三 爱 富	0.18	2002-05-09	2002-05-13	132438866	23212560	0	155651691

续表 3 Continued 3

序号 No.	交易所 Exchange	股票代码 Code	公司简称 Companies	送转股比例 Percent	股权登记日期 Record Data	送转股上市交易日 Date	送转股前总股本 Previous Shares	送股股本数 Bonus Shares 1	转股股本数 Bonus Shares 2	送转股后总股本 Shares Now
134	上海	600637	广电信息	0.10	2002-07-01	2002-07-03	745284077	74528408	0	819812485
135	上海	600639	浦东金桥	0.10	2002-05-23	2002-05-27	493350000	0	49335000	542685000
136	上海	600650	新 锦 江	0.10	2002-07-24	2002-07-26	355054614	0	35505461	390560075
137	上海	600653	申华控股	0.80	2002-06-28	2002-07-02	808509406	0	646807525	1455316931
138	上海	600654	飞乐股份	0.10	2002-08-07	2002-08-09	440001838	44000184	0	484002022
139	上海	600660	福耀玻璃	0.11	2002-03-26	2002-03-27	407562673	44831894	0	452394567
140	上海	600664	哈药集团	0.20	2002-07-11	2002-07-15	530771569	0	106154314	636925883
141	上海	600675	中华企业	0.20	2002-05-21	2002-05-23	581212581	58121258	58121258	697455097
142	上海	600679	凤凰股份	0.30	2002-05-20	2002-05-22	332322817	0	99696845	432019662
143	上海	600692	亚通股份	0.10	2002-07-11	2002-07-15	126399193	12639919	0	139039113
144	上海	600699	辽源得亨	0.02	2002-05-31	2002-06-04	176930061	2866267	0	179796328
145	上海	600737	新疆屯河	0.50	2002-07-17	2002-07-19	383621060	38362106	153448424	575431590
146	上海	600741	巴士股份	0.40	2002-06-14	2002-06-18	518654000	25932700	181528900	726115600
147	上海	600747	大显股份	0.50	2002-05-20	2002-05-22	327185870	65437174	98155761	490778806
148	上海	600773	西藏金珠	0.40	2002-10-23	2002-10-25	128807184	0	51522874	180330058
149	上海	600773	西藏金珠	0.10	2002-06-03	2002-06-05	117097440	0	11709744	128807184
150	上海	600774	汉商集团	0.05	2002-05-20	2002-05-22	94467200	4723360	0	99190560
151	上海	600779	全兴股份	0.10	2002-06-20	2002-06-24	444132453	44413245	0	488545698
152	上海	600784	ST 鲁 银	0.10	2002-07-03	2002-07-05	225733521	0	22573352	248306873
153	上海	600795	国电电力	0.70	2002-09-09	2002-09-11	824878080	0	577414656	1402292736
154	上海	600797	浙大网新	0.40	2002-09-25	2002-09-27	341614913	0	136645965	478260879
155	上海	600811	东方集团	0.10	2002-07-15	2002-07-17	574086750	57408675	0	631495425
156	上海	600815	厦工股份	0.50	2002-06-03	2002-06-05	299609199	0	149804600	449413799
157	上海	600820	隧道股份	0.10	2002-07-25	2002-07-29	537389759	0	53738976	591128735
158	上海	600827	友谊股份	0.17	2002-07-26	2002-07-30	174214612	15128797	15130539	204474297
159	上海	600828	成商集团	0.20	2002-05-31	2002-06-04	169290022	0	33858004	203148026
160	上海	600829	天鹅股份	0.50	2002-10-22	2002-10-24	171818843	0	85909422	257728265
161	上海	600829	天鹅股份	0.30	2002-07-01	2002-07-03	132168341	0	39650502	171818843
162	上海	600835	上菱电器	0.10	2002-08-12	2002-08-14	424297296	0	42429730	466727026
163	上海	600837	都市股份	0.20	2002-06-26	2002-06-28	65244921	13048984	0	78293905
164	上海	600851	海欣股份	0.20	2002-07-16	2002-07-18	335166509	33516651	33516651	402199811
165	上海	600868	梅雁股份	0.10	2002-05-17	2002-05-21	1012337323	101233732	0	1113571056
166	上海	600883	富邦科技	0.80	2002-05-24	2002-05-28	110100000	0	88080000	198180000
167	上海	600884	杉杉股份	0.50	2002-04-29	2002-05-08	273905498	0	136952749	410858247
168	上海	600895	张江高科	1.00	2002-05-16	2002-05-20	467565000	140269500	327295500	935130000
169	上海	900901	上电B股	0.10	2002-06-21	2002-06-25	210830374	0	21083037	231913411
170	上海	900911	金桥B股	0.10	2002-05-29	2002-05-31	204490000	0	20449000	224939000
171	上海	900914	新锦B股	0.10	2002-07-29	2002-07-31	146409120	0	14640912	161050032
172	上海	900916	凤凰B股	0.30	2002-05-23	2002-05-27	132000000	0	39600000	171600000
173	上海	900917	海欣B股	0.20	2002-07-19	2002-07-23	167773779	16777378	16777378	201328535
174	上海	900923	友谊B股	0.17	2002-07-31	2002-08-02	107078400	9298688	9299759	125677061
175	上海	900925	上菱B股	0.10	2002-08-15	2002-08-19	113760000	0	11376000	125136000

数据来源：上海、深圳证券交易所
Source: Shanghai Shenzhen Stock Exchange

5-24　2002 年上市公司红利分配一览表

Summary for Dividend Distributions of Listed Companies in 2002

序号 No.	年月 Month	交易所 Exchange	公司代码 Code	公司简称 Companies	红利派发日 Data	每股现金红利	现金分配合计(万元) Total Dividend
1	200202	上海	600080	金花股份	02-01-02	0.02	484.75
2	200203	上海	600155	宝硕股份	03-26-02	0.10	4125.00
3	200203	上海	600286	国光瓷业	03-26-02	0.05	475.00
4	200203	上海	600326	西藏天路	03-28-02	0.10	1000.00
5	200203	上海	600660	福耀玻璃	03-27-02	0.14	5502.10
6	200204	上海	600008	首创股份	04-30-02	0.36	39600.00
7	200204	上海	600066	宇通客车	04-12-02	0.60	8203.42
8	200204	上海	600098	广州控股	04-29-02	0.30	37584.00
9	200204	上海	600120	浙江东方	04-26-02	0.10	2256.58
10	200204	上海	600145	四维瓷业	04-15-02	0.05	1237.50
11	200204	上海	600152	维科精华	04-19-02	0.10	2934.94
12	200204	上海	600171	上海贝岭	04-23-02	0.15	6516.51
13	200204	上海	600200	江苏吴中	04-30-02	0.06	1663.20
14	200204	上海	600227	赤 天 化	04-30-02	0.10	1700.00
15	200204	上海	600235	民丰特纸	04-30-02	0.20	3540.00
16	200204	上海	600247	物华股份	04-30-02	0.05	550.00
17	200204	上海	600309	烟台万华	04-15-02	0.20	4800.00
18	200204	上海	600367	红星发展	04-16-02	0.20	2000.00
19	200204	上海	600398	凯诺科技	04-16-02	0.02	246.59
20	200204	上海	600488	天药股份	04-11-02	0.20	2980.18
21	200204	上海	600725	云维股份	04-15-02	0.20	2200.00
22	200204	上海	600795	国电电力	04-08-02	0.25	20621.95
23	200204	上海	600881	亚泰集团	04-30-02	0.05	2375.53
24	200204	上海	600884	杉杉股份	04-30-02	0.20	5478.11
25	200205	上海	600006	东风汽车	05-22-02	0.20	20000.00
26	200205	上海	600038	哈飞股份	05-16-02	0.10	1500.00
27	200205	上海	600062	双鹤药业	05-13-02	0.10	3392.89
28	200205	上海	600063	皖维高新	05-09-02	0.30	7587.00
29	200205	上海	600070	浙江富润	05-22-02	0.16	1211.73
30	200205	上海	600079	人福科技	05-29-02	0.10	1259.70
31	200205	上海	600087	南京水运	05-23-02	0.30	7179.69
32	200205	上海	600102	莱钢股份	05-23-02	0.06	5227.09
33	200205	上海	600110	中科英华	05-09-02	0.05	928.12
34	200205	上海	600111	稀土高科	05-31-02	0.10	4036.74
35	200205	上海	600135	乐凯胶片	05-23-02	0.40	13680.00
36	200205	上海	600141	兴发集团	05-31-02	0.10	1600.00
37	200205	上海	600160	巨化股份	05-22-02	0.10	3712.00
38	200205	上海	600161	天坛生物	05-13-02	0.10	1920.00
39	200205	上海	600166	福田汽车	05-13-02	0.10	2804.66
40	200205	上海	600168	武汉控股	05-22-02	0.25	11028.75
41	200205	上海	600177	雅 戈 尔	05-15-02	0.20	11361.90
42	200205	上海	600178	东安动力	05-22-02	0.20	9241.60
43	200205	上海	600187	黑龙股份	05-31-02	0.10	3272.25

续表 1　Continued 1

序号 No.	年月 Month	交易所 Exchange	公司代码 Code	公司简称 Companies	红利派发日 Data	每股现金红利	现金分配合计(万元) Total Dividend
44	200205	上海	600189	吉林森工	05-29-02	0.20	6210.00
45	200205	上海	600195	中牧股份	05-30-02	0.09	3588.00
46	200205	上海	600205	山东铝业	05-20-02	0.25	13832.00
47	200205	上海	600210	紫江企业	05-15-02	0.30	16392.00
48	200205	上海	600217	秦岭水泥	05-27-02	0.06	2601.90
49	200205	上海	600220	江苏阳光	05-27-02	0.05	1561.91
50	200205	上海	600222	竹林众生	05-24-02	0.15	2042.18
51	200205	上海	600232	金鹰股份	05-13-02	0.10	2188.52
52	200205	上海	600237	铜峰电子	05-10-02	0.10	1000.00
53	200205	上海	600253	天方药业	05-20-02	0.12	2520.00
54	200205	上海	600268	国电南自	05-23-02	0.12	1416.00
55	200205	上海	600269	赣粤高速	05-27-02	0.20	7060.00
56	200205	上海	600275	武 昌 鱼	05-14-02	0.06	1467.49
57	200205	上海	600276	恒瑞医药	05-21-02	0.05	1062.80
58	200205	上海	600282	南钢股份	05-28-02	0.20	10080.00
59	200205	上海	600290	苏 福 马	05-24-02	0.08	664.00
60	200205	上海	600297	美罗药业	05-21-02	0.15	1725.00
61	200205	上海	600300	维维股份	05-20-02	0.26	8580.00
62	200205	上海	600310	桂东电力	05-21-02	0.30	4702.50
63	200205	上海	600328	兰太实业	05-30-02	0.07	1208.57
64	200205	上海	600330	天通股份	05-24-02	0.10	2294.70
65	200205	上海	600333	长春燃气	05-23-02	0.10	2391.36
66	200205	上海	600363	联创光电	05-20-02	0.06	988.82
67	200205	上海	600366	宁波韵升	05-20-02	0.15	2859.75
68	200205	上海	600376	天鸿宝业	05-20-02	0.20	2165.00
69	200205	上海	600378	天科股份	05-16-02	0.07	1053.09
70	200205	上海	600382	广东明珠	05-29-02	0.15	2563.10
71	200205	上海	600389	江山股份	05-28-02	0.05	750.00
72	200205	上海	600391	成发科技	05-13-02	0.21	2940.00
73	200205	上海	600399	抚顺特钢	05-22-02	0.03	1560.00
74	200205	上海	600422	昆明制药	05-31-02	0.27	2650.86
75	200205	上海	600508	上海能源	05-21-02	0.30	12045.30
76	200205	上海	600528	中铁二局	05-16-02	0.38	15580.00
77	200205	上海	600550	天威保变	05-17-02	0.05	1100.00
78	200205	上海	600566	洪城股份	05-23-02	0.10	1063.08
79	200205	上海	600567	山鹰纸业	05-23-02	0.06	963.00
80	200205	上海	600588	用友软件	05-22-02	0.60	6000.00
81	200205	上海	600635	大众科创	05-31-02	0.21	9999.81
82	200205	上海	600636	三 爱 富	05-10-02	0.18	2317.68
83	200205	上海	600641	中远发展	05-24-02	0.17	7389.79
84	200205	上海	600665	沪昌特钢	05-30-02	0.03	1800.26
85	200205	上海	600674	川投控股	05-16-02	0.02	772.42
86	200205	上海	600697	欧亚集团	05-23-02	0.20	2454.74
87	200205	上海	600720	祁 连 山	05-13-02	0.05	1734.77
88	200205	上海	600726	龙电股份	05-22-02	0.12	8271.18
89	200205	上海	600747	大显股份	05-21-02	0.05	1635.93
90	200205	上海	600750	江中药业	05-24-02	0.10	1461.12
91	200205	上海	600764	三星石化	05-24-02	0.08	1373.86

续表 2 Continued 2

序号 No.	年月 Month	交易所 Exchange	公司代码 Code	公司简称 Companies	红利派发日 Data	每股现金红利	现金分配合计(万元) Total Dividend
92	200205	上海	600774	汉商集团	05-21-02	0.01	113.36
93	200205	上海	600785	新华百货	05-31-02	0.10	1028.93
94	200205	上海	600798	宁波海运	05-27-02	0.13	6398.44
95	200205	上海	600868	梅雁股份	05-20-02	0.10	10123.37
96	200205	上海	600880	博瑞传播	05-27-02	0.10	1301.80
97	200205	上海	600883	富邦科技	05-27-02	0.03	330.30
98	200205	上海	900937	龙电B股	05-22-02	0.00	626.31
99	200205	上海	900949	东电B股	05-29-02	0.00	6071.00
100	200206	上海	600001	邯郸钢铁	06-13-02	0.15	22298.30
101	200206	上海	600005	武钢股份	06-03-02	0.28	58533.44
102	200206	上海	600007	中国国贸	06-19-02	0.10	8320.00
103	200206	上海	600010	钢联股份	06-20-02	0.10	12500.00
104	200206	上海	600011	华能国际	06-20-02	0.30	180000.00
105	200206	上海	600016	民生银行	06-19-02	0.07	15745.26
106	200206	上海	600019	宝钢股份	06-19-02	0.13	156400.00
107	200206	上海	600033	福建高速	06-27-02	0.12	8220.00
108	200206	上海	600051	宁波联合	06-20-02	0.10	3024.00
109	200206	上海	600054	黄山旅游	06-28-02	0.03	596.70
110	200206	上海	600055	万东医疗	06-20-02	0.10	1110.00
111	200206	上海	600056	中技贸易	06-11-02	0.10	1303.50
112	200206	上海	600058	龙腾科技	06-25-02	0.30	12722.66
113	200206	上海	600067	福州大通	06-11-02	0.15	1575.17
114	200206	上海	600068	葛 洲 坝	06-03-02	0.03	2117.40
115	200206	上海	600081	东风科技	06-25-02	0.25	5025.00
116	200206	上海	600084	新天国际	06-13-02	0.06	1411.08
117	200206	上海	600086	多佳股份	06-20-02	0.01	352.28
118	200206	上海	600089	特变电工	06-24-02	0.10	2594.90
119	200206	上海	600092	精密股份	06-12-02	0.05	1305.98
120	200206	上海	600100	清华同方	06-17-02	0.20	11492.24
121	200206	上海	600103	青山纸业	06-17-02	0.06	4237.80
122	200206	上海	600104	上海汽车	06-18-02	0.15	37799.99
123	200206	上海	600105	永鼎光缆	06-21-02	0.14	3727.91
124	200206	上海	600106	重庆路桥	06-12-02	0.10	3100.00
125	200206	上海	600123	兰花科创	06-07-02	0.06	2227.50
126	200206	上海	600130	波导股份	06-17-02	0.20	3200.00
127	200206	上海	600132	重庆啤酒	06-17-02	0.26	4442.67
128	200206	上海	600138	中 青 旅	06-07-02	0.15	4005.00
129	200206	上海	600148	离 合 器	06-06-02	0.04	523.61
130	200206	上海	600188	兖州煤业	06-24-02	0.10	28700.00
131	200206	上海	600196	复星实业	06-18-02	0.15	4406.40
132	200206	上海	600207	安彩高科	06-21-02	0.20	8800.00
133	200206	上海	600209	罗顿发展	06-21-02	0.08	1885.93
134	200206	上海	600218	全柴动力	06-20-02	0.05	1417.00
135	200206	上海	600221	海南航空	06-11-02	0.06	3921.44
136	200206	上海	600228	昌九生化	06-10-02	0.03	864.00
137	200206	上海	600230	沧州大化	06-18-02	0.05	1296.66
138	200206	上海	600248	秦丰农业	06-28-02	0.10	1288.20
139	200206	上海	600250	南纺股份	06-11-02	0.15	1989.94

续表 3　Continued 3

序号 No.	年月 Month	交易所 Exchange	公司代码 Code	公司简称 Companies	红利派发日 Data	每股现金红利	现金分配合计(万元) Total Dividend
140	200206	上海	600258	首旅股份	06-04-02	0.20	4628.00
141	200206	上海	600261	浙江阳光	06-20-02	0.13	1539.50
142	200206	上海	600262	北方股份	06-28-02	0.04	680.00
143	200206	上海	600263	路桥建设	06-14-02	0.03	1224.40
144	200206	上海	600267	海正药业	06-06-02	0.10	2496.00
145	200206	上海	600270	外运发展	06-20-02	0.20	6097.52
146	200206	上海	600278	东方创业	06-06-02	0.15	4800.00
147	200206	上海	600279	重庆港九	06-14-02	0.10	2283.91
148	200206	上海	600281	太化股份	06-14-02	0.03	1004.94
149	200206	上海	600283	钱江水利	06-27-02	0.15	4279.95
150	200206	上海	600287	江苏舜天	06-10-02	0.25	4199.96
151	200206	上海	600291	西水股份	06-04-02	0.04	560.00
152	200206	上海	600292	九龙电力	06-25-02	0.20	3345.00
153	200206	上海	600295	鄂尔多斯	06-12-02	0.24	7344.00
154	200206	上海	600296	兰州铝业	06-06-02	0.10	2950.04
155	200206	上海	600298	安琪酵母	06-13-02	0.10	1357.00
156	200206	上海	600301	南化股份	06-17-02	0.10	1851.48
157	200206	上海	600303	曙光股份	06-10-02	0.20	3240.00
158	200206	上海	600305	恒顺醋业	06-28-02	0.18	2288.70
159	200206	上海	600306	商 业 城	06-10-02	0.05	890.69
160	200206	上海	600307	酒钢宏兴	06-13-02	0.17	12376.00
161	200206	上海	600312	平高电气	06-28-02	0.15	2752.50
162	200206	上海	600313	中农资源	06-20-02	0.01	302.64
163	200206	上海	600318	巢东股份	06-18-02	0.08	1600.00
164	200206	上海	600319	亚星化学	06-19-02	0.06	1893.56
165	200206	上海	600321	国栋建设	06-12-02	0.20	3504.00
166	200206	上海	600323	南海发展	06-17-02	0.20	4170.28
167	200206	上海	600331	宏达股份	06-14-02	0.15	1950.00
168	200206	上海	600332	广州药业	06-21-02	0.06	4865.40
169	200206	上海	600336	澳 柯 玛	06-19-02	0.10	3410.36
170	200206	上海	600337	美克股份	06-24-02	0.10	920.80
171	200206	上海	600345	长江通信	06-13-02	0.15	2475.00
172	200206	上海	600356	恒丰纸业	06-07-02	0.05	700.00
173	200206	上海	600368	五洲交通	06-21-02	0.09	3978.00
174	200206	上海	600372	昌河股份	06-19-02	0.16	6560.00
175	200206	上海	600373	鑫新股份	06-26-02	0.02	250.00
176	200206	上海	600377	宁沪高速	06-17-02	0.13	62971.84
177	200206	上海	600380	太太药业	06-03-02	0.30	8132.40
178	200206	上海	600383	金地集团	06-25-02	0.18	4860.00
179	200206	上海	600388	龙净环保	06-25-02	0.07	1169.00
180	200206	上海	600418	江淮汽车	06-14-02	0.20	4600.00
181	200206	上海	600419	新疆天宏	06-19-02	0.05	400.80
182	200206	上海	600466	迪康药业	06-13-02	0.10	1274.00
183	200206	上海	600506	香梨股份	06-06-02	0.06	963.00
184	200206	上海	600523	贵航股份	06-10-02	0.02	440.00
185	200206	上海	600530	交大昂立	06-21-02	0.20	4000.00
186	200206	上海	600539	狮头股份	06-21-02	0.02	460.00
187	200206	上海	600548	深 高 速	06-19-02	0.10	21807.00

续表 4 Continued 4

序号 No.	年月 Month	交易所 Exchange	公司代码 Code	公司简称 Companies	红利派发日 Data	每股现金红利	现金分配合计(万元) Total Dividend
188	200206	上海	600556	北生药业	06-27-02	0.10	900.00
189	200206	上海	600558	大 西 洋	06-26-02	0.15	1800.00
190	200206	上海	600589	广东榕泰	06-06-02	0.15	2400.00
191	200206	上海	600596	新安股份	06-27-02	0.05	670.55
192	200206	上海	600602	广电电子	06-19-02	0.01	632.10
193	200206	上海	600611	大众交通	06-26-02	0.26	10293.44
194	200206	上海	600626	申达股份	06-27-02	0.20	6764.22
195	200206	上海	600632	华联商厦	06-27-02	0.12	5071.20
196	200206	上海	600655	豫园商城	06-04-02	0.08	3722.67
197	200206	上海	600656	华源制药	06-24-02	0.04	372.87
198	200206	上海	600661	交大南洋	06-13-02	0.15	2170.96
199	200206	上海	600672	英豪科教	06-18-02	0.02	881.95
200	200206	上海	600676	交运股份	06-26-02	0.10	1689.62
201	200206	上海	600680	上海邮通	06-26-02	0.07	1260.88
202	200206	上海	600682	南京新百	06-17-02	0.15	3453.12
203	200206	上海	600686	厦门汽车	06-28-02	0.15	2272.76
204	200206	上海	600690	青岛海尔	06-20-02	0.30	23929.45
205	200206	上海	600694	大商股份	06-26-02	0.20	5340.34
206	200206	上海	600699	辽源得亨	06-03-02	0.02	283.09
207	200206	上海	600705	北亚集团	06-24-02	0.04	2285.98
208	200206	上海	600710	常林股份	06-06-02	0.04	577.50
209	200206	上海	600716	耀华玻璃	06-25-02	0.08	2592.00
210	200206	上海	600717	天 津 港	06-14-02	0.08	5278.83
211	200206	上海	600718	东软股份	06-19-02	0.20	5629.03
212	200206	上海	600728	新太科技	06-14-02	0.05	1040.90
213	200206	上海	600731	湖南海利	06-06-02	0.02	467.84
214	200206	上海	600736	苏州高新	06-18-02	0.10	4574.70
215	200206	上海	600739	辽宁成大	06-18-02	0.05	1237.86
216	200206	上海	600740	山西焦化	06-25-02	0.10	2028.50
217	200206	上海	600741	巴士股份	06-17-02	0.10	5186.54
218	200206	上海	600742	一汽四环	06-18-02	0.25	5288.09
219	200206	上海	600761	安徽合力	06-11-02	0.20	4092.73
220	200206	上海	600779	全兴股份	06-21-02	0.05	2220.66
221	200206	上海	600782	新华股份	06-10-02	0.11	2125.42
222	200206	上海	600787	中储股份	06-17-02	0.07	2017.20
223	200206	上海	600797	浙大网新	06-14-02	0.08	2732.92
224	200206	上海	600801	华新水泥	06-14-02	0.04	575.40
225	200206	上海	600815	厦工股份	06-04-02	0.05	1498.05
226	200206	上海	600826	兰生股份	06-27-02	0.10	2804.28
227	200206	上海	600830	大 红 鹰	06-21-02	0.10	1751.47
228	200206	上海	600837	都市股份	06-27-02	0.03	195.73
229	200206	上海	600866	星湖科技	06-24-02	0.10	3256.89
230	200206	上海	600874	创业环保	06-06-02	0.08	10640.00
231	200206	上海	600879	火箭股份	06-20-02	0.10	2343.33
232	200206	上海	600888	新疆众和	06-26-02	0.10	1033.89
233	200206	上海	600896	中海海盛	06-20-02	0.10	3172.83
234	200206	上海	600899	信联股份	06-24-02	0.05	887.53
235	200206	上海	900901	上电B股	06-19-02	0.00	25.47

续表 5　Continued 5

序号 No.	年月 Month	交易所 Exchange	公司代码 Code	公司简称 Companies	红利派发日 Data	每股现金红利	现金分配合计(万元) Total Dividend
236	200206	上海	900903	大众B股	06-26-02	0.00	637.04
237	200206	上海	900929	国旅B股	06-13-02	0.00	96.09
238	200206	上海	900930	邮通B股	06-26-02	0.00	105.54
239	200206	上海	900933	华新B股	06-14-02	0.00	69.34
240	200206	上海	900936	鄂绒B股	06-12-02	0.00	989.48
241	200206	上海	900942	黄山B股	06-28-02	0.00	37.75
242	200206	上海	900945	海航B股	06-11-02	0.00	55.59
243	200206	上海	900948	伊煤B股	06-04-02	0.00	221.10
244	200206	上海	900957	凌云B股	06-12-02	0.00	84.32
245	200207	上海	600003	东北高速	07-08-02	0.05	6066.00
246	200207	上海	600009	上海机场	07-26-02	0.15	21186.72
247	200207	上海	600028	中国石化	07-22-02	0.08	693619.51
248	200207	上海	600037	歌华有线	07-08-02	0.25	6750.00
249	200207	上海	600052	浙江广厦	07-23-02	0.11	5513.42
250	200207	上海	600059	古越龙山	07-05-02	0.20	4656.00
251	200207	上海	600061	中纺投资	07-17-02	0.02	574.02
252	200207	上海	600074	南京中达	07-09-02	0.10	1896.00
253	200207	上海	600075	新疆天业	07-12-02	0.05	1134.00
254	200207	上海	600076	青鸟华光	07-22-02	0.05	1342.04
255	200207	上海	600078	澄星股份	07-05-02	0.05	900.31
256	200207	上海	600080	金花股份	07-29-02	0.02	461.67
257	200207	上海	600085	同仁堂	07-12-02	0.25	8295.00
258	200207	上海	600088	中视传媒	07-23-02	0.07	1657.11
259	200207	上海	600094	华源股份	07-12-02	0.05	1423.77
260	200207	上海	600101	明星电力	07-19-02	0.20	3396.11
261	200207	上海	600108	亚盛集团	07-19-02	0.05	3125.23
262	200207	上海	600115	东方航空	07-11-02	0.02	9733.90
263	200207	上海	600116	三峡水利	07-12-02	0.03	524.30
264	200207	上海	600126	杭钢股份	07-19-02	0.15	9680.06
265	200207	上海	600128	弘业股份	07-22-02	0.05	997.24
266	200207	上海	600129	太极集团	07-01-02	0.20	5052.00
267	200207	上海	600133	东湖高新	07-05-02	0.08	2204.74
268	200207	上海	600136	道博股份	07-18-02	0.05	522.22
269	200207	上海	600151	航天机电	07-24-02	0.13	6081.92
270	200207	上海	600153	厦门建发	07-08-02	0.05	1480.00
271	200207	上海	600156	益鑫泰	07-25-02	0.03	1316.70
272	200207	上海	600170	上海建工	07-31-02	0.10	5994.15
273	200207	上海	600173	牡丹江	07-03-02	0.10	2300.00
274	200207	上海	600181	云大科技	07-22-02	0.05	1845.12
275	200207	上海	600183	生益科技	07-12-02	0.08	3680.86
276	200207	上海	600186	莲花味精	07-11-02	0.30	20400.00
277	200207	上海	600199	金牛实业	07-08-02	0.03	866.00
278	200207	上海	600201	金宇集团	07-25-02	0.13	1419.77
279	200207	上海	600202	哈空调	07-09-02	0.10	2233.92
280	200207	上海	600208	中宝股份	07-24-02	0.05	1045.17
281	200207	上海	600211	西藏药业	07-16-02	0.05	613.00
282	200207	上海	600212	江泉实业	07-22-02	0.09	2186.06
283	200207	上海	600215	长春经开	07-19-02	0.10	3060.00

续表 6 Continued 6

序号 No.	年月 Month	交易所 Exchange	公司代码 Code	公司简称 Companies	红利派发日 Data	每股现金红利	现金分配合计(万元) Total Dividend
284	200207	上海	600216	浙江医药	07-17-02	0.03	1350.18
285	200207	上海	600219	南山实业	07-19-02	0.15	3855.00
286	200207	上海	600229	青岛碱业	07-08-02	0.18	5312.27
287	200207	上海	600231	凌钢股份	07-16-02	0.15	4650.00
288	200207	上海	600233	大连创世	07-24-02	0.10	1100.00
289	200207	上海	600236	桂冠电力	07-05-02	0.17	11481.17
290	200207	上海	600239	红河光明	07-03-02	0.10	985.21
291	200207	上海	600241	辽宁时代	07-19-02	0.09	954.00
292	200207	上海	600242	华龙集团	07-08-02	0.02	348.06
293	200207	上海	600243	青海华鼎	07-16-02	0.05	783.00
294	200207	上海	600246	先锋股份	07-01-02	0.08	736.00
295	200207	上海	600252	梧州中恒	07-23-02	0.05	633.59
296	200207	上海	600255	鑫科材料	07-25-02	0.10	950.00
297	200207	上海	600257	洞庭水殖	07-22-02	0.05	365.00
298	200207	上海	600260	凯乐科技	07-22-02	0.20	3517.60
299	200207	上海	600277	亿利科技	07-08-02	0.10	1580.00
300	200207	上海	600280	南京中商	07-01-02	0.10	1212.61
301	200207	上海	600285	羚锐股份	07-02-02	0.10	1003.60
302	200207	上海	600288	大恒科技	07-19-02	0.10	1400.00
303	200207	上海	600289	亿阳信通	07-08-02	0.20	2117.80
304	200207	上海	600293	三峡新材	07-03-02	0.03	527.50
305	200207	上海	600299	星新材料	07-15-02	0.10	2400.00
306	200207	上海	600308	华泰股份	07-08-02	0.05	962.37
307	200207	上海	600311	荣华实业	07-01-02	0.10	2000.00
308	200207	上海	600315	上海家化	07-09-02	0.10	2700.00
309	200207	上海	600316	洪都航空	07-03-02	0.10	2100.00
310	200207	上海	600320	振华港机	07-04-02	0.20	6930.00
311	200207	上海	600322	天房发展	07-12-02	0.04	1694.83
312	200207	上海	600329	中新药业	07-23-02	0.17	6284.12
313	200207	上海	600338	珠峰摩托	07-19-02	0.05	791.67
314	200207	上海	600339	天利高新	07-02-02	0.15	3570.00
315	200207	上海	600346	冰山橡塑	07-15-02	0.10	1050.00
316	200207	上海	600360	华微电子	07-10-02	0.10	1180.00
317	200207	上海	600362	江西铜业	07-01-02	0.05	13320.19
318	200207	上海	600369	长运股份	07-01-02	0.05	861.50
319	200207	上海	600381	白 唇 鹿	07-05-02	0.07	715.00
320	200207	上海	600390	金瑞科技	07-12-02	0.15	1600.50
321	200207	上海	600395	盘江股份	07-30-02	0.10	3713.00
322	200207	上海	600400	红豆股份	07-18-02	0.08	1436.18
323	200207	上海	600448	华纺股份	07-31-02	0.10	2450.00
324	200207	上海	600468	特精股份	07-01-02	0.05	550.00
325	200207	上海	600498	烽火通信	07-15-02	0.12	4920.00
326	200207	上海	600500	中化国际	07-05-02	0.25	9316.25
327	200207	上海	600518	康美药业	07-03-02	0.20	1416.00
328	200207	上海	600519	贵州茅台	07-25-02	0.60	15000.00
329	200207	上海	600529	山东药玻	07-15-02	0.20	1648.15
330	200207	上海	600555	茉 织 华	07-23-02	0.20	6490.00
331	200207	上海	600569	安阳钢铁	07-02-02	0.19	25227.94

续表 7　Continued 7

序号 No.	年月 Month	交易所 Exchange	公司代码 Code	公司简称 Companies	红利派发日 Data	每股现金红利	现金分配合计(万元) Total Dividend
332	200207	上海	600582	天地科技	07-18-02	0.10	750.00
333	200207	上海	600599	浏阳花炮	07-12-02	0.15	1050.00
334	200207	上海	600607	上实联合	07-05-02	0.15	4597.69
335	200207	上海	600619	海立股份	07-16-02	0.09	1810.08
336	200207	上海	600631	第一百货	07-19-02	0.02	1165.69
337	200207	上海	600633	白猫股份	07-11-02	0.01	152.05
338	200207	上海	600637	广电信息	07-02-02	0.10	7452.84
339	200207	上海	600640	联通国脉	07-19-02	0.07	2554.18
340	200207	上海	600642	申能股份	07-22-02	0.35	62758.07
341	200207	上海	600643	爱建股份	07-09-02	0.15	6910.32
342	200207	上海	600657	青鸟天桥	07-24-02	0.06	1074.47
343	200207	上海	600664	哈药集团	07-12-02	0.10	5307.72
344	200207	上海	600668	尖峰集团	07-08-02	0.10	3004.59
345	200207	上海	600671	天目药业	07-24-02	0.01	121.78
346	200207	上海	600692	亚通股份	07-12-02	0.05	632.00
347	200207	上海	600704	中大股份	07-12-02	0.10	2882.69
348	200207	上海	600712	南宁百货	07-15-02	0.06	542.52
349	200207	上海	600713	南京医药	07-11-02	0.10	1942.61
350	200207	上海	600719	大连热电	07-15-02	0.08	1618.40
351	200207	上海	600723	西单商场	07-03-02	0.10	4097.18
352	200207	上海	600729	重庆百货	07-31-02	0.13	2652.00
353	200207	上海	600737	新疆屯河	07-18-02	0.03	959.05
354	200207	上海	600744	华银电力	07-26-02	0.10	7116.48
355	200207	上海	600776	东方通信	07-02-02	0.20	9560.00
356	200207	上海	600777	新潮实业	07-09-02	0.20	4097.39
357	200207	上海	600778	友好集团	07-05-02	0.08	2491.93
358	200207	上海	600780	通宝能源	07-22-02	0.13	2696.18
359	200207	上海	600789	鲁抗医药	07-01-02	0.08	2918.03
360	200207	上海	600796	钱江生化	07-16-02	0.18	2131.13
361	200207	上海	600808	马钢股份	07-05-02	0.02	12910.60
362	200207	上海	600811	东方集团	07-16-02	0.03	1435.22
363	200207	上海	600819	耀皮玻璃	07-18-02	0.22	7975.00
364	200207	上海	600820	隧道股份	07-26-02	0.05	2686.95
365	200207	上海	600829	天鹅股份	07-02-02	0.02	264.34
366	200207	上海	600841	上柴股份	07-04-02	0.06	1448.20
367	200207	上海	600849	上海医药	07-26-02	0.09	2845.86
368	200207	上海	600851	海欣股份	07-17-02	0.10	3351.67
369	200207	上海	600854	春兰股份	07-15-02	0.30	15583.76
370	200207	上海	600860	北人股份	07-25-02	0.12	4800.00
371	200207	上海	600861	北京城乡	07-03-02	0.06	2434.43
372	200207	上海	600863	内蒙华电	07-12-02	0.12	11887.32
373	200207	上海	600865	百大集团	07-24-02	0.09	2427.36
374	200207	上海	600871	仪征化纤	07-23-02	0.02	8000.00
375	200207	上海	600882	大成股份	07-25-02	0.03	557.55
376	200207	上海	600887	伊利股份	07-29-02	0.36	5280.16
377	200207	上海	600890	长春长铃	07-15-02	0.03	1454.55
378	200207	上海	600894	广钢股份	07-19-02	0.04	2744.72
379	200207	上海	600897	厦门机场	07-03-02	0.15	4050.00

续表 8 Continued 8

序号 No.	年月 Month	交易所 Exchange	公司代码 Code	公司简称 Companies	红利派发日 Data	每股现金红利	现金分配合计(万元) Total Dividend
380	200207	上海	900910	海立B股	07-16-02	0.00	195.08
381	200207	上海	900917	海欣B股	07-17-02	0.00	202.70
382	200207	上海	900918	耀皮B股	07-18-02	0.00	332.23
383	200207	上海	900920	上柴B股	07-04-02	0.00	144.20
384	200207	上海	900940	华源B股	07-12-02	0.00	125.05
385	200207	上海	900941	东信B股	07-02-02	0.00	362.48
386	200207	上海	900947	振华B股	07-04-02	0.00	265.80
387	200207	上海	900955	茉织华B	07-23-02	0.00	265.79
388	200208	上海	600000	浦发银行	08-22-02	0.20	48200.00
389	200208	上海	600090	啤酒花	08-06-02	0.05	1839.58
390	200208	上海	600122	宏图高科	08-15-02	0.04	1276.80
391	200208	上海	600197	伊力特	08-22-02	0.10	2205.00
392	200208	上海	600203	福日股份	08-19-02	0.05	1282.00
393	200208	上海	600213	亚星客车	08-06-02	0.12	2280.00
394	200208	上海	600238	海南椰岛	08-02-02	0.06	996.00
395	200208	上海	600266	北京城建	08-22-02	0.13	7800.00
396	200208	上海	600272	开开实业	08-15-02	0.10	1630.00
397	200208	上海	600302	标准股份	08-12-02	0.03	797.52
398	200208	上海	600386	北京巴士	08-01-02	0.18	4536.00
399	200208	上海	600501	航天晨光	08-05-02	0.03	369.00
400	200208	上海	600509	天富热电	08-15-02	0.10	1690.85
401	200208	上海	600578	京能热电	08-13-02	0.17	9517.78
402	200208	上海	600600	青岛啤酒	08-13-02	0.11	11000.00
403	200208	上海	600616	第一食品	08-12-02	0.18	2284.75
404	200208	上海	600620	天宸股份	08-20-02	0.03	800.32
405	200208	上海	600628	新世界	08-21-02	0.05	1328.76
406	200208	上海	600634	海鸟发展	08-06-02	0.02	174.41
407	200208	上海	600638	新黄浦	08-16-02	0.08	4489.31
408	200208	上海	600644	乐山电力	08-29-02	0.05	1246.68
409	200208	上海	600649	原水股份	08-23-02	0.05	9421.98
410	200208	上海	600651	飞乐音响	08-26-02	0.12	5089.98
411	200208	上海	600677	航天中汇	08-20-02	0.10	3261.72
412	200208	上海	600681	诚成文化	08-29-02	0.02	416.14
413	200208	上海	600707	彩虹股份	08-19-02	0.17	7117.41
414	200208	上海	600711	雄震集团	08-12-02	0.05	301.80
415	200208	上海	600754	新亚股份	08-01-02	0.10	4472.41
416	200208	上海	600756	浪潮软件	08-08-02	0.05	826.10
417	200208	上海	600757	华源发展	08-09-02	0.05	2360.72
418	200208	上海	600770	综艺股份	08-20-02	0.05	1350.00
419	200208	上海	600803	威远生化	08-26-02	0.12	1418.66
420	200208	上海	600809	山西汾酒	08-22-02	0.06	2597.54
421	200208	上海	600810	神马实业	08-27-02	0.05	2831.40
422	200208	上海	600812	华北制药	08-20-02	0.05	5846.97
423	200208	上海	600822	物贸中心	08-14-02	0.02	372.34
424	200208	上海	600823	世茂股份	08-27-02	0.07	1726.05
425	200208	上海	600824	益民百货	08-07-02	0.15	2904.74
426	200208	上海	600825	华联超市	08-12-02	0.03	462.83
427	200208	上海	600832	东方明珠	08-16-02	0.24	16512.69

续表 9　Continued 9

序号 No.	年月 Month	交易所 Exchange	公司代码 Code	公司简称 Companies	红利派发日 Data	每股现金红利	现金分配合计(万元) Total Dividend
428	200208	上海	600834	申通地铁	08-12-02	0.10	3945.31
429	200208	上海	600835	上菱电器	08-13-02	0.15	6364.46
430	200208	上海	600857	工大首创	08-01-02	0.05	961.46
431	200208	上海	600859	王 府 井	08-06-02	0.05	1964.87
432	200208	上海	600864	岁宝热电	08-13-02	0.11	1502.54
433	200208	上海	600889	南京化纤	08-07-02	0.03	484.64
434	200208	上海	900925	上菱B股	08-13-02	0.00	206.16
435	200208	上海	900927	物贸B股	08-14-02	0.00	16.08
436	200208	上海	900934	新亚B股	08-01-02	0.00	188.46
437	200208	上海	900943	开开B股	08-15-02	0.00	96.66
438	200209	上海	600028	中国石化	09-23-02	0.02	173404.88
439	200209	上海	600158	中体产业	09-11-02	0.01	253.65
440	200209	上海	600161	天坛生物	09-05-02	0.08	1536.00
441	200209	上海	600256	广汇股份	09-12-02	0.05	3007.16
442	200209	上海	600515	第一投资	09-05-02	0.20	3083.20
443	200210	上海	600067	福州大通	10-31-02	0.05	525.06
444	200210	上海	600583	海油工程	10-18-02	0.20	5000.00
445	200210	上海	600592	龙溪股份	10-29-02	0.20	3000.00
446	200211	上海	600074	南京中达	11-18-02	0.08	1516.80
447	200211	上海	600091	明天科技	11-18-02	0.06	2019.16
448	200211	上海	600520	三佳模具	11-12-02	0.10	628.00
449	200211	上海	600708	东海股份	11-28-02	0.10	2379.35
450	200212	上海	600579	黄海股份	12-03-02	0.03	540.00
451	200202	深圳	000910	大亚股份	02-05-02	0.10	2312.50
452	200203	深圳	000416	健特生物	03-18-02	0.10	1136.79
453	200203	深圳	000619	海螺型材	03-18-02	0.20	3000.00
454	200203	深圳	000932	华菱管线	03-18-02	0.10	15653.75
455	200203	深圳	000518	四环生物	03-20-02	0.03	457.58
456	200204	深圳	000973	佛塑股份	04-03-02	0.18	6722.11
457	200204	深圳	200160	帝 贤 B	04-11-02	0.05	574.54
458	200204	深圳	000936	华 西 村	04-11-02	0.10	1680.00
459	200204	深圳	000727	华东科技	04-19-02	0.10	3137.39
460	200204	深圳	000903	云内动力	04-15-02	0.36	6480.00
461	200204	深圳	000920	南方汇通	04-16-02	0.40	7600.00
462	200204	深圳	000858	五 粮 液	04-18-02	0.03	2172.60
463	200204	深圳	000401	冀东水泥	04-19-02	0.10	8817.86
464	200204	深圳	000850	华茂股份	04-19-02	0.25	5475.00
465	200204	深圳	000301	丝绸股份	04-22-02	0.07	3266.56
466	200204	深圳	000711	龙发股份	04-23-02	0.03	321.80
467	200204	深圳	000778	新兴铸管	04-23-02	0.50	23903.38
468	200204	深圳	000888	峨眉山A	04-24-02	0.15	1779.90
469	200204	深圳	000958	东方热电	04-24-02	0.10	1800.00
470	200204	深圳	000906	南方建材	04-25-02	0.02	250.00
471	200204	深圳	000811	烟台冰轮	04-26-02	0.21	2597.14
472	200204	深圳	000900	现代投资	04-25-02	0.16	6386.65
473	200204	深圳	000970	中科三环	04-30-02	0.10	1566.00
474	200205	深圳	000729	燕京啤酒	05-09-02	0.20	13348.49
475	200205	深圳	000837	秦川发展	05-13-02	0.03	531.70

续表 10 Continued 10

序号 No.	年月 Month	交易所 Exchange	公司代码 Code	公司简称 Companies	红利派发日 Data	每股现金红利	现金分配合计(万元) Total Dividend
476	200205	深圳	000848	承德露露	05-13-02	0.66	17110.50
477	200205	深圳	000429	粤高速A	05-14-02	0.10	9533.68
478	200205	深圳	200429	粤高速B	05-17-02	0.09	2857.98
479	200205	深圳	000563	陕国投A	05-17-02	0.05	1570.94
480	200205	深圳	000789	江西水泥	05-17-02	0.05	1702.50
481	200205	深圳	000839	中信国安	05-17-02	0.10	6600.00
482	200205	深圳	000538	云南白药	05-24-02	0.20	3716.36
483	200205	深圳	000551	创元科技	05-20-02	0.15	3625.90
484	200205	深圳	000583	托普软件	05-20-02	0.10	1219.24
485	200205	深圳	000939	凯迪电力	05-20-02	0.05	1081.50
486	200205	深圳	000157	中联重科	05-21-02	0.10	3000.00
487	200205	深圳	000933	神火股份	05-21-02	0.28	6403.04
488	200205	深圳	000835	隆源双登	05-22-02	0.14	756.00
489	200205	深圳	000899	赣能股份	05-22-02	0.10	5480.32
490	200205	深圳	000917	电广传媒	05-22-02	0.20	5168.00
491	200205	深圳	000976	春晖股份	05-22-02	0.03	1263.44
492	200205	深圳	000063	中兴通讯	05-23-02	0.15	8341.20
493	200205	深圳	000806	银河科技	05-23-02	0.04	1046.33
494	200205	深圳	000878	云南铜业	05-23-02	0.10	7986.89
495	200205	深圳	000953	河池化工	05-23-02	0.03	445.54
496	200205	深圳	000989	九 芝 堂	05-23-02	0.25	3215.50
497	200205	深圳	000759	武汉中百	05-24-02	0.08	1676.33
498	200205	深圳	000978	桂林旅游	05-24-02	0.20	3540.00
499	200205	深圳	000019	深深宝A	05-27-02	0.05	778.94
500	200205	深圳	000676	思达高科	05-27-02	0.06	1887.52
501	200205	深圳	000901	航天科技	05-27-02	0.10	990.00
502	200205	深圳	000926	福星科技	05-27-02	0.13	3333.69
503	200205	深圳	200019	深深宝B	05-30-02	0.05	123.15
504	200205	深圳	000402	金 融 街	06-03-02	0.05	629.53
505	200205	深圳	000549	湘火炬A	06-03-02	0.05	2080.64
506	200205	深圳	000596	古井贡A	05-28-02	0.20	3500.00
507	200205	深圳	000748	湘计算机	05-28-02	0.10	2763.75
508	200205	深圳	000777	中核科技	06-03-02	0.04	672.00
509	200205	深圳	200596	古井贡B	05-31-02	0.19	1131.54
510	200205	深圳	000089	深圳机场	06-04-02	0.32	15996.48
511	200205	深圳	000685	公用科技	05-29-02	0.03	409.86
512	200205	深圳	000690	宝 丽 华	06-04-02	0.20	3870.00
513	200205	深圳	000985	大庆华科	06-04-02	0.10	1150.00
514	200205	深圳	000717	韶钢松山	06-05-02	0.40	17888.00
515	200205	深圳	000423	东阿阿胶	06-06-02	0.20	5449.49
516	200205	深圳	000755	山西三维	06-06-02	0.13	3471.42
517	200205	深圳	000825	太钢不锈	06-06-02	0.10	10761.70
518	200205	深圳	000831	关铝股份	06-06-02	0.06	2178.00
519	200205	深圳	000948	南天信息	06-06-02	0.19	2660.01
520	200206	深圳	000065	北方国际	06-03-02	0.06	609.14
521	200206	深圳	000637	茂化实华	06-03-02	0.10	2414.88
522	200206	深圳	000151	中成股份	06-04-02	0.22	6511.56
523	200206	深圳	000821	京山轻机	06-04-02	0.13	4488.10

续表 11　Continued 11

序号 No.	年月 Month	交易所 Exchange	公司代码 Code	公司简称 Companies	红利派发日 Data	每股现金红利	现金分配合计(万元) Total Dividend
524	200206	深圳	000897	津滨发展	06-04-02	0.06	2718.00
525	200206	深圳	000956	中原油气	06-04-02	0.20	16320.00
526	200206	深圳	000525	红 太 阳	06-06-02	0.08	2241.91
527	200206	深圳	000610	西安旅游	06-12-02	0.04	670.39
528	200206	深圳	000630	铜都铜业	06-06-02	0.10	4655.56
529	200206	深圳	000731	四川美丰	06-06-02	0.20	4913.31
530	200206	深圳	000961	大连金牛	06-06-02	0.03	901.59
531	200206	深圳	000990	诚志股份	06-06-02	0.08	1434.00
532	200206	深圳	000999	三九医药	06-06-02	0.04	3012.00
533	200206	深圳	000155	川化股份	06-07-02	0.08	3666.00
534	200206	深圳	000786	北新建材	06-07-02	0.10	2875.75
535	200206	深圳	000937	金牛能源	06-07-02	0.25	10625.00
536	200206	深圳	000997	新 大 陆	06-13-02	0.30	3480.00
537	200206	深圳	000428	华天酒店	06-11-02	0.40	6913.60
538	200206	深圳	000539	粤电力A	06-11-02	0.22	43869.41
539	200206	深圳	000780	草原兴发	06-11-02	0.10	2832.72
540	200206	深圳	000830	鲁西化工	06-11-02	0.20	4982.31
541	200206	深圳	000965	天水股份	06-11-02	0.01	282.11
542	200206	深圳	200539	粤电力B	06-14-02	0.21	13772.54
543	200206	深圳	200771	杭汽轮B	06-11-02	0.09	753.76
544	200206	深圳	000627	百科药业	06-12-02	0.01	646.52
545	200206	深圳	000975	乌江电力	06-12-02	0.10	2960.00
546	200206	深圳	000039	中集集团	06-13-02	0.50	5721.56
547	200206	深圳	000629	新 钢 钒	06-13-02	0.20	20466.00
548	200206	深圳	000651	格力电器	06-13-02	0.30	16108.20
549	200206	深圳	000715	中兴商业	06-13-02	0.08	1652.57
550	200206	深圳	000852	江钻股份	06-13-02	0.20	5600.00
551	200206	深圳	000912	泸 天 化	06-13-02	0.10	4500.00
552	200206	深圳	200039	中 集 B	06-13-02	0.47	10644.62
553	200206	深圳	000665	武汉塑料	06-14-02	0.07	972.69
554	200206	深圳	000767	漳泽电力	06-14-02	0.20	8700.00
555	200206	深圳	000817	辽河油田	06-14-02	0.20	22000.00
556	200206	深圳	000949	新乡化纤	06-14-02	0.05	2452.86
557	200206	深圳	000959	首钢股份	06-14-02	0.23	53130.00
558	200206	深圳	000070	特发信息	06-17-02	0.05	1250.00
559	200206	深圳	000669	中讯科技	06-17-02	0.04	246.68
560	200206	深圳	000869	张 裕 A	06-17-02	0.25	4300.00
561	200206	深圳	000969	安泰科技	06-17-02	0.14	3442.66
562	200206	深圳	200869	张 裕 B	06-17-02	0.24	2074.34
563	200206	深圳	000417	合肥百货	06-18-02	0.10	1010.90
564	200206	深圳	000421	南京中北	06-18-02	0.10	1971.83
565	200206	深圳	000600	国际大厦	06-18-02	0.02	307.47
566	200206	深圳	000055	方 大 A	06-19-02	0.10	1510.32
567	200206	深圳	000069	华侨城A	06-19-02	0.25	11178.00
568	200206	深圳	000733	振华科技	06-19-02	0.10	3581.20
569	200206	深圳	000836	天大天财	06-19-02	0.20	2455.09
570	200206	深圳	000925	浙大海纳	06-19-02	0.18	1620.00
571	200206	深圳	001896	豫能控股	06-19-02	0.10	4300.00

续表 12 Continued 12

序号 No.	年月 Month	交易所 Exchange	公司代码 Code	公司简称 Companies	红利派发日 Data	每股现金红利	现金分配合计(万元) Total Dividend
572	200206	深圳	200055	方 大 B	06-24-02	0.09	1370.82
573	200206	深圳	200152	山 航 B	06-19-02	0.06	791.42
574	200206	深圳	000042	深长城A	06-20-02	0.13	3113.02
575	200206	深圳	000068	赛格三星	06-20-02	0.03	2357.91
576	200206	深圳	000400	许继电气	06-20-02	0.20	7565.44
577	200206	深圳	000425	徐工科技	06-20-02	0.05	2477.67
578	200206	深圳	000966	长源电力	06-20-02	0.10	3701.42
579	200206	深圳	000088	盐田港A	06-21-02	0.50	29250.00
580	200206	深圳	000659	珠海中富	06-21-02	0.10	3787.93
581	200206	深圳	000700	模塑科技	06-21-02	0.12	1494.26
582	200206	深圳	000708	大冶特钢	06-21-02	0.02	674.11
583	200206	深圳	000768	西飞国际	06-21-02	0.14	5285.25
584	200206	深圳	000895	双汇发展	06-21-02	0.13	4382.34
585	200206	深圳	000913	钱江摩托	06-21-02	0.10	2834.60
586	200206	深圳	000979	科苑集团	06-21-02	0.06	564.00
587	200206	深圳	000982	圣 雪 绒	06-21-02	0.15	1110.00
588	200206	深圳	000004	北大高科	06-24-02	0.05	419.88
589	200206	深圳	000530	大冷股份	06-24-02	0.10	2350.15
590	200206	深圳	000578	数码网络	06-24-02	0.04	792.61
591	200206	深圳	000625	长安汽车	06-24-02	0.04	3506.66
592	200206	深圳	000702	正虹科技	06-24-02	0.15	4242.07
593	200206	深圳	000779	三毛派神	06-24-02	0.07	1282.08
594	200206	深圳	000792	盐湖钾肥	06-24-02	0.01	220.85
595	200206	深圳	000860	顺鑫农业	06-24-02	0.15	4562.25
596	200206	深圳	000890	法 尔 胜	06-24-02	0.10	2920.32
597	200206	深圳	000983	西山煤电	06-24-02	0.10	8080.00
598	200206	深圳	200530	大 冷 B	06-27-02	0.09	1083.65
599	200206	深圳	200625	长 安 B	06-27-02	0.04	1319.85
600	200206	深圳	000037	深南电A	06-25-02	0.31	9551.05
601	200206	深圳	000422	湖北宜化	06-25-02	0.10	2138.80
602	200206	深圳	000527	粤美的A	06-25-02	0.20	9697.79
603	200206	深圳	000528	桂柳工A	06-25-02	0.05	1637.68
604	200206	深圳	000541	佛山照明	06-25-02	0.40	11037.93
605	200206	深圳	000681	远东股份	06-25-02	0.04	695.63
606	200206	深圳	000793	燃气股份	06-25-02	0.10	2914.12
607	200206	深圳	000819	岳阳兴长	06-25-02	0.13	2064.17
608	200206	深圳	000823	超声电子	06-25-02	0.10	3592.00
609	200206	深圳	200037	深南电B	06-27-02	0.29	3171.10
610	200206	深圳	200541	粤照明B	06-28-02	0.38	3109.43
611	200206	深圳	000061	农 产 品	06-26-02	0.20	3697.15
612	200206	深圳	000559	万向钱潮	06-26-02	0.40	14651.25
613	200206	深圳	000679	大连友谊	06-26-02	0.10	2376.00
614	200206	深圳	000716	广西斯壮	06-26-02	0.05	685.61
615	200206	深圳	000795	太原刚玉	06-26-02	0.03	692.00
616	200206	深圳	000880	山东巨力	06-26-02	0.30	8283.02
617	200206	深圳	000882	中商股份	06-26-02	0.05	1246.00
618	200206	深圳	000918	亚华种业	06-26-02	0.05	850.01
619	200206	深圳	000952	广济药业	06-26-02	0.05	856.13

续表 13　Continued 13

序号 No.	年月 Month	交易所 Exchange	公司代码 Code	公司简称 Companies	红利派发日 Data	每股现金红利	现金分配合计(万元) Total Dividend
620	200206	深圳	200992	中 鲁 B	06-26-02	0.05	650.53
621	200206	深圳	000032	深桑达A	06-27-02	0.10	1308.12
622	200206	深圳	000532	粤华电A	06-27-02	0.05	1091.96
623	200206	深圳	000797	中国武夷	06-27-02	0.10	3894.52
624	200206	深圳	000799	湘 酒 鬼	06-27-02	0.30	9091.50
625	200206	深圳	000517	甬 成 功	06-28-02	0.10	1188.48
626	200206	深圳	000672	铜城集团	06-28-02	0.02	217.10
627	200206	深圳	000955	欣龙无纺	06-28-02	0.03	615.00
628	200206	深圳	000981	兰光科技	06-28-02	0.10	1610.00
629	200206	深圳	200512	闽灿坤B	07-03-02	0.09	4251.89
630	200207	深圳	000012	南玻科控	07-01-02	0.13	4913.00
631	200207	深圳	000599	青岛双星	07-01-02	0.15	2557.72
632	200207	深圳	200012	深南玻B	07-04-02	0.12	3666.38
633	200207	深圳	000419	通程控股	07-02-02	0.10	1755.08
634	200207	深圳	000887	飞彩股份	07-02-02	0.05	1505.00
635	200207	深圳	000916	华北高速	07-02-02	0.10	10900.00
636	200207	深圳	000605	四环药业	07-03-02	0.02	165.00
637	200207	深圳	000898	鞍钢新轧	07-04-02	0.08	16556.66
638	200207	深圳	000960	锡业股份	07-04-02	0.02	572.65
639	200207	深圳	000829	赣南果业	07-05-02	0.02	315.00
640	200207	深圳	000876	新 希 望	07-05-02	0.04	776.10
641	200207	深圳	200770	武 锅 B	07-10-02	0.02	294.63
642	200207	深圳	000022	深赤湾A	07-08-02	0.10	2805.71
643	200207	深圳	000726	鲁 泰 A	07-08-02	0.32	5303.92
644	200207	深圳	000833	贵糖股份	07-08-02	0.12	3032.26
645	200207	深圳	200022	深赤湾B	07-11-02	0.10	1023.06
646	200207	深圳	200726	鲁 泰 B	07-11-02	0.30	3118.23
647	200207	深圳	000607	华立控股	07-09-02	0.10	1909.75
648	200207	深圳	000722	金果实业	07-09-02	0.10	1948.00
649	200207	深圳	000753	漳州发展	07-09-02	0.20	4509.45
650	200207	深圳	200986	粤华包B	07-12-02	0.13	1873.68
651	200207	深圳	000687	保定天鹅	07-10-02	0.04	1283.20
652	200207	深圳	000737	南风化工	07-10-02	0.10	4573.00
653	200207	深圳	000756	新华制药	07-10-02	0.08	2458.50
654	200207	深圳	000021	深科技A	07-11-02	0.06	4397.59
655	200207	深圳	000963	华东医药	07-11-02	0.05	950.00
656	200207	深圳	000090	深 天 健	07-12-02	0.20	4465.23
657	200207	深圳	000415	汇通水利	07-12-02	0.02	466.36
658	200207	深圳	000516	陕解放A	07-12-02	0.16	2086.05
659	200207	深圳	000751	锌业股份	07-12-02	0.05	4405.49
660	200207	深圳	000930	丰原生化	07-12-02	0.05	884.89
661	200207	深圳	000066	长城电脑	07-15-02	0.20	9169.83
662	200207	深圳	000096	广聚能源	07-15-02	0.15	4950.00
663	200207	深圳	000680	山推股份	07-15-02	0.04	1130.88
664	200207	深圳	000531	穗恒运A	07-16-02	0.16	4264.34
665	200207	深圳	000807	云铝股份	07-16-02	0.30	10920.00
666	200207	深圳	000862	吴忠仪表	07-16-02	0.10	2183.40
667	200207	深圳	000002	万 科 A	07-17-02	0.20	10184.34

续表 14 Continued 14

序号 No.	年月 Month	交易所 Exchange	公司代码 Code	公司简称 Companies	红利派发日 Data	每股现金红利	现金分配合计(万元) Total Dividend
668	200207	深圳	000666	经纬纺机	07-17-02	0.06	2538.00
669	200207	深圳	000709	唐钢股份	07-17-02	0.35	47384.04
670	200207	深圳	000721	西安饮食	07-17-02	0.10	1144.15
671	200207	深圳	000931	中关村	07-17-02	0.10	6748.47
672	200207	深圳	000987	广州友谊	07-17-02	0.10	2393.05
673	200207	深圳	200002	万科B	07-22-02	0.19	2295.94
674	200207	深圳	000062	深圳华强	07-18-02	0.10	2704.00
675	200207	深圳	000026	飞亚达A	07-19-02	0.05	954.99
676	200207	深圳	000636	风华高科	07-19-02	0.04	2121.32
677	200207	深圳	000712	锦龙股份	07-19-02	0.07	1066.18
678	200207	深圳	000967	上风高科	07-19-02	0.08	1094.29
679	200207	深圳	000972	新中基	07-19-02	0.06	747.54
680	200207	深圳	000977	浪潮信息	07-19-02	0.10	2150.00
681	200207	深圳	200026	飞亚达B	07-24-02	0.05	274.98
682	200207	深圳	000725	京东方A	07-22-02	0.05	2000.27
683	200207	深圳	000782	美达股份	07-22-02	0.03	1026.00
684	200207	深圳	000822	山东海化	07-22-02	0.18	8256.60
685	200207	深圳	200725	京东方B	07-25-02	0.05	704.89
686	200207	深圳	000001	深发展A	07-23-02	0.15	29187.33
687	200207	深圳	000520	中国凤凰	07-23-02	0.08	4153.35
688	200207	深圳	000598	蓝星清洗	07-23-02	0.03	440.66
689	200207	深圳	000668	武汉石油	07-23-02	0.02	293.68
690	200207	深圳	000762	西藏矿业	07-23-02	0.02	300.77
691	200207	深圳	000798	中水渔业	07-23-02	0.05	1260.00
692	200207	深圳	000099	中信海直	07-24-02	0.10	1960.00
693	200207	深圳	000761	本钢板材	07-24-02	0.18	12953.60
694	200207	深圳	000881	大连国际	07-24-02	0.05	1544.59
695	200207	深圳	000996	捷利股份	07-24-02	0.03	345.00
696	200207	深圳	200168	雷伊B	07-29-02	0.14	2503.31
697	200207	深圳	200761	本钢板B	07-29-02	0.17	6624.80
698	200207	深圳	000581	威孚高科	07-25-02	0.20	6959.32
699	200207	深圳	000922	阿继电器	07-25-02	0.06	1053.30
700	200207	深圳	200053	深基地B	07-30-02	0.17	1914.63
701	200207	深圳	200581	苏威孚B	07-30-02	0.19	1667.14
702	200207	深圳	000406	石油大明	07-29-02	0.10	3033.56
703	200207	深圳	000802	京西旅游	07-29-02	0.05	581.25
704	200207	深圳	000927	天津汽车	07-29-02	0.13	18126.98
705	200207	深圳	000513	丽珠集团	07-30-02	0.03	551.19
706	200207	深圳	000655	华光陶瓷	07-30-02	0.15	1888.62
707	200207	深圳	000919	金陵药业	07-30-02	0.21	5936.00
708	200207	深圳	200513	丽珠B	08-02-02	0.03	345.76
709	200208	深圳	000027	深能源A	08-01-02	0.30	30062.38
710	200208	深圳	000426	富龙热力	08-01-02	0.03	554.60
711	200208	深圳	000024	招商局A	08-06-02	0.11	3166.59
712	200208	深圳	000628	倍特高新	08-06-02	0.01	212.92
713	200208	深圳	000787	创智科技	08-06-02	0.05	1253.80

续表 15 Continued 15

序号 No.	年月 Month	交易所 Exchange	公司代码 Code	公司简称 Companies	红利派发日 Data	每股现金红利	现金分配合计(万元) Total Dividend
714	200208	深圳	000815	美利纸业	08-06-02	0.10	1320.00
715	200208	深圳	200024	招商局B	08-09-02	0.10	1954.24
716	200208	深圳	000720	鲁能泰山	08-09-02	0.10	3198.00
717	200208	深圳	200706	瓦 轴 B	08-15-02	0.03	367.77
718	200208	深圳	000418	小天鹅A	08-13-02	0.01	332.85
719	200208	深圳	200418	小天鹅B	08-16-02	0.01	167.98
720	200208	深圳	000537	南开戈德	08-14-02	0.07	2843.04
721	200208	深圳	000158	常山股份	08-16-02	0.10	4000.00
722	200208	深圳	000632	三木集团	08-16-02	0.10	1755.13
723	200208	深圳	000800	一汽轿车	08-16-02	0.05	8137.50
724	200208	深圳	000006	深振业A	08-19-02	0.13	3296.69
725	200208	深圳	000050	深天马A	08-19-02	0.15	1991.55
726	200208	深圳	000601	韶能股份	08-20-02	0.10	3903.81
727	200208	深圳	000686	锦州六陆	08-20-02	0.05	736.97
728	200208	深圳	000543	皖能电力	08-22-02	0.13	9662.61
729	200208	深圳	000609	燕化高新	08-22-02	0.02	259.21
730	200208	深圳	000935	四川双马	08-22-02	0.07	2235.87
731	200208	深圳	000998	隆平高科	08-22-02	0.30	3150.00
732	200208	深圳	000046	光彩建设	08-23-02	0.10	2440.84
733	200208	深圳	000705	浙江震元	08-23-02	0.05	626.65
734	200208	深圳	000763	锦州石化	08-23-02	0.05	3937.50
735	200208	深圳	000988	华工科技	08-23-02	0.20	2300.00
736	200208	深圳	000993	闽东电力	08-23-02	0.06	1800.00
737	200208	深圳	000816	江淮动力	08-26-02	0.03	918.60
738	200208	深圳	000736	重庆实业	08-27-02	0.05	330.00
739	200208	深圳	000156	安塑股份	08-28-02	0.08	772.00
740	200208	深圳	000971	湖北迈亚	08-28-02	0.15	2805.00
741	200208	深圳	000408	河北华玉	08-29-02	0.02	229.44
742	200208	深圳	000889	华联商城	08-29-02	0.03	883.58
743	200209	深圳	000700	模塑科技	09-06-02	0.10	1245.22
744	200209	深圳	000792	盐湖钾肥	09-16-02	0.45	9938.25
745	200209	深圳	000937	金牛能源	09-17-02	0.15	6375.00
746	200209	深圳	000416	健特生物	09-23-02	0.05	966.27
747	200209	深圳	000915	山大华特	09-27-02	0.03	225.84
748	200210	深圳	000835	隆源双登	10-09-02	0.03	135.00
749	200210	深圳	000720	鲁能泰山	10-16-02	0.08	2398.50
750	200210	深圳	000732	福建三农	10-21-02	0.10	1526.69
751	200210	深圳	000911	南宁糖业	10-24-02	0.19	4575.20
752	200210	深圳	000568	泸州老窖	10-28-02	0.15	7334.02
753	200211	深圳	000157	中联重科	11-07-02	0.08	2250.00
754	200211	深圳	000876	新 希 望	11-11-02	0.03	606.33
755	200211	深圳	000859	国风塑业	11-29-02	0.25	5895.00
756	200212	深圳	000968	神州股份	12-20-02	0.01	474.23

数据来源:上海、深圳证券交易所

Source:Shanghai Shenzhen Stock Exchange

5-25 2002年上市公司增发一览表
Summary for Re-Issuing of Listed Companies in 2002

序号 No.	交易所 Exchage	股票代码 Code	公司简称 Companies	增发公告日 Record Data	流通股上市日 Data of listed	主承销商 Lead Underwriter	增发总股数 Shares Changed	每股增发价格 Price	筹资总额 Rised Capital
1	深圳	000821	京山轻机	01-17-02	01-28-02	国通证券	36417449	5.60	203937714
2	深圳	000735	罗牛增发	01-12-02	02-07-02	银河证券	100000000	4.99	499000000
3	深圳	000806	银河增发	03-21-02	03-22-02	光大证券	50000000	11.70	585000000
4	深圳	000932	华菱增发	03-06-02	03-27-02	国信证券	200000000	5.58	1116000000
5	深圳	000619	海螺增发	03-14-02	04-02-02		30000000	21.50	645000000
6	深圳	000748	湘计增发	03-23-02	04-11-02	湘财证券	50000000	9.50	475000000
7	深圳	000807	云铝增发	03-29-02	04-11-02	湘财证券	54000000	10.10	545400000
8	深圳	000895	双汇增发	03-28-02	04-16-02	南方证券	50000000	12.00	600000000
9	深圳	000839	国安增发	04-20-02	05-20-02	银河证券	70000000	13.10	917000000
10	深圳	000517	甬成增发	05-08-02	05-23-02	天同证券	28950000	17.26	499677000
11	深圳	000787	创智增发	05-14-02	06-04-02	西南证券	51060000	9.40	479964000
12	深圳	000958	东热增发	05-23-02	06-12-02	长城证券	49150000	11.60	570140000
13	深圳	000402	金融增发	07-31-02	08-21-02	国泰君安证券	21450000	19.58	419991000
14	深圳	000700	模塑增发	09-12-02	10-11-02	兴业证券	30000000	13.60	408000000
15	深圳	000032	桑达增发	10-10-02	10-30-02	银河证券	18460000	13.98	258070800
16	深圳	000709	唐钢增发	10-15-02	11-05-02	西南证券	150000000	6.06	909000000
17	深圳	000792	盐湖增发	10-24-02	11-13-02	大鹏证券	35000000	12.20	427000000
18	深圳	000727	华科增发	11-22-02	12-16-02	联合证券	45418737	6.00	272512422
19	深圳	000655	华陶增发	11-27-02	12-17-02	华安证券	17240000	9.10	156884000
20	上海	600074	南京中达	01-21-02	02-08-02	北京证券	45000000	8.76	394200000
21	上海	600091	明天科技	05-28-02	06-17-02	平安证券	110000000	8.82	970200000
22	上海	600606	金丰投资	04-04-02	04-23-02	兴业证券	57200000	11.55	660660000
23	上海	600641	中远发展	01-26-02	03-01-02	国通证券	80000000	8.87	709600000
24	上海	600642	申能股份	01-30-02	03-05-02	广发证券	160000000	10.50	1680000000
25	上海	600716	耀华玻璃	09-03-02	09-19-02	华夏证券	24300000	7.30	177390000
26	上海	600780	通宝能源	11-19-02	12-03-02	东方证券	75285714	7.00	526999998
27	上海	600827	友谊股份	05-09-02	05-27-02	南方证券	37000000	14.50	536500000
28	上海	600860	北人股份	12-30-02	01-16-03	招商证券	22000000	7.00	154000000
29	上海	600887	伊利股份	08-17-02	09-10-02	兴业证券	48961424	16.85	824999994

数据来源:上海、深圳证券交易所

Source:Shanghai Shenzhen Stock Exchange

5-26　2002年上市公司职工股上市一览表
Summary for Staff Shares of Listed Companies in 2002

年月 Month	交易所 Exchange	公司代码 Code	公司简称 Companies	上市日期 Data	上市内部职工股数 Negotiable Staff Shares	总股本 Total Shares	未流通股本 Non-Negotiable Shares	已流通股合计 Negotiable Shares
200204	深圳	0922	阿继电器	20020426	24000000	175550000	96550000	79000000
200205	深圳	0915	声乐股份	20020517	16030000	90336000	44306000	46030000
200207	深圳	0926	福星科技	20020708	29172000	266695000	166023000	100672000
200207	深圳	0090	深天健	20020710	25200000	223261600	140061600	83200000
200207	深圳	0921	科龙电器	20020718	84501000	992006563	337915755	654090808
200208	深圳	0949	新乡化纤	20020819	35821000	490571412	304750412	185821000
200208	深圳	0952	广济药业	20020820	20767600	171226000	100458400	70767600
200209	深圳	0953	河池化工	20020903	8695325	196039625	121344300	74695325
200209	深圳	0939	凯迪电力	20020906	11566800	216300000	110233200	106066800
200209	深圳	0957	中通客车	20020920	45377402	238504949	112127547	126377402
200212	深圳	0655	华光陶瓷	20021230	17120344	162033984	87312706	74721278
200208	上海	600149	邢台轧辊	08-09-02	43200000	305640000	181440000	124200000
200203	上海	600173	牡丹江	03-21-02	21515500	230000000	128484500	101515500
200203	上海	600175	美都控股	03-25-02	14000000	106680000	66000000	40680000
200204	上海	600182	桦林轮胎	04-12-02	50000000	340000000	170000000	170000000
200205	上海	600190	锦州港	05-09-02	138000000	946500000	552000000	394500000
200203	上海	600200	江苏吴中	03-11-02	4500000	277200000	152100000	125100000
200204	上海	600202	哈空调	04-26-02	31616000	223392000	131776000	91616000
200207	上海	600208	中宝股份	07-10-02	21000000	209033578	123033578	86000000
200207	上海	600212	江泉实业	07-08-02	80901600	254193600	101792000	152401600
200207	上海	600215	长春经开	07-29-02	75360000	306000000	140640000	165360000
200208	上海	600216	浙江医药	08-13-02	19047200	450060000	317912800	132147200
200209	上海	600219	南山实业	09-10-02	60000000	257000000	122000000	135000000
200211	上海	600221	海南航空	11-25-02	64800000	730252801	281615036	448637765
200209	上海	600223	万杰高科	09-13-02	68315000	536250000	324935000	211315000
200210	上海	600225	天香集团	10-18-02	18998250	201000000	114501750	86498250
200209	上海	600238	海南椰岛	09-20-02	24000000	166000000	92000000	74000000
200209	上海	600239	红河光明	09-02-02	18930240	177338160	82807920	94530240
200212	上海	600286	国光瓷业	12-09-02	33120000	114000000	38880000	75120000

数据来源：上海、深圳证券交易所
Source：Shanghai Shenzhen Stock Exchange

5-27 上海证券交易所上市公司名录

代码 Code	股票简称 Shares Abbreviation	公司全称 Companies	主营业务范围 Fields
600000	浦发银行	上海浦东发展银行股份有限公司	金融与信托投资业务。
600001	邯郸钢铁	邯郸钢铁股份有限公司	黑色金属产冶炼、钢坯、钢材轧制;烧结矿冶炼;诊断炭及副产品制造;机械备件加工及维修。
600002	齐鲁石化	中国石化齐鲁股份有限公司	石油化工产品及无机化工产品的生产、加工、销售及科研开发和综合技术服务。
600003	东北高速	东北高速公路股份有限公司	公路开发、建设管理、养护、经营。
600005	武钢股份	武汉钢铁股份有限公司	冶金产品及副产品、钢铁延伸产品制造;冶金产品和技术开发、咨询和服务。
600006	东风汽车	东风汽车股份有限公司	开发、设计、生产、销售汽车、汽车发动机及其零部件、铸件。
600007	中国国贸	中国国际贸易中心股份有限公司	写字楼、宾馆、公寓、商场、展览厅、会议厅、停车场的出租、服务;提供住宿、餐饮等。
600008	首创股份	北京首创股份有限公司	公用基础设施的投资及投资管理;高科技产品的技术开发、技术咨询、技术转让、技术服务。
600009	上海机场	上海国际机场股份有限公司	为国内外航空运输企业、过港和转港旅客提供过港服务和地面运输服务;经营、出租候机。
600010	钢联股份	内蒙古包钢钢联股份有限公司	
600011	华能国际	华能国际电力股份有限公司	投资、建设、经营管理电厂;开发、投资、经营以出口为主的其他相关企业。
600016	民生银行	中国民生银行股份有限公司	
600018	上港集箱	上海港集装箱股份有限公司	集装箱装卸、储存、拆装箱;水陆运输、中转、多式联运;货运代理、船务代理、信息及管理。
600019	宝钢股份	宝山钢铁股份有限公司	钢铁冶炼、加工、电力、煤炭、工业气体生产、码头、仓储、运输等与钢铁相关的业务等。
600026	中海发展	中海发展股份有限公司	沿海、远洋、长江货物运输、国际旅客运输、船舶租赁、货物代理、代运业务,船舶买卖、集装箱修造、船舶配件。
600028	中国石化	中国石油化工股份有限公司	
600033	福建高速	福建发展高速公路股份有限公司	
600036	招商银行	招商银行股份有限公司	吸收公众存款;发放短期、中期和长期贷款;办理结算;办理票据贴现;发行金融债券;代理发行、代理兑付。
600037	歌华有线	北京歌华有线电视网络股份有限公司	
600038	哈飞股份	哈飞航空工业股份有限公司	航空产品及零部件的开发、设计研制、生产和销售,航空科学技术开发、咨询、服务等。
600050	中国联通	中国联合通信股份有限公司	电信业的投资。
600051	宁波联合	宁波联合集团股份有限公司	能源、交通、通讯项目及市政基础设施的开发与建设;高新技术项目及产品投资开发生产。
600052	浙江广厦	浙江广厦股份有限公司	房屋建筑、建筑材料、建筑机械、服装的制造、销售,水电设备安装、家电销售。
600053	江西纸业	江西纸业股份有限公司	纸及纸制品、纸浆、造纸机械、造纸原料。
600054	黄山旅游	黄山旅游发展股份有限公司	旅游接待、服务,旅游商品开发、销售,旅游运输,饮食服务,旅游资源开发等。
600055	万东医疗	北京万东医疗装备股份有限公司	各类医疗器械的生产和销售。
600056	中技贸易	中技贸易股份有限公司	自营和代理除国家组织统一联合经营的 16 种出口商品和国家核定公司经营的 14 种进口商品。

List of Listed Companies in Shanghai Stock Exchange

行业代码 Industries Code	董事长 Board Chairman	地址 Address	电话 Telephone Number	邮编 Zipcode
I01	张广生	上海市浦东新区浦东南路500号	63611226	
C65	刘汉章	河北省邯郸市复兴路232号	0310-6075599	056015
C41	王延康	山东省淄博市临淄区桓公路北阳坡路西	0533-3583728	255408
F11	张晓光	吉林省长春市人民大街122号	0431-4622168	
C65	刘本仁	武汉市青山区沿港路3号	027-86306023	
C75	苗　圩	湖北省襄樊市高新技术产业开发区	0710-3396805	
K39	杨文生	北京市朝阳区建国门外大街1号	010-65053206	
K01	刘晓光	北京市朝阳区北三环东路8号静安中心7层	010-64689035	
F11	杜春才	上海市虹桥路2550号	62688899＊66011	200335
C65	林东鲁	内蒙古自治区包头市昆区河西工业区	0472-2105037	
D01	李小鹏	北京市西城区复兴门南大街丙2号(天银大厦C段西区)	010-66491009	
I01	经叔平	北京市东城区正义路四号	010-65269592	
F11	陈戌源	上海市军工路4049号	56443578	
C65	谢企华	上海市宝山区富锦路果园	26647000	
F07	李克麟	上海市源深路168号	65966865	200120
B03	李毅中	北京朝阳区惠新东街甲6号	010-64990060	
F03	唐建辉	福州市杨桥东路118号宏杨新城2座	0591-7612843	
I01	秦　晓	深圳市福田区深南大道7088号	075583195105	518040
L20	高峰倩	北京市海淀区皂君庙甲2号	010-82085826	
C75	崔学文	哈尔滨市高新技术开发区集中开发区34号楼	0451-6528350	
G85	杨贤足	北京市东城区建国门内大街18号办三6层	010-66504409	100005
M	周孝成	宁波小港联合大楼	0574-86221609	315803
J01	楼忠福	浙江杭州市保亻叔路221号二号综合楼	0571-87963858	310007
C31	宗伟民	江西南昌市董家窑112号	0791-8624842	330006
K34	胡学凡	安徽黄山市黄山风景区温泉	0559-5561113	242709
C73	许家驹	北京建国门外郎家冈6号	010-65682598	100022
H21	何国忠	北京海淀区西三环北路21号六凌公寓楼	010-68404720	100081

续表1

代码 Code	股票简称 Shares Abbreviation	公司全称 Companies	主营业务范围 Fields
600057	ST 厦 新	厦门厦新电子股份有限公司	声像电子产品及其他机械电子产品开发、制造;房地产开发与经营;旅馆,餐饮,批发等。
600058	龙腾科技	五矿龙腾科技股份有限公司	进出口贸易、国内贸易、高新科技、金融、国际招标、国际货运、货代、仓储、酒店经营等。
600059	古越龙山	浙江古越龙山绍兴酒股份有限公司	绍兴黄酒的生产和销售。
600060	海信电器	青岛海信电器股份有限公司	电视机制造、广播电视设备及电子计算机制造;通讯产品制造;信息技术产品制造。
600061	中纺投资	中纺投资发展股份有限公司	纺织原材料;纺织新型材料;纺织品;特种纤维;跨行业新材料的开发;生产,批发,零售,代购。
600062	双鹤药业	北京双鹤药业股份有限公司	加工、制造制剂药品、化学、生物医药原料、医药包装材料。
600063	皖维高新	安徽皖维化纤化工股份有限公司	聚乙烯醇、高强高模聚乙醇纤维、聚乙烯醇强力纱、醋酸乙烯乳液醋酸乙烯、高档面料。
600064	南京高科	南京新港高科技股份有限公司	高新技术产业投资、开发;市政基础设施建设;土地成片开发;建筑安装工程;商品房开发等。
600065	大庆联谊	大庆联谊石化股份有限公司	石油炼制、石油开采、石油化工等产品及国内商业(国家限制、禁止商品除外)。
600066	宇通客车	郑州宇通客车股份有限公司	客车及配件,附件制造,机械加工;汽车及其配件,附件销售,五金交电,化工产品,百货。
600067	福州大通	福州大通机电股份有限公司	电磁线、高低压架空线、电缆、信息传输线、无氧铜杆、机械、电器、自动化仪表。
600068	葛 洲 坝	葛洲坝股份有限公司	建筑工程承包施工和水泥生产等。
600069	银鸽投资	河南银鸽实业投资股份有限公司	纸张、纸浆及其深加工产品,电,房地产开发;餐饮服务;百货,工业生产资料;技术服务等。
600070	浙江富润	浙江富润股份有限公司	针纺织品、绢纺、精纺呢绒、服装、印染、纺织原料及药品等。
600071	凤凰光学	凤凰光学股份有限公司	光学镜头、照相器材、望远镜、钢片快门、水晶饰品、光学加工、机械加工。
600072	江南重工	江南重工股份有限公司	生产钢结构工程、压力容器工程、工业性作业等。
600073	上海梅林	上海梅林正广和股份有限公司	资产经营,电子商务,信息采集,信息加工,信息发布,经济信息服务,食品,食品用原辅料。
600074	南京中达	南京中达制膜(集团)股份有限公司	生产、销售双向拉伸聚酯薄膜(BOPET)、双向拉伸聚丙烯膜(BOPP)、聚乙烯薄膜(PE)等。
600075	新疆天业	新疆天业股份有限公司	从事农膜、农用塑料管材、PVC 食品与烟草包装膜、烧碱、硫酸、盐酸等塑料制品。
600076	青鸟华光	潍坊北大青鸟华光科技股份有限公司	电子出版系统及光机电一体化设备、计算机及应用系统、程控交换机等。
600077	国能集团	辽宁国能集团(控股)股份有限公司	电子通讯产品;半导体材料及半导体制冷产品;核能检测设备;干燥设备,一、二类压力容器。
600078	澄星股份	江苏澄星磷化工股份有限公司	专业从事绢纺丝绸的纺织、炼整、染色、砂洗、印花、制衣和出口贸易等一体化生产经营。
600079	人福科技	武汉人福高科技产业股份有限公司	化工、生物工程、电子、通信、新材料、光机电一体化等技术及产品的开发、研制、技术服务等。
600080	金花股份	金花企业(集团)股份有限公司	生物制药、旅游开发、影视及软件开发等。
600081	东风科技	东风电子科技股份有限公司	研究、开发、制造发动机电喷系统部件、ABS 防抱死制动系统部件等汽车电子系统产品。
600082	ST 海 泰	天津海泰科技发展股份有限公司	设计、制作、宣传广告;日用电子器具、日用机械、首饰修理及改制;中餐、快餐;提供信息。

Continued 1

行业代码 Industries Code	董事长 Board Chairman	地址 Address	电话 Telephone Number	邮编 Zipcode
C55	师金泉	福建厦门市体育路45号	0592-5058123＊3557	361012
H21	苗耕书	北京市朝阳区安慧里4区15号楼	010-68494208	100101
C05	邱仁甫	浙江省绍兴市北海桥	0575-5158435	312000
C55	于淑珉	山东青岛市江西路11号	0532-3863463	266071
C47	常俊传	上海浦东商城路219号胜康廖市大厦	010-64958201	200120
C81	乔俊峰	北京朝阳区建国门外光华路九号	010-65060077＊2190/2191	100020
C47	陈信生	安徽省巢湖市北郊	0565-2317280	238002
J01	梁学忠	南京高新技术产业开发区新港高科园	025-5800923	210038
C41	刘　凯	大庆市沙尔图区胜利村	0459-6717944	167001
C75	路法尧	河南省郑州市凤凰路7号	0371-6806316	450004
C76	韩国龙	福州市福马路81号	0591-3350029	350011
E01	张　野	湖北省宜昌市清波路10号	0717-6711969	443002
C31	谢　宁	河南省漯河市人民东路95号	0395-2355611	462000
C11	赵林中	浙江省诸暨市安平路42号	0575-7222043	311800
C78	任　捷	江西省上饶市光学路	0793-8259547	334000
C73	孙鉴政	上海市浦东东方路1369号	021-63151818＊4554	200011
C03	吕永杰	上海市浦东金桥出口加工区奥黛莉路555号	021-65419725	201206
C49	张国平	南京恒皋桥万寿村94号	025-4711201	210028
A01	郭庆人	新疆石河子北一路西	0993-2866164	832000
G81	许振东	山东省潍坊市东风东街272号	0536-2991601	261041
C81	刘顺兴	辽宁省铁岭市银州区汇工街98号	010-82847335	110014
C43	李　兴	江苏省宜兴市太华镇杨店	0510-6281316＊431/432	214432
M	艾路明	武汉市洪山区珞瑜路6号珞瑜饭店四楼	027-87597232	430074
C81	吴一坚	陕西西安市振兴路1号	029-8404118	710068
C75	欧阳洁	上海浦东新区新川路293号	021-62033003	200063
J01	任学锋	天津市和平区和平路172-176号	022-23078897	300020

续表 2

代码 Code	股票简称 Shares Abbreviation	公司全称 Companies	主营业务范围 Fields
600083	ST 红 光	成都福地科技股份有限公司	电子元器件和电子整机,广播通信设备,工业气体,电光源,电子工业专用设备及材料。
600084	新天国际	新天国际经贸股份有限公司	承包境外工程及境内国际招标工程;上述境外工程所需的设备、材料和零配件的出口;种植。
600085	同 仁 堂	北京同仁堂股份有限公司	制造、销售中成药、西药饮片、中药材、营养保健品、卫生保健品、化妆品等。
600086	多佳股份	湖北多佳股份有限公司	纺织品、服装制造与销售;五金交电、百货、建筑材料、钢材批发与零售;公路货物运输。
600087	南京水运	南京水运实业股份有限公司	石油及制品、化学制品及其它货物仓储运输;船舶代理;船舶技术服务;修理;拆船;工业。
600088	中视传媒	中视传媒股份有限公司	从事影视基地的开发和经营,影视设备租赁,旅游商品销售等。
600089	特变电工	新疆特变电工股份有限公司	变压器、电线电缆、电子灭菌设备、矿用非标准设备等的制造与销售。
600090	啤 酒 花	新疆啤酒花股份有限公司	啤酒花、啤酒花制品、啤酒大麦、香精香料及其他农副产品的生产、加工、销售。房地产。
600091	明天科技	包头明天科技股份有限公司	基础化工原料产品,信息产业,远程网络教育,环保设备的生产和销售,参股银行业等。
600092	精密股份	陕西精密合金股份有限公司	金属材料及元器件的生产、加工、销售;国内贸易(国家法律、法规禁止生产和经营的除外)。
600093	禾嘉股份	四川禾嘉股份有限公司	优质小麦、水稻种子培育及种植,蔬果及其他农副产品加工、销售;食品加工机械的设计等。
600094	华源股份	上海华源股份有限公司	从事瓶级聚酯切片、涤纶长丝、涤锦复合丝、织造、特种复合面料、成衣生产与销售。
600095	哈 高 科	哈尔滨高科技(集团)股份有限公司	从事高新技术产品开发、生产、销售;提供技术咨询、技术服务;开发区内土地开发。
600096	云 天 化	云南云天化股份有限公司	化肥、化工产品、化工原料的产生、销售等。
600097	华立科技	浙江华立科技股份有限公司	芒果种植与销售、芒果原浆生产与销售及“园之梦”系列饮料的生产与销售。
600098	广州控股	广州发展实业控股集团股份有限公司	从事电力产业项目的设计、投资、工程总承包建设、生产、管理、销售;从事基础设施项目。
600099	林海股份	林海股份有限公司	摩托车发动机、摩托车、小型汽油机和营林机械及其他普通机械的生产和销售。
600100	清华同方	清华同方股份有限公司	计算机及信息技术、人工环境控制及工程设备、仪器仪表及光一机一体化、精细化工等。
600101	明星电力	四川明星电力股份有限公司	电力生产供应、送变电工程、线路及设备安装,自来水生产供应,宾馆服务等。
600102	莱钢股份	莱芜钢铁股份有限公司	生铁、钢锭、钢坯、钢材、大锻件、水渣、炼焦化产品及炼钢副产品等产品的生产、销售。
600103	青山纸业	福建省青山纸业股份有限公司	纸袋纸、塔尔油、松节油的生产、销售。工业生产资料,百货、日用杂货。
600104	上海汽车	上海汽车股份有限公司	汽车、摩托车、拖拉机等各类机动车整车、总成及零部件、物业管理、国内贸易、咨询服务。
600105	永鼎光缆	江苏永鼎股份有限公司	通信电缆、通信光缆及其他通信设备、铜丝的制造、销售。
600106	重庆路桥	重庆路桥股份有限公司	重庆市牛角沱嘉陵江大桥、长江石板坡大桥经营维护管理,桥梁建设和基础设施建设维护等。

Continued 2

行业代码 Industries Code	董事长 Board Chairman	地址 Address	电话 Telephone Number	邮编 Zipcode
C51	刘国真	成都建设南支路 4 号	0769-2906116	610051
H21	岳志荣	新疆乌鲁木齐市五星路 15 号	0991-2312439	830002
C81	殷顺海	北京崇文区东兴隆街 52 号	010-67056924	100062
C13	杨立康	湖北鄂州市武昌大道 298 号	0711-3873228	436000
F07	刘锡汉	南京市中山北路 241 号十楼	025-3720378	210009
L10	吴达审	江苏省无锡市漆塘 1 号	0510-5555168	214081
C76	张新	新疆昌吉市延安南路 52 号	0994-2724766	831100
C01	艾沙由夫	乌鲁木齐市民主路 81 号	991-2835219	830002
C43	段新连	包头市火车站南	0472-2207068	014013
C67	徐 伟	西安高新技术产业开发区高新一路 19 号	029-4610536	710077
A01	夏朝嘉	成都高新技术开发区第九区	028-85155498	610041
C47	吴云生	上海浦东张杨路 655 号	021-58787570/58799888 * 262	200120
C01	张 勤	哈尔滨市南岗区高新技术产业开发区 26 号楼	0451-4348065	150036
C43	李如岗	云南省水富县	0870-8664318	657800
C76	汪力成	海南省海口市国贸大道 45 号银通大厦	0571-88471777	570102
D01	杨丹地	广州市麓景路 3 号 17-19 楼	020-83606548	510091
C75	陆海民	江苏省泰州市泰九路 14 号	0523-6551888	225300
G87	荣泳霖	北京市海淀区清华园	010-62789888	100084
D01	张廷安	四川遂宁市大东街 18 号	0825-2210076	629000
C65	李名岷	山东省莱芜市钢城	0634-6820601	271104
C31	黄国英	福建省福州市马尾经济技术开发区君竹路	0591-7588133	350013
C75	陈祥麟	上海市淮海中路 755 号	50803808-	200020
G81	顾云奎	江苏吴江芦墟镇汾湖经济技术开发区	0512-63272395	215211
F11	方纪中	重庆市渝中区上清寺路 112 号 9 楼	023-62803632	400015

续表 3

代码 Code	股票简称 Shares Abbreviation	公司全称 Companies	主营业务范围 Fields
600107	美 尔 雅	湖北美尔雅股份有限公司	纺织原材料、服装、纺织服装及辅料制造；批发零售办公自动化设备、仪器仪表、五金交电。
600108	亚盛集团	甘肃亚盛实业(集团)股份有限公司	高科技农业新技术、新产品开发、加工；农副产品的种植，无机盐及其副产品的生产等。
600109	ST 成 百	成都百货(集团)股份有限公司	批发零售日用百货、针纺织品、五金交电、办公机械等。
600110	中科英华	中科英华高技术股份有限公司	研制和销售热缩材料、高分子材料、电线电缆、电工器材、非标设备；进行辐照加工等。
600111	稀土高科	内蒙古包钢稀土高科技股份有限公司	稀土精矿、稀土深加工产品、稀土新材料的生产、销售；稀土高科技应用产品的开发、生产。
600112	长征电器	贵州长征电器股份有限公司	高低压电器成套装置、高低压电器元件的生产和销售。
600113	浙江东日	浙江东日股份有限公司	离心浇铸玻璃钢大口径管道、管接头、管配件生产和灯具市场的租赁经营。
600115	东方航空	中国东方航空股份有限公司	国内和经批准的国际、地区航空客、货、邮、行李运输业务及延伸服务；航空器维修。
600116	三峡水利	重庆三峡水利电力(集团)股份有限公司	发电、供电、供水、水产养殖。
600117	西宁特钢	西宁特殊钢股份有限公司	特殊钢冶炼及压延、机械设备制造、来料加工、副产品出售，科技咨询服务等。
600118	中国卫星	中国天地卫星股份有限公司	旅游资源和旅游设施的投资、开发、建设、经营；经销全国旅游待业所需的商品、物资等。
600119	长江投资	长发集团长江投资实业股份有限公司	实业投资、国内贸易(除专项审批之外)、房地产、信息咨询服务。
600120	浙江东方	浙江东方集团股份有限公司	进出口贸易(按经贸部核定目录经营)、进口商品的国内销售、仓储、运输，实业投资开发。
600121	郑州煤电	郑州煤电股份有限公司	煤炭生产及销售、发电及输变电以及煤炭、电力机械设备安装、建材、运输、商贸、技术。
600122	宏图高科	江苏宏图高科技股份有限公司	计算机软件、系统集成及网络设备，激光影碟机产品，通信设备等产品的开发、生产与销售。
600123	兰花科创	山西兰花科技创业股份有限公司	煤炭、型煤、型焦。化工产品(不含火工品)、建筑材料的生产、销售。
600125	铁龙股份	大连铁龙实业股份有限公司	铁、公、水路运输服务；仓储；旅游；货物装卸；混凝土加工；煤炭销售。
600126	杭钢股份	杭州钢铁股份有限公司	钢、铁及其压延产品的生产和销售，最终产品有建筑用钢材和工业用钢。
600127	金健米业	湖南金键米业股份有限公司	开发、生产、销售粮油及制品、饲料及饲料原料、新型食品、食品包装材料，提供旅游服务。
600128	弘业股份	江苏省弘业股份有限公司	工艺品等商品的进出口业务，接受委托、代理上述进出口业务，承办中外合资业务等。
600129	太极集团	重庆太极实业(集团)股份有限公司	中成药、西药、保建用品、医疗包装制品、医疗器械产销及中药材药用包装的进出口业务。
600130	波导股份	宁波波导股份有限公司	电子通讯产品、通讯系统、计算机及配件、现代办公设备和太阳能电源的研究开发、制造。
600131	岷江水电	四川岷江水利电力股份有限公司	供水、发电、售电、水产养殖及水利、水电设备安装建施工和磷化系列。
600132	重庆啤酒	重庆啤酒股份有限公司	啤酒生产、销售等。
600133	东湖高新	武汉东湖高新集团股份有限公司	高新技术产品的开发、研制、技术服务及咨询、开发产品的销售；科技工业园开发及管理。

Continued 3

行业代码 Industries Code	董事长 Board Chairman	地址 Address	电话 Telephone Number	邮编 Zipcode
C13	罗日炎	湖北省黄石市消防路 29 号	0714-6360298	435003
A01	周长生	甘肃省金塔县解放路 128 号	0931-8471961	730030
H01	赵　路	四川省成都市大慈寺路 83 号	028-86652215,86664151	610016
C99	王利祥	吉林省长春市人民大街 159 号	0431-5161007	130022
C67	崔　臣	内蒙古包头市稀土高新技术产业开发区	0472-2207766	014030
C76	唐　勇	贵州省遵义市上海路 100 号	0852-8622952	563002
C99	滕增寿	浙江省温州市矮凳桥 92 号	0577-88835216	325003
F09	叶毅干	上海市虹桥路 2550 号	62686268	200335
D01	邹小剑	重庆万县市鸽子沟 72 号	023-63801161	404000
C65	陈显刚	青海省西宁市柴达木西路 52 号	0971-5299089	810005
C99	芮晓武	北京市东三环北路 1 号	010-68768890;68371188-890	100027
M	居　亮	上海浦东向城路 100 号	68407009	200120
H21	刘宁生	浙江省杭州市广春路 199 号	0571-87215009	310006
D01	李国安	河南郑州航海西路金苑小区	0371-6591159	450052
G81	刘小峰	江苏南京高新技术产业开发区 03 栋 2 楼	025-3300922	210003
B01	贺贵元	山西	0356-2040123	048000
F01	张　伟	大连市高新技术产业园区七贤岭产业化基地	0411-2810881	116001
C65	童云芳	浙江省杭州市牛山市 132 号	0571-88132917	310022
C01	郑治文	湖南省常德市大高山街 26 号	0736-7308643	415000
H21	刘绥芝	江苏南京明瓦廊 131 号	025-2308738	210005
C81	白礼西	重庆涪陵市建设路 68 号	023-63725956	408000
G81	余红艺	奉化市城山路 99 号	0574-88918855	315500
D01	龙功才	四川省汶川县下索桥	028-87731485	610072
C05	华正兴	重庆市石桥铺石杨路 16 号	023-68629476	630039
M	黄立平	湖北省武汉市珞瑜路 200-1 号	027-87561433	430074

续表 4

代码 Code	股票简称 Shares Abbreviation	公司全称 Companies	主营业务范围 Fields
600135	乐凯胶片	乐凯胶片股份有限公司	彩色胶卷、彩色相纸、彩色电影胶片等彩色感光材料产品的生产、科研、销售及相关业务。
600136	道博股份	武汉道博股份有限公司	螺旋藻制品、羊绒制品、电子及环境工程的研究、开发、生产与销售;其他高新技术研究。
600137	ST 长 控	四川长江包装控股股份有限公司	机制纸、水泥纸袋、造纸技术攻关及咨询服务,造纸仪器。一类汽车修理、造纸机械安装。
600138	中 青 旅	中青旅控股股份有限公司	从事旅游、高科技、风险投资、证券行业的投资;经营入境旅游、国内旅游等。
600139	鼎天科技	鼎天科技股份有限公司	电工专用设备、金属制品、普通机械、电器机械及器材、拖拉机配件、汽车配件加工销售。
600141	兴发集团	湖北兴发化工集团股份有限公司	磷化工系列产品、电石产品、元明粉、免烧砖、编织袋的制造、销售;百货、副食品等。
600145	四维瓷业	重庆四维瓷业股份有限公司	制造和销售普通与工业陶瓷产品、复合材料浴缸、灰沙砖、水泥预制件及其原辅材料。
600146	大元股份	宁夏大元化工股份有限公司	燃料油、液化气、重油、石脑油、氢氧化钾、聚丙烯等。
600148	离 合 器	长春一东离合器股份有限公司	生产和销售重、中、客、轻、轿、微等各种型号的汽车离合器,农用车离合器。
600149	邢台轧辊	邢台轧辊股份有限公司	各类轧辊的设计制造及销售;大型铸、锻件的生产销售;机械设备及备件的设计与制造;钢坯。
600150	沪东重机	沪东重机股份有限公司	船用柴油机及备配件、铸锻件的设计、制造、销售;陆用电站、冶金设备、工程机械等。
600151	航天机电	上海航天汽车机电股份有限公司	汽车空调器、传感器、电机、自动天线等汽车零部件、机械加工及设备、电子电器、通讯。
600152	维科精华	宁波维科精华集团股份有限公司	生产涤纶缝纫线、人造丝绣花线、高档纯棉丝光烧毛纱线、纱包线、针织衫等。
600153	厦门建发	厦门建发股份有限公司	进出口贸易、港口贸易配套服务、临港工业基地建设于一体的港口经济。
600155	宝硕股份	河北宝硕股份有限公司	PE 农地膜、包装薄膜、pvc 管材管件、pvc 异型材及塑钢门窗、氯碱产品的生产和销售。
600156	益 鑫 泰	湖南华升益鑫泰股份有限公司	苎麻纺织品、服装及维尼纶系列产品的生产、销售与出口。
600157	鲁润股份	泰安鲁润股份有限公司	润滑油、油脂添加剂的生产、加工、销售;液化气批发、零售;装饰装潢业、房地产开发。
600158	中体产业	中体产业股份有限公司	体育产品的生产、加工、经销、体育场馆设施的建设、开发、经营;体育商品的国内贸易等。
600159	宁城老窖	内蒙古宁城老窖生物科技股份有限公司	酒类系列产品、天然保健饮品生产与销售;酒配套包装系列、饲料加工与销售;农副产品。
600160	巨化股份	浙江巨化股份有限公司	氟化工原料及后续产品、基本化工原料及后续产品和化肥、农药的生产与销售。提供有关技术服务。
600161	天坛生物	北京天坛生物制品股份有限公司	疫苗、菌苗、类毒素、抗毒素、血液制品、诊断用品、新生物制品的研发、生产和销售。
600162	山东临工	山东临沂工程机械股份有限公司	主要从事"伟力牌"轮式装载机和液压挖掘机的生产与销售。
600163	福建南纸	福建省南纸股份有限公司	新闻纸及其他文化用纸、纸制品、纸浆及副产品、水、电、蒸汽等的生产销售。
600165	宁夏恒力	宁夏恒力钢丝绳股份有限公司	钢丝绳、钢绞线等金属制品的生产与销售、冶金建筑安装、建筑材料加工与生产。

Continued 4

行业代码 Industries Code	董事长 Board Chairman	地址 Address	电话 Telephone Number	邮编 Zipcode
C43	杜昌焘	河北省保定国家高新技术产业开发区	0312-3227901＊2899	071054
M	杨　真	武汉经济技术开发区Ⅲ-5地块	027-82702848	430020
C31	陈　瑜	四川省宜宾市马鞍石	0831-7115013	644004
K34	张　骏	北京市海淀区知春路128号泛亚大厦8层	010-65686690,010-65679900-7302	100006
G83	陈亚平	四川省德阳市华山北路114号	0838-2826498	618000
C43	丁祥先	湖北省兴山县峡口镇平邑口	0717-2582609	
E05	陈宗云	重庆市江津市油溪镇	023-61088888	
C41	王朝刚	银川经济开发区经天东路南侧8号	(0951)2024921-6427,6168	750021
C75	刘兴德	吉林长春繁荣路17-1号	0431-5173591＊224	130012
C71	赵建鹏	河北省邢台市新兴西路1号	0319-2116168	
C73	杨家丰	上海市浦东大道2851号	021-58461891	200129
C75	赵元昌	上海浦东新区商城路660号	64827176	200120
C11	何承命	浙江省宁波市长春路60号	0574-87343916	315010
H21	王宪榕	厦门鹭江道海滨大厦六楼	0592-2132319	361001
C49	周　山	河北保定国家高新技术产业开发区朝阳北路	0312-3109607	071051
C11	刘郁文	湖南长沙建湘路131号	0731-5215526	410015
M	郭松峰	山东省泰安市青年路中段	0538-8201817	271000
K99	魏纪中	天津新技术产业园区武清开发区3号路	010-65536158-121	100061
C05	马德海	内蒙古赤峰市宁城县八里罕	0476-4800807	024231
C43	刘　奇	浙江省衢州市柯城区	0570-3091704	324004
C85	倪道明	北京市海淀区紫竹院17号	010-65772354	100024
C73	王志中	山东省临沂市金雀山路17号	0539-8308809	276004
C31	黄国英	福建省南平市淡江北路177号	0599-8808805	353000
C69	李礼善	宁夏石嘴山市石嘴山区河滨街	0952-3671240	753202

续表 5

代码 Code	股票简称 Shares Abbreviation	公司全称 Companies	主营业务范围 Fields
600166	福田汽车	北汽福田汽车股份有限公司	农用车、柴油汽车、摩托车、机械电器设备的技术开发、技术转让、技术咨询、技术服务。
600167	沈阳新开	沈阳新区开发建设股份有限公司	研究、设计、制作高中档服装、精粗毛纺织品生产。
600168	武汉控股	武汉三镇实业控股股份有限公司	城市给排水、污水综合治理;道路桥梁、供气、供电、通讯等基础设施的投资、建设和经营。
600169	太原重工	太原重工股份有限公司	制造销售火车轴、冶金、轧钢、锻压、起重、非标设备、加压气化炉;压力容器,工矿配件。
600170	上海建工	上海建工股份有限公司	各类建设工程总承包、设计、施工、咨询、设备、材料、构配件生产、经营、销售等。
600171	上海贝岭	上海贝岭股份有限公司	集成电路分立器件、相关模块和多媒体信息系统配套产品的设计、制造、销售与技术服务。
600172	黄河旋风	河南黄河旋风股份有限公司	人造金刚石,人造金刚石磨料磨具磨削及其他金刚石制品,建筑、装修磨削机具。
600173	牡 丹 江	牡丹江水泥股份有限公司	生产和销售硅酸盐水泥、特种水泥及水泥制品。
600175	美都控股	美都控股股份有限公司	旅游业开发、海洋资源开发、现代农业开发、餐饮娱乐服务、房地产开发经营、创储业等。
600176	中国化建	中国化学建材股份有限公司	玻璃纤维及其制品,建筑塑料制品的研究、开发、生产与销售,公用及民用建筑功能材料销售。
600177	雅 戈 尔	雅戈尔集团股份有限公司	服装服饰产品的设计、制造、销售及进出口贸易等。
600178	东安动力	哈尔滨东安汽车动力股份有限公司	微型汽车发动机、变速器、零部件及相关产品的研制、生产、销售及售后服务。
600179	黑化股份	黑龙江黑化股份有限公司	焦炭及焦化产品、化肥产品、石油加工产品、聚氯乙烯、多孔硝酸铵、甲醇、阻聚剂。
600180	九发股份	山东九发食用菌股份有限公司	食用菌菌种的培育,食用菌产品的养殖、加工、销售,生物制品的生产销售,包装物料的生产。
600181	云大科技	云大科技股份有限公司	植物生长调节剂及生化制品的生产、开发、经营销售;农业机械,农药的经营、开发、生产。
600182	桦林轮胎	桦林轮胎股份有限公司	生产销售轮胎、轮胎原辅材料,生产橡胶工业专用设备,技术咨询。
600183	生益科技	广东生益科技股份有限公司	生产、销售敷铜板和粘结片、印刷线路板、陶瓷电子原件、液晶产品、电子级玻璃布等。
600185	海星科技	西安海星现代科技股份有限公司	计算机硬件产品开发、生产、销售、维修;网络工程、系统集成及软件开发;电子通讯器材。
600186	莲花味精	河南莲花味精股份有限公司	味精及其副产品的生产与销售。
600187	黑龙股份	黑龙江黑龙股份有限公司	新闻纸、文化印刷纸和冰雪运动器材的生产与销售;经营本企业自产新闻纸的出口业务等。
600188	兖州煤业	兖州煤业股份有限公司	煤炭的开采、洗选和销售。
600189	吉林森工	吉林森林工业股份有限公司	森林采伐和运输、木材、木制品、人造板、纸。林化产品加工和销售、进出口贸易。
600190	锦 州 港	锦州港股份有限公司	港务管理、港口装卸、水运辅助业(除客货运输)、公路运输、物资仓储;成品油、化工产品。
600191	华资实业	包头华资实业股份有限公司	生产、销售:糖、食用酒精、颗粒粕;销售:电子元器件、制糖机械设备。
600192	长城电工	兰州长城电工股份有限公司	发电、配电、用电及控制成套装置和电器元件系列产品的开发、生产和销售。

Continued 5

行业代码 Industries Code	董事长 Board Chairman	地址 Address	电话 Telephone Number	邮编 Zipcode
C75	安庆衡	北京市朝阳区东环中路 32 号	010-80717181	100025
J01	刘 震	沈阳市皇姑区昆山中路 10 号	024-23904330	110032
D05	谢连和	湖北武汉沌口开发区联发大厦	027-85600546	430015
C73	王国正	山西太原高新技术产业开发区	0351-6361155	030024
E01	徐 征	上海浦东新区浦东大道 710 号	021-68872178	200002
C51	张文义	上海市宜山路 810 号	64853333	200233
C61	乔金岭	河南省长葛市人民路 200 号	0374-6165530	461500
C61	王奎廷	黑龙江省牡丹江市温春镇	0453-6497427	157041
K32	闻掌华	杭州市湖墅南路古河巷 56 号	0898-68536699 * 6633	
C43	朱祖华	北京市海淀区紫竹园南路	010-88411666	
C13	李如成	浙江宁波鄞县石矸镇雅戈尔大街 1 号	0574-87425136	315153
C75	须桐兴	黑龙江哈尔滨南岗区高新技术产业开发区 36 号	0451-6528172	150036
C41	阎树忠	黑龙江齐齐哈尔市富拉尔基区向阳大街 2 号	0452-6817411	161041
A01	蒋绍庆	山东烟台南大街 248 号	0535-6623880	264001
C43	付文明	云南昆明高新技术产业开发区科医路	0871-8315883	650106
C48	孙玉生	黑龙江省牡丹江市	0453-6306990	157032
C76	李 锦	广东省东莞市城万江工业区	0769-2271828 * 8183	511717
K10	荣 海	陕西省西安市高新技术开发区	029-6522162	710004
C03	李怀清	河南省项城市莲花大道 18 号	0394-4298666	466200
C31	张伟东	黑龙江齐齐哈尔市龙沙区长青路 27 号	0452-2816277	161005
B01	赵经彻	山东省邹城市凫山路 40 号	0537-5383310	273500
A03	宋文和	吉林长春人民大街 114 号	0431-8912969	130021
F11	张宏伟	辽宁省锦州市经济技术开发区锦港大街 1 段 1 号	86-416-3586462	121007
C01	张洪新	内蒙古省	0472-4190473	014045
C76	杨书昌	兰州市城关区农民巷 125 号	0931-8415912	730000

续表 6

代码 Code	股票简称 Shares Abbreviation	公司全称 Companies	主营业务范围 Fields
600193	创兴科技	厦门创兴科技股份有限公司	水产品加工、饲料加工业务,海水、淡水养殖,蔬菜、水果的冷冻,保鲜业务,进出口贸易业务。
600195	中牧股份	中牧实业股份有限公司	饲料、饲料添加剂、饲料原料、动物保健品、生物制品、畜禽制品及其副产品的加工、生产。
600196	复星实业	上海复星实业股份有限公司	现代生物医药产品、试剂的开发与生产,生物四技服务,生产销售自身开发的产品和医疗器。
600197	伊 力 特	新疆伊力特实业股份有限公司	白酒生产和销售、农业综合开发,农副产品(粮食收储,批发及棉花除外)加工和销售。
600198	大唐电信	大唐电信科技股份有限公司	各类通信设备和系统(含无线、卫星及移动通信);各类通信终端;计算机硬件,软件,系统集成。
600199	金牛实业	安徽金牛实业股份有限公司	黄牛繁育,饲料、牛肉、皮革及皮件、生化制品及生化药品、人造奶油及精炼食用油。
600200	江苏吴中	江苏吴中实业股份有限公司	服装、工艺美术品,国内贸易,房地产开发,经营。原料药、输液剂、注射剂等制造、销售。
600201	金宇集团	内蒙古金宇集团股份有限公司	生物药品制造、毛纱加工、精纺毛织品制造、高新技术开发应用;经销金额材料(除专营)等。
600202	哈 空 调	哈尔滨空调股份有限公司	空气冷却冷凝设备、高中低压换热器、制冷空调设备、环保除尘设备、散热器制造。
600203	福日股份	福建福日电子股份有限公司	电视机、多媒体电子信息产品、电子计算机终端显示器及配件、电子产品及通讯设备的制造。
600205	山东铝业	山东铝业股份有限公司	氧化铝、氢氧化铝、多品种氧化铝、金属镓、电解铝、铝合金、碳素制品的生产、销售。
600206	有研硅股	有研半导体材料股份有限公司	研究、开发、生产和销售单晶硅、锗,化合物半导体材料及其制品;半导体行业的技术开发等。
600207	安彩高科	河南安彩高科股份有限公司	生产、销售彩色显像管玻壳、彩色显示器玻壳、节能灯、电子玻璃管等。
600208	中宝股份	中宝科控投资股份有限公司	珠宝、黄金饰品生产、加工、批发、零售;珠宝玉器的加工与销售;矿产地质勘查,矿物分析。
600209	罗顿发展	罗顿发展股份有限公司	酒店经营、装饰工程、油品经营和网络设备及通信业。
600210	紫江企业	上海紫江企业集团股份有限公司	生产 PET 瓶及瓶坯等容器包装、各种瓶盖、标签、涂装材料和其他新型包装材料,销售自产产品。
600211	西藏药业	西藏诺迪康药业股份有限公司	生产和销售诺迪康系列药品(口服液、冲剂、胶囊、酊水剂),天然药物制剂的科研、开发等。
600212	江泉实业	山东江泉实业股份有限公司	陶瓷制品、搪瓷制品、金属制品、铸件、建筑材料的生产、销售;技术开发、转让。
600213	亚星客车	扬州亚星客车股份有限公司	客车、特种车、农用车、汽车零部件的开发、制造、销售及维修服务。
600215	长春经开	长春经济技术开发区开发建设(集团)股份有限公司	开发区内城市基础、公益设施的开发建设;开发区内房地产开发建设与经营。
600216	浙江医药	浙江医药股份有限公司	片剂、胶囊剂、口服液、注射剂、滴服剂、原料药的生产,化学原料药、化学药、抗生素制。
600217	秦岭水泥	陕西秦岭水泥股份有限公司	水泥、水泥熟料及水泥深加工产品、水泥生产及研究开发所需原料、其他建材的生产,销售。
600218	全柴动力	安徽全柴动力股份有限公司	柴油机的生产和销售。

Continued 6

行业代码 Industries Code	董事长 Board Chairman	地址 Address	电话 Telephone Number	邮编 Zipcode
M	陈榕生	厦门市杏林区莞亭区 89 号	0592-5311857	361022
C01	区仲生	北京市丰台区星火路 1 号	01083607506;01083607777-2206	100028
C81	郭广昌	上海市曹杨路 510 号 9 楼	021-63325070	200042
C05	徐勇辉	新疆伊宁市胜利街 98 号	0999-8028819,0991-3843248	
G81	周　寰	北京市海淀区学院路 40 号	010-62303607	100083
C05	锁炳勋	安徽省阜阳市河滨路 302 号	0558-2212836＊2258	236018
M	赵唯一	苏州市人民南路 73 号	0512-5626898	215007
C11	张々宇	内蒙古自治区呼和浩特市车站东路 1 号	0471-5972266＊259	010050
C76	高延生	哈尔滨市南岗区嵩山路哈尔滨高新技术开发区 26 号	0451-4644521	150018
C55	李运武	福建省福州市五一北路 169 号	0591-3315984	350005
C67	梁中秀	山东省淄博市张店区	0533-2943467	
C99	屠海令	北京市海淀区北三环中路 43 号	010-62355380	
C51	李留恩	河南省安阳市铁西区中州路南段	0372-3932916＊2533/2249	
C99	李　荣	浙江省嘉兴市禾兴路口	010-66214200	100013
M	李　维	海南省海口市人民大道 68 号	0898-66266364	570208
C99	郭　峰	上海市闵行区沪闵路 5481 号	54421100	
C81	陈达彬	西藏自治区拉萨市宇拓路 71 号	0891-6837756	
C61	王廷江	山东省临沂市罗庄区罗庄镇龙潭路东	0539-8246243	276017
C75	徐润生	江苏省扬州市渡江南路 41 号	0514-7850400	225001
J01	江　才	吉林省长春市自由大路 118 号	0431-4644225	
C81	金　彪	浙江省杭州市中河路司马渡巷 60 号	0571-87213883	
C61	祁华山	陕西省耀县县城东郊	0919-6231630	
C71	肖正海	安徽市	0550-5011156	239500

续表 7

代码 Code	股票简称 Shares Abbreviation	公司全称 Companies	主营业务范围 Fields
600219	南山实业	山东南山实业股份有限公司	毛纺织品、服装、铝材、板材的产品开发、生产、加工、销售;住宿及餐饮服务。
600220	江苏阳光	江苏阳光股份有限公司	呢绒、毛纱、毛线、针纺织品、服装、纺织机械及配件制造、销售、毛洗净分梳、纺织原料。
600221	海南航空	海南航空股份有限公司	经批准的国内航空客货运输业务、周边国家和地区公务包机飞机业务、航空器维修和服务等。
600222	竹林众生	河南竹林众生制约股份有限公司	研制、开发、生产和销售中成药和西药。
600223	万杰高科	山东万杰高科技股份有限公司	化纤新材料、医疗器械、保健用品、热能电力生产销售及许可范围内的医疗服务、康复疗养。
600225	天香集团	华通天香集团股份有限公司	从事油脂业及农业产品的生产、销售。
600226	升华拜克	浙江升华拜克生物股份有限公司	生物农药、兽药原料药及制剂产品的开发、生产、销售业务、热电联供。
600227	赤 天 化	贵州赤天化股份有限公司	尿素的生产及销售。
600228	昌九生化	江西昌九生物化工股份有限公司	尿素、合成氨、甲醇、聚丙烯、白炭黑、丙烯酸及酯等化肥化工原料的开发生产与销售。
600229	青岛碱业	青岛碱业股份有限公司	纯碱、肥料、农药及其他化工产品的生产、加工、销售、服务。
600230	沧州大化	河北沧州大化股份有限公司	尿素、合成氨、硝酸、硝铵等化肥化工产品的产生及销售。
600231	凌钢股份	凌源钢铁股份有限公司	连铸钢坯、热轧小型材、热轧钢坯、焊接钢管的生产和销售。
600232	金鹰股份	浙江金鹰股份有限公司	机械、纺织品、丝绸、服装的生产、加工和销售;黑色及有色金属、机电及机配件的购销等。
600233	大连创世	大连大杨创世股份有限公司	服装制造、服装洗水、包装制品、服饰辅料制造、商业贸易(不含专项审批),进出口业务。
600234	天龙集团	太原天龙集团股份有限公司	批发零售副食品及其他食品、针纺织品、百货、劳保用品、日用杂品、五金交电、化工产品。
600235	民丰特纸	民丰特种纸股份有限公司	纸浆、纸和纸制品的制造、销售;造纸设备的设计、制造、安装、维修和技术服务。
600236	桂冠电力	广西桂冠电力股份有限公司	开发建设和管理水电站、火电厂和输变电工程,电力金融方面的经济技术咨询等。
600237	铜峰电子	安徽铜峰电子股份有限公司	电工薄膜、金属化膜、电容器、电力节能装置、元器件的研究、开发、生产、销售等。
600238	海南椰岛	海南椰岛股份有限公司	药酒、饮料、啤酒、医疗保健品、营养食品的生产与销售。
600239	红河光明	云南红河光明股份有限公司	啤酒、饮料、矿泉水、饲料、酱油、二氧化碳、塑料制品、涂料、建筑材料等。
600240	仕奇实业	内蒙古仕奇实业股份有限公司	从事中高档西服、服装、精纺面料的加工及精梳羊毛毛条、化纤条的生产销售及科研开发。
600241	辽宁时代	辽宁时代服装进出口股份有限公司	服装及服装面料辅料的进出口和代理业务;其他商品的进出口及代理业务;服装面料纺织、印染等。
600242	华龙集团	广东华龙集团股份有限公司	
600243	青海华鼎	青海华鼎实业股份有限公司	高科技机械产品开发、制造、数控机床、加工中心、专用机械设备、石油机械、环保设备等。
600246	先锋股份	北京先锋置业股份有限公司	农副产品、粮油制品、饲料的加工、开发、销售。
600247	物华股份	吉林物华(集团)股份有限公司	柜台和场地出租、办公自动化设备及配件、消耗材料经销;废旧物资及闲置物资的经销。
600248	秦丰农业	杨凌秦丰农业科技股份有限公司	农作物种子及种畜的培育、生产、销售;农业新技术及野生植物资源的研究开发等。

Continued 7

行业代码 Industries Code	董事长 Board Chairman	地址 Address	电话 Telephone Number	邮编 Zipcode
C11	宋建波	山东省龙口市东江镇	0535-8616188	
C11	陈丽芬	江苏省江阴市新桥镇马嘶桥	0510-6121688	
F09	陈　峰	海南省海口市机场路168号	0898-66739996	570206
C81	李景亮	郑州高新技术产业开发区金梭路3号	0371-7982194	
M	刘　东	山东省淄博市博山区岜山	0533-4651082	
A01	陈海遂	福建省福清市镜洋工业区	021-63372066	
C43	夏士林	浙江省湖州市经济技术开发区	0572-8402738	
C43	郑才友	贵州省贵阳市新添大道310号	0852-2878874	564707
C43	肖建国	江西省南昌市北京东路98号	0791-8504560	330029
C43	刘毓源	山东省青岛市四流北路78号	0532-4822574	
C43	杨　立	河北省沧州市北环中路66号	0317-3556143	
C65	高益荣	辽宁省凌源市钢铁路3号	0421-6834429	
C11	傅国定	浙江省舟山市定海	0580-8021228	
C13	石祥麟	大连市杨树房经济开发小区	0411-7610778	
H21	田根牛	太原市迎泽大街291号	0351-4040922	
C31	吕士林	浙江省嘉兴市用里街70号	0573-2812992	
K01	赵建国	中国广西壮族自治区南宁市民主路望仙坡一里3号	0771-5640918,5697128	
C76	陈升斌	安徽省铜陵市石城路168号	0562-2819780	
C01	张春昌	海口市龙华路43号	0898-68520319	
C05	王　铨	云南省红河州哈尼族彝族自治州开远市市西南路120号	0873-7123420	
C11	于志辉	内蒙古自治区呼和浩特市诺和木勒大街54号	0471-5920334	
C13	范晓远	辽宁省大连市中山区港湾街7号	0411-2798001＊1160	
A07	岑长篇	广东省阳江市上坑路七号之一	020-87377000	
C71	于世光	青海省西宁市柴达木西路101号	0971-6258124	
J01	段玉顺	北京市海淀区苏州街29号	010-66128936	
H21	张玉琦	吉林省吉林市船营区怀德街29号	0432-2485305	
A01	庄　峰	杨凌农业高新技术产业示范区西农路六号	029-6522223＊8615	

续表 8

代码 Code	股票简称 Shares Abbreviation	公司全称 Companies	主营业务范围 Fields
600250	南纺股份	南京纺织品进出口股份有限公司	
600252	梧州中恒	广西梧州中恒集团股份有限公司	城市基础设施的建设和经营、工程施工、工程设计、建筑材料、住宅建设、物业管理、装饰。
600253	天方药业	河南天方药业股份有限公司	
600255	鑫科材料	安徽鑫科材料股份有限公司	稀土光亮铜杆、稀土合金铜带、超薄铜箔、金属基碳纤维复合材料制品的开发、生产、销售。
600256	广汇股份	新疆广汇实业股份有限公司	花岗岩开采、加工、销售,塑钢门窗生产、销售及安装服务;房地产购销与租赁;国内商业。
600257	洞庭水殖	湖南洞庭水殖股份有限公司	水产品、水禽养殖、加工、销售及深度综合开发;生物工程(国家有专项规定的除外)研究等。
600258	首旅股份	北京首都旅游股份有限公司	项目投资及管理、旅游服务、饭店经营及管理、旅游资源开发及销售、承办展览展示活动。
600259	兴业聚酯	海南兴业聚酯股份有限公司	聚酯切片及化纤、纺织原料及成品的生产及销售;化工产品(专营除外)、五金工具等。
600260	凯乐科技	湖北省凯乐新材料科技股份有限公司	塑料硬管及管件、软管、塑料零件及塑料土工合成材料、新型建材装饰材料的制造、销售。
600261	浙江阳光	浙江阳光集团股份有限公司	节能电光源、照明电器、仪器设备的开发、制造、销售;照明电器的进出口国际业务等。
600262	北方股份	内蒙古北方重型汽车股份有限公司	生产、销售"特雷克斯"各种不同型号的非公路自卸汽车和铲运机、装载机等工程机械。
600263	路桥建设	路桥集团国际建设股份有限公司	公路、桥梁、机场、隧道、给水、排水及其他土木工程建设项目的总承包;建筑机械开发等。
600265	景谷林业	云南景谷林业股份有限公司	经营本企业自产的脂松香、脂松节油等林产化工产品;人造板,森林资源培育,木材采运等。
600266	北京城建	北京城建投资发展股份有限公司	承担各类工业、民用、能源、交通、市政、地铁、水电、公共建筑等工程建设的工程总承包。
600267	海正药业	浙江海正药业股份有限公司	化学原料药,化学中间体,医药制剂、生物制药,中成药、中药制剂的生产、开发、销售。
600268	国电南自	国电南京自动化股份有限公司	输配电线路保护,电力主设备保护及自动装置;调度自动化系统等各类自动化产品的研制开发。
600269	赣粤高速	江西赣粤高速公路股份有限公司	项目融资、建设、经营、管理、公路、桥梁和其他交通基础设施的投资、建设、管理、收费。
600270	外运发展	中外运空运发展股份有限公司	
600272	开开实业	上海开开实业股份有限公司	衬衫、羊毛衫、日用百货、针棉织品、服装鞋帽、五金家电、一般工业品、雨具、纺织品。
600275	武昌鱼	湖北武昌鱼股份有限公司	淡水鱼类及其他水产品养殖(屠宰)、蔬菜种植及以上产品的加工、储运、销售;科技服务等。
600276	恒瑞医药	江苏恒瑞医药股份有限公司	原料药、片剂、硬胶囊剂、注射剂、SP 铝箔、PTP 铝箔、OP 保护剂、VC 粘和剂制造、销售。
600277	亿利科技	内蒙古亿利科技实业股份有限公司	芒硝矿、湖盐、原碱开采利用,无机化学品、医药产品科技开发和生产、销售。
600278	东方创业	东方国际创业股份有限公司	自营和代理除国家统一组织或核定经营的进出口商品以外的商品及技术进出口业务。
600279	重庆港九	重庆港九股份有限公司	主要从事内河货物运输、货物装卸、搬运,商品储存(不含危险品),船舶修理。

Continued 8

行业代码 Industries Code	董事长 Board Chairman	地址 Address	电话 Telephone Number	邮编 Zipcode
H21	单晓钟	江苏省南京市鼓楼区云南北路 77 号	025-3306789	
M	尹梅克	广西梧州市蝶山一路 3 号	0774-5830828	
C81	崔晓峰	河南省驻马店市光明路 2 号	0396-3823517	
C99	周瑞庭	安徽省芜湖市经济技术开发区珠江路 23 号	0553-5847323	241007
J01	孙广信	乌鲁木齐经济技术开发区上海路 6 号	0991-2851134	
A09	罗祖亮	湖南省常德市人民中路 358 号	0736-7223888 * 3688	
K32	刘　毅	北京市西城区复兴门内大街 51 号	010-66014466 * 446	
C13	刘连琏	海南省海口市港澳工业区	0898-68669470	
C49	朱弟雄	湖北省公安县斗湖堤镇城关	0716-5237491	
C55	陈森洁	浙江省上虞市凤山路 129 号	0575-2027721	
C73	周宝亮	内蒙古自治区包头稀土高新技术产业开发区	0472-3331144	
E01	马国栋	北京市海淀区北太平庄路甲 1 号	010-64181166	
A03	任向前	云南省景谷县振兴路 83 号	0879-5224720	
E01	佟永贵	北京市海淀区学院南路 62 号	010-62035969 * 608/62260806	100081
C81	白　骅	浙江省台州市椒江区外沙路 46 号	0571-85278141	
C73	江自生	南京江宁高新技术工业园	025-3410173	
F03	夏增与	南昌市北京西路 69 号省府大院西二路 12 号	0791-6504265	
F09	张　斌	北京市海淀区西三环北路 21 号久凌大厦	010-68405606	
C13	江玉森	上海市西康路 379 号	86-21-62127558	200040
A07	傅小安	湖北省鄂州市鄂城区南浦南路特 1 号	0711-3252863	
C81	孙飘扬	连云港市经济技术开发区黄河路 38 号	0518-5457194	
C43	王文彪	内蒙古自治区东胜市伊金霍洛西街 30 号	0477-8372777	
H21	王祖康	上海市娄山关路 85 号	021-62785489	
F11	张延礼	重庆市渝中区朝千路 3 号	023-63725685	

续表 9

代码 Code	股票简称 Shares Abbreviation	公司全称 Companies	主营业务范围 Fields
600280	南京中商	南京中央商场股份有限公司	百货、食品、针织服装、五金交电化工等商品的零售、变电站计算机监控系统产品的研制等。
600281	太化股份	太原化工股份有限公司	研制、开发、生产、销售化工产品及原料,化肥,焦炭,煤气,生物化工产品,精细化工产品。
600282	南钢股份	南京钢铁股份有限公司	黑色金属冶炼及压延加工,钢材、钢坯及其他金属材料销售。
600283	钱江水利	钱江水利开发股份有限公司	水力发电、供水(凭卫生许可证)、水利资源开发、水利工程承包、水产养殖、实业投资。
600285	羚锐股份	河南羚锐制药股份有限公司	从事中药硬膏剂、冲剂、搽剂、片剂、胶囊剂等的生产和销售。
600286	国光瓷业	湖南国光瓷业集团股份有限公司	日用瓷、工艺瓷、建筑瓷、卫生瓷、耐火材料、纸箱、瓷用花纸制造、销售等。
600287	江苏舜天	江苏舜天股份有限公司	各类服装、面料、辅料及相关的纺织服装产品的生产、加工和进出口贸易。
600288	大恒科技	大恒新纪元科技股份有限公司	光学、激光、红外元器件及设备、计算机软硬件、多媒体产品、办公自动化设备、医疗器械。
600289	亿阳信通	哈尔滨亿阳信通股份有限公司	计算机软、硬件技术开发、生产、销售及应用系统集成;通讯技术等研制、开发、生产等。
600290	苏 福 马	苏福马股份有限公司	林业机械、木工机械、人造板机械、柴油发动机的制造、销售;各种车辆(不含小轿车)销售。
600291	西水股份	内蒙古西卓子山草原水泥股份有限公司	水泥、熟料的制造、销售,计算机硬件销售及软件开发。
600292	九龙电力	重庆九龙电力股份有限公司	电力生产,电力技术服务;销售电机,输变电设备,电器机械及器材,电子元件,煤炭,化工产品。
600293	三峡新材	湖北三峡新型建材股份有限公司	石膏及制品、平板玻璃及玻璃深加工制品的生产和销售、新型建材的科研、开发与生产销售。
600295	鄂尔多斯	内蒙古鄂尔多斯羊绒制品股份有限公司	羊绒制品的生产和销售。
600296	兰州铝业	兰州铝业股份有限公司	铝冶炼、铝材加工、批发零售、技术培训。
600297	美罗药业	大连美罗药业股份有限公司	原料药、片剂、粉针剂、口服液、胶囊剂、抗生素、玻璃仪器生产、批发和零售。
600298	安琪酵母	湖北安琪酵母股份有限公司	酵母及深加工产品、生物制品、食品添加剂、豆制品、奶制品、调味品、粮食制品的生产等。
600299	星新材料	蓝星化工新材料股份有限公司	有机硅单体及相关产品的研制、生产、销售;化学合成材料、化工产品的开发、生产、销售。
600300	维维股份	徐州维维食品饮料股份有限公司	研究、开发、生产食品、饮料系列产品及相关产品,销售自产产品等。
600301	南化股份	南宁化工股份有限公司	主要从事氯碱化工产品及其系列产品、农药、消毒剂的生产和销售等。
600302	标准股份	西安标准工业股份有限公司	经营系列工业缝纫机,特种工业缝纫机,机电一体化产品,机械设备的研制、开发、生产。
600303	曙光股份	丹东曙光车桥股份有限公司	
600305	恒顺醋业	江苏恒顺醋业股份有限公司	
600306	商 业 城	沈阳商业城股份有限公司	
600307	酒钢宏兴	甘肃酒钢集团宏兴钢铁股份有限公司	
600308	华泰股份	山东华泰纸业股份有限公司	造纸,非出版物印刷,纸制品加工及纸料加工,热电,化工产品,机械制造、销售,货物运输。
600309	烟台万华	烟台万华聚氨酯股份有限公司	
600310	桂东电力	广西桂东电力股份有限公司	

Continued 9

行业代码 Industries Code	董事长 Board Chairman	地址 Address	电话 Telephone Number	邮编 Zipcode
H11	彭正志	南京市白下区中山南路79号	025-4728470	
C43	余乾元	山西省太原市学府西街高科技园区 VI-5区	0351-4181612	
C65	肖同友	江苏省南京市大厂区卸甲甸	025-7056780	
D01	王猛照	浙江省杭州市天目山路48号	0571-87974386	
C81	熊维政	河南省新县向阳路232号	0397-2989188	
C61	费明仪	湖南省醴陵市花园庵270号	0733-3232923	
H21	董启彬	江苏省南京市建邺路98号	025-4208688＊82068	
G81	张家林	北京市海淀区海淀路80号中科大厦11层	010-62628443	
G87	邓　伟	哈尔滨市南岗区嵩山路高科技开发区1号	010-82666789	150036
C73	葛仁优	江苏省苏州市新区何山花园8幢103室	0512-7513621	
C61	蒋本华	内蒙古乌海市海南区	0473-4661666	
D01	叶　明	重庆市高新技术产业开发区九龙园区盘龙村113号	023-68637303	
C99	吕宗林	湖北省当阳市经济技术开发区	0717-3280108	
C13	王林祥	内蒙古东胜市达拉特南路102号	0477-8543509	017000
C67	冯诗伟	兰州市城关区东岗西路316号	0931-7549414	
C81	张成海	大连高新技术产业园区七贤岭敬贤街29号	0411-3631991＊905	
C01	俞学锋	湖北省宜昌市中南路24号	0717-6352865	
C43	刘宪秋	北京市海淀区海淀路19-1号	010-82070614	
C05	崔桂亮	江苏省徐州市建国东路205号	0516-3290169	
C43	赖晓杨	广西壮族自治区南宁市亭洪路80号	0771-4835135	
C73	黄省身	陕西省西安市高新技术产业开发区高新路42号金融大厦九层	029-8279352	
C75	李进巅	辽宁省丹东市元宝区燕窝街300号	0415-4146825	
C03	叶有伟	江苏省镇江市中山西路84号	0511-5233758	
H11	张殿华	沈阳市沈河区中街路212号	024-24865838	
C65	马鸿烈	甘肃省嘉峪关市雄关东路12号	0937-3689802	
C31	李建华	山东省广饶县大王镇	0546-6871957	
C43	丁建生	烟台市幸福南路7号	0535-6837888＊537	
D01	温昌伟	广西壮族自治区贺州市平安西路12号	0774-5297881	

续表 10

代码 Code	股票简称 Shares Abbreviation	公司全称 Companies	主营业务范围 Fields
600311	荣华实业	甘肃荣华实业(集团)股份有限公司	
600312	平高电气	河南平高电气股份有限公司	
600313	中农资源	中垦农业资源开发股份有限公司	
600315	上海家化	上海家化联合股份有限公司	
600316	洪都航空	江西洪都航空工业股份有限公司	基础教练机、通用飞机、其他航空产品及零部件的设计、研制、生产、销售、维修。
600317	营口港	营口港务股份有限公司	港口装卸、堆存、运输服务。
600318	巢东股份	安徽巢东水泥股份有限公司	水泥及相关产品、轻钢结构、新型建材产品生产、销售;建材设计;设备制造、安装、调试等。
600319	亚星化学	潍坊亚星化学股份有限公司	
600320	振华港机	上海振华港口机械(集团)股份有限公司	设计、制造及销售大型港口设备、工程船舶以及大型金属结构和它们的部件、配件。
600321	国栋建设	四川国栋建设股份有限公司	
600322	天房发展	天津市房地产发展(集团)股份有限公司	房地产开发及商品房销售;(以下限分支机构经营)物业管理;建筑设计、咨询;商业(内贸);物资供销和仓储。
600323	南海发展	南海发展股份有限公司	
600326	西藏天路	西藏天路交通股份有限公司	
600327	大厦股份	无锡商业大厦股份有限公司	国内贸易,金饰品的修理改制,摩托车维修,家用电器的安装、维修,服装、眼镜的加工业务,商品包装、仓储业。
600328	兰太实业	内蒙古兰太实业股份有限公司	
600329	中新药业	天津中新药业集团股份有限公司	
600330	天通股份	浙江天通电子股份有限公司	
600331	宏达股份	四川宏达化工股份有限公司	普通过磷酸钙、复合肥、锌锭、氧化铵、销酸钾、氯化铵、氟硅酸钠、塑料编织袋、硫酸钾、磷酸二氢钾、磷酸氢。
600332	广州药业	广州药业股份有限公司	
600333	长春燃气	长春燃气股份有限公司	煤气、冶金焦炭、煤焦油生产销售、天然气生产销售、电力项目开发、燃气具生产销售。
600335	中发展	中外建发展股份有限公司	
600336	澳柯玛	青岛澳柯玛股份有限公司	
600337	美克股份	美克国际家具股份有限公司	生产销售装饰、装修材料、实木家具、聚脂家具及配套产品。
600338	珠峰摩托	西藏珠峰工业股份有限公司	
600339	天利高新	新疆独山子天利高新技术股份有限公司	
600345	长江通信	武汉长江通信产业集团股份有限公司	
600346	冰山橡塑	大连冰山橡塑股份有限公司	橡胶机械专用设备、塑料机械专用设备及其零部件的开发、研制和销售。
600350	山东基建	山东基建股份有限公司	对高等级公路、桥梁、隧道基础设施的投资、管理、养护、咨询服务及批准的收费、救援、加油、清障、仓储。
600351	亚宝药业	山西亚宝药业集团股份有限公司	生产及销售原料药、小容量注射剂、片剂、硬胶囊剂、颗粒剂、茶剂、口服液、软膏剂、保健用品、卫生材料。
600353	旭光股份	成都旭光电子股份有限公司	研制、开发、生产和销售电子真空器件、电子整机、高低压成套配电装置、电子通信产品、电子元器件、集成电路。
600355	精伦电子	武汉精伦电子股份有限公司	电子、通信、计算机、光机电一体化技术的开发、研制、技术服务及咨询;电子产品及通信设备、机电产品、仪器。
600356	恒丰纸业	牡丹江恒丰纸业股份有限公司	

Continued 10

行业代码 Industries Code	董事长 Board Chairman	地址 Address	电话 Telephone Number	邮编 Zipcode
C01	张严德	甘肃省武威市东关街荣华路 1 号	0935-2292183	
C73	张炳文	河南平顶山市南环东路 22 号	0375-3804061	
A01	李润福	北京市丰台区科学城 10D 地块 2 号楼	010-83607371	
C43	葛文耀	上海市保定路 527 号	65456400＊3725	
C75	田 民	南昌市高新技术产业开发区南飞点	0791-8467843	
F11	高宝玉	营口市鲅鱼圈区新港大路一号	0417-6268507	115007
C61	陈学祥	安徽省巢湖市健康路 238 号	0565-2391720	
C43	陈华森	山东省潍坊蓮市奎文区鸢飞路 899 号	0536-8667941	
C73	刘怀远	上海市浦东南路 3470 号	58395000	200125
C61	王春鸣	四川省成都市双流板桥	028-5805811	
J01	吴延龙	天津市和平区常德道 80 号	022-23122254	
D05	谢育智	广东省南海市桂城南桂东路 43 号	0757-6280996	
F03	扎西江措	西藏自治区拉萨市夺底路 14 号	0891-6322208	
H11	潘霄燕	江苏省无锡市中山路 343 号	0510-2702093	214001
C43	王 刚	内蒙古阿拉善左旗吉兰泰镇	0483-8838609-6439	
C81	詹原竞	天津市南开区白堤路 119 号	022-27020926	
C51	潘广通	浙江省海宁市郭店镇建设路 11 号	0573-7230878	
C43	刘沧龙	四川省什邡市民主镇	028-86141081	618418
C81	蔡志祥	中国广东省广州市沙面北街 45 号	020-81218084	
D03	张俊明	吉林省长春市同志街 48 号	0431-5954615	
C71	孙 明	天津市华苑产业区火炬大厦 410 室	022-24935580	
C76	鲁群生	山东省青岛经济技术开发区前湾港路 315 号	0532-6765129	
C25	冯东明	乌鲁木齐市经济技术开发区迎宾南路 15 号	0991-3836028	
C75	旦 增	西藏自治区北京中路 194 号	028-85885216	
C41	付德新	新疆克拉玛依市独山子区北京路 3 号	0992-3655959	
G81	熊瑞忠	武昌珞瑜路 200-1 号东湖新技术开发区管理大楼 11 层	027-87411083	
C73	穆传江	大连市甘井子区周水子广场 1 号	0411-6641378	
K01	张俊仁	济南市泺源大街 22 号中银大厦 15 楼	0531-2662922	250063
C81	任武贤	山西省芮城县富民路 43 号	0359-3088178	044600
C51	郑 超	四川省成都市新都县新都镇电子路 172 号	028-83967182	
C57	张学阳	武汉市洪山区卓豹路双塘小区	027-8792111-3226	430223
C31	李荣华	黑龙江省牡丹江市阳明区造纸路 11 号	0453-6331111＊6451	

续表 11

代码 Code	股票简称 Shares Abbreviation	公司全称 Companies	主营业务范围 Fields
600357	承德钒钛	承德新新钒钛股份有限公司	含钒低合金钢棒材,包括含钒低合金螺纹钢筋、含钒低合金圆钢的生产与销售;五氧化二钡、钒铁合金的生产。
600358	国旅联合	国旅联合股份有限公司	旅游产业投资、汽车客运、出租汽车经营,旅游信息咨询服务,国内贸易,旅游电子商务。
600359	新农开发	新疆塔里木农业综合开发股份有限公司	棉花、粮食的生产、加工及销售。
600360	华微电子	吉林华微电子股份有限公司	
600361	华联综超	北京华联综合超市股份有限公司	销售百货、针纺织品、日用杂品、医疗器材、五金交电化工、化工轻工材料、包装食品、包装饮料、土产品等。
600362	江西铜业	江西铜业股份有限公司	有色金属矿、稀贵金属、非金属矿;有色金属及相关副产品的冶炼、压延加工与深加工;自产产品的售后服务。
600363	联创光电	江西联创光电科技股份有限公司	
600365	通葡萄酒	通化葡萄酒股份有限公司	
600366	宁波韵升	宁波韵升(集团)股份有限公司	经营八音琴、八音琴工艺礼品及玩具、计算机配件、模具、磁性材料制造。
600367	红星发展	贵州红星发展股份有限公司	
600368	五洲交通	广西五洲交通股份有限公司	
600369	长运股份	重庆长江水运股份有限公司	
600371	华冠科技	黑龙江华冠科技股份有限公司	以玉米为主的农副产品深加工的技术研究和生产经营,目前产品包括柠檬酸系列产品、生物驱油剂、饲料、羧甲基。
600372	昌河股份	江西昌河汽车股份有限公司	
600373	鑫新股份	江西鑫新实业股份有限公司	客车制造、发动机及电器使用的各类铜线材、管材的制造;汽车配件、铜制品及其它有色金属材料的生产、加工。
600376	天鸿宝业	北京天鸿宝业房地产股份有限公司	
600377	宁沪高速	江苏宁沪高速公路股份有限公司	
600378	天科股份	四川天一科技股份有限公司	
600379	宝光股份	陕西宝光真空电器股份有限公司	高、中、低压真空电力电器,无线电元器件、器材、材料,高新元件、弹性元件的研制、生产、批发、零售及服务。
600380	太太药业	深圳太太药业股份有限公司	
600381	白唇鹿	青海白唇鹿股份有限公司	
600382	广东明珠	广东明珠球阀集团股份有限公司	
600383	金地集团	金地(集团)股份有限公司	
600385	山东金泰	山东金泰集团股份有限公司	
600386	北京巴士	北京巴士股份有限公司	
600388	龙净环保	福建龙净环保股份有限公司	
600389	江山股份	南通江山农药化工股份有限公司	
600390	金瑞科技	金瑞新材料科技股份有限公司	
600391	成发科技	四川成发航空科技股份有限公司	从事研究、制造、加工、维修、销售航空发动机及零部件、燃气轮机及零部件、机械设备、非标准设备、环保设备。
600393	东华实业	广州东华实业股份有限公司	
600395	盘江股份	贵州盘江精煤股份有限公司	
600396	金山股份	沈阳金山热电股份有限公司	
600397	安源股份	安源实业股份有限公司	煤矸石综合开发利用、煤矸石发电及其技术服务,煤炭生产、销售,汽轮发电机的维修,客车空调及其它制冷设备。
600398	凯诺科技	凯诺科技股份有限公司	
600399	抚顺特钢	抚顺特殊钢股份有限公司	

Continued 11

行业代码 Industries Code	董事长 Board Chairman	地址 Address	电话 Telephone Number	邮编 Zipcode
C65	刘克忠	河北省承德市双滦区	0314-4073574	067002
K34	李禄安	江苏省南京市汉中路180号星汉大厦25层D座	025-4709561	
A01	沙敬禹	新疆阿拉尔	0997-2134083	843000
C51	夏增文	吉林市丰满区长江街100号	0432-4662099	
H11	吉小安	北京西城区阜外大街1号四川经贸大厦负2层3号	010-88363718	100037
C67	何昌明	江西省贵溪市冶金大道15号	0701-3777735	335424
C51	韩盛龙	江西省南昌高新开发区火炬大街125号	0791-8108479	
C03	于永利	吉林省通化市前兴路28号	0435-3948012	
C78	竺韵德	宁波市民安路348号	0574-87776804	
C43	姜志光	贵州省安顺地区镇宁县丁旗镇	0853-6780066	
F03	王维平	广西壮族自治区南宁市新民路48号	0771-2838485	
F07	陈建威	重庆市涪陵区中山东路2号	023-63819926	
C01	付华廷	哈尔滨市南岗区华山路99号	0451-2368408	150036
C75	吴　全	江西省景德镇市东郊	0798-8448974	333002
C69	谢冠森	江西省上饶市南环路2号	0793-8222958-6178	334000
J01	赵东杰	北京市东城区安定门外大街183号京宝花园二层	010-64256268	
F11	沈长全	江苏省南京市石鼓路69号江苏交通大厦	8625-4469332	
C43	冯孝庭	成都高新区高朋大道5号成都高新区技术创新服务中心	028-5963659	
C76	杨宝立	陕西省宝鸡市高新技术开发区英达路五号	0917-3561507	710006
C81	朱保国	深圳市南山区第五工业区太太药业工业大厦	0755-82478966	
C13	黄贤优	青海省西宁市小桥大街36号	0971-8018897	
C73	张坚力	广东省兴宁市兴城镇赤巷口	0753-3338549	
J01	凌　克	深圳市福田区沙咀路金地宾馆3楼	0755-83303333	
C81	黄俊钦	山东省济南市山大北路56号	0531-8902341	
F19	赵文芝	北京市海淀区紫竹院路32号	010-68477383	
C73	周苏华	福建省龙岩市新罗区陵园路81号	0597-2210288	
C43	蔡建国	江苏省南通市姚港路35号	0513-3517961	
C99	张泾生	长沙市岳麓区麓山南路1号	0731-8657382	
C75	景济南	成都高新区高朋大道11号科技工业园区	028-4509005	610067
J01	陈鸿允	广州市东山区寺右新马路111号30楼	020-87393888 * 8339	
B01	郑　华	贵州省六盘水市红果经济开发区	0858-3703046	
D01	钟　俊	沈阳市苏家屯区丁香街192号	024-22151588	
C75	徐绍芳	江西省萍乡市昭萍东路3号	0799-6581388	337003
C11	叶惠丽	江苏省江阴市新桥镇	0510-6121388	
C65	赵明远	辽宁省抚顺市望花区和平路东段56号	0413-6678441	

续表 12

代码 Code	股票简称 Shares Abbreviation	公司全称 Companies	主营业务范围 Fields
600400	红豆股份	江苏红豆实业股份有限公司	
600415	小商品城	浙江中国小商品城集团股份有限公司	实业投资开发,市场开发经营,市场配套服务,金属材料、建筑装饰材料、百货、针纺织品、五金交电化工、办公。
600416	湘电股份	湘潭电机股份有限公司	生产、销售发电机、交直流电动机、特种电机、矿用电机车、电动轮自卸车、工矿配件、轻轨车、地铁车辆。
600418	江淮汽车	安徽江淮汽车股份有限公司	汽车底盘、齿轮箱等汽车配件的开发、制造、销售;汽车修理;新技术开发、新产品研制。
600419	新疆天宏	新疆天宏纸业股份有限公司	
600422	昆明制药	昆明制药集团股份有限公司	三七系列产品、蒿甲醚系列产品、天麻素、秋水仙碱等名、特、优、新天然药物产品。
600426	华鲁恒升	山东华鲁恒升化工股份有限公司	化学肥料、醇类、醛类、树脂、胺类、羰基化合物的生产、销售;资格证书范围内的进出口业务。
600428	中远航运	中远航运股份有限公司	远洋运输及沿海运输业,水陆空联运;批发、零售贸易;船舶代理、租赁、买卖、维修及制造;装卸服务;仓储。
600448	华纺股份	华纺股份有限公司	棉、毛纺织、针织、服装的生产、加工、销售;新产品的技术开发、技术咨询服务及技术转让;机电设备的销售。
600456	宝钛股份	宝鸡钛业股份有限公司	钛及钛合金等稀有金属材料、各种金属复合材料的生产、加工、销售;对外投资、科技开发等。
600458	时代新材	株洲时代新材料科技股份有限公司	橡塑元件开发,橡胶、塑料模具制造,胶木制品、机械零配件生产加工及其技术咨询服务;铁路配件、橡胶制品。
600466	迪康药业	四川迪康科技药业股份有限公司	
600468	特精股份	天津特精液压股份有限公司	
600486	扬农化工	江苏扬农化工股份有限公司	卫生用、农用拟除虫菊酯产品、精细化工产品制造、加工、销售及技术开发、应用服务。
600488	天药股份	天津天药药业股份有限公司	
600496	长江股份	安徽长江农业装备股份有限公司	拖拉机、联合收割机、配套农机具及其它农机产品的生产、销售。
600498	烽火通信	烽火通信科技股份有限公司	从事光纤通信设备及系统、光接入网设备、光纤、光缆、电缆等的科研开发、生产和销售。
600499	科达机电	广东科达机电股份有限公司	陶瓷、石材、玻璃等建材机械设备制造,自动化技术及装备的研究、开发与制造。
600500	中化国际	中化国际贸易股份有限公司	从事化工原料、精细化工、农用化工、塑料、橡胶制品的进出口贸易及仓储运输、货运代理。
600501	航天晨光	南京晨光航天应用技术股份有限公司	
600503	宏智科技	宏智科技股份有限公司	电子计算机技术服务及电子计算机网络安装,通讯技术服务,技术咨询及培训,电子产品及通讯设备、电子计算机。
600505	西昌电力	四川西昌电力股份有限公司	生产、开发、销售电力产品。
600506	香梨股份	新疆库尔勒香梨股份有限公司	农业、林业、果业的种植,农副产品(粮食收储、批发及棉花除外)的加工和销售;农业、林业、果业的科技开发。
600508	上海能源	上海大屯能源股份有限公司	煤炭的开采、洗选加工、煤炭销售,铁路运输(限管辖内的煤矿专用铁路),实业投资,国内贸易(除专项审批项)。
600509	天富热电	新疆天富热电股份有限公司	火电、水电、供电、供热、送变电设备安装、电力设计。房地产开发,机电设备(汽车和国家有专项规定的除外)。
600510	黑 牡 丹	黑牡丹(集团)股份有限公司	针纺织品、服装的制造、加工,棉花收购、加工、销售。公司自产产品及技术的出口业务,公司生产所需原辅材料。

Continued 12

行业代码 Industries Code	董事长 Board Chairman	地址 Address	电话 Telephone Number	邮编 Zipcode
C13	周海江	江苏省锡山市港下镇	0510-8761888 * 278	
H01	何樟兴	浙江省义乌市宾王路 158 号	0579-5544933	322000
C71	陈广摄	湖南省湘潭市下摄司街 302 号	0732-8595732	411101
C75	左延安	安徽省合肥市东流路 176 号	0551-3415133 * 6835	
C31	李国民	新疆石河子市西三路	0993-2515661 * 5555	
C81	李南高	昆明市国家高新技术开发区金鼎科技园	0871-8170006	
C43	费云良	德州市德城区天衢西路 24 号	0531-6118869	253024
F07	陈洪生	广州市保税区东江大道 282 号康胜大厦	020-87766288-29081	
C11	邹鹏宏	山东省滨州市黄河二路 819 号	0543-3288255	256617
C67	胡清熊	宝鸡市钛城路 1 号	0917-3382636	
C48	廖　斌	株洲市高新技术开发区黄河南路	0733-2884718	412007
C81	曾雁鸣	成都市高新区二环路南四段十一号	028-5195555 * 8300	
C71	刘光兴	天津市南开区南泥湾路 8 号	022-27386320	300112
C43	周其钧	江苏省扬州市文峰路 39 号	0514-7813243-216	
C81	郝于田	天津市新技术产业园区华苑产业区中济科园 B 座 414 号	022-24160861	
C73	严　宏	安徽省六安市江淮路 28 号	0564-3321848	237009
G81	江廷林	武汉市洪山区邮科院路 88 号	027-87693931	
C73	卢　勤	广东省顺德市容桂镇高新技术产业开发园桥东路 8 号	0765-3833869	528303
H21	林达贤	北京市复兴门外大街 A2 号中化大厦	021-50495988	
C75	陈孟莘	江苏南京江宁经济技术开发区天元路 139 号	025-2413078,,2028	
G87	林起泰	福建福州市五一中路 57 号	0591-3368240	
D01	李良龙	四川省西昌市老西门街 13 号	0834-3830505	615000
A01	冯国胜	新疆库尔勒市兰干路口	0996-2204656	841000
B01	曹祖民	上海市浦东新区桃林路 18 号	68550118	
D01	成　锋	新疆石河子市红星路	0993-2902860	
C13	曹德法	江苏省常州市和平南路 47 号	0519-8111238	

续表 13

代码 Code	股票简称 Shares Abbreviation	公司全称 Companies	主营业务范围 Fields
600511	国药股份	国药集团药业股份有限公司	组织药品生产;化学原料药、西药制剂、生化药品、生物制品、中成药的销售;自营和代理各类商品的进出口业务。
600512	腾达建设	腾达建设集团股份有限公司	市政工程建筑(资质壹级)、公路工程施工(贰级)。
600515	第一投资	海南省第一投资招商股份有限公司	高科技及信息产业、工业、农牧渔业、商业、旅游业的投资经营;公路运输服务;能源开发;非融资性租赁。
600516	海龙科技	兰州海龙新材料科技股份有限公司	石墨及炭素制品的生产加工、批发零售。
600518	康美药业	广东康美药业股份有限公司	
600519	贵州茅台	贵州茅台酒股份有限公司	茅台酒系列产品的生产与销售;饮料、食品、包装材料的生产与销售;防伪技术开发;信息产业相关产品的研制。
600520	三佳模具	铜陵三佳模具股份有限公司	精密工装模具、化学建材模具、化学建材、环保设备、环保检测设备、电子设备、注塑产品、冲压产品材料制造。
600522	中天科技	江苏中天科技股份有限公司	光纤、光缆、电缆材料及附件、有源器件、无源器件、数据电缆的制造与销售,光缆及电缆监测管理系统及网络工。
600523	贵航股份	贵州贵航汽车零部件股份有限公司	汽车、摩托车零部件制造、销售;汽车(不含小轿车)、摩托车,二、三类机电产品的批零兼营;橡胶、塑料制品。
600525	长园新材	深圳市长园新材料股份有限公司	高分子热缩材料、功能材料、生物材料、辐照加工、机电产品、通讯电缆附件、电力电缆附件;经营热收缩材料。
600526	菲达环保	浙江菲达环保科技股份有限公司	除尘器、气力输送设备、烟气脱硫设备、电控设备、钢结构件的研究开发、设计、生产、销售及安装服务。
600528	中铁二局	中铁二局股份有限公司	
600529	山东药玻	山东省药用玻璃股份有限公司	模制抗生素瓶、管制抗生素瓶、管制口服液瓶、曲颈易折安瓿、玻璃管、玻璃输液瓶、固体药用聚烯烃塑料瓶等。
600530	交大昂立	上海交大昂立股份有限公司	
600531	豫光金铅	河南豫光金铅股份有限公司	有色金属、化工原料的生产、销售;贵金属冶炼及进出口业务等。
600532	华阳科技	山东华阳科技股份有限公司	许可范围的农药及农药中间体的研究、开发、推广、制造、销售。
600533	栖霞建设	南京栖霞建设股份有限公司	住宅小区综合开发建设;商品房销售、租赁、售后服务;新型住宅构配件、建筑材料、装璜材料生产、加工、销售。
600535	天 士 力	天津天士力制药股份有限公司	中药材、中成药加工,化学药品原药、化学药品制剂、生物制品、滋补营养保健品制造;汽车货物运输。
600536	中软股份	中软网络技术股份有限公司	操作系统软件、嵌入式软件、机器翻译软件、医用专家系统软件,以及财税、军队、铁路通信、民航等领域应用软件。
600539	狮头股份	太原狮头水泥股份有限公司	主营水泥、熟料、商品混凝土、新型墙体材料的生产及销售,兼营水泥设备制造安装、技术咨询、水泥袋加工。
600548	深 高 速	深圳高速公路股份有限公司	收费公路的经营及管理。
600549	厦门钨业	厦门钨业股份有限公司	主营钨及有色金属冶炼、加工;出口本企业生产加工的产品和进口本企业生产所需的生产技术、设备、原辅材料。
600550	天威保变	保定天威保变电气股份有限公司	
600551	科大创新	科大创新股份有限公司	电子和信息、光机电一体化、化工、新材料、生物工程、环保、节能、医疗器械、核仪器、等离子体、低温超导。
600552	方兴科技	安徽方兴科技股份有限公司	浮法玻璃、在线镀膜玻璃、ITO 导电膜玻璃、玻璃深加工制品及新型材料的开发、研究、生产、销售和信息咨询。
600553	太行股份	河北太行水泥股份有限公司	普通硅酸盐水泥、矿渣硅酸盐水泥及熟料的制造与销售。
600555	茉 织 华	上海茉织华股份有限公司	生产服装、服饰制品、服装辅料、纺织品、服装机械、印刷制品、印刷机械;销售自产产品。
600556	北生药业	广西北生药业股份有限公司	

Continued 13

行业代码 Industries Code	董事长 Board Chairman	地址 Address	电话 Telephone Number	邮编 Zipcode
H01	付明仲	北京市崇文区永外三元西巷甲 12 号	010-67262917	
E01	叶洋友	浙江省台州市路桥区路桥大道东 1 号	0576-2522526、021-56983912	318050
H11	蒋会成	海南省海口市滨海大道南洋大厦 15 层	0898-68512252	570105
C61	姬广怀	甘肃省兰州市红古区海石湾镇	0931-6234288	730084
C81	马兴田	广东省普宁市下架山工业区	0663-2913819	
C05	袁仁国	贵州省仁怀市茅台镇	0852-2386002	
C76	黄明玖	安徽省铜陵市石城路电子工业区	0562-2627520	244000
G81	薛济萍	江苏省如东县河口镇赵港村	0513-3599505	
C75	张文儒	贵州省贵阳市国家高新技术开发区新天大道火炬大厦	0851-5815790-8828	500002
C99	彭日斌	深圳市南山区科技工业园科技路 30-4 栋	0755-26717828	518057
C73	舒英钢	浙江省诸暨市望云路 88 号	0575-7385602	311800
E01	翁景庆	成都高新区创业东路 18 号高新大厦 10 楼	028-7684612	610041
C61	柴　文	山东省淄博市沂源县二郎山路 8 号	0533-3242312＊2028	
C85	许晓鸣	上海市松江区松江镇环城路 117 号	62810808-111	
C67	杨安国	河南省济源市济水大街中段 525 号	0391-6665958	454650
C43	郭前玉	山东省宁阳县磁窑镇	0538-5826209	271411
J01	陈兴汉	南京市和燕路 251 号	025-5633668-2104	210037
C81	闫希军	天津市北辰科技园区	022-26736699	300402
G87	唐　敏	北京市海淀区学院南路 55 号中软大厦 1 号楼 6 层	010-51527603;010-651527603	100081
C61	邓守信	山西省太原市万柏林区开城街一号	0351-6127621	
F11	陈　潮	深圳市滨河路北 5022 号联合广场 A 座 19 楼 1901-1913 号	0755-82910588＊208	518026
C67	陈维铉	厦门市开元区湖滨南路腾王阁 619 号 16 层	0592-5363856	361002
C76	丁　强	河北省保定国家高新技术产业开发区竞秀街 28 号	0312-3227971-5413	
C57	陈宗海	合肥市长江西路 669 号	0551-5329668	230088
C61	孙东兴	安徽省蚌埠市涂山路 767 号	0552-4077780	233054
C61	邱承玉	河北省邯郸市峰峰矿区建国路 2 号	0310-5015760	056200
C13	李勤夫	上海市浦东新区商城路 618 号良友大厦 2217 室	0086-21-62883080	200040
C85	何玉良	广西北海市白虎头路海玉小区 88 幢	0779-3226316	536000

续表 14

代码 Code	股票简称 Shares Abbreviation	公司全称 Companies	主营业务范围 Fields
600557	康缘药业	江苏康缘药业股份有限公司	中成药制剂、保健品制造、销售;出口本企业自产的中成药制剂、保健品;进口本企业生产、科研所需要的原辅。
600558	大 西 洋	四川大西洋焊接材料股份有限公司	
600559	裕丰股份	河北裕丰实业股份有限公司	畜禽养殖、动物饲养及销售,饲料、白酒的生产、销售。
600560	京自天正	北京金自天正智能控制股份有限公司	自动化系统的技术开发、技术转让、技术咨询、技术培训、技术服务;制造销售计算机控制系统软硬件及网络产品。
600561	江西长运	江西长运股份有限公司	公路客货运输、仓储、集装箱货运、石油制品的贮销、住宿、饮食供应、旅游服务、道路清障及停车、汽车修理。
600563	法拉电子	厦门法拉电子股份有限公司	薄膜电容器及其金属化镀膜材料的制造;研究、开发各种类型的高新科技电子基础元器件及相关配套件;高新技术。
600565	迪马股份	重庆市迪马实业股份有限公司	制造、销售运钞车、特种车及零部件,上述汽车售后服务;经营本企业自产的机电产品出口业务、本企业生产。
600566	洪城股份	湖北洪城通用机械股份有限公司	主营类阀门、水工环保设备的生产、销售。
600567	山鹰纸业	安徽山鹰纸业股份有限公司	纸、纸板、纸箱制造,本公司生产产品出口及本公司生产、科研所需的原辅材料、机械设备、仪器仪表、零配件进口。
600568	潜江制药	湖北潜江制药股份有限公司	
600569	安阳钢铁	安阳钢铁股份有限公司	生产和经营冶金产品和副产品、钢铁延伸产品、化工产品(除易燃易爆危险品)。
600571	信 雅 达	杭州信雅达系统工程股份有限公司	软件技术开发及其咨询服务;成果转让;票据、文档缩微及自动化处理系统技术,金融证券业软件及系统集成技术。
600577	精达股份	铜陵精达特种电磁线股份有限公司	漆包电磁线、裸铜线、电线电缆制造和销售。
600578	京能热电	北京京能热电股份有限公司	生产、销售电力、热力产品,电力设备运行,发电设备检测、修理。
600579	黄海股份	青岛黄海橡胶股份有限公司	橡胶轮胎的制造、销售;橡胶化工产品的开发、生产及销售;进出口业务;高新技术开发、咨询及服务;工艺开发。
600580	卧龙科技	浙江卧龙科技股份有限公司	各类电机,发电机及机组,电器,电动车,自动化办公设备,电子控制产品的制造、销售、开发、安装。
600581	八一钢铁	新疆八一钢铁股份有限公司	钢铁冶炼、轧制、加工;黑色金属材料、冶金炉料、冶金设备及产品、建筑材料的销售;机械加工、金属制品。
600582	天地科技	天地科技股份有限公司	电子产品、环保设备、矿山机电产品的生产、销售;地下工程的工艺技术及产品开发;煤炭洗选工程、煤炭综合利用。
600583	海油工程	海洋石油工程股份有限公司	工程总承包;石油天然气(海洋石油工程、石油机械制造与修理工程、管道输送工程、油气处理加工工程、油气化。
600585	海螺水泥	安徽海螺水泥股份有限公司	水泥及辅料、水泥制品生产、销售、出口,机械设备、仪器仪表、零配件及企业生产、科研所需的原辅材料生产。
600586	金晶科技	山东金晶科技股份有限公司	浮法玻璃、在线镀膜玻璃和超白玻璃的生产销售。
600587	新华医疗	山东新华医疗股份有限公司	消毒灭菌设备、放射诊断治疗设备、医用化学指示产品和制药设备、环保设备的生产、销售、技术服务。
600588	用友软件	北京用友软件股份有限公司	
600589	广东榕泰	广东榕泰实业股份有限公司	
600590	泰豪科技	清华泰豪科技股份有限公司	计算机及软件产品、空调机组、发电机组、输变电配套设备、电子产品及通信设备、光机电一体化设备、医疗仪器。
600591	上海航空	上海航空股份有限公司	国内、国际和地区航空客、货、邮运输及代理,行业相关材料、设备及技术的进口业务,民用航空器及设备、车辆。

Continued 14

行业代码 Industries Code	董事长 Board Chairman	地址 Address	电话 Telephone Number	邮编 Zipcode
C81	肖　伟	江苏连云港市新浦区海昌南路 58 号	0518-5521990	222001
C69	余大全	自贡市大安区马冲口街 2 号	0813-5100549	
C05	张新广	河北省衡水市人民东路 39 号	0318-2122755	053000
C73	孟维宗	北京市丰台区丰台路 84 号	010-63848915;010-63812255-3978	100071
F03	张　平	南昌市广场南路 118 号	0791-6298107	330003
C51	曾福生	厦门市金桥路 101 号	0592-5114116	361012
C75	彭启惠	重庆市南岸区丹桂工业园区 C5 地块	02369021877,69021876	400060
C71	王洪运	湖北省荆州市沙市区洪门路 3 号	0716-8221198	434000
C31	王德贤	安徽省马鞍山市勤俭路 3 号	0555-2826275	
C81	叶继革	湖北省潜江市横堤路特 18 号	027-87300388	
C65	史济春	河南省安阳市铁西区梅元庄	0372-3120175	455004
G87	郭华强	杭州市文三路 252 号伟星大厦 6 楼	0571-56686501	310012
C76	王世根	安徽省铜陵市芜铜路(经济技术开发区内)	0562-2809086	244000
D01	刘海峡	北京市石景山区广宁路 10 号	010-88992758	100041
C48	吴贞予	山东省青岛市李沧区沧安路 1 号	0532-4693425	266041
C76	陈建成	浙江省上虞市经济开发区舜江西路 378 号	0575-2129895	312300
C65	赵　峡	新疆维吾尔自治区乌鲁木齐市头屯河区新钢路	0991-3890166、3890266	830022
C73	李延江	北京市朝阳区将台路 2 号北京爱都大厦	010-84262803	100016
B50	何德祥	天津新技术产业园区华苑产业区中济科园 A 座次 48 号	022-25807793	
C61	郭文参	安徽省芜湖市人民路 209 号	0553-3118668＊8901	
C61	朱永强	淄博市高新技术开发区宝石镇王庄	0533-3586666	255086
C73	赵毅新	淄博高新技术产业开发区新华医疗科技园	05332284275	255086
G87	王文京	北京市海淀区上地信息产业基地开拓路 15 号	010-62986688	100085
C61	杨启昭	广东省揭阳市榕城区新兴东二路 1 号	0663-8676616	
C76	陆致成	南昌高新开发区清华泰豪大楼	0791-8102663	330029
F09	周　赤	上海市浦东国际机场内机场大道 100 号	62558888-6200	201202

续表 15

代码 Code	股票简称 Shares Abbreviation	公司全称 Companies	主营业务范围 Fields
600592	龙溪股份	福建龙溪轴承股份有限公司	轴承,汽车零部件,普通机械,电器机械及器材的制造、销售;金属材料的批发、零售;咨询服务。
600593	大连圣亚	大连圣亚海洋世界股份有限公司	建设、经营水族馆、海洋探险人造景观、游乐园、海洋生物标本陈列馆、船舶模型陈列馆、餐饮、酒吧。
600595	中孚实业	河南中孚实业股份有限公司	电解铝及铝型材系列的生产、销售;火力发电、蒸汽生产。
600596	新安股份	浙江新安化工集团股份有限公司	化工原料及产品、化工机械、农药、化肥、包装物的制造和经营,本企业自产的化工原料及化工产品。
600597	光明乳业	上海光明乳业股份有限公司	开发、加工和生产乳和乳制品、冰淇淋、非碳酸饮料、饮用水、相关食品、饲料和添加剂、公牛精液、胚胎。
600598	北 大 荒	黑龙江北大荒农业股份有限公司	水稻、大豆、小麦、玉米等粮食作物的生产、精深加工、销售,尿素的生产与销售以及与种植业生产及农产品加工。
600599	浏阳花炮	湖南浏阳花炮股份有限公司	销售烟花鞭炮及其原材料;提供烟花鞭炮燃放服务。
600600	青岛啤酒	青岛啤酒股份有限公司	啤酒的生产与销售。
600601	方正科技	上海方正延中科技集团股份有限公司	文化办公用品及材料、电子计算机及配件、复印机及消耗材料。
600602	广电电子	上海广电电子股份有限公司	生产真空电子器件及其应用产品、配件、基础材料及其生产线设备、销售自产产品。
600603	ST 兴 业	上海兴业房产股份有限公司	房地产开发、经营系统房、私房代理、经租。
600604	二 纺 机	上海二纺机股份有限公司	生产制造销售纺织机械、电子电器、零件、纺织用品等三来一补。
600605	轻工机械	上海轻工机械股份有限公司	轻工机械及成套设备的制造、销售。
600606	金丰投资	上海金丰投资股份有限公司	纺织产品的生产与销售等。
600607	上实联合	上海实业联合集团股份有限公司	与境内外企业在国内投资举办纺织业和其他工业的合资企业。
600608	上海科技	上海宽频科技股份有限公司	无缝异型钢管及金属型材、波纹管。
600609	金杯汽车	金杯汽车股份有限公司	主要生产轻型货车和轻型客车及零部件。
600610	ST 中纺机	中国纺织机械股份有限公司	纺织机械、通用机械、电子电器、粉末冶金制品。
600611	大众交通	大众交通(集团)股份有限公司	汽车出租。
600612	第一铅笔	中国第一铅笔股份有限公司	笔类制品和笔类产品表面处理材料、包装材料及配套延伸产品,以独资、合资、合作经营。
600613	永生数据	上海永生数据科技股份有限公司	城市地理数据的采集、处理,开发与销售城市信息系统的软件及提供相关的咨询服务,生产。
600614	胶带股份	上海胶带股份有限公司	开发生产销售胶带、橡胶制品、胶鞋、化工产品、化工原料。
600615	丰华股份	上海丰华(集团)股份有限公司	圆珠笔、活动铅笔、水性笔、自来水笔、彩色水笔。
600616	第一食品	上海市第一食品商店股份有限公司	副食品及其他食品、粮油、百货、日用杂货、交电化工、工艺美术品经营。
600617	联华合纤	上海联华合纤股份有限公司	聚酯切片、各类不同品种规格的合成纤维及其深加工产品。
600618	氯碱化工	上海氯碱化工股份有限公司	烧碱、氯、氟和聚氯乙烯系列化工原料及加工产品。
600619	海立股份	上海海立(集团)股份有限公司	冰箱压缩机、空调压缩机、制冷设备、燃气用具、脱水机等。
600620	天宸股份	上海市天宸股份有限公司	实业投资、国内贸易(除专项规定外)、信息网络安全产品开发、房地产开发经营。
600621	上海金陵	上海金陵股份有限公司	网络工程和网络产品、印刷电路基板装联加工、电度表和微型电机等。
600622	ST 嘉 宝	上海嘉宝实业(集团)股份有限公司	生产经营激光、光电、精密仪器、照明电器、家用电器、化工、百货、五金、机电产品等。
600623	轮胎橡胶	上海轮胎橡胶(集团)股份有限公司	斜交汽车轮胎、子午线汽车轮胎等。
600624	复旦复华	上海复旦复华科技股份有限公司	电脑系统、应用软件、通讯设备、自动化仪表、生物技术、开发科技。

Continued 15

行业代码 Industries Code	董事长 Board Chairman	地址 Address	电话 Telephone Number	邮编 Zipcode
C71	陈福胜	福建省漳州市延安北路	0596-2072091	363000
K34	栗东生	大连市沙河区中山路608-6号	0411-4685225	116023
C67	张洪恩	河南省巩义市新华路31号	0371-4381839	451200
C43	王　伟	浙江省建德市新安江镇大桥路93号	0571-64715693	
C01	王佳芬	上海市吴中路578号	64658100	201103
A01	孙勇才	哈尔滨市香坊区红旗大街175号	0451-5395980	
C43	易怀泉	浏阳市金沙北路369号	0731-3620966	
C05	李桂荣	青岛市香港中路五四广场青啤大厦	0532-5713831	266071
G83	张玉峰	上海市延安中路955弄12号	021-58407668＊650	200040
C51	顾培柱	上海新闸路1378弄17号	021-62980202＊646	200040
J01	唐相道	上海四川南路38号	021-54046138	200031
C73	张文卿	上海场中路265号	65318888＊3981	200434
C71	郭海祥	上海南京西路1576号	62566022	200040
M	肖宏振	上海市嘉定西门外侯黄桥堍	021-62496858	200040
M	丁忠德	上海市吴兴路278号10A室	64331098＊55,64319966	200031
G81	张　杰	上海龙华东路839号	021-68865313	200032
C75	张　弘	沈阳市沈河区万柳塘路40号	024-23745563	110015
C73	张文卿	上海长阳路1687号	021-65432970-569	200090
K01	杨国平	上海南京西路920号16楼	021-64289122	200233
C99	胡书刚	上海东汉阳路296号	58543307	200080
L20	陈国平	上海武进路456号	64397553,64399900	200030
C48	赵新先	上海海门路630号	50813939	200086
C03	王延涛	上海浦东东方路3601号	58702762	200125
H11	吴顺宝	上海南京东路720号	58352625	200001
C47	李克让	上海嘉定西门徐塘桥	021-59528713	201800
C43	周　波	上海龙漕路漕溪四村55号华南宾馆403室	021-64340601	200233
C76	顾惠龙	上海浦东金桥出口加工区26号地块	65660000	200090
M	叶立润	上海茂名北路58号	64458781	200025
G85	余宝庆	上海浦东杨高南路475号	021-63222658	200127
M	汤富祥	上海嘉定区嘉戬公路118号	021-59529711	201822
C48	范　宪	上海四川中路63号	021-63390372	200002
M	陈苏阳	上海国权路525号	021-65103021	200433

续表 16

代码 Code	股票简称 Shares Abbreviation	公司全称 Companies	主营业务范围 Fields
600626	申达股份	上海申达股份有限公司	两纱两布、各类纺织品、服装、复制品及技术出口、生产所需原辅材料、设备及技术进出口。
600627	电器股份	上海电器股份有限公司	高中低压电器电子及其成套装置、输配电设备、蓄电池、特种电器、电工会金、电器触头。
600628	新世界	上海新世界股份有限公司	国内贸易,自营和代理内销商品范围内商品的出口业务;自营本企业零售和自用商品的进口。
600629	ST 棱光	上海棱光实业股份有限公司	硅多晶、硅单晶、石英玻璃、工业气体、出租车。
600630	龙头股份	上海龙头(集团)股份有限公司	生产经营纺织品、实业投资,资产经营与管理,国内贸易(除专项规定),进出口贸易。
600631	第一百货	上海市第一百货商店股份有限公司	综合百货,广告,进出口贸易,商业咨询等。
600632	华联商厦	上海华联商厦股份有限公司	日用百货、针纺织品、服装鞋帽、五金交电等。
600633	白猫股份	上海白猫股份有限公司	各类电器、整容器具、保健器具、机电产品。
600634	海鸟发展	上海海鸟企业发展股份有限公司	激光电子产品、可变电容、机芯、单放机、闹钟收音机。
600635	大众科创	上海大众科技创业(集团)股份有限公司	投资高新技术、海洋生物、新药和保健品、通讯网络等项目研制开发等。
600636	三爱富	上海三爱富新材料股份有限公司	主要从事含氟材料的研究、生产、销售及化工设备的制造与贸易。
600637	广电信息	上海广电信息产业股份有限公司	电视机、录音机、录像机、洗衣机、微波炉、通讯设备、三来一补。
600638	新黄浦	上海新黄浦置业股份有限公司	危旧房改造、房地产经营、建筑施工、装饰装潢、物业管理。
600639	浦东金桥	上海金桥出口加工区开发股份有限公司	房地产开发、经营、销售和土地使用权投资及投资兴办企业。
600640	联通国脉	联通国脉通信股份有限公司	无线通信、图像、数据及各类通信产品,通信系统的设计、开通,技术咨询、服务等。
600641	中远发展	中远发展股份有限公司	实业投资、资产经营、房地产开发经营国内贸易(除专项规定外)、钢材、木材等。
600642	申能股份	申能股份有限公司	电力建设,能源、节能、资源综合利用及相关项目,与能源建设相关的原材料、高新技术。
600643	爱建股份	上海爱建股份有限公司	实业投资、房地产开发、经营及咨询、外经贸部批准的进出口业务(按批文),商务咨询。
600644	乐山电力	乐山电力股份有限公司	电力开发、经营和电力调度;房地产开发。
600645	望春花	上海望春花(集团)股份有限公司	平绒系列产品、平绒制品等。
600646	ST 国嘉	上海国嘉实业股份有限公司	开发生产激光、光电、精密机械的技术、产品。
600647	ST 同达	上海同达创业投资股份有限公司	实业投资及管理,国内贸易,房地产开发经营,食品及饮料的生产和销售。
600648	外高桥	上海外高桥保税区开发股份有限公司	房地产、工程承包、综合性商业、保税仓储、运输、贸易、国际业务。
600649	原水股份	上海市原水股份有限公司	原水供应、自来水开发。
600650	新锦江	上海新锦江股份有限公司	宾馆、物业管理、俱乐部、商场、房地产开发经营、车辆服务、洗涤制衣等。
600651	飞乐音响	上海飞乐音响股份有限公司	IC 智能卡、音视频类工程、音响设备等。
600652	爱使股份	上海爱使股份有限公司	石油制品、润滑油、防腐材料、饮料、饮用水等产品的生产、科研、销售及相关业务等。
600653	申华控股	上海申华控股股份有限公司	客运业、酒店、房地产等。
600654	飞乐股份	上海飞乐股份有限公司	IC 卡智能终端设备、IC 智能卡、有无线通信、电子元件、音响设备、无线电力用电管理系统。

Continued 16

行业代码 Industries Code	董事长 Board Chairman	地址 Address	电话 Telephone Number	邮编 Zipcode
C11	席时平	上海北京西路 1700 号 721 室	021-62319898	200040
C76	周飞达	上海水电路 1900 号	021-63216717	200040
H11	顾振奋	上海市南京西路 2-68 号	021-63587734	200003
C61	吴永强	上海天平路 91 弄 43 号	64348289	200241
C11	朱匡宇	上海杨树浦路 2866 号	021-34061116	200336
H11	王迪苏	上海南京东路 830 号六楼半	63225020	200001
H11	吕勇明	上海南京东路 635 号 710 室	021-63226105	200001
C76	马立行	上海天山路 651 号	021-54097633	200335
J01	唐海根	上海余姚路 317 号	021-62678574	200042
M	杨国平	上海浦东龙阳路 100 号	64288888 * 5609	200233
C43	周云鹤	上海市浦东新区蔡路路	64823552	200031
C55	陈光平	上海市田林路 140 号	64189198 * 3522	200032
J01	吴明烈	上海延安东路 110 号七楼	63238888 53086681	200001
J01	杨小明	上海浦东新金桥路 188 号	021-58991818	201206
L20	尚　冰	上海江宁路 1207 号	62762171	200060
J01	李建红	上海市浦东南路 2161 号	50367717	200127
D01	杨祥海	上海市常德路 175 号七楼	021-63900145	200021
I31	顾　青	上海零陵路 583 号 14 楼	64392955	200030
D01	刘虎廷	四川乐山市嘉定北路 46 号	0833-2445800	614000
C11	李德福	上海北翟路 1168 号	021-62398803 * 5311	200335
L20	王英玲	上海仙霞路 335 号四楼	54246105	200030
M	陈玉华	上海浦东新区金新路 58 号银桥大厦二十五楼	021-50318073	201206
J01	刘新民	上海浦东杨高北路 889 号	58669217	200131
D05	刘　强	上海四川北路 818 号五楼 516 室	021-63564432	200085
K32	沈懋兴	上海长乐路 161 号	021-64151188 * 653	200020
M	唐　岷	上海市江苏路 61 号	021-62770068 * 1833	200042
M	邓景顺	上海北京东路 131 号	021-64717222	200041
M	吴小安	上海市北京东路 40 号 8 楼	021-63372888	200002
G81	郁建福	上海武夷路 174 号	62512629	200050

续表 17

代码 Code	股票简称 Shares Abbreviation	公司全称 Companies	主营业务范围 Fields
600655	豫园商城	上海豫园旅游商城股份有限公司	日用百货、药材药品、餐饮服务、文化娱乐、旅游、宾馆饭店。
600656	华源制药	上海华源制药股份有限公司	生产销售化妆品、合成洗涤剂、皂类、碱产品、天然脂肪醇等。
600657	青鸟天桥	北京天桥北大青鸟科技股份有限公司	技术开发、技术服务、技术转让、技术咨询、销售百货、针纺织品、五金交电、劳保用品等。
600658	兆维科技	北京兆维科技股份有限公司	移动通讯、光通讯、计算机软硬件、网络、机箱制造、自动电话交换机、印制板等相关产品。
600659	神龙发展	福建省神龙发展股份有限公司	纺织原料贸易,进出口贸易,房地产开发,工业等。
600660	福耀玻璃	福耀玻璃工业集团股份有限公司	汽车用安全玻璃、建筑安全玻璃、装饰玻璃等各种工业技术玻璃。
600661	交大南洋	上海交大南洋股份有限公司	高新技术产品的生产销售、技工贸一体化服务、高新技术工业区。
600662	强生控股	上海强生出租汽车股份有限公司	汽车出租、小公共汽车班线营运。
600663	陆 家 嘴	上海陆家嘴金融贸易区开发股份有限公司	房地产经营、市政公用基础设施开发、仓储运输、旅游。
600664	哈药集团	哈药集团股份有限公司	医药、医疗器械、制药机械制造。
600665	沪昌特钢	上海沪昌特殊钢股份有限公司	钢材及延伸制品。
600666	西南药业	西南药业股份有限公司	加工销售原料药、中西药制剂、销售化工原料(不含化学危险品)、包装材料。
600667	太极实业	无锡市太极实业股份有限公司	生产、销售丙纤烟用丝束、涤纶浸胶帘帆布等化纤工业产品,生产销售精纺呢绒、针织绒等。
600668	尖峰集团	浙江尖峰集团股份有限公司	药品、建材的制造与销售。
600669	ST 鞍合成	鞍山合成(集团)股份有限公司	涤纶长丝、涤纶短纤维的生产与销售。
600670	ST 高斯达	长春高斯达生物科技集团股份有限公司	从事"苷必妥"、"金葡液"的生产和销售;房地产开发与销售。
600671	天目药业	杭州天目山药业股份有限公司	中成药、中药材、西药、西药原料、营养补品、钟表螺钉零件的制造和销售以及商业贸易。
600672	英豪科教	广东英豪科技教育投资股份有限公司	高科技农业和教育产业、自营产品进出口贸易。
600673	成量股份	成都量具刃具股份有限公司	量具、刃具、量仪的生产与销售。
600674	川投控股	四川川投控股股份有限公司	铁合金生产与销售;铁路、交通系统自动化及智能控制产品开发、制造、销售。
600675	中华企业	中华企业股份有限公司	房地产开发、旧房改造、私房买卖及代理经租。
600676	交运股份	上海交运股份有限公司	汽车机械配件制造、销售,工程机械及专用汽车制造、销售。
600677	航天中汇	航天中汇集团股份有限公司	轻纺产品及原辅材料、针纺织品的生产和销售、进出口贸易、实业投资开发、房地产开发。
600678	四川金顶	四川金顶(集团)股份有限公司	水泥制造,矿泉水生产,房地产开发,卫浴洁具制造。
600679	凤凰股份	凤凰股份有限公司	生产经营自行车、机动车、健身车及相关系列配套产品。
600680	上海邮通	上海邮电通信设备股份有限公司	光纤通信设备、程控交换设备、机械自动化设备、其他电子和机械设备及配套元器件。
600681	诚成文化	武汉诚成文化投资集团股份有限公司	纸塑包装及辅料开发、包装印刷机械、广告设计、装潢。
600682	南京新百	南京新街口百货商店股份有限公司	商品批发及零售。
600683	银泰股份	宁波华联集团股份有限公司	从事百货、服装、家用电器等商品的零售、批发,自营和代理核准产品的进出口业务等。
600684	珠江实业	广州珠江实业开发股份有限公司	土地开发建设销售、租赁商品房、实业投资、物业管理。
600685	广船国际	广州广船国际股份有限公司	船舶、集装箱、金属构件、轴承模具、玻璃钢、通用机械、压力容器。

Continued 17

行业代码 Industries Code	董事长 Board Chairman	地址 Address	电话 Telephone Number	邮编 Zipcode
H11	吴　平	上海文昌路19号	63559999	200010
C43	丁公才	浙江兰溪丹溪大道66号	021-62030205	201700
G87	许振东	北京市崇文区永内大街1号	010-62526688＊660	100050
G81	鲍玉桐	北京市朝阳区安慧里四区一号楼	010-84567920	100101
M	唐　华	福州市省府路1号金皇大厦17层	0591-7503366	350001
C61	曹德旺	福建福清市福耀工业村	0591-5381042	350301
M	王宗光	上海番禺路955号	62814035-20	200030
K01	张同恩	上海南京西路920号1801室	021-62151181	200041
J01	康慧军	上海浦东大道981号	86-21-588788889＊472	200135
C81	刘存周	哈尔滨市道里区工厂街94号	0451-4604688	150010
C65	谢　蔚	上海宝杨路1988号	021-56126920＊215	200940
C81	张逸屏	重庆沙坪坝天星桥21号	023-65313118＊5080	630038
C47	荆朝晖	江苏无锡锡澄路化工桥南	0510-3131797	214041
C61	杜自弘	浙江金华市双溪西路383号	0579-2320582	321000
C47	贺殿斌	辽宁鞍山市铁西区柳西屯	0412-8840881	114011
M	唐群雁	长春市大经路96号	0431-5179222	130042
C81	钱永涛	浙江临安锦城镇安阁弄3号	0571-63722229	311300
A01	陈忠联	四川广汉市南昌路	020-38878200	618300
C78	夏义宝	成都二环路东一段14号	028-3241923＊2425	610056
C65	陈宽金	四川峨眉山市九里镇	0833-5576179	614222
J01	徐林宝	上海市华山路2号	62177875	200040
C75	刘世才	上海长江西路202号	021-62116002	200050
C11	陈鹏飞	浙江省杭州市解放路108号	0571-87075755	310009
C61	古　松	四川峨眉山市名山路东段	0833-5521271	614200
C75	陈国强	上海武川路111号	021-65954641	200080
G81	张延爱	上海宜山路680号221室	021-64701503	200233
L99	刘　波	武汉市汉口民意四路55号	027-85426963	430022
H11	李三宁	南京中山南路3号	025-4717494	210005
H11	沈国军	宁波市江厦街21号	0574-87092004	315000
J01	周孟尝	广州市华乐路49号二楼	020-83752632	510060
C75	胡国良	广州芳村大道2号	020-81896411	510382

续表 18

代码 Code	股票简称 Shares Abbreviation	公司全称 Companies	主营业务范围 Fields
600686	厦门汽车	厦门汽车股份有限公司	大、中、轻型客车的生产和销售。
600687	新宇软件	厦门新宇软件股份有限公司	从事计算机系统网络集成工程、生产销售计算机软、硬件、信息咨询等业务。
600688	上海石化	中国石化上海石油化工股份有限公司	原油加工、油品、化工产品、合成纤维、及单维体、塑料等。
600689	上海三毛	上海三毛纺织股份有限公司	生产销售毛条、毛纱、毛纺织品及服装、毛纺织技术的咨询、投资兴办企业、销售自产产品。
600690	青岛海尔	青岛海尔股份有限公司	家用电冰箱、电冰柜、洗碗机、注塑件等产品的制造和销售。
600691	东新电碳	东新电碳股份有限公司	电碳制品、机械密封、粉末冶金。
600692	亚通股份	上海亚通股份有限公司	内河客货运输、货物堆存和代理业务;沿海客货运输和化工品运输;陆上出租汽车经营等。
600693	东百集团	福建东百集团股份有限公司	百货商业。
600694	大商股份	大商集团股份有限公司	商品零售兼批发、加工服务、仓储、收购、计算机技术服务、进出口业务等。
600695	大江股份	上海大江(集团)股份有限公司	畜、禽、水产的良种、饲料、肉食品及其加工产品的内外销业务等。
600696	利嘉股份	利嘉(上海)股份有限公司	建筑卫生陶瓷产品的生产与销售。
600697	欧亚集团	长春欧亚集团股份有限公司	百货、五金交电、化工产品、劳保用品、食品业、日杂业。
600698	ST 轻 骑	济南轻骑摩托车股份有限公司	制造、销售摩托车及零部件。
600699	辽源得亨	辽源得亨股份有限公司	涤纶长丝的生产、经营,发电、建材,计算机软、硬件开发、销售,餐饮、酒店服务等。
600700	数码测绘	陕西煤航数码测绘(集团)股份有限公司	生产和经营针织服装、五金交电、百货、劳保用品、烟酒副食。
600701	工大高新	哈尔滨工大高新技术产业开发股份有限公司	高新技术及产品的开发、生产、销售和技术服务、技术咨询。
600702	沱牌曲酒	四川沱牌曲酒股份有限公司	中国名酒“沱牌曲酒”及其系列产品。
600703	天颐科技	湖北天颐科技股份有限公司	日用化工产品、饮品、房地产业、经营本企业生产和出口业务,化工原料,设备;农产品深加。
600704	中大股份	浙江中大集团股份有限公司	进出口贸易,进口商品的国内销售,组织出口商品的制造与加工。
600705	北亚集团	北亚实业(集团)股份有限公司	铁路客运、铁路货运、煤炭生产及销售、电子及计算机产品开发生产销售网络设计、自营代。
600706	长安信息	长安信息产业(集团)股份有限公司	计算机硬件、软件、系统、外部设备的开发、生产和销售等。
600707	彩虹股份	彩虹显示器件股份有限公司	彩色显像管的生产、开发与经营等。
600708	东海股份	上海东海股份有限公司	工业品加工、批发、零售、有色金属产品加工、经销。
600709	ST 生 态	湖北江湖生态农业股份有限公司	农副水产品种养、加工、销售。
600710	常林股份	常林股份有限公司	工程、林业、矿山、环保、采运机械设备的制造、生产、销售及维修。
600711	雄震集团	厦门雄震集团股份有限公司	电热水器、防盗门、房地产和工程销售。
600712	南宁百货	南宁百货大楼股份有限公司	商品零售与批发。
600713	南京医药	南京医药股份有限公司	经营药品、医疗器械、化学试剂和玻璃仪器四大类商品。
600714	山川股份	青海山川铁合金股份有限公司	铁合金系列产品的开发、销售、开发。
600715	ST 松 辽	松辽汽车股份有限公司	系列轻型越野客车、轻型客车制造、汽车改造及修理;汽车销售。
600716	耀华玻璃	秦皇岛耀华玻璃股份有限公司	为平板玻璃、工业技术玻璃、不饱和聚脂树脂及玻璃钢制品的生产、销售。
600717	天 津 港	天津港(集团)股份有限公司	商品储存;中转联运、汽车运输;装卸搬运;集装箱储运。

Continued 18

行业代码 Industries Code	董事长 Board Chairman	地址 Address	电话 Telephone Number	邮编 Zipcode
C75	林小雄	厦门市东渡路 64 号	0592-2962062	361012
G87	刘黎临	厦门市湖滨北路建业大厦 13 楼	0592-2397318	361012
C41	陆益平	上海市金山卫纬二路	8621-57943143	200540
C13	倪志华	上海许昌路 1150 号	021-63059496	200082
C76	杨绵绵	青岛市宁夏路 87 号	0532-8938138	266022
C65	张维加	四川自贡自井区东光路桌子山 22 号	0813-2600361	643000
F07	郁　葱	上海市崇明县八一路 1 号	021-69692714	202150
H11	陈明魁	福州市 817 北路 184 号	0591-7531724	350001
H11	牛　钢	大连中山区青三街 1 号	0411-3643215	116001
C01	李绍祝	上海松江谷阳南路 26 号	86-21-57817566	201600
C61	陈隆基	福建泉州城东仕公岭	0591-7114433	362000
H11	曹和平	长春市工农大路 14 号	0431-5620053	130021
C75	王　为	济南市和平路 34 号	0531-6953325 * 5515	250014
C47	孟祥杰	吉林省辽源市福兴路 3 号	0437-3512077	136200
M	宋　理	西安市南新街 28 号	029-7216331	710004
M	张大成	哈尔滨市南岗区护军街 40 号	0451-6219247	150001
C05	李家顺	四川省射洪县柳树镇	0825-6766322	629209
C43	薛维军	湖北省荆沙市临江路 1 号	0716-8328443	434000
H21	陈继达	杭州市莫干山路 110 号	0571-85777029	310005
M	何洪达	哈尔滨市南岗区红军街 26 号	0451-3600764	150001
G85	韩家乐	西安市友谊东路 15 号	029-2214266	710054
C55	马金泉	西安高新技术开发区西区创业大厦	029-8311073	710075
M	叶观年	上海南汇东海农场	52551620	201303
A01	保　田	湖北省洪湖市瞿家湾镇	0716-2742181	433228
C73	尚德鑫	常州市芦墅常林路 10 号	0519-6752853	213002
M	姚雄杰	厦门市湖里悦华路天安工业园龙舟大厦	0592-2394735	361006
H11	覃章新	南宁市朝阳路 39 号	0771-2610906	530012
C81	李家森	江苏省南京市延龄巷 27 号	025-4453856	210002
C65	王俊卿	西宁市朝阳西路 112 号	0971-5509464	810028
C75	李中钦	沈阳市苏家屯区白松路 22 号	024-89811610	110101
C61	曹田平	河北省秦皇岛市西港路	0335-3028173	066013
F21	王恩德	天津市塘沽区新港二号卡门子内	022-25702708	300456

续表 19

代码 Code	股票简称 Shares Abbreviation	公司全称 Companies	主营业务范围 Fields
600718	东软股份	沈阳东软软件股份有限公司	计算机软、硬件,机电一体化产品开发、销售,技术咨询服务,场地出租,计算机软硬件租赁等。
600719	大连热电	大连热电股份有限公司	发电、供热、热电联产等。
600720	祁连山	甘肃祁连山水泥股份有限公司	水泥及其系列产品的研制、开发、生产和技术咨询服务。
600721	百花村	新疆百花村股份有限公司	旅馆、餐饮、旅游、商品经销、代销、外贸进出口、饮食生产等。
600722	沧州化工	沧州化学工业股份有限公司	化工原料、塑料制品、建筑材料、压力计等。
600723	西单商场	北京市西单商场股份有限公司	购销针纺织品、百货、五金交电、化工、机械电器设备等。
600724	宁波富达	宁波富达电器股份有限公司	家用电器、电机产品、室内缝纫用品、文具用品、鞋帽;自来水生产、接受委托经营等。
600725	云维股份	云南云维股份有限公司	聚乙烯醇及其相关原料、半成品的生产、加工和销售。
600726	龙电股份	黑龙江电力股份有限公司	电力生产、电厂检修、电力技术服务、技术咨询、批发零售电器。
600727	鲁北化工	山东鲁北化工股份有限公司	磷铵、水泥、硫酸、溴素及溴系列产品的生产及销售。
600728	新太科技	广州新太科技股份有限公司	国内外海洋水产品捕捞、收购、加工、销售;计算机新产品研制、生产及其工程承接。
600729	重庆百货	重庆百货大楼股份有限公司	百货、五金、交电、日用杂品、家俱、计量衡器具、劳动保护用品。
600730	中国高科	中国高科集团股份有限公司	实业投资,发起设立各类科技风险投资基金,证券投资;人才交流及培训;技术及商品展示。
600731	湖南海利	湖南海利化工股份有限公司	农药、化肥和化工产品开发、生产、销售,化工产品的分析、检测;化工设计、化工环保评价。
600732	上海港机	上海港机股份有限公司	各类门座式起重机械,散货装卸机械,储装箱装卸机械等。
600733	前锋股份	成都前锋电子股份有限公司	研制生产电子仪器、燃气器具系列产品、医用仪器、防静电产品及有线电视网络工程的施工。
600734	实达电脑	福建实达电脑集团股份有限公司	电子计算机及其外部设备、仪器仪表及电传打字机制造;电子计算机及配件、通信设备。
600735	兰陵陈香	山东兰陵陈香酒业股份有限公司	饮料酒、饮料、食品及酒化工产品的生产与销售。
600736	苏州高新	苏州新区高新技术产业股份有限公司	高新技术产品的投资和开发生产,能源、交通、通讯等基础产业和市政基础设施的投资经营。
600737	新疆屯河	新疆屯河投资股份有限公司	番茄、其他农副产品(除粮、棉)的加工、制造及销售,水泥及其制品、活性石灰的制造及销售。
600738	兰州民百	兰州民百(集团)股份有限公司	主营百货、针纺织品、照相器材、钟表眼镜、文体用品、办公用品。
600739	辽宁成大	辽宁成大股份有限公司	棉针织品、毛针织品、家用纺织品及服装的进出口业务,同时经营外经业务。
600740	山西焦化	山西焦化股份有限公司	焦炭及相关化工产品的生产、销售;经营本企业自产产品及技术的出口等。
600741	巴士股份	上海巴士实业(集团)股份有限公司	市区、郊县及埠际公共交通客运、出租汽车客运。
600742	一汽四环	长春一汽四环汽车股份有限公司	汽车改装(除小轿车,轻型车),制造汽车零部件,汽车修理等。
600743	ST 幸福	湖北幸福实业股份有限公司	服装、铝合金制品的生产和销售,电力开发,汽车运输等。
600744	华银电力	湖南华银电力股份有限公司	新建,扩建电厂,从事电力生产和经销及其配套设施建设。
600745	ST 康赛	黄石康赛股份有限公司	从事纱、面料、T 恤衫及休闲服的生产和销售。
600746	江苏索普	江苏索普化工股份有限公司	化工原料及产品制造、销售、电力生产。
600747	大显股份	大连大显股份有限公司	彩色电子枪金属零件、彩色电子枪、高精密多层线路板、高精密金属轴以及单色显示管。
600748	上实发展	上海实业发展股份有限公司	生产、加工、销售势轧薄板及冷轧不锈薄板及其延伸制品。

Continued 19

行业代码 Industries Code	董事长 Board Chairman	地址 Address	电话 Telephone Number	邮编 Zipcode
G87	刘积仁	沈阳东北大学308信箱	024-23783000	110006
D01	秦宏伟	大连市沙河口区香周路210号	0411-4422999＊8290	116021
C61	杨　皓	甘肃省永登县中堡镇	0931-6479298	730301
H11	李万佰	乌鲁木齐市中山路141号	0991-7793678	830002
C43	周振德	沧州市南环中路18号	0317-3030719	061000
H11	刘秀玲	北京西单北大街120号	010-66024984	100031
C76	白小易	浙江省余姚市阳明西路355路	0574-62814275	315400
C43	李剑秋	云南省曲靖市沾益县花山镇	0874-3064350	655038
D01	郑宝森	哈尔滨香坊区市高新技术开发区12号楼B座	0451-2525998	150001
C43	冯久田	山东省无棣县马山子镇	0543-6451265	251907
G87	邓龙龙	广州市天河高新技术产业开发区工业园建中路51-53号	020-85550260	116113
H11	龚小力	重庆市渝东区民权路2号	023-63822594	630010
M	方中华	上海浦东新区金港路501号	021-52980809	200031
C43	王晓光	湖南长沙市胜利路198号	0731-5552484	410007
C73	张静静	上海浦东南路3500号	021-58395139＊6665	200125
G81	杨晓斌	成都市府青路二段2号	028-6525719	610051
G83	明德平	福州市福二工业区实达科技城	0591-3725878	350002
C05	张兴华	山东临沂市解放路88号	0539-8322568＊3068	276004
J01	吴友明	苏州市苏州新区运河路8号	0512-8096283	215011
C01	何贵品	新疆昌吉市河滩北路8号	0994-2350079	831100
H11	范余祯	兰州市民主西路7号	0931-8435839	730030
H21	尚书志	大连市中山区人民路71号	0411-2803736	116001
C41	薛佩珍	山西洪洞广胜寺镇	0357-6625471	031606
K01	金晓林	上海复兴中路518号	021-63848484	200025
C75	徐建一	长春市锦程大街69号	0431-7629105	130011
M	刘道明	湖北潜江市张金镇幸福大道	0728-6641566	433140
D01	李维建	湖南长沙韶山路62号	0731-5388088	410007
C13	徐　伟	湖北省黄石市黄石大道512号	0714-6365605	435000
C43	宋勤华	江苏省镇江市谏壁越河街50号	0511-3366244	212006
C55	刘秉强	大连市甘井子区革镇堡	0411-6459612	116035
C65	陈伟恕	上海上南路300号	58723089	200126

续表 20

代码 Code	股票简称 Shares Abbreviation	公司全称 Companies	主营业务范围 Fields
600749	ST 藏圣地	西藏圣地股份有限公司	多媒体综合业务宽带传输网络经营管理;有线电视网络的多功能项目开发;信息网络传输。
600750	江中药业	江西江中药业股份有限公司	原料药、粉针剂、片剂、冲剂、口服液、酊剂、外用洗剂、医药包装材料的生产、加工销售。
600751	天津海运	天津市海运股份有限公司	国际近洋集装箱班轮运输及相关业务。
600752	哈慈股份	哈慈股份有限公司	医疗器械,普通机械,建筑材料,电器机械,电子产品,通信设备,农业机械,化工产品等。
600753	ST 冰 熊	河南冰熊保鲜设备股份有限公司	各种卧式冷柜及其他制冷保鲜设备的生产和销售。
600754	新亚股份	上海新亚(集团)股份有限公司	以宾馆、餐饮、食品生产及连锁经营、旅游、摄影、汽车出租、国内贸易、物业管理。
600755	厦门国贸	厦门国贸集团股份有限公司	经营进出口及代理进出口贸易;承办合资合作和“三来一补”业务经营转口贸易。
600756	浪潮软件	山东浪潮齐鲁软件产业股份有限公司	索道运输;索道设计、安装、维修、调试、设备供应;饮食、汽车客运、旅游及住宿、娱乐。
600757	华源发展	上海华源企业发展股份有限公司	生产,加工,销售各类服务和家用装饰纺织品,进出口贸易,保税业务。
600758	金帝建设	辽宁金帝建设集团股份有限公司	土木建设工程及线路,管道,设备安装总承包,海外经济技术合作。
600759	ST 琼华侨	海南华侨投资股份有限公司	工业和高科技产品、农业综合开发、旅游资源开发、五金、交电等。
600760	ST 黑 豹	山东黑豹股份有限公司	黑豹”系列农用运输车、肉类机械及其相关产品的研究、开发。
600761	安徽合力	安徽合力股份有限公司	叉车、工程机械、矿山起重运输机械及配件、铸锻件、热处理件制造及产品销售。
600762	金荔科技	衡阳市金荔科技农业股份有限公司	水泥生产销售,炼钢轧材,废旧物资回收,加工,销售,房地产开发等,计算机网络,高科技农业。
600763	ST 中 燕	北京中燕探戈羽绒制品股份有限公司	制造销售羽毛羽绒产品,皮革制品,针纺织品。
600764	三星石化	甘肃三星石化(集团)股份有限公司	石油化工,精细化工产品的研制,生产,推广应用和经销。
600765	力源液压	贵州力源液压股份有限公司	工程机械配套用高压柱塞液压泵和马达,轿车配套球笼式等速万向节的制造和销售。
600766	烟台发展	烟台华联发展集团股份有限公司	商品零售及批发、药品的生产和销售、房地产、印刷、旅游等。
600767	运盛实业	运盛(上海)实业股份有限公司	城市基础设施开发及其配套服务,城市供水,交通,能源,工业,房地产项目开发,工程承包。
600768	ST 甬富邦	宁波华通集团股份有限公司	公路货物运输、起重安装、装卸搬运、仓储,储运场站租赁、停车场服务;装卸机械。
600769	祥龙电业	武汉祥龙电业股份有限公司	发电,供电,供热,发电设备及配件,仪器仪表销售、安装、维修。
600770	综艺股份	江苏综艺股份有限公司	集装箱底板,胶合板服装制造,加工,销售,建材,煤炭,纺织原辅材料,工艺品,五金交电等。
600771	东盛科技	东盛科技股份有限公司	各类医药产品的生产、批发、零售及新药研制等。
600772	石油龙昌	中油龙昌(集团)股份有限公司	天然气管道运输、改造、勘察、设计与施工,从事电子、医药、化工、房地产技术咨询服务等。
600773	西藏金珠	西藏金珠股份有限公司	进出口贸易(按经贸部核定的范围经营),国内贸易,出口商品制造与加工,矿产品加工,农牧。
600774	汉商集团	武汉市汉商集团股份有限公司	经营百化、针纺织品、五金工具、其他食品、劳保用品、化工原料、中西药等。

Continued 20

行业代码 Industries Code	董事长 Board Chairman	地址 Address	电话 Telephone Number	邮编 Zipcode
K34	宋　毅	拉萨市林廓东路 6 号	0891-6339150	850000
C81	廖礼村	江西乐平市东风路 15 号	0791-8515742	333300
F07	宋兴庭	天津和平区吴家窑河沿路金泉里 13 号	86-22-23281780	300204
C81	郭立文	哈尔滨市动力区通乡街 169 号	0451-2688688	150046
C76	王绍杰	河南商丘市新建南路 16 号	0370-8585007、8585698	476800
K32	俞敏亮	上海天目西路 285 号 4 楼	63536304	200070
H21	何福龙	厦门国贸大厦 17 楼	0592-5160872	361004
G87	王柏华	山东省泰安市虎山路 100 号	0531-8580124	271000
C13	卢继延	上海浦东新区商城路 211 号 20 层	021-58792716	200120
E01	胡毅力	沈阳市和平区宁波路 39 号	024-22870330	110014
M	孙小钢	海口市国贸新村四号楼	0898-66787220	570125
C75	孙军亮	山东省文登市龙山路 107 号	0631-8352083	264400
C73	刘汉生	合肥市望江路 21 号	0551-3648005＊6902	230022
A01	刘作超	衡阳市解放路 131 号	0734-8709868	421002
C14	肖爱军	北京市平谷县北杨桥乡	010-84992096	101205
C41	周国勋	兰州市西固区	010-63574758	730060
C71	李　利	贵阳市九十九号信箱办公室	0851-6132002	550202
H11	陈伟东	山东烟台南大街 261 号	0535-6624347	264001
J01	谭荣德	福州湖东路 169 号天骜 11 层	021-62719804	350003
F03	宋汉平	宁波市中山东路 336 号	0574-87300929	315040
D01	江涤清	武汉市洪山区葛化街化工路 31 号	027-87600367	430078
M	昝圣达	江苏南通市兴东镇黄金村	0513-6639999	226371
C81	郭家学	青海省同仁铝厂	029-8378953	811300
F05	邱忠国	河北廊坊市爱民东道 158 号	021-63302552	102800
H21	孙　勇	拉萨市北京中 182 号	0891-6833922	850000
H11	张宪华	武汉汉阳大道 134 号	027-84773750	430050

续表 21

代码 Code	股票简称 Shares Abbreviation	公司全称 Companies	主营业务范围 Fields
600775	南京熊猫	南京熊猫电子股份有限公司	无线电通信设备,广播电视设备,五金交电,电子元器件,仪器仪表,电器机械及器材,普通机械。
600776	东方通信	东方通信股份有限公司	移动通信、程控交换、光电传输、激光照排设备及其配套产品,以及计算机和网络终端产品。
600777	新潮实业	烟台新潮实业股份有限公司	纺织、有线电视电缆、建筑安装、铸件、化工、娱乐及旅游服务。
600778	友好集团	新疆友好(集团)股份有限公司	商业综合经营(日用百货、食品、服装、针纺织品、家电、电讯);装饰工程施工等。
600779	全兴股份	四川全兴股份有限公司	抗生素原料药及各种制剂产品。
600780	通宝能源	山西通宝能源股份有限公司	电力、煤炭的生产和销售。
600781	民丰实业	上海民丰实业(集团)股份有限公司	纺织印染及加工;纺织行业的信息咨询;技术设计服务;投资举办业务。
600782	新华股份	新华金属制品股份有限公司	生产,经营预应力钢丝和钢绞线,铝包钢丝和钢绞线,CATV有线电视传输线等。
600783	四砂股份	四砂股份有限公司	磨料磨具,硅碳棒制品,金刚石及金刚石制品,耐火材料,国内外贸易和技术开发,技术咨询等。
600784	ST 鲁 银	鲁银投资集团股份有限公司	科技开发、技术改造、流通、农业综合开发及教、科、文、卫事业发展有偿投资。
600785	新华百货	银川新华百货商店股份有限公司	经营百货文化、服装鞋帽、针纺织品、五金交电、副食家俱、金银首饰、钟表工艺、医药。
600786	ST 东 锅	东方锅炉(集团)股份有限公司	电站锅炉、电站辅机、工业锅炉、电站阀门、石油化工容器和核能反应设备。
600787	中储股份	中储发展股份有限公司	商品储存,加工,维修,包装,运输,检验;库场设备租赁;公路,水路的国际集装箱多式联运业务。
600788	达 尔 曼	西安达尔曼实业股份有限公司	珠宝,玉器,工艺美术,包装礼盒,机械设备,电子产品的加工,销售,活性蛋白和多钛等。
600789	鲁抗医药	山东鲁抗医药股份有限公司	生产抗生素原料药、半合成抗生素原料药及制剂等。
600790	轻 纺 城	浙江中国轻纺城集团股份有限公司	中国轻纺城市场营业用房的开发、建设、租赁及物业管理,轻纺面料的织造与销售,新型建筑。
600791	天创置业	天创置业股份有限公司	日用百货,针纺织品,服装鞋帽,文体用品,交电,烟,酒,糖,食品及加工,民族商品等。
600792	ST 马 龙	云南马龙化建股份有限公司	黄磷、磷酸等磷化工产品,水泥等建材产品的生产销售,开展进出口业务。
600793	宜宾纸业	宜宾纸业股份有限公司	生产、经营新闻纸。
600794	保税科技	云南新概念保税科技股份有限公司	生物高新技术应用、开发;高新技术及电子商务、网络应用开发;机制纸及纸板的制造等。
600795	国电电力	国电电力发展股份有限公司	电力、热力生产、销售;电网经营;新能源项目、高新技术、环保产业的开发与应用等。
600796	钱江生化	浙江钱江生物化学股份有限公司	生物农药,酶制剂,赤霉素,柠檬酸的制造,销售及技术服务。
600797	浙大网新	浙江浙大网新科技股份有限公司	羽毛,羽绒及羽绒制品,防绒布,公司生产的羽绒制品等;有线电视网络投资和增值业务开发。
600798	宁波海运	宁波海运股份有限公司	沿海、内河(长江)货物运输、国际远洋运输和交通基础设施、交通附设服务设施的投资。
600799	ST 龙 科	黑龙江省科利华网络股份有限公司	Internet 网上项目经营、电子商务及计算机软件产品的开发、生产、销售;计算机系统网络。

Continued 21

行业代码 Industries Code	董事长 Board Chairman	地址 Address	电话 Telephone Number	邮编 Zipcode
G81	李安建	南京市中山东路 301 号	8625-4801144	210002
G81	施继兴	杭州文三路 80-84 号	0571-88865286	310013
C51	孙树刚	烟台牟平区牟山路 98 号	0535-4259777	264100
H11	马雍全	新疆乌鲁木齐市友好北路	0991-4541008	830000
C05	杨肇基	成都市杉板桥路 1 号	028-6252847	610051
D01	常小刚	山西太原市并州北路 215 号	0351-7021877	030006
C11	郑逢利	上海徐家汇路 300 号	64458811＊33	200025
C69	施嘉良	江西新余市	0790-6460555	336501
C61	李功臣	山东省淄博市南定东站街 69 号	0533-2980151＊8273	255055
M	李　玮	山东济南市北园路 398 号	0531-2024156	250001
H11	徐鸣凤	宁夏银川市新华东街 59 号	0951-6026981	750004
C71	易兴旺	四川自贡市五星街黄桷坪路 150 号	0813-4735000	643000
F21	洪水坤	天津河东区六经路 14 号	022-28010734	300400
C99	许宗林	西安市韩森寨爱民路 19 号	029-2238824	710043
C81	章建辉	山东省济宁市	0537-2213961＊3324	272121
M	谢方员	浙江绍兴县柯桥镇鉴湖路 6 号	0575-4116158	312030
J01	王少武	贵州省贵阳市中华中路 137 号	010-66413762	550001
C61	夏　蜀	云南省曲靖市马龙县王家庄镇	0874-8010050	655102
C31	田心和	四川宜宾市岷江西路 54 号	0831-3560668	644007
C31	叶效良	云南大理市下关北郊	0871-3186316	671000
D01	赵希正	辽宁大连经济技术开发区沈阳路 4 号	010-63423555	116011
C85	马　炎	浙江省海宁市硖石镇	0573-7042800	314421
G87	陈　纯	杭州市文二路 212 号	0571-87950500	312000
F07	夏　刚	宁波市江北区中马路 202 号	0574-87352405	315020
G87	宋朝弟	黑龙江省阿城市北环路 2 号	010-82899729/62988800-2005	150300

续表22

代码 Code	股票简称 Shares Abbreviation	公司全称 Companies	主营业务范围 Fields
600800	天津磁卡	天津环球磁卡股份有限公司	软件系统设计开发;网络集成技术及高新技术产品开发与销售;数据卡的开发与制造等。
600801	华新水泥	华新水泥股份有限公司	水泥技术服务、水泥设备的研究、制造及安装修理、水泥进出口贸易等。
600802	福建水泥	福建水泥股份有限公司	建筑材料制造及技术服务、工业生产资料、汽车货物运输、柴油车总成大修;投资宾馆等。
600803	威远生化	河北威远生物化工股份有限公司	生物化工产品、精细化工产品的制造、销售;建材产品、机电产品的制造、销售。
600804	鹏 博 士	成都鹏博士科技股份有限公司	生产经营优质钢锭,优质锻钢件,精密铸造件,堆焊轧辊,平焊工具备件,机构加工件。
600805	悦达投资	江苏悦达投资股份有限公司	制造销售拖拉机、农机具、工程机械、面包车、客货车、铁路货运,销售煤炭、焦炭、石油。
600806	交大科技	交大昆机科技股份有限公司	设计、开发、生产及销售数控、数显机床、精密测量设备、精密位移传感器。
600807	ST 济 百	山东济南百货大楼(集团)股份有限公司	五金交电、家电、日用百货、针织品、烟酒糖茶、家具用品、金银首饰、玉器珠宝、工艺。
600808	马钢股份	马鞍山钢铁股份有限公司	钢铁产品的生产和销售。
600809	山西汾酒	山西杏花村汾酒厂股份有限公司	汾酒、竹叶青酒及其系列酒的生产、销售;酒类高新技术及产品研究、开发等。
600810	神马实业	神马实业股份有限公司	帘子布、工业用布、化纤及制品的制造、加工、销售。
600811	东方集团	东方集团股份有限公司	银行业务、房地产开发销售、物业管理、建材连锁经营、港口基础设施建设及仓储运输等。
600812	华北制药	华北制药股份有限公司	医药化工产品的生产和销售。
600814	杭州解百	杭州解百集团股份有限公司	商品零售、批发、服务和进出口业务;房地产、运输、餐饮、旅游。
600815	厦工股份	厦门工程机械股份有限公司	工程机械产品信其配件、进出口贸易、房地产开发。
600816	鞍山信托	鞍山市信托投资股份有限公司	委托,信托存款委托,信托贷款及投资金融租赁贷款抵押贷款,代理发行有价证券,证券买卖等。
600817	宏盛科技	上海宏盛科技发展股份有限公司	实业投资、国内贸易(除专项规定),电脑及高科技产品的生产和销售,软件的研究、经营。
600818	ST 永 久	上海永久股份有限公司	自行车、童车、踏板车、健身车、机动两轮车、摩托车、助动自行车的生产与销售。
600819	耀皮玻璃	上海耀华皮尔金顿股份有限公司	生产销售透明浮法玻璃和本体着色玻璃及深加工系列产品。
600820	隧道股份	上海隧道工程股份有限公司	土木工程建设项目总承包、隧道、市政、建筑、公路及桥梁等业务。
600821	津劝业	天津劝业场(集团)股份有限公司	商业、各类物资的批发及零售;公共饮食、旅游服务、旅馆、理发、浴池等。
600822	物贸中心	上海物资贸易中心股份有限公司	金属材料、化工原料、建材、汽车等机电产品的经营及进出口贸易、宾馆经营、物业管理等。
600823	世茂股份	上海世茂股份有限公司	针纺织品、日用百货、五交交电、文体用品、日用化学品销售。
600824	益民百货	上海益民百货股份有限公司	针纺织品、皮革制品、五金交电化工、通讯设备、建筑材料。
600825	华联超市	华联超市股份有限公司	粮油及制品、副食品(烟零售)、服装鞋帽、百货、广告设计制作及发布、经营进出口业务。
600826	兰生股份	上海兰生股份有限公司	进出口贸易、代理进出口业务等。
600827	友谊股份	上海友谊集团股份有限公司	工艺品、旅游纪念品、百货、针织品、五金交电、食品、茶叶、旅游等的经营。

Continued 22

行业代码 Industries Code	董事长 Board Chairman	地址 Address	电话 Telephone Number	邮编 Zipcode
C99	姜肃敌	天津河西区解放南路 325 号	022-23264118	300202
C61	陈木森	湖北黄石市黄石大道 897 号	0714-6224971-310	435002
C61	黄建民	福建省永安市坑边	0591-7517808-1508	350001
C43	霍丽君	石家庄市中华中大街 19 号	0311-3839696、3834233＊8016	050051
C65	王群英	成都市经华南路 3 号	028-86625987	610069
M	胡友林	江苏省盐城市通榆中路 36 号	0515-8222278	224002
C73	高扬仁	昆明市茨坝路 23 号	0871-5212410	650203
H11	李增起	济南市泉城路 264 号	0531-6030094	250011
C65	顾建国	马鞍山市红旗中路 8 号	86-555-2888158	243003
C05	高玉文	山西汾阳县杏花村镇	0358-7229381	032205
C47	宋春迎	河南平顶山建设路中段 63 号	0375-3921231	467000
M	张宏伟	哈尔滨市南岗区花园街 235 号东方大厦 15 楼	0451-3666028	150001
C81	吕渭川	河北石家庄和平东路 388 号	0311-6678491	050015
H11	胡崇杏	杭州解放路 211 号	0571-87016888,5015	310001
C73	王昆东	厦门市厦禾路 668 号	0592-2115449	361004
I31	曲玉春	辽宁鞍山五道街 55 号	0412-2215945	114001
M	龙长生	上海浦东新区沈家弄路 99 号	021-58765800	200120
C75	姚志贤	上海周家嘴路 1357 号	021-65419538	200082
C61	朱伯安	上海浦东济阳路 100 号	58801177	200126
E01	姜先赋	上海市浦东新区海徐路 957 号	021-64312461	200032
H11	刘树明	天津市和平路 290 号	022-27301432	300022
H21	陈伟宝	上海中山北路 2550 号 518 室	62128718	200063
H11	许荣茂	上海南京西路 258 号七楼	63620099-160	200021
H11	陈　圣	上海淮海中路 651 号 6 楼	021-53067597	200020
H11	华　洲	上海市南京东路 690 号	021-65705873	200120
H21	赵效定	上海中山北一路 1230 号	021-65445880＊2041	200437
H11	王宗南	上海北京东路 40 号	021-58799358	200120

续表 23

代码 Code	股票简称 Shares Abbreviation	公司全称 Companies	主营业务范围 Fields
600828	成商集团	成都人民商场(集团)股份有限公司	百货、五金交电、化工原料、通讯设备。
600829	天鹅股份	哈尔滨天鹅实业股份有限公司	开发生产和经营水泥等建材、装饰装修材料、非金属矿产品等。
600830	大 红 鹰	宁波大红鹰实业投资股份有限公司	主要从事国内外贸易、生产加工、旅游服务、信息咨询等。
600831	广电网络	陕西广电网络传媒股份有限公司	彩色电视机、多媒体产品、电冰箱等家电产品的研制、生产、销售及相关业务。
600832	东方明珠	上海东方明珠股份有限公司	广播电视传输服务、电视塔设施租赁、旅游观光、房地产开发、广告、实业投资等。
600833	第一医药	上海第一医药股份有限公司	商业网点用房及调网用房开发建设、利用、转让。
600834	申通地铁	上海申通地铁股份有限公司	自来水、给水专用设备、给水设计、水厂建设和排管施工工程、对外投资等。
600835	上菱电器	上海上菱电器股份有限公司	生产制冰、冷藏设备;空调设备;微波炉、燃油取油器等家用电器;印刷包装机械;电子计算机。
600836	界龙实业	上海界龙实业股份有限公司	包装、装潢、彩印、特种印刷、金属制品等。
600837	都市股份	上海市都市农商社股份有限公司	商业、服务业、工业。
600838	上海九百	上海九百股份有限公司	百货、针纺织品、五金交电、文教用品。
600839	四川长虹	四川长虹电器股份有限公司	视频产品、网络产品、激光读写系列产品、数字通讯产品、空调器的制造、销售及服务。
600840	浙江创业	浙江安平创业投资股份有限公司	有线电视付费点播系统的开发、生产、销售、安装;通讯设备,通讯项目,电子计算机研发。
600841	上柴股份	上海柴油机股份有限公司	机电产品、柴油机及材料、金属材料、五金交电。
600842	ST 中 西	上海中西药业股份有限公司	医药原料、医药制剂、农药及家庭卫生用药等。
600843	上工股份	上工股份有限公司	发生销售缝制设备及零部件,缝纫机专业设备、制衣、生产销售饮水机,饮用水、塑料制品等。
600844	大盈股份	大盈现代农业股份有限公司	生产销售笔类文具、礼品类、电脑绘图仪器类、厨房设备、办公用品、建筑装潢材料等。
600845	宝信软件	上海宝信软件股份有限公司	生产加工和销售无缝钢管、焊接钢管和镀锌钢管及其制品。
600846	同济科技	上海同济科技实业股份有限公司	承接各类工程总承包、研制开发高科产品、进出口业务等。
600847	万里电池	重庆万里蓄电池股份有限公司	从事各类铅酸蓄电池及零部件的生产和销售。
600848	ST 自 仪	上海自动化仪表股份有限公司	自动化仪表成套设备、仪表控制装置、仪器仪表用元器件等。
600849	上海医药	上海医药股份有限公司	现化生物医药、药品制剂,化学药物,天然医药,中西药制剂,中药材饮品,营养保健品等。
600850	华东电脑	上海华东电脑股份有限公司	计算机、电子元器件领域的科技业务,仪器仪表、通信设备。
600851	海欣股份	上海海欣集团股份有限公司	生产销售人造毛绒、毛皮面料、涤纶长丝、晴纶纱和长毛绒玩具。
600852	中川国际	中国四川国际合作股份有限公司	承包国内外各种工程建设项目、从事进出口贸易和国内贸易;批发和零售贸易(不含专营)。
600853	ST 龙 建	龙建路桥股份有限公司	钢材冶炼、轧制、压延加工及进出口业务等。
600854	春兰股份	江苏春兰制冷设备股份有限公司	生产、销售各种窗式、柜式、1.5 匹及以下壁挂式空调器、洗涤机械等。
600855	航天长峰	北京航天长峰股份有限公司	计算机软硬件、网络、通讯、卫星应用、自动控制、机床数控系统、医药设备、环保。
600856	长百集团	长春百货大楼集团股份有限公司	百货、天然气、针纺织品、五金交电、中西药、食品、工艺美术。
600857	工大首创	哈工大首创科技股份有限公司	百货、针纺织品、五金交电、化工、工艺美术品、日用杂品。
600858	ST 渤 海	渤海集团股份有限公司	从事热电供应、酒店、建材、娱乐服务等。

Continued 23

行业代码 Industries Code	董事长 Board Chairman	地址 Address	电话 Telephone Number	邮编 Zipcode
H11	吕根旭	四川成都东御街19号	028-6660965	610011
C61	丁洪利	哈道里区共乐街182号	0451-4624124	150076
H11	赵万兴	宁波县学街22号	0574-87315310	315000
L10	韩本毅	西安市太白南路363号影视大酒店副楼	029-8278115	710043
M	朱咏雷	上海番禺路858号	58799306	200002
H11	赵　刚	上海市南京东路616号	021-63136517	200011
D05	宋孝均	上海浦东浦电路389号五楼	58308595	200012
C76	夏毓灼	上海浦东建平路2号	021-58857888 * 3436	200135
C35	费钧德	上海宁海东路200号申鑫大厦16楼	021-63746888	200002
H01	徐　麟	上海天山路800号	021-63787858	200051
H11	黄　跃	上海市万航渡路50号	021-62170663	200040
C55	倪润峰	四川绵阳市跃进路4号	0816-2418132	621000
H11	刘全民	绍兴市解放北路333号	0571-87055977	312000
C71	陈龙兴	上海军工路2636号	021-65743610	200432
C81	仰　融	上海交通路1515号	021-56082188	200065
C73	倪永刚	上海浦东建平路540号	021-68407700 * 617	200010
C37	黄永昌	上海祁连山路6号	32180584	200331
G87	徐乐江	上海逸仙路2950号	021-50801155 * 1353	200940
M	钱　刚	上海市赤峰路198号	65985860	200092
C76	王敬武	重庆市土桥苦竹坝31号	023-62597905	400054
C78	肖宗义	上海新华路563号	62800705	200052
C81	钱琎之	上海长阳路1568号	021-58999802	200063
G83	孙德炜	上海桂林路418号	021-64362789	200233
C14	严镇博	上海市松江洞泾镇	63917000-1832	201601
E01	丛　钢	成都市永兴巷15号	028-6520852	610012
E01	张振勤	黑龙江富拉尔基红岸大街7号	0451-2281860	161041
C76	张鸿志	江苏泰州市口泰路7号	0523-6663663	225300
C73	殷兴良	北京市丰台区大红门西路26号	010-88271805	100075
H11	范士良	长春市人民大街59号	0431-8965414	130061
G87	杨士勤	宁波市和义路45号	0574-87363263	315000
M	李福仁	济南市泺源大街中段	0531-6960688	250012

续表 24

代码 Code	股票简称 Shares Abbreviation	公司全称 Companies	主营业务范围 Fields
600859	王府井	北京王府井百货(集团)股份有限公司	零售代购代销百货、针纺织品、五金交电、化工、计算机及配件等。
600860	北人股份	北人印刷机械股份有限公司	开发、设计、生产、销售印刷机械、锻压设备、包装机械、零件。
600861	北京城乡	北京城乡贸易中心股份有限公司	国内商业、物资供销业、仝储业、日用品修理业、群众文化事业。
600862	ST 纵横	南通纵横国际股份有限公司	数控机床、高级电子元器件等高科技产品及软件和网络技术的开发、生产、销售和技术服务。
600863	内蒙华电	内蒙古蒙电华能热电股份有限公司	火力发电及供热。
600864	岁宝热电	哈尔滨岁宝热电股份有限公司	热力、电力生产与销售,热力、电力工程设备及相关产品生产与销售。
600865	百大集团	百大集团股份有限公司	百货,音像制品,五金交电,针纺织品,食品,药品,化工产品,工艺美术品,金银饰品,烟,等。
600866	星湖科技	广东肇庆星湖生物科技股份有限公司	氨基酸、肌苷(酸)、酶制剂、抗生菌素等工农医和食品添加剂系列产品的生产。
600867	通化东宝	通化东宝药业股份有限公司	中西成药、保健品、包装材料、山野菜、食用菌加工、印刷。
600868	梅雁股份	广东梅雁企业(集团)股份有限公司	主营汽车客货运输. 建筑建材业、旅游州业、饮食服务、商业、汽车配件制造业和物业开发。
600869	青海三普	青海三普药业股份有限公司	研制、生产、销售中成药、销售中成药、西药、藏药、中西复合药、保健品、中药材、医疗器械、玻璃。
600870	ST 厦华	厦门华侨电子股份有限公司	彩色电视机、移动通信、彩色显示器、计算机等电子产品。
600871	仪征化纤	中国石化仪征化纤股份有限公司	化纤、化工产品及原辅材料与纺织机械生产及自产产品的销售,纺织技术开发与自营产品。
600872	火炬高新	中炬高新技术实业(集团)股份有限公司	自营和代理出口商品及技术的进出口业务;进料加工和""三来一补"业务;对销贸易和转口贸易。
600873	ST 藏明珠	西藏明珠股份有限公司	旅游饭店业、旅游运输业、餐饮娱乐、旅游产品加工业、商品贸易和房地产开发。
600874	创业环保	天津创业环保股份有限公司	纯碱、烧碱等种类碱产品,无机盐、无机酸及其他化工原料。
600875	东方电机	东方电机股份有限公司	水力发电设备、汽轮发电机、交直流电机、控制设备制造销售、普通机械。
600876	洛阳玻璃	洛阳玻璃股份有限公司	玻璃及其深加工制品、机构电品及配品。
600877	中国嘉陵	中国嘉陵工业股份有限公司(集团)	摩托车及摩托车配件制造、工业钢球、轴承、猎枪弹制造。
600878	北大科技	大连北大科技(集团)股份有限公司	高科技纺织、高新技术产品开发与生产、车辆修配、汽车及汽车配件经销、汽车出租等。
600879	火箭股份	长征火箭技术股份有限公司	民用航天与运载火箭技术及配套装备、新材料、计算机信息技术及计算机软硬件等。
600880	博瑞传播	成都博瑞传播股份有限公司	信息传播服务、报刊发行投递、高科技产品开发、国内贸易、高低压电器开关制造及销售。
600881	亚泰集团	吉林亚泰(集团)股份有限公司	科研、产品加工、建筑开发、经销。
600882	大成股份	山东大成农药股份有限公司	化学农药、基本化学原料的生产、销售;机械配件的加工;防腐蚀设备的制作等。
600883	富邦科技	云南富邦科技实业股份有限公司	计算机硬件生产、软件开发和网络开发、信息服务;硅酸盐水泥、水泥熟料及其他建材产品。
600884	杉杉股份	宁波杉杉股份有限公司	制造、加工、批发各类服装。
600885	力诺工业	武汉力诺工业股份有限公司	双虎"牌油漆和精细化工产品的制造及销售。
600886	ST 华靖	国投华靖电力控股股份有限公司	石油化工产品的生产及深度加工和销售。

Continued 24

行业代码 Industries Code	董事长 Board Chairman	地址 Address	电话 Telephone Number	邮编 Zipcode
H11	汤庆顺	北京王府井大街	010-65126677	100006
C73	朱武安	北京朝阳区广渠路南侧街 44 号	010-67748470	100022
H11	周和平	北京市海淀区复兴路甲 23 号	010-68296595	100036
C71	张宗平	江苏南通市任港路 23 号	0513-5516141-8305	226006
D01	乌若思	包头市青山区厂前路	0471-6942388	014030
D01	杨祥波	哈尔滨市南岗区昆仑商城衡山路 16 号	0451-2332828	150036
H11	董伟平	杭州市延安路 260 号	0571-85109129	310006
C85	黄增麟	广东省肇庆市工农北路 67 号	0758-2291123	526060
C81	李一奎	吉林省通化东宝新村	0435-5858025	134123
M	杨钦欢	广东梅州市湾水塘	0753-2218286	514011
C81	武　琪	北京东城区安定门外大街 55 号九层	0971-8166017	810007
C55	吴小敏	厦门市湖里大道 22 号	0592-6021091＊7203	361006
C47	傅兴堂	江苏省仪征市	86-514-3232997	211900
M	葛志傧	广东中山市中山火炬开发区	0760-5596818	528437
K32	何盛秋	成都市青羊区长顺中街 88 号	028-86600798	610031
K01	马白玉	天津市和平区赤峰路 63 号	86-22-23523036	300041
C76	斯泽夫	四川德阳市黄河西路 13 号	86-0838-2409358	618000
C61	郭晓寰	洛阳市西工区唐宫中路 9 号	86-379-3908588	471009
C75	何世斌	重庆市双碑	023-65194095	630032
M	李　纯	大连市甘井子区凌南路 58 号	0411-2643146	116023
C73	厉建中	武汉市古田路 2 号	027-85487719	430035
L20	孙旭军	四川成都市郫县唐昌镇	028-7651183	611733
M	宋尚龙	长春市吉林大路 168 号	0431-4956688	130031
C43	耿佃杰	山东淄博张店区洪沟路 25 号	0533-2111919＊6358	255009
M	刘志波	云南省保山市汉元镇	0875-2218496 0871-7197370	678000
C13	郑永刚	宁波市百丈路 158 号金皇大厦 8 楼	0574-87716887	315040
C43	宋胜广	武汉市桥口区古田路 17 号	027-83833770	430035
D01	卜繁森	甘肃省兰州市曹家巷 58 号	010-68003595	448002

续表 25

代码 Code	股票简称 Shares Abbreviation	公司全称 Companies	主营业务范围 Fields
600887	伊利股份	内蒙古伊利实业集团股份有限公司	农畜产品加工业、畜牧业、食品、饮料工业、饲料加工业、食品饮料加工设备、原材料。
600888	新疆众和	新疆众和股份有限公司	铝及其相关业务,炭素及其相关业务。
600889	南京化纤	南京化纤股份有限公司	粘胶长丝、粘胶短纤维的生产和销售以及自来水的生产和供应。
600890	长春长铃	长春长铃实业股份有限公司	摩托车及系列产品的制造和销售,各种摩托车发动机及小汽车,微型车发动机的制造和销售。
600891	秋林集团	哈尔滨秋林集团股份有限公司	零售兼批发百货、食品、副食、纺织品、针织品等。
600892	湖大科教	河北湖大科技教育发展股份有限公司	零售、批发、代销、联营、服务。
600893	ST 吉 发	吉林省吉发农业开发集团股份有限公司	食品加工业,以玉米等农副产品为原料的深加工,与加工业相配套的运输业,仓储业,包装业。
600894	广钢股份	广州钢铁股份有限公司	炼铁、焦化、烧结、炼钢、轧钢、空分等大型生产设备,以生产冶金产品、焦炭化工产品。
600895	张江高科	上海张江高科技园区开发股份有限公司	工程勘察、设计、施工承包、建筑装修工程、设备供应与安装、建筑材料经营。
600896	中海海盛	中海(海南)海盛船务股份有限公司	琼省及国内沿海运输、以琼港口为主的近洋国际航线运输,水路运输服务,船务代理等。
600897	厦门机场	厦门机场发展股份有限公司	为国内外航空运输企业和集团公司提供候机设施的使用保障和服务。
600898	PT 郑百文	郑州百文股份有限公司(集团)	百货文化用品、五金交电、油墨及印刷器材、家具、食品、针纺织品、日用杂品等。
600899	信联股份	浙江信联股份有限公司	有线电视网络建设、开发、服务;网络传输软件及设备、材料的开发、销售;网络工程安装。
900929	国旅B股	上海中国国际旅行社股份有限公司	组织海外游客入境旅游、中国公民国内旅游和出境旅游、交通票务代理以及物业出租等。
900935	阳晨B股	上海阳晨投资股份有限公司	工程机械、打桩机、机械施工钻机、水文水井设备、地质勘探设备、矿山机械设备及上述配件。
900939	汇丽B股	上海汇丽建材股份有限公司	建筑涂料,各种化学建材,装潢材料,木业制品等生产开发,高科技产品销售及相关业务。
900948	伊煤B股	内蒙古伊泰煤炭股份有限公司	原煤生产、加工、运输和销售。
900949	东电B股	浙江东南发电股份有限公司	投资、开发及经营发电厂、发电机组。
900950	ST 新城 B	江苏新城房产股份有限公司	柴油机制造,经营本公司自产机电产品、机械设备、仪器仪表、备品备件、零配件等。
900951	大化B股	大化集团大连化工股份有限公司	碱产品及副产品的生产及销售,技术开发、售后服务,境内外企业的合作与投资。
900953	凯马B股	中泰凯马股份有限公司	内燃机、农用车、拖拉机整机及农机具和其他农业机械及其零部件的研究开发、生产销售。
900956	东贝B股	黄石东贝电器股份有限公司	生产销售制冷压缩机,压缩机电机,高新技术开发、生产、咨询。
900957	凌云B股	上海凌云幕墙科技股份有限公司	建筑幕墙的设计、生产、销售及安装;生产、加工、销售建筑和工业铝型材及各类铝制品。

数据来源:上海、深圳证券交易所
Source: Shanghai Shenzhen Stock Exchange

Continued 25

行业代码 Industries Code	董事长 Board Chairman	地址 Address	电话 Telephone Number	邮编 Zipcode
C03	郑俊怀	内蒙呼和浩特市石西路泉源巷 31 号	0471-3601621	010031
C67	张英千	乌鲁木齐市喀什东路 18 号	0991-6635306 * 2933	830013
C47	周发亮	南京市燕子矶伏家场	025-5561011 * 3685	210038
C75	黄振山	吉林长春市小南街 31 号	0431-4669888,8612	130031
H11	赵廷阁	哈尔滨市南岗区东大直街 319 号	0451-3644632	150001
C73	赵立华	石家庄市中山东路 51 号	0311-6032360	050000
C01	刘少敏	长春市斯大林大街 90-1 号	0431-4633652-8409	130021
C65	陈嘉陵	广州市芳村区白鹤洞	020-81585966	510381
M	戴海波	上海浦东龙东大道 200 号	50800018	201204
F07	李克麟	海口市海秀大道华侨新村 1 号楼	0898-68583985	570125
F11	王倜傥	厦门机场企划部	0592-6022936 * 6005	361006
H01	张继升	郑州市南阳路 2 号	0531-6081075	450053
L20	王宏声	杭州朝晖路 68 号	0571-85454614	310014
K34	宋超麒	上海中华路 308 号 405 室	021-62898899 * 239	200040
C73	虞网法	上海嘉定区安亭洛浦路 45 号	56657316	201805
E05	张永定	上海周浦新马路 100 号	58705858-2525/68731437	201318
B01	祁文彬	内蒙古东胜市伊金霍洛西街	0477-8524944	017000
D01	胡江潮	浙江杭州风起路 147 号	0571-85774585	310006
J01	王振华	江苏省武进市湖塘镇武宜路 229 号	0519-8127288	213161
C43	刘平芹	大连市甘井子区工兴路 10 号	0411-6893436	116033
C75	吕长春	上海浦东新区张杨路 655 号	62034925	200063
C76	杨百昌	中国湖北省黄石市铁山区武黄路 5 号	0714-5415858	435006
E05	陈木林	上海浦东新区东方路 877 号嘉兴大厦 18 楼	021-50818005	

5-28　深圳证券交易所上市公司名录

代码 Code	公司全称 Companies	董事长 Board Chairman	地址 Address	电话 Telephone Number	邮编 Zipcode
000001	深圳发展银行股份有限公司	许季才	深圳市深南中路178号	(0755)2088888	518001
000002	万科企业股份有限公司	王　石	深圳市罗湖区翠竹北水贝二路十四栋万科大厦	(0755)5516666	518020
000003	金田实业(集团)股份有限公司	黄汉清	深圳罗湖区和平路42号金田大厦23—26	(0755)5573548	518010
000004	深圳蛇口安达实业股份有限公司	熊栋梁	深圳蛇口工业大道招商局发展中心五楼	(0755)6891245	518067
000005	深圳世纪星源股份有限公司	丁　梵	深圳市人民南路发展中心大厦13层	(0755)2208888	518001
000006	深圳市振业股份有限公司	张　宝	深圳市宝安南路振业大厦30层	(0755)5892061	518008
000007	深圳市赛格达声股份有限公司	张万章	深圳市华强北路赛格工业大厦五楼	(0755)3239242	518031
000008	深圳锦兴实业股份有限公司	郭计景	深圳市东门南路外贸食品出口大厦11楼	(0755)2257432	518002
000009	中国宝安集团股份有限公司	曾汉雄	深圳市深南中路73号宝安大厦二楼	(0755)3355405	518031
000010	深圳华新股份有限公司	赵志国	深圳市深南中路华联大厦十楼	(0755)3351000	518000
000011	深圳市物业发展(集团)股份有限公司	陈义林	深圳市人民南路国贸大厦42层	(0755)2253020	518041
000012	中国南方玻璃股份有限公司	江　波	深圳蛇口工业区工业六路10号南玻大厦	(0755)6686315	578067
000013	深圳石化集团股份有限公司	陈涌庆	深圳市福田区红荔西路石化大厦	(0755)3344355	518028
000014	深圳华源实业股份有限公司	张建强	深圳市罗湖区布心路华源工业大厦	(0755)5517888	518019
000015	深圳中浩(集团)股份有限公司	吕有珍	深圳市八卦四路中浩大厦九、十层	(0755)2425359	518029
000016	康佳集团股份有限公司	任克雷	深圳华侨城东部工业区	(0755)6601139	518053
000017	深圳中华自行车(集团)股份有限公司	范惠明	深圳市布心路1号	(0755)5516998	518019
000018	深圳中冠纺织印染股份有限公司	田志俊	深圳市罗湖区人民南路房地产大厦10楼C座	(0755)2320942	518001
000019	深圳市深宝实业股份有限公司	张德生	深圳市罗湖区文锦北路田贝东路10号大院	(0755)5507480	518020
000020	深圳华发电子股份有限公司		深圳华发北路华发大厦	(0755)3352207	518026
000021	深圳开发科技股份有限公司	王　之	深圳市福田区彩田路开发大厦	(0755)3320713	518026
000022	深圳赤湾港航股份有限公司	袁　庚	中国深圳赤湾港赤湾大厦	(0755)6694888	578068
000023	深圳市天地实业股份有限公司	陈德伦	深圳市宝安南路天地大厦3楼	(0755)5566321	518008
000024	蛇口招商港务股份有限公司	周为民	深圳市蛇口港湾1路1号	(0755)6687690	518067
000025	深圳市特力机械股份有限公司	方时茂	深圳市人民北路128号永通大厦10楼	(0755)2225342	518025
000026	深圳飞亚达(集团)股份有限公司	门腾善	深圳深南中路中航苑飞亚达大厦	(0755)3348365	518041
000027	深圳能源投资股份有限公司	劳德容	深圳市福田区华发北路桑达大厦17层	(0755)3323769	518031
000028	深圳市益力矿泉水股份有限公司	赵必元	深圳市罗湖区春风路食品大厦4楼	(0755)2413223	518000
000029	深圳经济特区房地产(集团)股份有限公司	邓惠强	深圳市人民南路房地产大厦五楼	(0755)2339255	518001
000030	深圳市莱英达集团股份有限公司	范惠明	深圳华强北路嘉华大厦	(0755)3361666	518031
000031	深圳宝恒(集团)股份有限公司	潘秩庆	深圳市宝安区湖滨路宝恒大厦	(0755)7754517	518101
000032	深圳桑达实业股份有限公司	咚保安	深圳市福田区振华路17号414栋西二层	(0755)3222168	518031

List of Listed Companies in Shenzhen Stock Exchange

主营业务范围 Fields	行业代码 Industries Code
人民币的结算、汇兑、存贷款、票据贴现、各种信托；外汇存贷款、票据兑换、进出口结算等。	I01
五金矿产、日用百货、建筑材料、机电设备、化工产品、化工原料、水产品、土产品、家用电器、电子产品、医疗器材、文化用品、木材、副食品。	J01
房地产开发、进出口贸易、高新技术开发、纺织、化工、电子产品。	M
汽车货运、汽车修理、零售汽车配件。	F03
纺织、印染、服装、轻工产品、电子产品、科技产品、小汽车出租、商业贸易、酒店。	M
土地开发、房产销售及租赁、物业管理、发展高科技产业经营、饮食等。	J01
家用电器、通讯设备、仪器仪表、电子元件、电子乐器电子手表、电脑电话、汽车收录机。	C55
粮食加工、生产经营畜饲料、仓储。	G87
商贸、工业、"三来一补"产业，房地产及服务业。	M
纺织品及其原料，工艺首饰品，塑胶；国内商业、物资供销业（不含专营、专卖、专控商品）；经营深贸管审字第 207 号《审定书》规定的进出口项目。	H21
房地产开发及销售、商品楼宇的经营管理、兼营其他。	M
浮法玻璃及玻璃用品的加工、制造和销售。	C61
自营和代理第二、三类商品出口及省内进口业务、生产销售化工产品及医药保健品。	H03
磁记录产品及其配件、通讯服务设备、计算机设备及办公自动化设备。	G83
厨房设备、食品机械、食品饮料、房地产。	M
电器、电子整机及元器件精模具、注塑件、包装材料，主要产品有收录机、电视机、组合音响、录像机、对讲机等。	C55
生产装配各类自行车零部件及健身车，主要产品有轻便郊游车、赛车、童车、爬山车和高级铝合金车等。	C75
棉布、涤棉布和麻棉布等梭织布的生产经营。	C11
食品加工、饮料生产、土产品、食品进出口业务。	C05
彩电、收录机、音响、电表、电子游戏机、电脑等工业、民用电子产品及配套印制电镀板、精密冷塑件、五金件等。	C5
开发生产经营计算硬件系统及其外设备通讯设备、电子仪器、仪表电子产品及其零件部件、元器件、接插件和原材料；生产经营家用电器及电子玩具。	G83
港口装卸、散货灌包、保税仓储水陆运输、集装箱运输及临港工业等。	F11
建筑材料、装饰材料、机械电器设备、钢材、木材、五金、化工原料、油漆、塑料制品及复制品、日用杂货、日用百货、纺织品、汽车零配件和土产品、电设备维修。	E01
房地产开发及销售、商品楼宇的经营管理、兼营其他。	F11
金属加工机械、通用设备、通用零件、磨料、仪器仪表、微型电器、电子元件、计算机、汽车零售件、橡胶制品、建材、日用化工产品、化工原料、五金工具等。	M
自营和代理第二、三类商品出口及省内进口业务、生产销售化工产品及医药保健品。	C78
常规能源和新能源的投资、开发、生产、购销、与能源生产相关的原材料开发和运输、港口、仓储等。	D01
矿泉水及其饮料的生产、销售服务；进出口业务。	C05
房地产开发、商品房销售、楼宇管理、租赁及建筑设计、建筑材料、酒店服务、日用百货等。	J01
轻工产品的生产、经营、工业企业的投资参股和进口贸易以及以房地产开发为支柱包括饮食、宾馆在内的第三产业。	C99
房地产的开发经营、以及工业、建材、旅游、饮食服务等。	J01
主营通讯设备、计算机及外部软件、办公室自动化、家用电器、电子玩具、微电子产品、电子检测设备、摄像录像设备与配件、五金建材等。	G81

续表 1

代码 Code	公司全称 Companies	董事长 Board Chairman	地址 Address	电话 Telephone Number	邮编 Zipcode
000033	深圳新都酒店股份有限公司	张炳文	深圳市春风路一号	(0755)2220888	518001
000034	深圳市华宝(集团)股份有限公司	麦汉波	深圳市深南中路宝安大厦三楼	(0755)3364056	518031
000035	中国科健股份有限公司	侯自强	深圳市蛇口工业六路	(0755)6692467	518067
000036	深圳惠中化纤实业股份有限公司	周和文	深圳宝安区创业路新安 27 工业区	(0755)7807197	518101
000037	深圳南山热电股份有限公司	隋　克	深圳市南山区月亮湾大道	(0755)6404572	518052
000038	深圳大通实业股份有限公司	温惜今	深圳市华侨城东部工业区	(0755)6608277	518053
000039	中国国际海运集装箱(集团)股份有限公司	周祺芳	深圳蛇口金融中心五楼	(0755)6691130	518067
000040	深圳市鸿基(集团)股份有限公司	邱瑞亨	深圳市晒布路 2 号三、四楼	(0755)2237468	518001
000042	深圳市长城地产股份有限公司	卓崇勋	深圳市百花村百花五路长源楼	(0755)3222481	518031
000043	深圳南光(集团)股份有限公司	李志正	深圳市深南中路 68 号航空大厦	(0755)3363698	518041
000045	深圳市纺织(集团)股份有限公司	张应学	深圳市福田区华强北路三号深纺大厦 6 楼	(0755)3217043	518031
000046	深圳南油物业发展股份有限公司	廖汉标	深圳市南山区新能源大厦 9 楼	(0755)6649732	518026
000047	深圳市中侨发展股份有限公司	滕德祥	深圳市罗湖区宝安南路西湖花园三层	(0755)5894316	518001
000048	深圳康达尔(集团)股份有限公司	曾汉山	深圳市福田区滨河大道下步庙东侧	(0755)3225020	518032
000049	深圳市万山实业股份有限公司	肖锦彬	深圳市红岭南路 30 号 3 号楼 2 层	(0755)5582741	518030
000050	深圳天马微电子股份有限公司	李志正	深圳市深南中路中航工贸大厦六楼	3365301 33636	518041
000055	深圳市方大实业股份有限公司	熊建明	深圳市南山区西丽龙井方大城	0755-6608571	518055
000056	深圳市国际企业股份有限公司	李锦全	中国深圳市人民南路发展中心大厦 23 层	(0755)2281888	518000
000058	深圳赛格股份有限公司	王殿甫	深圳市华强北路路宝华科技大厦 16 楼	0755-5254567	518031
000059	深圳辽河通达股份有限公司	刘家升	深圳市深南中路 13 号新城大厦西座 11 楼	0755-2275541	518031
000060	深圳中金实业股份有限公司	陈胜年	深圳市建设路南洋大厦 C 座 11-12 楼	0755-2294483	518000
000061	深圳市农产品股份有限公司	林家宏	深圳市爱国路一路外贸轻工大厦 15 楼	0755-5418842	518000
000062	深圳华强实业股份有限公司	张锦墙	深圳市深南中路华强路口	0755-3365354	518043
000063	深圳市中兴通讯股份有限公司	张太峰	深圳市莲塘鹏基工业区 710 栋 6 楼	0755-5739300	518004
000065	深圳西林实业股份有限公司	潘福明	深圳市宝安区宝城 34 区	0755-7809810	518133
000066	中国长城计算机深圳股份有限公司	王　之	深圳市南山区科技园长城计算机大厦	0755-6639745	518000
000068	深圳赛格中康股份有限公司	王殿甫	深圳市福田区梅林工业区	0755-3311988	518000
000069	深圳华侨城实业发展股份有限公司	任克雷	深圳市南山区华侨城	0755-6000248	518000
000070	深圳市特发信息股份有限公司	季德钧	深圳市香蜜湖度假村西座酒店 1 座	0755-3711473	
000078	深圳市海王生物工程股份有限公司	张思民	深圳市南山区南油大道海王大厦二十六层	0755-6649838	518054

Continued 1

主营业务范围 Fields	行业代码 Industries Code
经营酒店、商场餐厅及酒店附设的车队、康乐设施。	K32
主营畜牧业、种植业、饲料工业、食品工业及其他类型的工业、房地产开发、进出口贸易、国内外商贸易业务和对外投资；兼营商业批发、零售、饮食、旅业、物业租赁与物业管理等。	M
主营电子信息、医疗设备、高新材料、能源工程、生物工程、海洋工程等高新技术产品；兼营信息咨询、信息服务物业经营、投资。	G81
化纤及其关工业产品的生产、经营和出口化纤原、辅料及化纤机械零售配件的经营、化工产品及技术咨询引进本公司经营范围有关的投资。	C11
生产经营供电供热，从事发电厂（站）的建设工程总承包，提供技术咨询和技术服务。	D01
生产经营积层陶瓷电容器，中高压陶瓷电容器，管状陶瓷电容器，图牌类陶瓷电容器，半导体件陶瓷电容器及微型高温电解电容器器等电子元器等电子。	C51
主要从事干货集装箱的设计、制造及推销业务，以及旅客登机桥、货运站的设计和建造业务。	C69
主营装卸运输、汽车配件、建筑材料、家用电器、化工原料、五金交电、针纺织品、粮油副食品 1 塑料制品、家具、公司历史用地的房地产开发业务、通讯设备。	M
房地产开发与销售、物业经营、股权投资；工业商业贸易等。	J01
各类投资、经营宾馆、服务及自有房地产的管理、经营、国内贸易、各类产品展销、科技交流活动等。	M
主营纺织品、针织品、服装、装饰布带、自行车、工艺品、百货；兼营纺织品工业专用设备、纺织器材及配件、仪表、标准件、皮革制品、纺织原材料、染化料、电子产品、粮油产品、房地产开发。	C1
房地产开发经营、承办国内外投资开发项目，承接工程地盘管理、经营有关的建筑设备，建筑材料、房地产物业综合管理、工程监理、酒店旅游、装饰装修。	J01
房地产业、纺织印染、机械设备、电子产品、新型材料、纺织品、服装、化工产品、建筑材料、激光技术、电子产品、生物工程、医疗器械、信息咨询。	J01
活鸡、鸡苗、饲料添加剂、食品、肉类制品、水产品、粮油、饲料、禽蛋、制冷工程安装、钢材、房地产、物业投资。	C01
建筑材料，电梯，家具，卫生洁具，灯具，装饰材料，钢材，电讯器材，五金，油漆，颜料，水暖器材，胶合板，钢坯，废般，废钢，化工原料，木材。	J01
各类液晶显示器及其与之相关的材料，设备和产品电子。	C51
从事设计，生产，制造及安装幕墙，门窗产品及其他新型建材产品。	C69
以商业零售为主，拥有的深圳市国际商场是深圳市较早开设的大型高档综合百货商场，并于近年在深圳龙岗区、福田区上步路及哈尔滨、长沙等地开设连锁分店。	H11
生产和销售供装配彩色电视机所用的主要部件——彩色显像管，视听产品等。	C51
化学肥料，化工产品的加工制造，销售。	C43
有色金属及其产品的国内外贸易，仓储运输，工业及其他项目开发投资。	C67
开设和经经营管理深圳市布吉农产品批发市场；经营农产品，水产品，粮油副食品的批发，从事农产品信息咨询，运输等。	H01
投资兴办各类实业项目，经营国内商业，物资供销业；商业信息咨询的服务。	M
生产程控交换系统、多媒体通讯系统、通讯传输系统及电子设备、计算机系统的软硬件、微电子器件。	G81
铝制品、铝型材、铝门窗的制造、建筑幕墙和室内外装饰工程的设计、制作和施工，机械产品制造、机械安装及维修。	E05
电子计算机硬件、软件系统及配套零部件、配套设备、网络、通讯系统、电子出版及其他电子信息技术产品的科研开发、配套生产、销售服务、系统集成、工程承包、技术转让、技术咨询与培训（进出口业务按有关规定办理）。	G83
开发、设计、生产、销售彩色显像管、显示管玻璃及其材料、并进行售后服务；电子产品贸易及投资兴办其他实业。	C51
经营旅游组团观光；酒店经营管理；景区管理技术服务；旅游商品设计、技术开发；旅游项目的规划与管理；投资兴办实业（具体项目另报）；国内商业，物资供销业（不含专营、专控、专卖商品）。	K34
光纤\光缆及光纤预制棒\电子元器件\通讯设备生产；计算机网络系统集成\通讯信息服务；国内商业\物质供销业。	C51
生产、经营生物化学原料、制品、试用剂及其他相关制品（以上不含专营、专控和专卖商品）。	C81

续表 2

代码 Code	公司全称 Companies	董事长 Board Chairman	地址 Address	电话 Telephone Number	邮编 Zipcode
000088	深圳市盐田港股份有限公司	刘定桐	中华人民共和国深圳市盐田港海港大厦十九层	0755-5290783	518000
000089	深圳市机场股份有限公司	卢胜海	深圳市机场	0755-7776085	518
000090	深圳市天健(集团)股份有限公司	邹志远	深圳市福田区红荔西路市政大厦	0755-3918446	518034
000096	深圳市广聚能源股份有限公司	王建彬	深圳市蛇口新街蛇口大厦 6 楼	6690988	
000099	中信海洋直升机股份有限公司	李士林	深圳市罗湖区解放西路 188 号	0755-5590755	
000150	麦科特光电股份有限公司	钟伟贤	广东省惠州市麦地路 63 号麦科特中心	0752-2119664	
000151	中成进出口股份有限公司	范全木	北京市丰台区科学城 10D 地块 2 号楼	010-64258520	
000153	安徽新力药业股份有限公司	许克强	安徽省无为县北门外大街 108 号	0565-6350827	
000155	川化股份有限公司	谢木喜	四川省成都市青白江区大弯镇	028-3308291,3	
000156	湖南安塑股份有限公司	何述金	湖南省洪江市安江大沙坪	0731-8815031	
000157	长沙中联重工科技发股份有限公司	方明华	长沙市银盆南路 307 号	0731-8807471	
000158	石家庄常山纺织股份有限公司	韩希厚	河北省石家庄市和平东路 183 号	0311-6673856	
000159	新疆国际实业股份有限公司	朱立田	新疆乌鲁木齐市北京中 22 号龙岭大厦 8 层	0991-2886434	
000301	吴江丝绸股份有限公司	董东立	江苏省吴江市盛泽镇舜新中路 39 号	0512-3558328	
000400	许继电气股份有限公司	王纪年	河南省许昌市建设路 178 号	0374-3314554	
000401	唐山冀东水泥股份有限公司	杜金弘	中国河北省唐山市新区林荫路	(0315)3244005	063031
000402	重庆华亚现代纸业股份有限公司	周全福	中国重庆市沙坪坝区满山红村 7 号	023-68614990	630039
000403	宜春工程机械股份有限公司	李惕安	中国江西省宜春市环城西路 1 号	0795-3222601	336000
000404	华意压缩机股份有限公司	吴祥才	中国江西省景德镇市新厂东路 28 号	0798-441771	333000
000405	珠海鑫光集团股份有限公司	吴建常	广东省珠海市吉大海洲路金苑大厦	0756-3338333	518901
000406	胜利油田大明集团股份有限公司	王作然	山东省东营市济南路 140 号	0546-8556533	257000
000407	山东胜利股份有限公司	徐建国	山东省济南市文化西路 25 号	0531-6018518	250011
000408	河北华玉股份有限公司	张士成	河北省邯郸市峰峰矿区彭新路 21 号	0310-5023927	056200
000409	广东华立高科技集团股份有限公司	杨朱生	广东省吴川市人民东路华立大厦	0759-5561426	524500
000410	沈阳机床股份有限公司	姚俊喜	辽宁省沈阳市沈河区西顺城街 247 号	024-4855773	110011
000411	杭州凯地丝绸股份有限公司	杨炳芳	杭州市环城北路 15 号	0571-5194316	310004
000412	长春北方五环实业股份有限公司	王志杰	长春市朝阳区人民大街 103 号	0431-8987097	130061
000413	石家庄宝石电子玻璃股份有限公司	董庆祥	河北省石家庄市中山路 819 号	0311-6044705	050031
000415	新疆汇通股份有限公司	郭三九	新疆维吾尔自治区乌鲁木齐黄河路 22 号汇通大	0991-5852082	830000
000416	青岛国货股份有限公司	姜玉玲	山东省青岛市中山路 149 号	(0532)2847960	266001

Continued 2

主营业务范围 Fields	行业代码 Industries Code
码头开发与经营,货物装卸与运输;港口配套交通设施建设与经营;港口配套仓储及工业设施配套与经营;港口配套生活服务设施的建设与经营;集装箱修理;转口贸易;房地产开发。	F11
航空客货地面运输及过港保障与服务;机场航空及其辅助设施投资业务;国际、国内航空客货销售代理业务;仓储、包装、装卸搬运业务;深圳港旅客运输、深港航空货物驳运业务;海港客货运输过港保障与服务;物业出租。	F11
大型市政工程及城市基础设施的承建、投资兴办工业实业、国内商业、物贸供销业。	E01
兴办实业;国内商业、物资供销业;投资电力企业;成品油;经营液化石油气。	H03
为国内外用户提供陆目石油、海洋石油服务、人工降水、医疗救护、航空探矿、航空摄影、空中广告海洋监测、渔业飞行、气象深测、科学实验。	F09
制次序设备设计,安装,纵,销售,销售普通机械,五金交电,电子计算机及其配件,化工产品,建筑材料,仪器仪表,工艺美术品,针,纺织品,摩托车及配件。	C78
自营和代理除国家组织统一联合经营的出口国家衽核定公司经营的进口商品以外的其他商品及技术的进出口业务;经营进料加工和“三来一补”业务;经营对销贸易和转口贸易;随后我国对外经济技术援助项目和对外提供一般物资援。	K99
药物研究开发及西药原料药、合成药、大输液、片剂、胶囊剂、颗粒剂、软膏剂、糖浆剂、中药制剂、冻干粉针、镁材料、饮料添加剂生产、销售;货物运输。	C81
化学肥料、基本化学原料、有机化学产品的产生、销售;化学工业方面科技开发与技术服务。	C43
PVC、PU 人造革塑料制品的生产与销售。	C49
开发、研制、销售工程机械及其它机械设备、电子产品、金属及非金属材料、光机电一体化高新技术及产品并提供相关售后技术服务;销售建筑装饰材料及政策允许的金属材料、化工原料、化工产品;经营本企业研制、开发的技术。	C7
天然纤维和人造纤维的纺织产品、针织品、服装印染加工;家用服饰,纺织品、产业用纺织品的设计、开发、制造、销售;本企业自产的天然纤维的人造纤维的纺织品、针织品、服装、印染加工产品、家用服饰的出口;本企业生产。	C11
机电设备、化工产品,轻工产品、建筑材料、金属材料、现代办公用品,畜产品、农副产品,针、棉纺织品的销售;番茄种植、加工及蕃茄制品的销售;经营进出口业务;麻黄素及麻黄素类产品的出口;房地产开发。	H
资产经营、纺织原料(皮棉除外)、针纺织品生产、销售,电脑绣花,房地产开发、经营,仓储。	C11
主营:继电器、控制保护屏及综合自动化装置等;兼营:高低压开关柜、电力成套设备的进出口业务。	C76
硅酸盐水泥制造、塑料制品制造、水泥生产技术服务、水泥设备安装、维修。	C61
制造、加工、自销纸包装制品、可发性聚乙烯制品、包装材料等。瓦楞纸板、纸箱。	J01
生产、销售装载机。	C43
无氟压缩机、无氟电冰箱及配件的生产和销售。	C73
电解铝的生产与经营,有色金属的进出口经营。	C67
石油开发作业,化工、建材、电子产品销售,机械加工制造、维修、饮食服务及相关产业的开发。	B03
塑胶管道及其相关产品生产和销售;核准的进出口贸易业务;石油及石油制品、化工产品销售。	C49
陶瓷制品的生产、销售、研制和开发。	C61
石化设备及配件(主要包括高频焊接翅片管、管道配件及压力容器、高温合金炉管和旋风分离器)。	C73
主营金属切削机床制造、进出口贸易,国内一般商业贸易(国家专营、专控除外)的批发、零售、代购、代销、代储、代运。	C71
加工制造各类印染绸、服装、针织制品及丝绸制品。	C11
文化体育基础设施开发、文化体育健身基项目经营、承办体育赛会、文艺演出、仪器仪表方面的技术服务、经销健材、钢材、木材、百货、食品等。	M
制造及销售黑白显像管及玻壳。	C51
水利建议、工程承包、建筑工程施工、工业设备制作及安装、房地产开发。	E01
百货、针纺织品、五金、交电、音像制品、照相器材、文体用品、金银珠宝制品、化工产品(不包括危险品)、通讯器材。	H11

续表 3

代码 Code	公司全称 Companies	董事长 Board Chairman	地址 Address	电话 Telephone Number	邮编 Zipcode
000417	合肥百货大楼股份有限公司	金　杰	安徽省合肥市长江路124号	0551-2647133	230000
000418	无锡小天鹅股份有限公司	朱德坤	江苏省无锡市惠钱路67号	0510-3707057	214035
000419	长沙东塘百货股份有限公司	周兆达	湖南省长沙市劳动路2号	0731-5535588	410007
000420	吉林化纤股份有限公司	傅万才	吉林省吉林市昌邑区九站街516-1号	(0432)3058446	132101
000421	南京中北(集团)股份有限公司	王　毅	江苏省南京高新开发区2号公寓101,102室	025-6650169	210029
000422	湖北宜化化工股份有限公司	张永政	湖北省宜昌市亭经济开发区	(0717)6514579	443000
000423	山东东阿阿胶股份有限公司	刘维志	山东省东阿县阿胶街78号	0635-3283001	252201
000425	徐州工程机械股份有限公司	陆志昌	江苏省徐州市苏堤北路5号	0516-5756044	221006
000426	赤峰富龙热力股份有限公司	石治中	内蒙古自治区赤峰市红山区北环路南4号	0476-8239948	024000
000428	湖南华天大酒店股份有限公司	朱方地	湖南省长沙市解放东路16号	0731-4442888	410001
000429	广东省高速公路发展股份有限公司	李少峰	广东省广州市东风中路503号东建大厦四楼	020-87619093	510075
000430	张家界旅游开发股份有限公司	肖碧文	湖南省张家界市南庄坪1号花园	0744-8224448	427000
000498	丹东化学纤维股份有限公司	安福江	丹东市振兴区纤维街58号	0415-619184	118002
000501	武汉武商集团股份有限公司	毛冬声	武汉市汉口解放大道358号	(027)5841995	430022
000502	海南新能源股份有限公司	陈宇光	海口市椰林路13号	(0898)6790274	570203
000503	海南化纤工业股份有限公司	马熙焕	海口市龙昆北路15号中	(0898)8510911	570105
000504	海南港澳实业股份有限公司	刘耀齐	海口路海景湾大厦22层	(0898)6799516	570105
000505	海南珠江实业股份有限公司	董明训	海口市龙昆北路2号龙珠大厦22层	(0898)6796307	570125
000506	四川峨嵋山盐化工业(集团)股份有限公司	何建勳	四川省乐山市五通桥区文化街220号	(0833)51799	614800
000507	珠海经济特区富华股份有限公司	阎　前	珠海市拱北北岭工业区	(0756)886218	519070
000508	海南民源现代农业发展股份有限公司	马玉和	海口机场东路龙舌坡办公住宅区	(0898)5358171	570203
000509	四川天歌轻工(集团)股份有限公司	何　军	四川成都一环南路二段天歌大厦	(0817)225341	610041
000510	四川金路股份有限公司	张成碧	德阳市岷江西路二段57号	(0838)224311	618000
000511	沈阳物资开发股份有限公司	王林华	沈阳沈河区风雨坛街144号	(024)2726722	110014
000513	珠海经济特区丽珠医药股份有限公司	徐孝光	珠海拱北桂花北路	(0756)891070	519020
000514	重庆市房地产开发股份有限公司	官忠富	重庆市渝中区曾家岩1号附1号	(0811)3850068	630015
000515	重庆渝港钛白粉股份有限公司	周国柱	重庆建新北路41-1号	(0811)2850197	630020
000516	西安市解放百货股份有限公司	王　科	西安解放市场6号	(029)7272592	710001
000517	宁波中元机械钢管股份有限公司	虞一新	浙江宁波中山路505号	(0574)7374038	315040
000518	昆山三山实业股份有限公司	张昌华	江苏昆山长江中路112号	(05224)556423	215300
000519	成都动力配件股份有限公司	周天勤	成都市二环路东三段40号	(028)4443641	610051
000520	武汉凤凰股份有限公司	邬昆华	武汉长青山区长春路	(027)6865968	430082
000521	合肥美菱股份有限公司	张巨声	合肥市临泉路(美菱经济开发区)	(0551)2654261	230000
000522	广州白云山制药股份有限公司	贝兆汉	广州同和镇	(020)7706688	510515

Continued 3

主营业务范围 Fields	行业代码 Industries Code
百货、五金交电、化工、针纺织品、工艺美术品、家具、烟酒、其他食品、农副产品、汽车、摩托车、荣保用品、通讯设备、黄金首饰。	H11
家用电器及零配件、附件、工业陶瓷产品的生产、销售；经营本公司产品及技术的出口业务；经营生产所需辅材料、机械设备及技术的进出口业务；家电技术服务。开展对外合资经营、合作生产以及“三来一补”业务。	C76
日用百货、文体用品、照相器材、金银首饰、食杂果品、农副产品、五金交电、家用电器、厨房机具、电子产品、机械设备、中成药、医疗器械、矿产品、加工制造、投资开发、信息服务和物业管理。	H11
生产、销售粘胶纤维、合成纤维及其深加工产品。	C47
	K01
	C43
主营医药、化工、轻工兼营交通运输。	C81
主营：工程机械、建筑工程机械制造、销售、开发。兼营：工程机械配件制造、加工、销售；工程机械维修服务。	C73
热力、电力产品生产、输配、煤气热力工程设计施工、节能设备、电子产品生产、计算机自动化工程，木制品生产，物资及石油产品经销，隔热防腐工程，信息咨询等。	D
出租客房，中西餐厅，汽车出租，娱乐场所，附设商场及洗衣服务，代售飞机票，提供物业清洗服务。	K34
高速公路、汽车专用公路、桥梁的建设施工，公路、桥梁的收费和养护管理，汽车加油、拯救、维修、清洗；与公路与配套的汽车运输、餐饮、娱乐、仓储和房地产开发经营业务。	F11
	K34
主营：化学纤维制造、化纤技术咨询与服务。	C47
各种商品（国家有专项规定的除外）。	H11
房地产开发经营、高新技术产品开发、建筑安装、工程承包及设计、种养殖业、商业服务、旅游资源开发及旅游服务。	J01
投资兴建工业开发区、兴办轻工企业、投资开发新技术产业、生产销售各种轻纺、服装、化工、轻工、高科技产品、承包化工工程的安装和经营、兼营金融证券、房地产、旅游等产业。	M
房地产开发经营（一级）、工业投资、种养殖业、兼营其他业务。	L01
工程承包、监理、建筑设计、工业投资、种养殖业、房地产开发经营、物业管理、物资供应、设备采购等、兼营其他。	J01
生产精制并矿盐、纯碱、药用及营养强化系列盐、氯化铵、水泥、烧碱、液氯、锅炉化学清灰剂、塑料编织袋、电子变频品等、兼营其他。	C31
主营房地产开发及销售、合成纤维聚合物、化学纤维及进出口兼营化工原料、颜料、建筑材料、五金、涂料等。	M
种植、养殖业及农副产品加工等综合产业。	
羽毛、羽绒制品等的生产、出口。	A07
化工产品的生产与销售。	C43
再生资源回收、加工；超储积压物资、稀有金属、汽车及配件、建筑材料、劳保用品、农副产品等。	J01
生产、加工销售中西药、医药原料药、医药中间体、保健滋补药、卫星材料、生化试剂、医疗器械等。	C81
商品房屋及土地的开发、房屋租赁等。	J
生产销售金红石型、钛型钛白粉及其副产品，其他化工产品、建材。	C43
经营百货文化、针纺织品、服装鞋帽、办公体育用品、五金交电、通讯器材、家具缝纫、化工机电、水暖消防等。	H11
生产冷轧、冷拔管设备、精密钢管、普通无缝钢管、金属切削机床、机械配件。精密再加工产品、军工机械维修、汽车货运等。	G81
纺织品、化学纤维、机电设备、化工产品、第三产业开发等。	C11
拖拉机配件、汽车配件、摩托车配件、工矿配件等。	C71
原料后续产品的生产、销售。	C41
制冷电器、空调器、洗衣机、电脑数控注塑机、电脑热水器等。	C76
研制、生产、销售中西成药、化学原料药、外用药、儿童用药、保健药、自营进出口业务。	C81

续表 4

代码 Code	公司全称 Companies	董事长 Board Chairman	地址 Address	电话 Telephone Number	邮编 Zipcode
000523	广州市浪奇实业股份有限公司	陈超麟	广州市黄埔大道 128 号	(020)2305933	510660
000524	广州市东方宾馆股份有限公司	陈汝锋	广州市流花路 120 号	(020)86669900	510016
000525	南京天龙股份有限公司	崔兴盛	南京天下关姜完 205 号	(025)8801538	210011
000526	厦门市海洋渔业开发股份有限公司	张金龙	厦门东渡路 85 号	(0592)6014279	436102
000527	广东美的集团股份有限公司	何亨健	顺德北窖镇蓬莱路	(0765)654011	528311
000528	广西柳工机械股份有限公司	张　沛	柳州柳太路 1 号	(0772)386053	545007
000529	广东美雅股份有限公司	李澄海	鹤山沙坪镇人民西路 40 号	(07680)883456	529700
000530	大连冷冻机股份有限公司	章　和	大连沙河口区西南路 888 号	(0411)6653081	116023
000531	广州恒运热电股份有限公司	陈传实	广州经济技术开发区西基工业区	(0717)551591	510730
000532	珠海华电股份有限公司	李治强	珠海九洲大道官村综合楼	0756-3388383	519015
000533	广东万家乐股份有限公司	李振华	顺德大良镇环市北路 38 号	0765-2283193	528300
000534	汕头电力发展股份有限公司	林奕炯	汕头金沙中路金凤城龙座六楼	0754-8611175	515041
000535	猴王股份有限公司	易继纯	湖北宜昌夷陵路 344 号	0717-351446	443003
000536	闽东电机(集团)股份有限公司	陈洁人	福州五一中路 57 号闽东大厦	(0591)7533466	350005
000537	天津立达国际商场股份有限公司	葛子平	天津和平区南京路 211 号	(022)7315560	300052
000538	云南白药实业股份有限公司	丁世南	昆明西坝路 51 号	(0871)4141591	650032
000539	广东电力发展股份有限公司	吴希荣	广州梅花路 75 号 21 楼	(020)7767888	510600
000540	贵阳中天(集团)股份有限公司	鲁　石	贵州贵阳花溪大道北路 135 号	0581-5826467	550003
000541	佛山电器照明股份有限公司	钟信才	佛山汾江北路 15 号	(0757)2813838	528000
000542	惠州 TCL 通讯设备股份有限公司	张济时	惠州上排大岭路 TCL 大厦	(0752)2267668	516001
000543	皖能股份有限公司	张绍仓	合肥芜湖路 81 号	(0551)247654	230001
000544	郑州白鸽(集团)股份有限公司	郝延忠	郑州华山路 78 号	(0371)7448013	450006
000545	吉林制药股份有限公司	马井田	吉林市长春路 99 号	(0432)843363	132012
000546	吉林轻工股份有限公司	万殿卿	长春市南关区平治路 5 号	(0431)876090	130041
000547	福建省福发股份有限公司	陈国相	福州工业路 223 号	(0591)3710865	350004
000548	长沙中意电器股份有限公司	邓文全	长沙中意二路	(0731)5632808	410118
000549	株洲火炬火花塞股份有限公司	刘　勇	株州红旗北路 3 号	(0733)8450029	412001
000550	江铃汽车股份有限公司	孙　敏	南昌迎宾北大道 119 号	(0791)251889	330001
000551	苏州物资集团股份有限公司	顾衡如	苏州新区河用路狮山小区	0512-8271928	215004
000552	甘肃长风宝安实业股份有限公司	徐嘉庆	兰州安宁西路 164 号	0931-7667111	730070
000553	湖北沙隆达股份有限公司	陈立洲	湖北荆沙市北京东路 5 号	(0716)8314802	434001
000554	山东泰山石化股份有限公司	谷焕章	山东泰安市东岳大街	(0538)229533	271000
000555	贵州凯涤股份有限公司	王声云	贵州省凯里市环西路 92 号	0855-228128	556000
000556	海南南洋船务实业股份有限公司	齐　放	海口市新港区海运综合大楼	0898-6214759	570105
000557	广夏(银川)实业股份有限公司	陈　川	宁夏银川市文化东街 58 号	0755-3220849	750004
000558	沈阳房天股份有限公司	杨大勇	沈阳市和平区哈尔滨路 60 号	024-2501918	110002

Continued 4

主营业务范围 Fields	行业代码 Industries Code
生产经营合成洗涤剂、香皂、甘油、化妆品、塑料制品等、开发和制造市场需要的其他产品、原料、自营进出口业务、咨询服务等。	C43
主营旅馆业、办公楼房出租，兼营饮食服务、旅游业、文化吴乐服务、酒店业务咨询、汽车出租、修理、附设商场等。	K32
主营制造、销售各类油漆、涂料设计、制造、销售各类印铁包装物、兼营化工科技服、房地产、贸易。	C43
主营海水生物捕捞、养殖、水产品收购、加工、销售。兼营水产品、粮油食品、副食品、公路客货运输等。	M
生产、销售空调器、制冷设备、电风扇、微电机等电器产品及在关设备、仪器、零配件、提供与上述产品有关的工程技术咨询服务。	C76
主营装载机、挖掘机、推土机等工程机械产品及配件的开发、生产、经营、维修、技术服务。兼营房地产、设备租赁、商业贸易及其他经营业务。	C73
晴纶提花、簇毛毯、经编织拉毛毯、组纺羊毛针织线、塑料胶膜、床罩等床上用品和特种晴纶平条等产品、兼营服务、贸易、房地产开发等业务。	C11
制冷设备及配套辅机、阀门、配件以及冷冻工程所需配套产品加工、制造、制冷空调系统设计、制造安装、维修、调试及技术咨询、技术服务、货物运输、商业贸易、物资供销。	C71
主营焊接材料、焊接设备、机械、电器设备的生产与销售、兼营金属制品、电子化工产品、建筑材料、房产开发等。	D01
	D01
	C76
	D01
	C69
	C76
综合性商业、进口商品、合资企业产品。国际间小额贸易和邮购业务。	M
化学原料药、化学药制剂、中药材（采集）、中成药、生物制品的加工与制造；保健仪器、化妆品、饮料的加工、经营以及运输业、仓储业等。	C81
建设经营电站、输变电工程。	D01
	M
生产经营电光源材料、设备及其原配件附件等；有关产品进出口业务及投资业务。	C76
生产经营以多功能电话机为主的通讯产品及设备，并提供通讯设备服务和工程技术咨询。	G81
主营电力、节能及相关项目投资、经营。兼营与建设相关的原材料开发。	D01
生产经营磨料及其相关工艺装备与进出口业务，兼营第三产业及科技成果转让。	C61
主营原料药、医学中间、中西药制剂；兼营化工产品、石油制品、医疗器械、保健用品等。	C81
生产销售不锈钢制品；核辐照技术的开发与应用，按受委托承力和经营轻工产品所需原料、设备的进口和轻工产品的进出口业务。	H21
经营同步交流发电机、柴油发电机组等电工、电器设备及机械电工产品；技术开发、转让、经营建筑材料、日用百货等。	C76
主营家用电器及配件的开发、生产、兼营五金、交电、化工、机械、电子产品。	K01
火花塞、电热塞、机械密封件、标准件、刚玉喷件、特种工业陶瓷的制造与销售，兼营表格、作业本、包装物印刷。	C75
生产经营汽车总成及零部件。	C75
	C7
	C76
生产经营农药、化工产品；医药及机械设备配件。	C43
主营石油制品、工业生产资料、百货五金交电、化工、建筑材料煤炭、针纺织品、农副产品。	H03
	C47
	F07
	C85
	J01

续表 5

代码 Code	公司全称 Companies	董事长 Board Chairman	地址 Address	电话 Telephone Number	邮编 Zipcode
000559	万向钱潮股份有限公司	鲁冠球	浙江萧山市宁国镇	0571-2716888	311215
000560	昆明百货大楼(集团)股份有限公司	吴新元	昆明市东风西路 99 号	0871-3610972	650021
000561	长岭(集团)股份有限公司	王大中	陕西宝鸡市清姜路 75 号	0917-3144332	721006
000562	新疆宏源信托投资股份有限公司	张全志	新疆乌鲁木齐文化路 2 号宏源大厦 8 楼	0991-2301870	830002
000563	陕西省国际信托投资股份有限公司	孙武学	西安市环城东路南段 8 号	029-3239457	710048
000564	西安民生百货股份有限公司	占军道	西安市解放路 103 号	029-7215421	710005
000565	重庆三峡油漆股份有限公司	陈光辉	重庆市九龙坡区石坪桥正街 121 号	028-8823076	630051
000566	海南海药实业股份有限公司	韩宇东	海南海口市海秀大道 51 号	0898-5890422	571100
000567	海南海德纺织实业股份有限公司	刘声奇	海南海口市南航路 18 号	0898-6799844	570206
000568	泸州老窖股份有限公司	郭来虎	四川泸州市桂花街 46 号	0830-2292023	646000
000569	长城特殊钢股份有限公司	刘立中	四川省江油市江东路	08244-652384	621701
000570	常州股份有限公司	沈铁平	江苏省常州市怀德路 123 号	0519-6600341	213002
000571	海南新大洲摩托车股份有限公司	赵序宏	海南省海口市珠江广场帝毫大厦 26 层	0898-6719966	570125
000572	海南金盘实业股份有限公司	唐苏宁	海口市金盘开发区金盘大道 105 号	0898-6782672	570216
000573	东莞宏远工业区股份有限公司	陈　林	东莞市宏远工业区	0769-2414228	511715
000576	江门甘蔗化工厂(集团)股份有限公司	张铭熙	江门市北新路	0750-3365000	529075
000578	青海百货股份有限公司	张德雷	青海省西宁市五四大街 39 号	(0971)6138725	810001
000581	无锡威孚股份有限公司	许良飞	中国无锡市人民西路 107 号	(0510)2719579	244031
000582	北海新力实业股份有限公司	岳之巍	广西北海市海角路 75 号	(0779)3036393	536000
000583	长征机床股份有限公司	洪　涛	四川省自贡市贡井区建设路 284 号	(0813)331270	643020
000584	成都蜀都大厦股份有限公司	谢道学	四川省成都市蜀都大道暑袜北三街 20 号	(028)-6753888	610016
000585	东北输电机械制造股份有限公司	项永春	中国辽宁省沈阳市铁西区北二中路 18 号	(024)5850754	110002
000586	四川省长江企业(集团)股份有限公司	郭新荣	中国四川省成都市府青路一段 34 号	(028)3333926	610082
000587	光明家具集团股份有限公司	冯永明	中国黑龙江省伊春市青山西路 118 号	0458-3608178	153000
000588	广东金曼集团股份有限公司	张旭强	广东潮州市潮枫路	(0768)2268898	521000
000589	贵州轮胎股份有限公司	马世春	贵阳市百花大道 41 号	(0851)4844248	550008
000590	衡阳中药实业股份有限公司	申甲球	湖南省衡阳市郊罗金桥 1 号	(0734)8411229	421003
000591	重庆中药股份有限公司	廖志扬	重庆市渝中区解放西路 120 号	(0811)3843398	630002
000592	福建省中福实业股份有限公司	朱金民	福建省中福州市华林路 312 号	(0591)7581658	350013
000593	成都华联商厦股份有限公司	陈　炜	四川省成都市建设路 55 号	(028)4461238	610051
000594	内蒙古宏峰实业股份有限公司	高建华	内蒙古赤峰市三东街东段 61 号	(0476)8662782	024000
000595	西北轴承股份有限公司	杜万治	宁夏银川市北京西路公司证券部	0591-2024884	750004
000596	安徽古井贡酒股份有限公司	王效金	安徽省亳州州市古井镇	0558-5571149	236820
000597	东北制药集团股份有限公司	吴挺宝	沈阳市和平区和平北大街 79 号	024-2821343	110000
000598	蓝星清洗剂股份有限公司	任建新	甘肃省兰州市东岗西路 196 号	0931-7557486	730070

Continued 5

主营业务范围 Fields	行业代码 Industries Code
	C75
	H11
	C76
	I21
	I31
	H11
	C43
	C81
	M
	C05
	C65
	C71
	C75
	M
	M
	C01
百货，文化用品，服装，针纺织品，五交化工，家用电器，通讯器材，金银饰品，家具土产，装饰建材，烟酒副食品，旅游饮食饭店，仓储运输等。	H21
从事燃油喷射系统产品和零配件的生产和销售。	C71
港口、运输、装卸、外轮代理货等。兼营：房地产开发、商业贸易及经批准的其他经营业务。	F
金属加工机械制造，金属切削机床附件制造，铣床零件热处理加工，物资供销、运输房地产，汽车修理，本企业自产机电产品。	G87
集经营管理蜀都大厦建筑群物业（宾馆、商场、餐厅、娱乐）；兴办高新技术实业（电子粉体材料）；大宗物资（生产、生活资料、石油、汽车、药品）的内外贸；对外投资参股和房产开发五方面经营业务为一体的综合性科、工贸产业。	M
从事制造和销售电站及变电所的电力传输及变压设备。	C76
除国家规定统一经营的商品外，经营和代理各项进出口业务，承办国外商品寄售，技术交流，商品展销，机械设备维修，办理国内外租凭业务，开展“三来一补”业务，房地产经营，办理国内外广告业务，经营国内和边境贸易，经营运输和旅游。	H21
家具、木制品及半成品、装饰材料、投资开发、药材。	C25
食品、粮油等商品的出口，机械设备、化工类食品的进口，转口贸易及保税仓的业务。	A07
轮胎制造和销售、轮胎翻修、橡胶制品、化工产品（不含化学危险品）、机械设备、仪器仪表及技术进出口、机电产品、对外合作生产及“三来一补”业务。	C48
研究、开发、生产“古汉养生精”系列产品；经营保健饮料、保健药品和种类中成药。	C81
中成药制造、中药饮片加工、中药材（含麝香）、滋补药品。	C81
国内外工程承包、置业发展、物业管理与经营、工程建筑设计、室内外装璜装修、实业投资、举办合资合作企业、职办“三来一补”业务和与上述业务相关的设备材料的生产、销售和进出口贸易，以及综合技术服务、技术咨询。	J01
百货，兼营：针纺织品，五金交电，现代办公机械，装饰材料，建筑材料，金属材料（不含稀贵金属），普通机械，汽车配件，劳保用品，家具，工艺美术品（不含金银首饰），其他食品等。	H11
黄金、白银的采选、冶炼；绵白糖、甜菜颗粒粕、食用酒精等的生产和漆包线、塑料电线生产三大类。	B07
主要生产和销售各类滚动轴承。	C71
酿制和销售中国名酒古井贡酒和其他古井系列白酒。	C05
化学生物制剂，原料药品，卫生材料，制药设备及配件制造，一般国内商业贸易，经济信息咨询。	C81
工业、民用清洗剂等精细化工产品的研制、生产、销售。	C43

续表 6

代码 Code	公司全称 Companies	董事长 Board Chairman	地址 Address	电话 Telephone Number	邮编 Zipcode
000599	青岛双星鞋业股份有限公司	汪　海	山东省青岛市贵州路5号青岛双星集团公司	(0532)-265798	266002
000600	石家庄国际大厦(集团)股份有限公司	吕毅华	河北省石家庄市长安西路二十三号	0311-6047888	050011
000601	广东韶能集团股份有限公司	林木清	广东省韶关市工业中路8号	0751-8764200	512000
000602	广东金马旅游集团股份有限公司	章振城	广东省潮州市永护路口	0768-2264298	515000
000603	广东威达集团股份有限公司	刘之券	广东省揭西县城霖都大道221号	0663-5582282	515400
000605	中联建设装备股份有限公司	周敏敏	北京西城区西直门内桦皮厂三号桃园写字楼四	010-62212239	100035
000606	青海明胶股份有限公司	星晓明	青海省西宁市东川付家寨附9号	0971-6144495	
000607	重庆川仪股份有限公司	郑向行	四川省重庆市北陪区人民村1号	0811-3833963	630000
000608	广西虎威股份有限公司	黄培盛	广西北流市城郊老虎冲	0775-6222508	537400
000609	北京燕化高新技术股份有限公司	茹玉哲	北京市房山区迎风街8号	010-69347444	102500
000610	西安旅游服务(集团)股份有限公司	马中秋	陕西西安市东大街315号	029-7218156	710001
000611	内蒙古民族商场股份有限公司(集团)	云文广	内蒙古呼和浩特市中山西路69号		
000612	焦作万方铝业股份有限公司	金保庆	河南省焦作市塔南路31号	0391-3934448	
000613	海南大东海旅游中心股份有限公司	苏国华	海南三亚市大东海	0899-8212298	
000615	湖北金环股份有限公司	王海峰	湖北省襄阳县陈家湖	0710-3225390	
000616	大连渤海饭店(集团)股份有限公司	刘春堂	大连市中山区荣盛街27号	0411-3639577	116000
000617	济南柴油机股份有限公司	何清山	山东省济南市文化西路14号	0531-2965971	250063
000618	吉林化学工业股份有限公司	刘树林	吉林省吉林市遵义东路31号	0432-3076445	
000619	安徽红星宣纸股份有限公司	卢继延	中国安徽省合肥市寿春路111号	0551-2634400	242500
000620	牡丹江石化集团股份有限公司	王喜生	黑龙江省牡丹江市东三条路98号	0453-6224097	
000621	北京比特实业股份有限公司	刘戈建	北京市海淀区万寿路甲28号	010 68224357	100036
000622	岳阳恒立冷气设备股份有限公司	彭鹤仪	湖南省岳阳市金鄂山4号	0730-8221311	414000
000623	延边敖东药业(集团)股份有限公司	李秀林	吉林省敦化市胜利南大街88号	0433-6222105	
000625	重庆长安汽车股份有限公司	赵国华	重庆市南岸区南城大道309号	023-67591349	
000626	连云港如意集团股份有限公司	侍守江	江苏省连云港市新浦丁字路东首	0518-5454668	222002
000627	湖北中天股份有限公司	向汉林	湖北省荆门市杨湾路122号	0724-211003	
000628	成都倍特发展集团股份有限公司	张学果	四川省成都市成都高新技术产业开发区	028-5186621	
000629	攀钢集团板材股份有限公司	洪及鄙	四川省攀枝花市东区弄弄坪	0821-3399298	617062
000630	安徽铜都铜业股份有限公司	刘玉恩	安徽省铜陵市淮河北路	0562-2868888	
000631	长春兰宝实业股份有限公司	刘铁杲	吉林省长春市朝阳区同志街34号	0431-4640318	130031
000632	福建三木集团股份有限公司	陈隆基	福州市广达路141号恒宇大厦九号	0591-3341509	
000633	沈阳合金股份有限公司	常文斗	沈阳合金股份有限公司	024-4131291	110011

Continued 6

主营业务范围 Fields	行业代码 Industries Code
鞋类制造及经销。	C13
经营客房、餐饮、商贸、出租写字楼等服务业。	M
能源开发，公路工程及设计，工业原材料；销售：机电产品，建筑装饰材料，金属材料，矿产品（含贵金属），五金，化工产品，家用电器，针纺织品，煤炭，重油（代购）；房地产开发。	D01
开发旅游资源，承办国内外旅游业务，酒店业，餐饮业，客货运输业，旅游品生产，销售与经营。	K34
主营：生产、销售医疗器械、仪器仪表、普通机械、电子产品及通信设备、保健品。	C73
建筑工程机械，建筑材料，建筑工程设计，建筑装修，起重机械制造，工业生产资料，钢材，装饰材料；五金交电，医疗器械，电子产品及通讯设备，仪器仪表；粮油，副食品，矿产品，百货等。	C73
	C43
主营：仪器仪表制造，仪器仪表工艺设备。兼营：电子产品，通信设备（不含发射和接收设备）。	C78
水泥制造销售，水泥生产技术承包、水泥袋生产、百货、五金交电、化工产品零售、汽车运输及维修。	J01
	C43
	K34
	H11
	C67
酒店业，房地产开发经营，旅游服务，汽车客运运输，旅游设施开发及服务，文化娱乐服务，体育场地及设施服务。	K32
	C47
饮食服务业，兼营：汽车出租，国内商业，广告，咨询服务，旅游业，医疗等。	K30
采取生产，销售，租赁，经销，投资，服务，加工及咨询等经营方式。	C71
	C43
宣纸。	C31
	C41
	G87
制冷空调设备制造，安装，维修，销售。	C73
医药工业、种植业、养殖业、房地产开发。商业（国家专项控制、专营除外）、机械修理、仓储、饮食服务业等。	C81
汽车（含轿车），汽车发动机系列产品，配套零部件，模具，工具的开发，制造，销售，进出口业务，机械安装工程，科技技术咨询服务等。	C75
农副产品的种植，加工，销售，水产品养殖，开发捕捞，加工，销售，种子，农药，农膜（仅限集团疏菜基地使用）。	A01
	C43
高新技术产品的开发、生产和经营，高新技术产业开发区的开发、建设，房地产的开发和经营，进出口贸易，国内贸易，高新技术交流与转让、展览，信息咨询，项目评估，证券投资，广告、租赁、培训。	J01
铁、钢、钡冶炼及加工；钢压延加工；氧气、氢气、氩气、氮气、蒸汽制造；冶金技术开发、咨询、服务。	C65
铜，银，金等贵金属及相关产品的生产加工，硫酸及硫酸铜，电子产品，铝型材生产加工，房地产开发，五金矿产贸易，旅游服务等。	C67
塑料燃油箱，塑料保险杠，电机制造。	C75
基础设施建设施工，土地连片开发，商品房开发与经营，装璜装修工程施工，向国（境）外派遣各类工程，生产及服务行业的劳务人员，兼营：建筑材料，家用电器，电器机械，金属材料，化工原料，粮食制品，日用百货，商业广告，纺织品，服装。	M
铜镍合金材料，金属测温材料制造，铂铑制品加工，合金技术咨询。	M

续表 7

代码 Code	公司全称 Companies	董事长 Board Chairman	地址 Address	电话 Telephone Number	邮编 Zipcode
000635	宁夏宁河民族化工股份有限公司	石进儒	宁夏石嘴山市石嘴山区康乐路	0592-3019643	
000636	广东风华高新科技股份有限公司	粱力平	广东省肇庆市端州三路	0758-28233283	
000637	茂名石化实华股份有限公司	何德先	茂名市官渡桥南东区1栋1楼	0668-2276176	
000638	中国辽宁国际合作(集团)股份有限公司	李　瑞	辽宁省沈阳市和平区中华路126号	024-3850976	110001
000639	株州庆云发展股份有限公司	李　东	湖南省株州市车站路1号	0733-8224851	412008
000650	九江化纤股份有限公司	张棠华	江西省九江市庐山区哈蟆石	0792-8234601	
000651	珠海格力电器股份有限公司	苏结宏	珠海市前山金鸡西路	0756-8614883	519070
000652	天津美纶股份有限公司	张春亭	天津市北辰区引河南道	0533-2011798	300400
000653	福建九州集团股份有限公司	赵裕昌	厦门市湖滨东路湖光大厦八楼	0592-5055818	361004
000655	山东淄博华光陶瓷股份有限公司	苏国强	山东省淄博市张店区湖田镇湖光路6号	0533-2011798	255076
000656	重庆东源钢业股份有限公司	郭代仪	重庆市大渡口区重钢红楼321号綦江县三江镇	0811-8875333	631431
000657	海南金海股份有限公司	沃延枢	海南省海口市龙昆北路2号珠江广场帝都大厦1	0898-6777427	570125
000658	厦门海洋实业(集团)股份有限公司	吴　乌	厦门市蜂巢山路3号	0592-2086537	361005
000659	珠海经济特区中富实业股份有限公司	黄乐夫	广东省珠海市香洲区湾仔镇第一工业区	0756-8823411	519030
000660	广州南华西实业股份有限公司	何竟棠		020-84411196	510235
000661	长春高新技术产业(集团)股份有限公司	刘成福	长春市同志街64号	0431-5669409	
000662	广西梧州市康达(集团)股份有限公司	金路达	广西梧州市北环路12号	0744-2831582	
000663	福建省永安林业(集团)股份有限公司	黄瑞红	福建省永安市燕江东路12号	0598-3614875	366000
000665	武汉塑料工业集团股份有限公司	刘文彦	武汉市江汉区新华路287号	027-5769057	430022
000666	经纬纺织机械股份有限公司	殷俊德	山西省太原市坞城路15号	0354-2421587	
000667	昆明五华实业(集团)股份有限公司	江维新	中国云南昆明市东风西路11号	0871-3610134	650031
000668	武汉石油(集团)股份有限公司		湖北省武汉市万松小区18号楼	027-5866197	430022
000669	吉林吉诺尔股份有限公司	韩志魁	吉林市高新技术开发区C区26号楼	0432-4611771	
000670	湖北天发企业(集团)股份有限公司	龚家龙	湖北省荆沙市区江汉北路12号	0716-234108	434000
000671	福建省石狮新发股份有限公司	吴彦赞	福建省石狮市民生路208号新湖集团大厦	0595-8875202	362700
000672	白银铜城商厦(集团)股份有限公司	刘顺成	白银市白银区五一街8号	09430-8238888	730900
000673	大同水泥股份有限公司	胡振东	山西省大同市矿区口泉	0352-4042623	
000675	四川银山化工(集团)股份有限公司	王治仲	四川省内江市资中县银山镇	0832-5455216	641201

Continued 7

主营业务范围 Fields	行业代码 Industries Code
制造和销售电石,石炭氮,双氰胺,石灰氮颗粒肥,兼营汽车货运,电机修理及各种技术服务。	C43
经营本企业自产电产品,成套设备及相关技术的出口和生产科研所需原辅材料,机械设备,仪器仪表,备品备件,零配件及技术的进口。	C51
生产粉料聚丙烯树脂。	C41
高科技工业,商业含外汇商品供应,免税品销售,娱乐业,建筑和安装业,国内外工程承包,劳务输出,技术服务,对外经济技术援助项目,开展进出口贸易,技术进出口,信息咨询服务等。	M
	K32
粘胶纤维的生产和经营经营。	C47
家用空调器制造、家用电风扇制造、家用空气调节器制造、家用清洁卫生器具制造、音响设备制造、扩音系统配套设备模具制造、塑料制品。	C76
涤纶长丝,空气净化过滤材料及其他化纤产品制造。	F11
粮油食品,化工产品,机械轻工产品,五金矿产品,土产品,工艺品的自营出口及代理业务。	H21
日用陶瓷,艺术陶瓷,包装纸箱,板纸,化工产品的生产销售。	C61
钢材,锰铁,氧气。	C65
有色金属,稀有金属(国家专控产品除外)的加工生产及销售,钢材,贵金属和新合金,新材料的生产加工,化工产品及原料,机械设备,电子产品。	C67
渔业,食品冷冻加工;机编渔网,石油及制品销售;水产品及渔需物资进出口业务。	M
饮料容器制造,瓶坯制造。	C49
中央空调设备制造、安装维修;各类机电产品生产、销售;各类进出口贸易(国家政策允许范围内);国内商业及物资供销业。	M
高新技术产品的开发,生产,销售及服务;基础设施的开发,建设,物业管理,高新技术成果的转让及中介服务,商业供销业等。	C8
进出口贸易,冷轧钢带及深加工产品的生产销售,酒店服务。	M
木(竹)材采运,加工,家具,食品,饮料,林产化工产品,水力发供电;林业,农业,生产服务业。	A03
开发,制造,经营高新科技工程塑料制品,新型建筑材料制品,塑料化工原辅材料,金属,纺织材料,承接装饰建筑工程业务;汽车运输及零部件,机电产品经销,国内商业物资供销。	C49
开发,生产纺织机械及其专用配件和器材,及与上述产品相关的电器,机械,电子产品,铸锻件及通用零部件的制造,在国内外销售本公司生产的产品;与本公司产品相关之技术,经济信息咨询服务。	C73
综合性百货批发,零售,代购代销,餐饮业,房地产业,运输业,科研信息咨询服务,物资供销业。	H11
石油制品,石油副产品,原油,石油设备及器材;化工产品批发兼零售;代储代运,组织加工等。	H11
家用电器系列产品。	G81
石油液化气及油品的储运,销售。	H11
基础设施开发,电子产品及轻工工业产品制造。	M
农副产品,建筑材料,金属材料,化工产品,汽车配件,机电产品,普通机械,五金交电等。	H11
水泥,熟料,兼营:水泥生产技术咨询服务业务等。	C61
磷铵,硫酸,过钙,碳酸氢铵,液氨,硫酸铝等。	C43

续表 8

代码 Code	公司全称 Companies	董事长 Board Chairman	地址 Address	电话 Telephone Number	邮编 Zipcode
000676	河南思达电子仪器股份有限公司	汪远思	河南省郑州市高新技术产业开发区龙柏路2号	0371-3812266	450066
000677	山东潍坊海龙股份有限公司	潘景岫	山东省潍坊市寒亭区潍县北路555号	0536-8367358	261100
000678	襄阳汽车轴承股份有限公司	张德炳	湖北省襄樊市轴承路1号	0710-3564101	
000679	大连友谊(集团)股份有限公司	徐学敏	大连市中山区人民路91号	0411-2802712	116001
000680	山东山推工程机械股份有限公司	王富启	山东省济宁市太白楼东路58号	0537-2314636	
000681	远东实业股份有限公司	乐佐良	江苏省常州市清潭荆川南路	0519-6966111	213015
000682	烟台东方电子信息产业股份有限公司	隋元柏	中国山东省烟台市市府街45号	0535-7214138	
000683	内蒙古远兴天然碱股份有限公司	李　武	内蒙古自治区东胜市鄂托克西街10号	0477-8325001	017000
000685	佛山市兴华集团股份有限公司	潘文钜	广东省佛山市祖庙路42号之一	0575-2285126	
000686	锦州技术开发区六陆实业股份有限公司	杨学庄	锦州市凌河区云飞街二段11号	0416-3122571	
000687	保定天鹅股份有限公司	郑广银	河北省保定市金迪路59号	0312-3137941	
000688	涪陵建筑陶瓷股份有限公司	薛同建	四川省涪陵市江东群沱子街31号	0810-2223958	648005
000689	汕头宏业(集团)股份有限公司	蔡承通	广东省汕头市天山路宏业大楼	0754-8887811	
000690	广东宝丽华实业股份有限公司	叶华能	广东省梅州市梅县华侨城香港花园香港大道宝	0573-2511298	
000691	海南寰岛实业股份有限公司	王福生	海南省海口市人民大道25号	0898-6255909	570208
000692	沈阳惠天热电股份有限公司	孟庆民	沈阳市沈河区八纬路29号	024-2854104	110014
000693	成都泰康化纤股份有限公司	王大伟	四川省温江县柳城镇新西路86号	0815-722311	611130
000695	天津灯塔涂料股份有限公司	刘冠林	天津市北辰南仓工业区南仓道	022-6345536	300400
000697	咸阳偏转股份有限公司	杜庆松	陕西省咸阳市渭阳西路七十号	0910-3320567	
000698	沈阳化工股份有限公司	马文忠	中国辽宁省沈阳市沈大路888号	024-5820516-3	
000699	佳木斯造纸股份有限公司	刘耀中	黑龙江省佳木斯市光复路306号	0454-8379070	
000700	江阴兴澄冶金股份有限公司	吴晓白	江苏省江阴市人民东路68号	0510-6286088	214400
000701	厦门信达股份有限公司	高　晓	厦门市湖里兴隆路信息大厦	0592-6021666	
000702	湖南正虹饲料股份有限公司	吴明夏	湖南岳阳市营田镇	0730-5723508	
000703	北海国际招商股份有限公司	王　进	北海市中山西路2号楼	0779-3036944	
000705	浙江震元股份有限公司	孙舜官	浙江省绍兴市解放北路289号	0575-5144161	
000707	湖北双环碱业股份有限公司	何光安	湖北省应城市东马坊团结大道26号	0712-3591099	
000708	大冶特钢股份有限公司	袁大焕	湖北省黄石市黄石大道(石灰窑地区内)	0714-6294678	435001
000709	唐山钢铁股份有限公司	王天义	唐山市路北区滨河路九号	0315-272092	

Continued 8

主营业务范围 Fields	行业代码 Industries Code
仪器仪表,工业自动化设备,电子计算机及配件。	C78
制盐,化纤用浆粕,水产品加工,冷藏,精盐加工。	C47
制造销售轴承及零部件,汽车零部件,机电设备,轴承设备及备件,模具磨料,油石砂轮;承揽机械工业基础设计,轴承工程设计,设备安装及维修;汽车,电器修理,建筑工程施工,设备安装及装饰装璜业务;技术咨询,技术转让,劳动服务。	C75
商业零售,酒店。	H11
推土机,挖掘机,铲运机的开发,制造,出口业务,生产科研所需机械设备,样机零部件,工装模具,技术引进和技术出口及中外合作生产和“三来一补”业务。	C73
生产销售服装,床上用品,纺织品,服装辅料,包装材料。	C13
电力调度设备,计算机外部设备,通讯设备的生产与销售。	G87
化工产品及其原料的生产,销售,化学矿开采。	C43
国内商业,房地产经营,饮食业,娱乐服务,旅游服务。	K01
精炼食用植物油、石油、石油制品、五金交电、化工产品(除危险品)、机电产品(除汽车),金属材料(贵金属除外)固定资产出租、建筑材料。	C01
粘胶纤维制造,销售;粘胶纤维的原辅材料加工、销售;合作生产、来料加工、来样加工;粘胶纤维的深加工、科研开发、技术咨询、服务。	C47
建筑陶瓷。	C61
主营:建筑材料。	C67
设计、开发、生产、销售服务、皮革;公路、桥梁、市政等基础设施工程的设计等。	M
旅游业的开发、经营,高科技开发,娱乐餐饮业,工程承包,运输业,食品饮料的开发、生产及销售,房地产开发经营(二级),商业贸易,建材、旅游工艺品、普通机械的批发零售、代购代销。技术服务服务。	M
供热管理;甲级市政热力工程设计、乙级综合性建设工程设计、大中型热力工程咨询、大中型工业、锅炉、管道、电气仪表采暖通风、空调制冷安装;保温、热力设备、非标结构制造安装;土建施工;一、二类压力容器、锅炉。	D01
制造销售化纤产品及化纤制品,批发零售纺织、原辅材料、编织器材、化工原料、日用杂品、日用百货、家用电器、技术开发、咨询服务、货物运输、机械加工。	L20
涂料及颜料制造。	C43
彩色显象管用偏转线圈及其配套产品、电子系列产品的生产及销售。	C51
化工产品、化工设备、压力设备、PVC 手套研制、开发、制造;建筑工程安装、设计、施工;汽车客货运输;化工技术转让、咨询服务。	C43
工业包装用纸、特种纸、制浆造纸副产品、造纸机械设备制造、安装、加工及维修、纸制品、科技咨询协作、对外贸易。	C31
主营:钢冶炼、钢材轧制、钢材加工、机械切割加工;兼营:工业气体(氧、氩、氮)、废钢铁收购、纺织原料、针纺织品、五金、交电销售。	C49
信息科技产品生产、经营,信息咨询服务,仓储,房地产开发与经营,国内商品批发、零售,经营进出口贸易。	M
主营:各类饲料的研制、产销、农业高科技开发。兼营:仓储、运输、进出口贸易、农产品加工服务。	C01
五金交电、机械产品、电子通信产品、皮件制品、房地产开发(二级)、酒店业。	G81
主营:中药材、中药饮片、中成药、化学原料等及制剂、健字号营养滋补药品、医疗器械、化学试剂、玻璃仪器、营养食品、饲料添加剂、化工原料、五金交电、建筑材料的销售。	H01
生产销售纯碱、氯化铵、烧碱、混配肥、精铵、小苏打、碳黑、盐及盐化工系列产品、精细化工、氯甲烷系列产品;承担与盐化工行业相关的科研、设计及新产品的开发、设备制造、安装和建设工程项目。	C43
钢铁冶炼、钢材轧制、金属改制、压延加工、钢铁材料检测。	C65
资产经营;矿山开采;焦化产品;金融;外经外贸;黑色金属冶炼及其压延加工;耐火材料制造;金属结构及其构件制造;自行车部件制造与组装。	C65

续表 9

代码 Code	公司全称 Companies	董事长 Board Chairman	地址 Address	电话 Telephone Number	邮编 Zipcode
000710	成都天兴仪表股份有限公司	武卫华	四川省成都市高新技术产业开发区标准厂房	028-4600582	
000711	黑龙江龙发股份有限公司	朱廷财	黑龙江省哈尔滨高科技开发区天顺街68号	0451-2118519	
000712	广东金泰发展股份有限公司	苏　铭	广东清远经济开发试验区	0763-3364394	
000713	合肥丰乐种业股份有限公司	张海银	安徽省合肥市西七里塘樊洼路8号	0432-2703225	
000715	中兴——沈阳商业大厦(集团)股份有限公司	李顺生	沈阳市和平区太原北街86号	024-3831985	
000716	广西斯壮股份有限公司	杜宝成	广西壮族自治区南宁市民生路45号	0771-2821736	
000717	广东韶钢松山股份有限公司	曾德新	广东省韶关市曲江县马坝	0751-8787265	
000718	吉林纸业股份有限公司	马增源	吉林省吉林市林荫路9号	0432-2703225	
000719	焦作市碱业股份有限公司	蒋新棠	河南省焦作市民主北路15号	0391-2925951	
000720	山东电缆电器股份有限公司	李　田	山东省泰安市文化路62号	0538-7223012	
000721	西安饮食服务(集团)股份有限公司	王志刚	陕西省西安市东大街263号	029-7437752	
000722	衡阳市金果农工商实业股份有限公司	胡振斌	衡阳市金果路15号(原衡阳市大码头横街15号)	0734-8223091	
000723	福州天宇电气股份有限公司	陈　鼎	福州市华林路304号金属大厦6层	0591-7577532	
000727	南京华东电子集团股份有限公司	赵竟成	南京市浦口高新技术开发区D03栋	025-5502050	
000728	北京化二股份有限公司	项大北	北京市朝阳区大郊亭	010-67712530	100022
000729	北京燕京啤酒股份有限公司	李福成	北京市顺义县双河路北侧	010-69447711	101300
000730	沈阳特种环保设备设备制造股份有限公司	刘桂琴	沈阳市沈河区热闹路118号	024-4801450	
000731	四川美丰化工股份有限公司	陈　平	四川省射洪县太和镇新阳街87号	0838-2871127	618000
000732	福建省三农化学股份有限公司	庄季希	福建省三明市梅列区徐碧	0598-8221401	365000
000733	中国振华(集团)科技股份有限公司	陈清洁	贵州省贵阳市乌当区新添大道150号	0851-6845114	
000735	海口农工贸(罗牛山)股份有限公司	吴伟雄	海口市人民大道30号	0898-6255101	570208
000736	重庆国际实业投资股份有限公司	赵　健	重庆市江北区观音桥建新北路86号	023-67868187	
000737	山西南风化工集团股份有限公司	王梦飞	山西省运城市解放路294号	0359-2017089	
000738	南方摩托股份有限公司	陶光孟	湖南省株洲市董家段	0733-8810331	
000739	青岛东方贸易大厦股份公司	纪家伟	青岛市市北区胶州路140号	0532-2835928	
000748	湖南计算机股份有限公司	杨德泉	长沙市雨花路21号	0731-5554610	

Continued 9

主营业务范围 Fields	行业代码 Industries Code
摩托车与汽车配件的生产、加工、非标设备与金属切削机床附件、工、卡、量刃具的生产、加工、模具制造销售;仪器仪表新技术、新产品的开发应用及技术咨询;工程塑料制品的生产。	C75
主营:基础设施投资经营管理、高科技双金属粉末冶金;兼营:产品生产加工、物业管理。电子技术开发应用、卫生保健品。	G
主营:织布、漂染、织袜、化纤长丝及织造、建筑陶瓷、高压电瓷等;兼营:各类纺织品、纺织机械。	C11
农作物种子,花卉、农药、微肥、植物生长素销售。	A01
主营国内一般商业贸易、食品、烟酒、熟食品、粮油、水产品、音像制品、金首饰、滋补中成材、中成药、西药、汽车及配件、民用通讯器材以及进出口贸易,兼营租赁服务、信托寄卖、餐饮、旅游、广告策划、美术装潢、建筑材料、科技开发、房地。	H11
航空服务项目、旅游城市综合开发、通讯及日用百货、五金交电等。	M
制造、加工、销售钢铁、冶金产品、金属制品、煤化工产品、技术协作、开发、转让、引进、咨询、科研、设计等。	C65
制浆造纸、进出口贸易、轻工设计、机械制造。	C31
纯碱、优质重质纯碱、轻质碳酸钙的生产。	C43
电缆及电线产品、电子器件及电器设备、橡胶及塑料制品、输变电设备的制造与销售、金属材料压延加工。	C76
饮食供应业、服务业;批零销售副食品、酒、饮料、百货、五金交电、针纺织品、餐具、灶具;投资项目信息咨询及中介服务;人员培训。	K30
主营:农产品(除棉花)、干鲜果品、水产品、副食品;兼营:餐饮娱乐、建筑材料、房地产开发、化工材料、橡胶制品、针纺织品等。	M
电器机械及器材、普通机械,各种电气和成套装置的制造、销售、代购、代销;技术咨询;输变电产品的技术服务。	C76
主营真空电子器件、电光源产品、电子计算机及配件、其他电子产品与通信产品等;兼营动力设备、照明设备安装、维修等。	C76
加工、制造聚氯乙烯,氯醋共聚物,烧碱(液体,固体),盐酸,次氯酸钠,液氯,聚氯乙烯制品,二氯乙烷,氯乙烯。	C43
制造、销售啤酒、矿泉水、啤酒原料、饲料、酵母、兼箱;销售五金交电、建筑材料、日用百货;餐饮服务;技术咨询、技术培训、技术转让。	C05
环保设备制造;电线制造;中西药制剂、原料药加工;化学药品制剂制造;医用保健塑料制造;环保设备调试。	E01
化肥及化工产品(化学危险品除外)、建筑材料、化工机械、塑料制品、煤气、化工原料制造、销售,包装、装潢材料制造、加工。	C43
化学农药、化工产品、化工原料(除化学危险品)的制造;粘合剂,制药机械,仪器仪表,五金交电,金属材料销售;承办本企业对外合作生产,醚料加工和补偿贸易业务,经营自产农药商品出口业务,经营本企业生产所需原辅材料,机械设备。	C43
机械电子产品。	C51
种养业、兴办工业、旅游业、房地产开发经营、建筑装潢工程、化肥、农药、兽药的生产销售、农副畜水产品及饲料加工销售、普通机械、汕摩托车零配件、医药器械、电子产品、金属材料、化工产品,家用电器、现代办公用品、日用百货、食品。	A05
实业投资,利用外资投资,高科技开发,设备租赁,代理三类商品进出口业务,国际经济技术合作和往来函调查及咨询服务、销售矿产品(不含国家规定产品),化工产品,建筑材料,装饰材料,汽车(不含小轿车),摩托车及零部件,五金,交电。	C7
无机盐系列产品、日用化工系列产品、化学肥料系列产品、植物油系列产品的生产及销售。	C43
生产经营航空发动机、工业燃气轮机及成套设备、摩托车及发动机、航模系列产品、仪器仪表、机床、电机、电器、内燃机零配件以及航空零部件转包加工。	C75
零售、批发、"四代":国内商业(不含国家危禁、专营、专控决品);住宿、饮食服务、客车出租;场地、柜台、设施出租;销售:劳保用品等。	H11
中西文字符图形终端、网络终端、金融机具、通讯产品、机电一体化产品及成套、商用电子设备、信息化产品和新型化学电源产品。	G83

续表 10

代码 Code	公司全称 Companies	董事长 Board Chairman	地址 Address	电话 Telephone Number	邮编 Zipcode
000750	桂林集琦药业股份有限公司	刘及响	桂林市育才路 55 号	0773-5812938	
000751	葫芦岛锌业股份有限公司	郭完昌	辽宁省葫芦岛市龙港区锌厂路 24 号	0429-2104084	125003
000752	西藏拉萨啤酒股份有限公司	王　健	西藏自治区拉萨市色拉路 36 号	028-7793955	850001
000753	福建双菱集团股份有限公司	朱煜煊	福建省漳州市东环路	0596-2951030	
000755	山西三维集团股份有限公司	仝立祥	山西省太原市桃园北路 59 号	0357-6663663	
000756	山东新华制药股份有限公司	贺端是	山东省淄博市张店区东一路 14 号	0533-2287508	255005
000757	四川峨眉柴油机股份有限公司	林长江	四川省内江市椑木镇	0832-2411131	641004
000758	中国有色金属建设股份有限公司	张　健	北京市复兴路乙 12 号	010-68516385	
000759	武汉中心百货(集团)股份有限公司	汪爱群	湖北省武汉市江汉路 129 号	027-2777083	430021
000760	湖北车桥股份有限公司	郭桂华	湖北省公安县城关荆江大道 178 号	0716-5225770	434300
000761	本钢板材股份有限公司	白尚显	本溪市平山区钢铁路	0414-7828734	117000
000762	西藏矿业发展股份有限公司	肖永恩	西藏自治区拉萨市扎基呼 14 号	0891-6336740	
000763	锦州石化股份有限公司	杨学庄	辽宁省锦州市古塔区重庆路 2 号	0416-4159024	121001
000765	武汉市六渡桥百货集团股份有限公司	江富庭	武汉市江汉区中山大道 779-805	027-5891122	430021
000766	通化金马药业股份有限公司	张守斌	吉林省通化市江南路 100-1 号	0435-3622310	
000767	山西漳泽电力股份有限公司	卞学海	山西省长治市漳电路 19 号	0355-5052061	046021
000768	西安飞机国际航空制造股份有限公司	杨　忠	西安市高新技术产业开发区高新路火炬大厦	029-6846638	710075
000769	大连盛道集团股份有限公司	刘丽春	大连市中山区捷山街奋斗巷 30 号	0411-2672121	116013
000776	延边公路建设股份有限公司	朴东洙	吉林省延吉市河南街 1 号	0433-2853913	
000777	中核苏州阀门股份有限公司	邵渭敏	苏州国家高新科技工业园区	0512-7533655	215001
000778	新兴铸管股份有限公司	范英俊	河北省武安市 2672 厂区	0310-5825102	056308
000779	兰州三毛实业股份有限公司	任俊亭	兰州市西固区玉门街 82 号	0931-7556841	
000780	内蒙古兴发股份有限公司	张振武	内蒙古自治区赤峰市元宝山区平庄镇	0476-3512569	024076
000782	广东新会美达锦纶股份有限公司	陈柏森	广东省新会市江会路上浅口	0750-6126062	
000783	石家庄炼油化工股份有限公司	守　山	河北省石家庄市高新技术开发区	0311-5161138	
000785	武汉中商集团股份有限公司	严规方	武汉市武昌区中南路 9 号	027-2777083	430071
000786	北新集团建材股份有限公司	宋志平	北京市海淀区西三旗环岛东路南	010-62913831	100085
000787	湖南五一文实业股份有限公司	唐　山	长沙市黄兴南路 187 号	0731-5818651	
000788	西南合成制药股份有限公司	杨尚元	重庆市江北区黑石子水口	023-67867736	630025
000789	江西万年青水泥股份有限公司	杨石根	江西省万年县陈营镇东郊	0793-3839605	335506
000790	成都华神集团股份有限公司	费淳璐	四川省成都市十二桥路 37 号新 1 号	028-7786760	610075

Continued 10

主营业务范围 Fields	行业代码 Industries Code
化学原料、保健品、制药机械、饲料及添加剂的制造、批零。	C81
生产锌、锌深加工产品及硫酸、铟、镉、综合利用产品等。	C67
生产、销售啤酒、饮料，饲料的生产和销售，养殖业，娱乐服务。	C05
普通陶瓷制品、纸制品、塑料制品制造建筑材料，装饰装修材料，石油制品(代购代销)；室内外装饰；文化娱乐服务；饮食供应；公路运输；自来水供应，房地产开发、基础设施开发与建设；对外贸易。	C61
生产销售化工及化纤产品；焦炭运销；批发零售普通机械、化工产品、电器机械及器材器材、仪器仪表、金属材料(除贵金属)、建材、纺织品、塑料制品、装潢材料；化工、化纤的技术开发和引进。	C43
西药、化工原料、制药设备、药用玻璃、技术转让、技术服务、技术培训、技术开发、医药控测仪器及仪表。	C81
柴油机、三轮车、柴油发电机组等制造和销售。	C71
承包本行业国外工程、境内外资工程；对外派遣本行业工程、生产劳务人员；承包工程所需的设备、材料的出口；国外有色金属的咨询、勘测和设计，与国外工程承包和劳务合作有关的国家或地区的三类商品进出口。	E01
主营：百货、针纺织品、五金交电(不含消防器材)、副食品零售兼批发，烟、酒、彩电、金银首饰零售；兼营：工艺美术品、家具、日用杂品(不含烟花爆竹)零售兼批发，丁烷气体、油漆粘胶零售；彩扩、家用电器、钟表维修；汽车运输运输；家用电器。	H11
汽车配件制造销售；汽车改装车、农用运输车制造、销售；汽车货运、备品备件进出口业务。	C75
钢铁冷炼、压延加工、产品销售。	C65
铬矿、硼矿、铅锌矿等矿石开采。	B05
石油化工及焦炭产品、有机化学品及催化剂、粘合剂、高分子取合物的加工、制造、销售。	C41
百货、五金、交电、针纺织品、金银饰品、医疗器械、建筑材料、电器机械及器材、计划外汽车、橡胶制品、工艺美术品、其他食品批发兼零售、汽车货运。	H11
中西成药、生化制剂、营养保健药品的生产、经营。	C81
电力商品生产和销售；燃料、材料、电力高新技术、电力物资的开发销售。	D01
主要从事飞机及其他飞机器零部件的设计、试验、生产、销售及相关业务，并通过控股西飞铝业从事航空和其它民用铝合金系列产品和装饰材料的开发、设计、研制生产、销售以及相关的技术服务。	C75
塑料彩印包装制品的生产与销售；凹印版版辊的生产与销售；BOPP 与 CPP 塑料薄膜的生产与销售；玻璃器皿和包装容器的生产与销售。	C99
主营：公路、桥梁、隧道的建设，经营期内的公路、桥梁、隧道的管理；兼营：金属材料、建筑材料、机械设备、纺织品、食品。	F11
工业用阀门设计、制造、销售；金属制品、机电产品的设计、制造、加工、销售；与本企业相关行业的投资、汽车货运。	C71
主营：离心球墨铸铁管及配套管件、钢铁冶炼及其压延加工、铸造制品、水泥、水电气转供等。	C69
国有资产经营、针纺织品、纺织机械、化工原料的生产、批发零售、仓储、科技开发、咨询服务、房地产开发。	C11
饲养、繁殖、销售种鸡、鸡雏；生产加工肉用鸡、速冻保健食品、罐头、饲料；经销兽用药品及器械。	C01
织造、染整、绵纶 6 切片、纺丝、本公司主要从事锦纶 6 聚合、纺丝、尼龙绸的织造、印花、染整生产及产品的销售。	C47
石油化工产品加工，主要包括成品如汽油、煤油、柴油、液化气等，化工产品如聚丙烯、三苯、溶剂油等。	C41
针纺织品、百货、西药、中成药、工艺美术品、五金交电、日用杂品、电器机械及器材、农机、其他仪器零售兼批发；黄金饰品零售及维修。	H11
新型建筑材料、装饰材料及配套产品、机械设备、金属房屋的技术开发，制造、销售及技术服务；销售金属材料、木材、煤炭、建筑机械、汽车配件、五金交电化工；汽车货运；仓储服务。	C61
销售文化办公用品、副食品及其他食品(含烟零售)、百货、针纺织品、五金、交电、化工(不含危险品)、建筑装饰材料、有线通讯器材、图书、报刊、金银首饰、珠宝首饰、珠宝玉器、房地产开发、经营；写字楼出租、儿童游乐、印刷服务。	G87
制造，销售原料药及制剂，销售五金，交电，化工产品及原料(不含化学危险品)，百货，建筑材料，装饰材料，钢材，木材，电器机械及器材，普通机械，制药技术咨询及转让。	C81
硅酸盐水泥、普通硅酸盐水泥、矿渣硅酸盐水泥的生产及销售、水泥技术咨询。	C61
高新技术产品开发生产和经营，中西成药生产和销售，药业技术服务咨询，医疗器械及配件，生物工程制品的生产和销售。	C81

续表 11

代码 Code	公司全称 Companies	董事长 Board Chairman	地址 Address	电话 Telephone Number	邮编 Zipcode
000791	西北永新化工股份有限公司	张　军	甘肃省兰州市东岗东路685号	0931-8663061	730020
000792	青海盐湖钾肥股份有限公司	安平绥	青海省格尔木市察尔汗	0979-413232	
000793	海口管道燃气股份有限公司	刘广林	海口市海甸四东路颐和花园B座三楼	0898-6254222	
000795	太原双塔刚玉股份有限公司	程明远	山西省太原市郝庄正街62号	0351-4380232	
000796	宝鸡商场(集团)股份有限公司	魏存功	陕西省宝鸡市经二路114号	0917-3215282	721000
000797	中国武夷实业股份有限公司	沈继武	福建省福州市北大路240号	0591-7542524	350001
000798	中水集团远洋股份有限公司	吕洪涛	北京西单民丰胡同31号	010-68578956	100037
000799	湖南酒鬼酒股份有限公司	王锡炳	湖南省吉首市振武营	0743-8312079	
000800	一汽轿车股份有限公司	耿昭杰	吉林省长春市绿园区一汽厂区	0431-5901350	130011
000801	绵阳湖山电子股份有限公司	汤东风	四川绵阳市华兴西路一号	0816-2336335	621000
000802	北京京西风光旅游开发股份有限公司	刘利华	北京市门头沟区新桥大街35号	010-69831967	102300
000803	四川美亚丝绸(集团)股份有限公司	彭可云	四川省南充市延安路380号	0817-2221333	637000
000805	常州金狮股份有限公司	瞿子泉	常州市花园路59号	0519-3270657	213016
000806	北海银河股份有限公司	潘　琦	广西壮族自治区北海市南路世贸大厦八楼	0779-3201988	536000
000807	云南铝业股份有限公司	代祖让	昆明市呈贡县	0871-3177380	650502
000809	四川第一纺织股份有限公司	毛志刚	四川省成都市二环路东三段八号	028-43332124	610053
000810	四川锦华股份有限公司	薛文周	四川遂宁市遂州中路	0825-2226774	629000
000811	烟台冰轮股份有限公司	顾德录	山东省烟台市芝罘区西山路80号	0535-6243451	264000
000812	陕西省金叶印务股份有限公司	华　炜	西安市朱宏路1号	029-6246723	710016
000813	新疆天山毛纺织股份有限公司	唐翔千	乌鲁木齐市银川路1号	0991-4830456	830054
000815	宁夏美利纸业股份有限公司	刘崇喜	宁夏回族自治区中卫县	0953-7697334	751700
000816	江苏江淮动力股份有限公司	朱瑞龙	江苏省盐城市环城西路213号	0515-8311495	224000
000817	辽河金马油田股份有限公司	王福成	辽宁省盘锦市兴隆台区	0427-8908695	124010
000818	锦化化工集团氯碱股份有限公司	方福生	辽宁省葫芦市连山区化工街	0429-2709065	125001
000819	岳阳兴长石化股份有限公司	蒋信成	湖南岳阳市云溪区	0730-8442202	414012
000820	金城造纸股份有限公司	朱志仁	辽宁省凌海市金城街	0416-8282516	121203
000821	湖北京山轻工机械股份有限公司	孙友元	湖北省京山县新市镇	0724-7221560	431800
000822	山东海化股份有限公司	杜德富	山东省潍坊海洋化工高新技术产业开发区	0536-5329888	262737
000823	广东汕头超声电子股份有限公司	林盛川	广东省汕头市兴业路21号	0754-8610992	515041
000825	山西太钢不锈钢股份有限公司	刘玉堂	太原市尖草坪街2号	0351-3017729	030003
000826	国投原宜磷化股份有限公司	汤晓春	湖北省宜昌市沿江大道114号	0717-6236206	443000
000827	大连龙泉股份有限公司	黄祖祥	大连市瓦房店长兴岛镇	0411-2821155	116001
000828	广东福地彩色显像管股份有限公司	詹宗庆	广东省东莞市篁村周溪工业区	0769-2407920	
000829	江西赣南果业股份有限公司	肖仁源	江西省赣州市青年路46号	0797-8277221	341000

Continued 11

主营业务范围 Fields	行业代码 Industries Code
油漆、涂料、树脂及其他化工产品、化工机械系列产品。	C43
氯化钾产品的开发、生产、销售;光卤石、低纳光卤石及其他矿产品的开发、加工、冶炼。	C43
城市管道燃气设计、开发、施工、储气站、气化站、检测站,石油及制品,石油天然气化工及与相关配套的仪器、仪表、燃气用具、设备,液化石油气、天然气,房地产的综合开发、销售、物业管理。	E01
棕刚玉系列产品、自动化立体仓库。	C61
百货、纺织品、摩托车、普通机械、电器设备、塑料制品、化工产品及原料(除专营)、烟酒、食品、粮油制品、日用杂品、金属材料、木材、五金交电、音像制品、钻石珠宝、黄金首饰、冷饮、建材、汽车(含小轿车)、汽车配件的销售;柜台租赁、饮食。	H11
工程承包、投资开发、外经外贸。	E01
海洋捕捞;水产品的加工储运、购销、进出口;国际渔业合作;对外派遣劳务人员;与渔业有关的船舶、设备、材料的进出口;渔船、渔机及物资的销售。	A07
生产、销售曲酒系列产品、陶瓷包装物、纸箱、提供印刷服务。	C05
开发、制造、销售轿车、旅游车及其配件、汽车修理、加工非标设备、机械配件。	C75
电子音响设备、卫星电视接收机系统、装饰件等的制造、加工、销售、安装及售后服务。	C55
旅游基础上投资及管理、饮食服务,文化娱乐服务,出租汽车客运,旅游信息咨询;销售百货、工艺美术品,宝玉石加工;建筑工程施工。	K34
纺织品,炼、印、染、丝织品制造。	C11
自行车及零部件、助力车、摩托车及零部件、童车、健身器材的制造及销售。	G87
科技产品开发、养殖业及农产品加工、旅游资源、综合开发及经营。	C51
重熔用铝锭、铝铸轧卷、挤压铝型材、牙膏包装用铝元片、铝棒、铸造铝合金锭、室内装饰。	C67
制造、销售纺织品、针纺工业专用器材;纺织品进出口贸易;批发零售纺织品、原辅材料、化工原料、日杂用品;中介服务;建筑工程设计施工;房地产综合开发经营;宾馆、饮食服务业;仓储运输。	C11
纺纱、织布、纺织品制造,出口本企业自产的服装、印染布。进口本企业生产科研所需尼辅材料、机械设备、仪器仪表、零配件。纺织器材经销,物资仓储,汽车货运。	C11
制冷空调设备的制造、安装、调试、技术咨询服务;许可范围的进出口业务。	C71
印刷服务及高科技开发、印刷物资批发零售,印刷技术培训、技术服务。	C35
纺织、服装生产与销售。	C11
各类高、中、低档机制纸、纸板、加工纸的生产销售。	C31
单、多缸柴油机的制造与销售。	C71
石油、天然气的勘探、开发、销售。	B03
烧碱、氯、聚氯乙烯、三氯乙烯、四氯乙烯、氢、乙炔、合成盐酸、副产盐酸、次氯酸钠等产品的制造、加工、运输、销售、技术开发与服务,资产经营等。	C43
聚丙烯、甲醇、甜蜜素、塑料制品生产、销售;化工产品(不含危险品)销售;提供汽车货运服务。	C41
机制纸浆、机制纸及纸板、粘合剂的制造与销售。	C31
纸箱、纸盒罐机械、印刷机械的制造、销售;原材料供应;高新技术开发;房地产开发、技术服务。	C73
制造和销售纯碱、溴素、苦卤毓产品及三聚胺等。	C43
超声电子仪器、仪器仪表、电子元器件、电子材料、家用电器、通讯和电子计算机及经批准的投资业务。	C51
冶炼、压延加工、制造、销售不锈钢及其他钢材、钢坯、钢锭、铁合金、金属制品等。	C65
工业原材料、化工、建材、塑胶、电子产品及关联产品的生产与销售;房地产开发;高科技产品开发;汽车客货储运;国内公民旅游服务。	C43
酒及饮料研制、开发、生产与销售。	C05
54 厘米、64 厘米、74 厘米等平面直角彩色显像管以及其配套零部件。	C51
水果种植、加工及销售,果业综合开发、果树良种繁育及技术咨询服务,农副土特产品、化工产品的批发、零售,果用激素、果汁、饮料(含酒)的生产及销售,餐饮娱乐服务(以上项目国家有专项规定的除外)。	A01

续表 12

代码 Code	公司全称 Companies	董事长 Board Chairman	地址 Address	电话 Telephone Number	邮编 Zipcode
000830	山东鲁西化工股份有限公司	赵永堂	山东省聊城市板桥路 61 号	0635-8324227	252000
000831	山西关铝股份有限公司	许复活	山西省运城市解州新建路 36 号	0359-2024110	044001
000832	黑龙江龙涤股份有限公司	赵瑞民	黑龙江省阿城市和平街	0451-3722601	150316
000833	广西贵糖(集团)股份有限公司	杨和荣	广西壮族自治区贵港市人民西路	0775-4214012	537102
000835	北京隆源实业股份有限公司	孟晓苏	北京市海淀区北三环中路 40 号(乙)	010-62041804	100009
000836	天津天大天财股份有限公司	寇纪淞	天津新技术产业园区八号路 A14-1	022-27403145	300073
000837	陕西秦川机械发展股份有限公司	邱世杰	陕西省宝鸡市姜谭路 22 号	0917-3390957	721009
000838	西南化机股份有限公司	杨树荣	四川省什邡市两路口镇	0838-8213333	618407
000839	中信国安信息产业股份有限公司	李士林	北京市海淀区北三环中路 31 号	010-65010853	100088
000848	河北承德露露股份有限公司	王宝林	承德市翠桥路南 6 号	0314-2066791	067000
000850	安徽华茂纺织股份有限公司	华冠雄	安徽省安庆市纺织南路 80 号	0556-5510166	246018
000851	贵州中国第七砂轮股份有限公司	曾厚琼	贵州省贵阳市环城东路 480 号	0851-2550049	550001
000852	江汉石油钻头股份有限公司	刘恩学	湖北省潜江市广华前进路	0728-6518598	433124
000856	唐山陶瓷股份有限公司	邢平均	河北省唐山市	0315-3291354	063022
000858	宜宾五粮液股份有限公司	王国春	四川省宜宾市岷江西路 150 号	0831-3553988	
000859	安徽国风塑业股份有限公司	郑忠勋	安徽省合肥市马鞍山路 1 号	0551-2885333	230001
000860	北京顺鑫农业股份有限公司	龚建友	北京市顺义县城	010-69428900	101300
000861	茂名永业(集团)股份有限公司	李崇业	广东省茂名市环市西路 61 号	0668-2327411	525024
000862	吴忠仪表股份有限公司	赵广生	宁夏吴忠市朝阳街 67 号	0953-2013611	751100
000863	沈阳北方商用技术设备股份有限公司	陈大海	沈阳市和平区青年大街 386 号华阳国际大厦 A 座	024-3902497	110015
000866	扬子石油化工股份有限公司	彭哲春	南京高新技术产业开发区	025-7787735	210048
000868	安徽安凯汽车股份有限公司	王一荃	安徽省合肥市葛淝路 1 号	0551-4841562	230051
000876	四川新希望农业股份有限公司	刘永好	四川绵阳国家高新技术产业区	028-51828425	610041
000877	新疆天山水泥股份有限公司	张丽荣	乌鲁木齐市仓房沟东路 55 号附 1 号	0991-5837237	830006
000878	云南铜业股份有限公司	邹韶禄	云南昆明国家高新技术产业开发区 m1-12	0871-3126709	650051
000880	山东巨力股份有限公司	王清华	山东潍坊市胜利西街 373 号	0536-8323432	
000881	中国大连国际合作(集团)股份有限公司	丁肇有	大连市中山区五五路 5 号	0411-2642825	116001
000882	中商股份有限公司	范文明	北京市复兴门内大街 45 号	010-66094317	100801
000883	湖北三环实业股份有限公司	舒健	湖北省麻城市新建街 47 号	027-7811368	430070
000885	洛阳春都食品股份有限公司	高凤来	河南洛阳市凯旋西路 29 号春大厦	0379-328827	471000
000886	海南高速公路股份有限公司	邢福煌	海南省海口市南宝路国托大厦 4-6 层	0898-6768394	571000
000887	安徽飞彩车辆股份有限公司	洪理芳	安徽省宣州宣南公路口	0563-3022910	
000888	峨眉山旅游股份有限公司	马元祝	四川省峨眉山市名山西路 168 号	0833-5528888	614200
000889	秦皇岛华联商城股份有限公司	孙志浩	河北省秦皇岛市海港区河北大街 152 号	0335-3023349	066000

Continued 12

主营业务范围 Fields	行业代码 Industries Code
尿素、碳酸氢铵的生产与销售。	C43
普通铝锭、铝材、铝制品、氧化铝粉及各种有色金属。	C67
聚酯切片,化学纤维系列产品,纺织品,纺织机械及设备,化工产品(不含危险品)。	C47
食糖、纸、酒精、碳酸钙、减水剂的制造、销售;本企业自产产品的出口及本企业生产、科研所需株辅材料(国家规定一类进口商品除外),机械设备、仪器仪表、零部件的进口;石灰石开采,汽车货运,机动车修理,制糖机械。	C01
开发生产计算机软硬产品及配套设备、工程机械、通信设备、办公自动化设备、数字式光磁记录产品、医疗电子设备、机械及电子模拟系统、石油精细化工产品、生物技术产品(不含药品);售后服务、技术培训。	M
计算机软件、硬件、信息系统集成,信息处理与服务,光机电一体化,化工填料和工业结晶。	G87
金属切削机床、塑料加工机械、液压系统、液村件、汽车零部件、功能部件、精密齿轮(箱)、机床配件、数控系统、仪器仪表、木工机械及其制品的生产、加工、销售。	C71
主营:化工压力容器;医药、石油、化工设备;化工机械;兼营:铸件、制氧、制冷设备生产及销售、机电设备安装、汽车运输、修理、金属材料经销等。	C73
信息产业、言行文选行业项目的投资;卫星通讯工程、计算机信息传输网络工程、有线电视网络工程的施工、设备安装及技术服务;移动通讯的技术开发、技术服务、技术咨询;房地产开发与经营;物业管理;装饰装修;日用百货。	G
饮料、罐头食品的开发、生产与销售;马口铁包装罐的生产和销售。	C05
天然纤维(棉、毛、麻、丝)和人造纤维的纯、混纺纱线及其织物、针织品、服装、印染加工。	C11
自产、自销、批零兼营:磨料、磨具、耐火材料、磨料磨具标准验筛、磨料磨具专用设备制造,二、三类机电产品等。	C61
石油天然气勘探、开采用各类钻头、工具及配件;粉末冶金、金刚石制品及超硬材料;工业用探矿、选矿用机械;油气开采、精炼工业用设备;承揽机械加工、机电设备采供、修理。	C73
日用陶瓷、卫生陶瓷、墙地砖、工业理化陶瓷、特种陶瓷、特种陶瓷及相关产品的设计、开发、生产、销售。	C61
酒类及相关辅助产品(瓶盖、商标、标识及镳制品)的生产经营。	C05
塑胶建材、塑胶门窗、BOPP 和 PE 塑料薄膜、各类注塑产品、各类家用电器配套件、PVC 高阻燃塑胶粒子、吸塑制品。	C49
白酒生产与销售;肉食品加工与销售;良种繁育;农业科技服务;水产品养殖;名优果品、蔬菜的种植及加工。	A01
炭黑、轻化产品毓的生产加工销售、油品生产加工销售、油品的加工销售及尾气余热发电。	C61
工业自动化仪表及其附件、农用和民用泵阀、其他机电产品的制造、销售、成套和进出口业务;投资。	C78
电子商用技术开发、电子商用设备、制冷空调成套设备和汽车空调的研制和生产、制造加工、经营销售。	C73
原油加工;石油制品、化学原料、化学制品、化学纤维、燃料、设备的加工、制造、安装及其销售;化工技术服务;工程与建筑设计、承包、监理、咨询;仓储运输以及与公司经营业务有关的其他业务。	C41
客车、底盘生产与销售。	C75
饲料、原料加工机械、农副产品、食品的生产、加工、销售;种养殖业的开发及经营;现代农业的技术服务、咨询及生产基地建设;销售电子产品,建筑材料。	C01
水泥系列产品开发、研制、生产、销售及相关技术服务。	C61
有色金属、贵金属的生产、销售、加工及设计、施工、科研;高科技产品、化工产品的生产、加工、销售;机械动力设备的制作安装;食品工业、房地产、旅游业的开发。	C67
农用三轮运输本及配件、农用四轮运输本及配件、碳化硅微粉、靡托车的生产和销售。	C75
承包海内外工程、远洋运输、远洋捕鱼、国际劳务合作、进出口贸易、国内外投资等。	M
商业批发、零售、连锁经营、总代理、总经销、进出口贸易、生产加工、物流。	H
汽车零部件和机械设备的制造与销售、汽车改装、汽车贸易。	C75
西式低温肉制品、中式肉制品、中西式灌肠、清真食品、速冻食品、方便食品、肉类加工、包装材料及相关产品。	C01
高等级公路的勘测、设计、施工、收费、养护、管理服务,房地产开发经营。	F11
农用运输车、工业链条制造和销售;配件、汽车覆盖件的生产、销售;自营进出口。	C75
提供旅游,索道运输,住宿,客运,餐饮娱乐方面的服务;旅游资源及商品、水电开发。	K34
针纺织品、日用百货、土产日杂、服装鞋帽、糖酒、食品、五金交电、化工产品、家用电器、家具、金银饰品、汽车配件、机电产品(不含公共安全及设备)的批发和零售、烟(零售)、仓储、汽车货运、服装加工、酒店业、旅游。	H11

续表 13

代码 Code	公司全称 Companies	董事长 Board Chairman	地址 Address	电话 Telephone Number	邮编 Zipcode
000890	江苏法尔胜股份有限公司	周建松	江苏省江阴市通江北路 203 号	0510-6880890	214400
000892	重庆三爱海陵股份有限公司	黄福根	重庆市涪陵人民东路 50 号	0810-2222257	408000
000893	广州冷机股份有限公司	魏长明	广州市白云区人和镇人和天街 12 号	020-86450802	510470
000895	河南双汇实业股份有限公司	万　隆	河南省漯河市源汇区双汇路 1 星	0395-2623398	462000
000897	开津津滨发股份有限公司	苗　沛	开津经济技术开发区洞庭路 76 号	022-66201301	30057
000898	鞍钢新轧钢股份有限公司	刘　介	辽宁省鞍山市铁西区	0412-6334292	114003
000899	江西赣能股份有限公司	王　平	南昌市南京东路 443 号(高新技术开发区)	0791-6636120	330009
000900	湖南长永高速公路股份有限公司	马其伟	湖南长沙市八一路 466 号	0731-4080808	410011
000901	哈尔滨航天风华科技股份有限公司	张大成	哈尔滨市南岗区西大直街 118 号	0451-6208765	150006
000902	中国服装股份有限公司	方玉根	北京市新技术产业开发试验区丰台科技园区	010-65913502	100020
000903	昆明云内动力股份有限公司	段华生	云南省昆明市穿金路 715 号	0871-5633185	650224
000905	厦门路桥股份有限公司	潘世建	福建省厦门市嘉禾路中段桥星大厦 10 层	0592-5081719	36109
000906	南方建材股份有限公司	谭照华	湖南省长沙市展览馆路 27 号	0731-4124542	410011
000908	湖南天一泵业股份有限公司	凌磊伯	湖南省平江县城关镇南街 339 号	0730-6222078	410400
000909	数源科技股份有限公司	陈焕新	浙江省杭州市西湖区教工路一号	0571-8271018	310012
000910	江苏大亚新型包装材料股份有限公司	陈兴康	江苏省丹阳经济技术开发区丹荆路	0511-6883666	212300
000911	南宁糖业股份有限公司	熊可模	广西壮族自治区南宁市亭洪路 48 号	0771-414317	530031
000912	四川泸天化股份有限公司	任晓善	四川省成都市中同仁路 22 号	0830-4122508	646300
000913	浙江钱江摩托股份有限公司	林华中	浙江市温岭市太平镇万昌路	0576-6212343	
000915	山东声乐股份有限公司	吴培龙	山东省沂南县振兴路 6 号	0539-3221280	276300
000916	华北高速公路股份有限公司	刘长宽	北京经济技术开发区宏达北路 10 号	010-67602600	
000917	湖南电广实业股份有限公司	龙秋云	湖南长沙市浏阳河大桥东	0731-4462888	410011
000918	湖南亚华种业股份有限公司	谭载阳	湖南省长沙市远大一路 282 号	0731-4710651	410001
000919	金陵药业股份有限公司	江中银	南京经济技术开发区(南京市龙蟠中路 81 号)	025-3213092	210016
000920	南方汇通股份有限公司	惠金根	贵阳市国家高新技术产业开发区	0851-4470493	550017
000921	广东科龙电器股份有限公司	王国端	广东省顺德市容奇镇容港路 8 号	0765-6628338	528303
000922	阿城继电器股份有限公司	金　科	哈尔滨市南岗区赣水路高新技术开发区 15 号楼	0451-3703187	150302
000923	河北宣化工程机械股份有限公司	王建军	河北省张家口市宣化区东升路 21 号	0313-3012255	075105

Continued 13

主营业务范围 Fields	行业代码 Industries Code
钢丝、钢丝绳及其产品、普通机械、电线电缆、仪器仪表、电子产品的制造、销售。	C69
生产、销售汽车、摩托车、内燃机的化油器、磁电机、进排气门、轴瓦、活塞环等关键零部件,摩托车、电子元件、电工器材、变压器、自动控制器、动力照明、配电箱、五金、灯具、建筑材料,家电维修,电子技术开发。	G85
从事投资、设计、生产、销售制冷压缩机、制冷设备、中央空调设备;从事制冷压缩机和制冷设备工程的可行性研究、设计、安装、调试及其工程总承包;对相关待业及其他待业的投资及管理。	C76
肉类加工,肉制品、化工包装制品的生产和销售,畜牧养殖。	C01
基础设施开发、建设、经营;高新技术产品的研制开发、销售、技术服务及咨询;新型建筑材料开发与生产。	K01
黑色金属冶炼及压力加工制品(包括冷轧薄板、宽厚板及线材系列产品)。	C65
火力发电,节能项目开发,锅炉安装及维修,电力设备安装及检修,粉煤灰综合利用,电力技术服务及咨询,机械设备维修,房地产开发,电力物资的批发、零售。	D01
高等级公路建设及养护。	F11
汽车电子组合仪表、车载计算机系统、工业机器人、专业打印机和银行自助系统等产品。	C78
纺织品、针织品、皮革制品、服装、服饰、鞋帽生产销售、以及羊皮、切片、化纤原料、辅料、染化料的经营;纺织服装设备及零配件、仪器、仪表的经营;技术转让,设计展示,展览展销,模特展演,文化交流,信息服务,人。	C13
柴油机及机组;柴油发电机组;出口本公司自产产品;柴油机毓及其变形机组及零部件、汽车配件、农机配件;进口本公司生产、科研所需原辅材料、汽车配件、农机配件、电子产品、配套设备、控制设备、检测设备、仪器、仪表。	C71
厦门大桥的经营和维护;海沧大桥的投资、建设、经营和维护;承担大中型桥梁、中高等级公(道)路、隧道、港口、码头等交通基础设施项目及配套工程的建设投资及建成后的经营管理;土地综合开发等。	F11
建筑材料业及其制品、金属材料、有机、无机化工原料、建筑陶瓷、防腐涂料。	H03
系列稠油泵、油气混输泵、工业潜污泵、化工泵、系列潜水电泵、电机、系列高低压成套开关设备、高压真空断路器、六氟化硫断路器的制造和销售、营机电进出口业务。	C71
数字(摸拟)彩色电视机、数字视音频产品、数字电子计算机及外部设备、卫星广播电视设备、多媒体、通信设备和电子元器件的制造、加工、销售、修理;整机的塑壳、模具、塑料制品的制造加工;电子计算机软件的开发、咨询。	G81
铝纸复合材料、铝塑复合材料、真空镀铝材料、铝转移材料、软包装材料、屋顶式包装材料、多层共挤膜、彩色印刷、柔性印刷、全息压印、烟用滤嘴材料、有色金属压铸件、仪器、机械及配件(制造)。	C31
机制糖、酒精、文化用纸、蔗渣浆。	C01
化学肥料、化工原材料、有机化工产品,日用化学品的生产、销售,以及相关产品的出口和来料加工业务。	C43
摩托车及其配件的生产和销售、机电产品的生产和销售、对售后产品进行维修服务、研究、设计和发展新型系列摩托车等。	C75
鞋、革及其配套材料、包装材料、鞋机、鞋楦模具的生产、销售;技术开发、转让、咨询服务;住宿、餐饮。	C13
投资开发、建设和经营收费公路。	F11
影视节目制作、发行和销售、设计、制作、发布国内外各类广告,代理国内上各类广告业务及广告策划,产品销售,信笺传播服务,音像制品出版发行。	L10
农作物种子、种苗和畜良种的选育、繁殖、生产、销售、赤霉素等生化调控剂、优质农畜产品、兽药、鱼药、种子生产设施及其他农用机械、设施的开发、生产、销售、农业新技术的推广、咨询。	A09
中西药原料和制剂、生化制品、医药包装制品、医疗器械、保健食品、天然饮料生产、销售、新产品研制、技术服务及开发、医药信息服务、医药进出口业务。	C81
铁路运输设备开发、制造、销售、修理;弹簧及锻铸件制品的生产、销售;大型金属结构制造、销售;铜金属压延加工;高新技术电子元器件及粽纤维材料的开发、生产和销售。	C75
开发、制造、电冰箱、空调、冷柜等电器产品及相应配件业务,产品内外销售和提供售后服务。	C76
开发、制造、销售继电器及继电保护装置和系统、工业及日用电器、计算机技术及其应用、电源及工业控制产品。	C76
生产、经营、销售推土机、装载机、压路机及其变型产品和工矿配件;根据公司资金状况和发展开扫,组织生产经营共他领域的产品或业务,也可对其他股份公司参股。	C73

续表 14

代码 Code	公司全称 Companies	董事长 Board Chairman	地址 Address	电话 Telephone Number	邮编 Zipcode
000925	浙江浙大辰光科技股份有限公司		杭州高新技术产业开发区(浙江省杭州市浙江大学)	0571-795247	310027
000926	湖北省汉川钢丝绳股份有限公司	谭功炎	湖北省汉川市沉湖镇福星街1号	072-8740018	432307
000927	天津汽车夏利股份有限公司	纪学徽	天津市南开区南京路355号	022-23132417	300073
000928	吉林炭素股份有限公司	杨　超	吉林市昌邑区和平街九号	0432-2738590	132002
000929	兰州黄河企业股份有限公司	杨纪强	甘肃省兰州市七里河区郑家庄108号	0931-8818228	730030
000930	安徽丰原生物化学股份有限公司	李荣杰	安徽省蚌埠市大庆路73号	0552-4926733	233010
000931	北京中关村科技发展股份有限公司	郝有诗	北京市海淀区海淀路9号	010-65945276	100020
000932	湖南华菱管线股份有限公司	李效伟	湖南省长沙市书院路462号	0731-2245196	410002
000933	河南神火煤电股份有限公司	李志经	河南省永城市新城光明路	0370-5114955	476600
000935	四川双马水泥股份有限公司	唐月明	四川省江油市二郎庙镇	0816-3721400	621716
000936	江苏华西村股份有限公司	包丽君	江苏省江阴市华西村	0510-6217159	214420
000937	河北金牛能源股份有限公司	郑存良	河北省邢台市中兴路104号	0319-2025581	054021
000938	清华紫光股份有限公司	宋　军	北京市海淀区清华大学紫光大楼	010-62770008	100084
000939	武汉凯迪电力股份有限公司	陈义龙	湖北省武汉市武珞路586号江天大厦	87655108 1397	430070
000948	云南南天电子信息产业股份有限公司	郑志刚	昆明市高新技术产业开发区软件园创新大厦	0871-3312450	
000949	新乡化纤股份有限公司	陈玉林	河南省新乡市北站区锦园路	0373-3096601	453011
000950	重庆民丰农化股份有限公司	王泉虎	重庆市沙坪坝区井口镇经济桥30号	023-65152446	400033
000951	山东小鸭电器股份有限公司	王世敦	山东省济南市工业北路44号	0531-8980541	250101
000952	湖北广济药业股份有限公司	何　谧	湖北省武穴市江堤路1号	0713-6213329	435400
000953	广西河池化工股份有限公司	何元军	广西壮族自治区河池市六甲镇	0778-2266830	547004
000955	海南欣龙无纺股份有限公司	席时平	海南省澄迈县老城工业开发区	0898-6796999	570102
000956	中原油气田股份有限公司	刘锦信	河南省濮阳市市区中原路	0393-4893830	457001
000957	中通客车股份有限公司	王庆福	山东省聊城市建设东路10号	0635-8322161	252000
000958	石家庄东方热电股份有限公司	李德时	河北省石家庄市建华南大街161号	0311-5053913	050031
000959	北京首钢股份有限公司	毕　群	北京市石景区石景山路	010-68295171	100041
000960	云南锡业股份有限公司	肖建明	昆明高新技术产业开发区	0873-2448667	661000
000961	大连金牛股份有限公司	赵明远	辽宁省大边市甘井子区工兴路4号	0411-6671764	116031
000962	宁夏东方钽业股份有限公司	何季麟	宁夏回族自治区石嘴山市大武口区冶金路	0952-2012012	753000
000963	杭州华东医药股份有限公司	李邦良	杭州市下城区中山北路439号	0571-7950205	310007
000965	天津水泥股份有限公司	王忠琪	天津市南开区二马路223号	022-27021264	300100
000966	湖北长源电力发展股份有限公司	韩学仲	湖北省武汉市徐东路45号	027-86778357	430077
000967	浙江上风高科实业股份有限公司	徐灿根	浙江省上虞市上浦镇	0575-2366261	312375

Continued 14

主营业务范围 Fields	行业代码 Industries Code
单晶硅及其制品、半导体元器件的开发、制造、销售与技术服务；自动化控制系统及仪器仪表的开发、制造、销售与技术服务；生物医学工程技术的开发与应用；计算机系统集成与电子工程的销售与服务；高新技术产业的投资开。	C99
钢丝绳、钢丝系列及其他金属制品的制造、销售和出口业务；经营生产、科研所需的原辅材料、机械设备、仪器仪表、备品备件零配件及技术的进口业务；日用百货、副食品的批发零售；汽车货物运输、汽车轮胎及化工产品的销售。	C69
轿车、汽车发动机、汽车零配件、内燃机配件的制造及其售后服务；高科技开发、研制及生产；房地产开发及经营；货物运输；商业的批发及零售。	C75
炭素及石墨制品的开发、设计、生产、加工、营销和技术服务等。	C61
啤酒、生猪饲养、包装品、针纺织品、精细化工、副食品、其他食品、包装材料及原料、啤酒原料、玻璃制品、汽车零配件、印刷材料、金属材料制品。	C05
生物工程的科研开发、有机酸及其他生物化工产品(不含危险品)生产，仪器加工，化工设备制造、安装。	C03
高新技术和产品的开发、销售；科技项目、建设项目投资；各业、民用、能源、交通、市政、地铁、城市铁路、高速公路等项目工程总承包；建筑设计；建筑装饰、装修；设备安装；房地产开发；物业管理。	K01
钢坯、无缝钢管、线材、螺纹钢、中小型材等黑色和有色金属产品的生产与销售。	C69
煤炭生产、销售、洗选加工、发供电、铁路专用线营运、矿用器材生产、销售。	B01
水泥的生产、销售。	C61
纺织品、服装制造、国内贸易、热电站。	M
煤炭生产与销售。	B01
电子、电力、能源、医疗器械、化工产品、普通机械、仪器仪表、水利、生物、环保、汽车工艺及新材料的技术开发、技术转让、技术咨询、技术服务。	G87
电力、新能源、化工、环保、水处理、仪器仪表、热工、机电一体化，计算机的开发，研制，技术服务；机电设备的安装修理；组织本企业和本企业成员企业自产各种机电产品、化工产品、五金矿产品及相关技术出口业务。	D01
开发、生产、销售计算机软件、硬件，外围设备、金融专用设备、智能机电产品；承接网络工程、信息系统工程、技术服务及技术咨询；自产产品的安装、调试、维修。	G87
粘胶纤维、合成纤维、硫酸钠的制造与销售；花岗岩板材加工与销售。	C47
农药系列产品及农药中间体\铬盐系列产品的制造与销售。	C43
家用滚筒洗衣机、工业(商业)条设备系列产品及配件的开发、生产与销售。	C76
生产经营医药原料药、兽药原料药、医药制剂、医疗器械、食品、饲料、添加剂、精细化工、玻璃器皿及包装印刷；文化娱乐、饮食服务；汽车货物运输；出口本企业自产的各类药；进口本企业生产科研所需的原辅材料、机械设备。	C81
尿素、复合肥、液体二氧化碳、甲酸、硫酸铵、元明粉、草酸、硫磺的生产销售。	C43
制造和销售各种无纺布及其深加工产品。	C13
石油和天然气的勘探开发、综合利用和销售业务。	B03
客车、农用车、汽车底盘、挂车及专用配件的开发、制造销售；工业生产资料的销售；技术咨询、服务。	C75
热力、电力的生产和销售。	D01
钢铁冶炼、钢材轧制、其他金属冶炼及其压延加工、销售；烧结矿、焦炭、化工产品的生产、电子产品、机械、冶金设备制造。	C65
有色金属及其矿产品、化工产品、非金属及其矿产品、建筑材料的批发、零售、代购、代销、过出口业务，环境保护工程服务。	C67
钢冶炼、钢压延加工。	C65
稀有金属钽、铌、铍的生产、开发、科研和销售，进出口业务，人工晶体、有色金属精细化工产品、碳化硅微粉、电子元器件、金刚石工具、电子浆料、有色金属新材料的生产、销售。	C67
西料药及制剂、保健品、生物工程产品、兽药制造；中药材、中成药、化学原料药、化学药制剂、兽药、医药生物制品、医疗器械、玻璃仪器、化学试剂的批发与零售。	C81
水泥\新型建筑材料制造\销售及建筑施工；房地产开发\经济信息咨询服务业；建筑材料制造\销售。	C61
电力、热力及设备生产及其有关技术的开发、技术服务和培训；批零兼营机电设备、黑色金属、铜及铜材、铝及铝材、汽车(不含小轿车)及配件、轻工化工材料(不含化学危险物品)、煤炭、五金交电、日用百货、纺织品。	D01
研制、开发、生产通风机，风冷、水冷、空调设备，制冷、速冻设备及模具、电机。	C71

续表 15

代码 Code	公司全称 Companies	董事长 Board Chairman	地址 Address	电话 Telephone Number	邮编 Zipcode
000968	山西神州煤电焦化股份有限公司	麻禄斗	山西太原市和平南路 83 号	0351-6019395	
000969	安泰科技股份有限公司	殷瑞钰	北京市海淀区学院南路 76 号	010-62188403	
000970	北京中科三环高技术股份有限公司	王震西	北京市海淀区白石桥路 3 号友谊宾馆迎宾楼 D 座	010-62568835	
000971	湖北迈亚股份有限公司	叶金堂	湖北省仙桃市勉阳大道 131 号	0728-3222150	
000972	新疆中基实业股份有限公司	刘 一	乌鲁木齐市五星路 17 号	0991-2649534	
000973	佛山塑料集团股份有限公司	冯兆征	广东省佛山市汾江中路 82-84 号	0757-2297484	
000975	重庆乌江电力股份有限公司	秦 源	重庆市黔江开发区	023-79239491	
000976	广东开平春晖股份有限公司	梁树相	广东省开平市三埠区港口路	0750-2228111	
000977	浪潮电子信息产业股份有限公司	王爱先	山东省济南市山大路 224 号	0531-8932888	
000978	桂林旅游股份有限公司	陈青光	广西桂林市榕湖北路十七号	0773-2863839	
000979	安徽省科苑应用技术开发(集团)股份有限公司	汪德荣	安徽省宿州市浍水路 271 号	0557-3913838	
000980	黄山金马股份有限公司	方汉佐	黄山金马股份有限公司	0559-6512345	
000981	甘肃兰光科技股份有限公司	路有志	甘肃省兰州市城关区陇西路大众市场 85 号	0931-8469768	
000982	宁夏圣雪绒股份有限公司	侯羽乾	宁夏回族自治区银川市解放西街 119 号	0951-5048418	
000983	山西西山煤电股份有限公司	梁兴保	山西省太原市西矿街 319 号	0351-6127434	
000985	大庆华科(集团)股份有限公司	万志强	大庆高新技术产业开发区建设街 6 号	0459-6291060	
000987	广州友谊商店股份有限公司	郭振球	广东省广州市环市东路 369 号	020-83576628	
000988	华工科技产业股份有限公司	王延觉	武汉市洪山区珞瑜路 1037 号	027-87808026	
000989	湖南九芝堂股份有限公司	余克建	长沙市芙蓉北路 155 号	0731-4489905	
000990	诚志股份有限公司				
000993	福建闽东电力股份有限公司	翁小巧	福建省福安市中兴街 71 号	0593-6380906	
000995	甘肃皇台酒业股份有限公司	张景发	甘肃省武威市西关街新建路 55 号	0935-6112830	
000996	哈尔滨捷利实业股份有限公司	姜 新	黑龙江省哈尔滨市南岗区平公街 38 号	0451-2700598	
000997	福建新大陆电脑股份有限公司	胡 钢	福建省福州市马尾君竹路 83 号 B 座 5 楼	0591-3338178	
000998	袁隆平农业高科技股份有限公司	田际榕	湖南省长沙市芙蓉区远大二路马坡岭农业高科	0731-4691889	
000999	三九医药股份有限公司	赵新先	广东省深圳市银湖路口	0755-3360999	518029
001696	成都联益实业股份有限公司		四川省成都市比流县东升镇	028-5822746	610200
001896	河南豫能股份有限公司	栾祖礼	河南省郑州市东风路 36 号	0371-3731236	450053

数据来源:上海、深圳证券交易所
Source: Shanghai Shenzhen Stock Exchange

Continued 15

主营业务范围 Fields	行业代码 Industries Code
原煤、焦炭、煤气及洗精煤、煤化工产品的生产和销售。	B01
新技术、新材料及其制品和仪器仪表、电子产品、机电产品、医用生物材料、医疗器械、非标准设备的技术开发、技术转让、技术咨询、技术服务;销售自行开发的产品等。	C99
稀土永磁材料及其应用产品、工业自动化设备的技术开发、技术转止、技术咨询、技术服务、制造、销售;经营本公司自产产品的出口业务;经营本公司生产所需原材料/机械设备/仪器仪表及技术的进口业务;开展对外合作。	C67
经编腈纶印花毛毯、精毛纺呢绒面料、服装、纺织品设计、制造、销售。	C11
机电产品、工艺美术品的加工、销售、畜禽屠宰加工、销售、良种繁育,牲畜饲养放牧。	A01
各类塑料制品、粘胶制品、各类包装及印刷复合制品和塑料加工设备、模具的制造、加工及工程安装、销售高分子聚合物、家用电器、化纤制品。	C49
水力发电、售电。	D01
加工、生产、销售涤纶长丝、锦纶长丝及化纤产品。	C11
计算机硬件、软件及系统集成开发、生产、销售,计算机应用及信息技术服务,计算机租赁业务。	G83
游船客运、公路旅行客运、汽车出租、旅游观光服务;旅游贸易、旅游工艺品制造、销售。	K34
生物工程、精细化工、新型建材、机电一体化等领域高新技术和产品的研究开发、生产经营、技术咨询、技术服务和技术转让。	M
汽车仪表、摩托车仪表、微电机、车用零部件、电子产品、电工仪表、包装制品生产、销售。	C78
电子产品及通讯设备的研究开发、生产、批发零售。	G
中、高档羊绒制品及其他纺织品开发、设计、生产、加工、销售;轻工产品、土畜产品的销售;自和代理除国家统一联合经营的16种商品和国家实行核定公司经营的14进口商品外的其他商品及技术进出口业务;经营进料加工。	C11
煤炭生产、销售、洗选加工、发供电;矿山开发及设计施工;矿用及电力器材生产、经营。	B01
生产、销售精细化工产品,计算机及软件,电子产品,仪器仪表,销售石油化工产品。	C43
批发、零售、代购、代销;百货、五金、交电、化工原料、电子产品及通讯设备、电子计算机及配件、家具、摩托车及配件、自行车及配件、日用杂货、副食品及其他食品、粮油及制品、钢材、铝材;零售罐装气体、药品、书惠。	H11
激光器、激光加工系列设备,激光医疗系列设备,激光全息防伪系列产品,计算机软件及信息系统集成,数控系统及机电一体化,电子元器件,生物医药制品,化工产品等技术及产品的开发,研制,技术咨询,技术服务。	C73
生产、加工、销售中成药、中成药饮片、保健品、西药、生物制品;加工、销售中药材;销售医疗器械、化学试剂;提供产品镬印刷及医药技术咨询服务。	C81
	C43
电力生产、开发;右承担中型水利水电工程及辅助生产设施的建筑、安装和基础工程施工,可承担110KV及以下送电线路和同电压乖及变电站建筑安装工程施工;电力电器设备的制造及销售。	D01
酿造产品及关联产品的生产、销售、实业投资和国内商业。	C05
国际集装箱公路运输及对俄过境;经营海关监管相关配套服务;经营货物的包装、运输、装卸及口岸中转业务;生产、销售新型塑料镬材料及化学建材;通过代理开展出口业务;国内贸易。	F
开发、研究、生产、销售高新技术成果或产品及相关的投资;批发、零售办公用品,化工原料,机电产品;代购代销建筑材料,房屋租赁。	G83
以杂交水稻、蔬菜为主的高科技农作物种子、种苗的培育、繁殖、推广和销售,新型农药的研制、生产、销售,政策允许的农副产品优质深加工及销售;提供农业高新技术开发及成果转让、农业技术咨询、培训服务;经营种籽。	A01
营养滋补品及食品、生物食品、医疗器械、日用化妆品、服装、塑料制品、玩具、家电购销业务。	C81
主营:钢锭、钢坯、钢材、石油化工、机械、电子通讯、设备。兼营:房地产开发、科技咨询与开发、旅游开发、建筑材料、家用电器。	C69
从事电力开发、生产和销售,燃料、材料、电力高新技术和电力物资的开发销售,电力环保、节能技术改造和建筑安装工程承钆与经营以及与之相关的业务。	D01

主要统计指标解释

Definition and Explanation

1. **尚未流通股份**:指按照政策规定未能在证券交易所自动报价系统交易的上市公司股份。

Nonnegotiable shares: refer to the listed companies, shares that have not been traded in the Automatic Quotation System of Stock Exchange according to the rules of policy.

2. **已流通股份**:指已在证券交易所自动报价系统交易的上市公司股份。

Negotiable shares: refer to the listed companies' shares that have been traded in the Automatic Quotation System of Stock Exchange.

3. **国家股**:指按照《股份有限公司国有股权管理暂行办法》所设的国家及其增量。

Stated-owed shares: refer to the stated-owed shares (stated—own shares was set in the light of the《Interim Measures on the Administration of State-owned shares issued by the Limited Companies》) and their added shares.

4. **境内法人股**:指发起人为境内法人时持有股份。

Domestics legal person's shares: refer to the sponsor's shares which were help by the domestics legal person.

5. **外资法人股**:指公司发起人为适用外资法律的法人(外商、港、澳、台商等)所持有的股份。

Foreign legal person's shares: refer to the sponsor's shares which were held by the foreign legal person. (Foreign legal persons include the merchants from overseas, HongKong, Macao and TaiWan etc)

6. **募集法人股**:指在《公司法》实施之前成立的定向募集公司所发行的、发起人以外的法人认购的股份。

Private placement of legal person's shares: refer to the shares issued by the private—raised companies which established before the enforcement of Company Law and subscribed by legal person outside the sponsor.

7. **内部职工股**:指在《公司法》实施之前成立的定向募集公司所发行的、在报告时尚未上市的内部职工股。

Staff shares: refer to the staff shares issued by the private—raised companies which established before the enforcement of Company Law and not was listed at the report time.

8. **主营业务收入**:指损益表及利益分配表中年度主营业务收入。

Accrued revenue: refer to the annual accrued revenues in the income statement and profit distribution statement.

9. **净利润**:指损益表及利润分配表中年度净利润或税后利润。

Net Profit: refer to the annual net profit or after-tax profit in the income statement and profit distribution statement.

10. **总资产**:指资产负债表中年末资产总计数。

Total assets: refer to the figures of total assets in the balance sheet at the end of the year.

11. **股东权益**:指资产负债表中股东权益年末数。

Shareholder's Equity：refer to the figures of shareholder's equity in the balance sheet at the end of the year.

12. **每股收益**＝∑净利润/∑年度末股本总数。

EPS＝∑ Net profit/∑ Stock capital at the end of year.

13. **每股净资产**＝∑年度末股东权益数/∑年度末股本总数。

Net assets per share＝∑ shareholder's equity at the end of the year/∑ stock capital at the end of the year.

14. **净资产收益率**＝∑净利润/∑年度末股本权益×100％。

Net assets ration＝∑ Net profit/∑ shareholder's equity at the end of year×100％.

15. **股东权益比例**＝∑年度末股东权益/∑年末资产总计数×100％。

Shareholder's right＝∑ shareholder's equity at the end of the year/∑ Total assests at the end of the year×100％.

第六部分　投资者结构

Structure of Investors

6-1 1993—2002 年投资者开户情况

Summary of Investors(1993—2002)

单位:万户 Unit: 10000

	1993 年	1994 年	1995 年	1996 年	1997 年	1998 年	1999 年	2000 年	2001 年	2002 年
全国 Total										
开户总数 Investors	777.67	1058.99	1242.47	2306.81	3333.34	3911.13	4481.97	5801.13	6650.41	6881.76
新增开户数 New Investors	561.02	281.32	183.48	1064.34	1026.53	577.75	570.84	1319.16	840.13	231.35
比例 Rate	72.14	26.56	14.77	46.14	30.80	14.77	12.74	22.74	12.63	3.36
上海 Shanghai										
开户总数 Investors	423.51	574.89	685.20	1207.87	1713.31	1999.41	2281.12	2957.84	3429.60	3566.61
新增开户数 New Investors	312.28	151.38	110.31	522.67	505.44	286.06	281.71	676.72	462.61	137.01
比例 rate	73.74	26.33	16.10	43.27	29.50	14.31	12.35	22.88	13.51	3.84
深圳 Shenzhen										
开户总数 Investors	354.16	484.10	557.27	1098.94	1620.03	1911.72	2200.85	2843.29	3220.81	3315.15
新增开户数 New Investors	248.74	129.94	73.17	541.67	521.09	291.69	289.13	642.44	377.52	94.34
比例 rate	70.23	26.84	13.13	49.29	32.17	15.26	13.14	29.19	13.28	2.85

数据来源:1993—2001,上海深圳证券交易所,2002,中国登记结算公司

Source: Shanghai Shenzhen Stock Exchange, China Securities Depository and Clearing Corporation Limited

6-2 2002 年 A 股投资者开户情况分布表

A-Share Investors Summary in 2002

单位:万户 Unit: 10000

	全国 Total	上海 Shanghai	深圳 Shenzhen
开户总数 Total Investors	6727.5	3470.19	3257.31
机　构 Legal	34.52	18.10	16.42
个　人 Person	6692.98	3452.09	3240.89
新开户数 New Investors	226.46	133.49	92.97
机　构 Legal	3.39	2.23	1.16
个　人 Person	223.07	131.26	91.81

数据来源:中国登记结算公司

Source: China Securities Depository and Clearing Corporation Limited

6-3　2002 年 B 股投资者开户情况分布表

B-Share Investors Summary in 2002

单位：万户　Unit：10000

	全国 Total	上海 Shanghai	深圳 Shenzhen
开户总数 Total Investors	154.26	96.42	57.84
机　构 Legal	1.76	0.96	0.80
境内	0.02	0.00	0.02
境外	1.74	0.96	0.78
个　人 Person	152.49	95.46	57.03
境内	126.96	78.91	48.05
境外	25.53	16.55	8.98
新开户数 New Investors	6.10	3.51	2.59
机　构 Legal	0.08	0.04	0.04
境内	0.00	0.00	0.00
境外	0.08	0.04	0.04
个　人 Person	6.02	3.47	2.55
境内	5.90	3.40	2.50
境外	0.12	0.07	0.05

数据来源：中国登记结算公司

Source：China Securities Depository and Clearing Corporation Limited

6-4　2002 年上海证券交易所 A 股账户地区分布统计表

Regional Statistics of A-Share Investors in Shanghai Stock Exchange in 2002

单位：万户　Unit：10000

地区 Area	本年末开户总数 Total in 2002	所占比例 Percent	本年新开户数 New Investors	所占比例(%) percent
安　徽	85.36	2.46	2.77	2.08
北　京	156.34	4.51	6.88	5.16
福　建	132.73	3.82	7.78	5.83
甘　肃	29.17	0.84	1.11	0.83
广　东	318.13	9.17	12.76	9.56
广　西	45.89	1.32	2.14	1.60
贵　州	17.01	0.49	1.05	0.78
海　南	42.90	1.24	2.39	1.79
河　北	80.80	2.33	4.15	3.11
河　南	106.71	3.08	2.74	2.05
黑龙江	97.66	2.81	2.37	1.78
湖　北	117.81	3.39	3.16	2.37
湖　南	91.63	2.64	3.61	2.71
吉　林	64.17	1.85	1.28	0.96
江　苏	330.15	9.51	10.79	8.08

续表 Continued

地区 Area	本年末开户总数 Total in 2002	所占比例 Percent	本年新开户数 New Investors	所占比例(%) percent
江 西	63.00	1.82	1.50	1.13
辽 宁	212.21	6.12	6.10	4.57
内蒙古	23.97	0.69	0.61	0.46
宁 夏	10.87	0.31	0.37	0.28
青 海	18.85	0.54	0.72	0.54
山 东	217.48	6.27	7.89	5.91
山 西	56.63	1.63	1.50	1.13
陕 西	83.66	2.41	2.36	1.77
上 海	443.98	12.79	13.35	10.00
深 圳	35.63	1.03	10.91	8.17
四 川	238.71	6.88	8.54	6.40
天 津	79.09	2.28	2.19	1.64
西 藏	2.20	0.06	0.13	0.10
新 疆	45.25	1.30	1.52	1.14
云 南	29.40	0.85	2.61	1.95
浙 江	177.29	5.11	6.28	4.71
重 庆	15.51	0.45	1.93	1.44
合 计	3470.19	100.00	133.49	100.00

数据来源:中国登记结算公司

Source: China Securities Depository and Clearing Corporation Limited

6-5 2002年上海证券交易所B股账户地区分布统计表

Regional Statistics of B-Share Investors in Shanghai Stock Exchange in 2002

国家或地区 Area	总开户数 Total	比例(%)Percent
境内合计	789052	81.84
境外合计	175110	18.16
中国香港	15371	1.59
中国台湾	5678	0.59
中国澳门	703	0.07
新加坡	1503	0.16
韩 国	452	0.05
美 国	9268	0.96
英 国	1649	0.17
日 本	3475	0.36
马来西亚	319	0.03
印 尼	80	0.01
其 他	136612	14.17

数据来源:中国登记结算公司

Source: China Securities Depository and Clearing Corporation Limited

6-6 2002年深圳证券交易所A股账户地区分布统计表
Regional Statistics of A-Share Investors in Shenzhen Stock Exchange in 2002

单位：万户 Unit：10000

地区 Area	本年末开户总数 Total in 2002	所占比例 Percent	本年新开户数 New Investors	所占比例(%) percent
安　徽	55.62	1.71	2.17	2.26
北　京	141.13	4.33	5.03	5.24
福　建	104.46	3.21	3.84	4.00
甘　肃	27.38	0.84	0.75	0.78
广　东	347.64	10.67	9.04	9.42
广　西	43.69	1.34	1.52	1.59
贵　州	15.51	0.48	0.57	0.59
海　南	46.56	1.43	1.49	1.56
河　北	72.54	2.23	1.46	1.52
河　南	96.82	2.97	2.57	2.68
黑龙江	81.86	2.51	1.78	1.86
湖　北	135.47	4.16	2.27	2.36
湖　南	106.88	3.28	2.57	2.68
吉　林	59.28	1.82	1.01	1.05
江　苏	277.16	8.51	8.39	8.74
江　西	47.01	1.44	1.16	1.21
辽　宁	160.44	4.93	3.76	3.92
内蒙古	22.45	0.69	0.58	0.61
宁　夏	9.30	0.29	0.29	0.30
青　海	14.80	0.45	1.33	1.38
山　东	168.54	5.17	6.04	6.29
山　西	53.24	1.63	1.18	1.23
陕　西	77.00	2.36	1.81	1.89
上　海	256.58	7.88	7.39	7.70
深　圳	277.62	8.52	10.61	11.06
四　川	220.79	6.78	5.90	6.15
天　津	64.42	1.98	1.63	1.70
西　藏	2.14	0.07	0.49	0.51
新　疆	44.49	1.37	1.76	1.83
云　南	25.35	0.78	0.95	0.99
浙　江	145.80	4.48	4.77	4.97
重　庆	2.81	0.09	1.32	1.38
其　他	52.52	1.61	0.55	0.57
合　计	3257.31	100.00	95.98	100.00

数据来源：中国登记结算公司

Source：China Securities Depository and Clearing Corporation Limited

6-7 2002年深圳证券交易所B股账户地区分布统计表
Regional Statistics of B-Share Investors in Shenzhen Stock Exchange in 2002

国家或地区 Area	总开户数 Total	比例(%)Percent
境内合计	480709	83.12
境外合计	97646	16.88
中国香港	74698	12.92
中国台湾	2963	0.51
中国澳门	3607	0.62
新加坡	905	0.16
韩　国	166	0.03
美　国	5158	0.89
英　国	1218	0.21
日　本	747	0.13
马来西亚	290	0.05
印　尼	76	0.01
其　他	7818	1.35

数据来源:中国登记结算公司

Source: China Securities Depository and Clearing Corporation Limited

6-8 2002年A股流通股托管市值地区分布
Regional Statistics of A-Share Negotiable Custodied Capitalization in 2002

地区 Area	A股托管市值(万元) A-shares Negotiable Custodied Capitalization	比例(%)percent
安　徽	1989256.68	2.83
北　京	11408187.59	16.24
福　建	3281317.28	4.67
甘　肃	807093.35	1.15
广　东	15906980.52	22.65
广　西	1009819.53	1.44
贵　州	372221.81	0.53
海　南	858229.53	1.22
河　北	1669641.05	2.38
河　南	2486167.09	3.54
黑龙江	2279842.59	3.25
湖　北	2882060.55	4.10
湖　南	2398722.92	3.42
吉　林	1584059.87	2.26
江　苏	8580341.19	12.22
江　西	1281102.15	1.82
辽　宁	4282711.67	6.10

续表　Continued

地区 Area	A股托管市值(万元) A-shares Negotiable Custodied Capitalization	比例(%)percent
内蒙古	438069.92	0.62
宁　夏	273970.79	0.39
青　海	125442.60	0.18
山　东	4692040.52	6.68
山　西	1112303.87	1.58
陕　西	1996264.51	2.84
上　海	24974942.33	35.56
深　圳	6411740.89	9.13
四　川	2702169.95	3.85
天　津	1293464.41	1.84
西　藏	765231.47	1.09
新　疆	1272978.96	1.81
云　南	2953669.98	4.21
浙　江	5250984.86	7.48
重　庆	2407238.17	3.43
其　他	51195505.60	72.89
总　计	70236405.82	100.00

数据来源:中国登记结算公司
Source: China Securities Depository and Clearing Corporation Limited

6-9　2002年B股流通股托管市值地区分布

Regional Statistics of B-share Negotiable Custodied Capitalization in 2002

单位:万　Unit: 10000

	B股托管市值　B-share Negotiable Custodied Capitalization			比例(%)
	人民币 RMB	美元 USD	港币 HKD	Percent
境内合计	3796241.2	642318.88	4968336.56	91.86
境外合计	336346.93	245189.08	1896537.57	8.14
中国香港	288786.52	161703.53	1250776.82	6.99
中国台湾	283.89	2350.61	18181.98	0.01
新加坡	1501.12	1490.92	11532.25	0.04
韩　国	23.6	195.4	1511.4	0.00
美　国	2793.76	23132.33	178928.58	0.07
英　国	572.54	4740.63	36668.81	0.01
日　本	37450.3	10712.18	82858.74	0.91
马来西亚	285.95	2367.66	18313.85	0.01
印　尼	4.87	40.33	311.99	0.00
其　他	4644.38	38455.48	297453.15	0.11
总　计	4132588.13	887507.97	6864874.13	100.00

数据来源:中国登记结算公司
Source: China Securities Depository and Clearing Corporation Limited

第七部分　期　货

Futures

7-1 2002年全国期货交易所交易品种一览表

Items of Futures Exchanges in 2002

交易所(Exchanges)	简称(Abbreviation)	品种(Formal Items)
大连商品交易所	大连商品(DCE)	大豆、豆粕、啤酒大麦
上海期货交易所	上海金属(SHFE)	铜、铝、橡胶
郑州商品交易所	郑州商品(CZCE)	小麦、绿豆

数据来源:上海、大连、郑州期货交易所
Source: SHFE、CZCE、DCE

7-2 2002年农产品期货合约汇总

Summary for Agricultural Product Contracts in 2002

品种 Items	小 麦	绿 豆	大 豆	豆 粕	天然橡胶
交易单位 Trading Unit	10吨/手	10吨/手	手,10吨/手	手,10吨/手	5吨/手
报价单位 Exchange	元(人民币)/吨	元(人民币)/吨	大连商品交易所	大连商品交易所	上海期货交易所
最小变动价位 Tick	1元/吨	2元/吨	1元/吨	1元/吨	5元/吨
每日价格最大波动限制 Daily Price Limit	不超过上一交易日结算价±3%	不超过上一交易日结算价±120元/吨	上一交易日结算价的3%	上一交易日结算价的3%	不超过上一交易日结算价±3%
合约交割月份 Contract Delivery Months	1、3、5、7、9、11	1、3、5、7、9、11	1、3、5、7、9、11	1、3、5、7、9、11	1、3、4、5、6、7、8、9、10、11月
交易时间 Trading Time	每周一至五 Am 9:00～11:30 Pm 1:30～3:00	每周一至五 Am 9:00～11:30 Pm 1:30～3:00	每周一至周五 9:00～11:30, 13:30～15:00	每周一全周五 9:00～11:30, 13:30～15:00	上午9:00～11:30 下午1:30～3:00
最后交易日 Last Day of Trading	合约交割月份的倒数第七个交易日	合约交割月份的倒数第七个交易日	合约月份第十个交易日	合约月份第十个交易日	合约交割月份的15日(遇法定假日顺延)
交割日期 Delivery Date	合约交割月份的第一交易日至最后交易日	合约交割月份的第一交易日至最后交易日	最后交易日后第7日,遇法定节假日顺延	最后交易日后第4个交易日,遇法定节假日顺延	合约交割月份的16日至20日(遇法定假日顺延)
交割等级 Delivery Grade	二等硬冬白小麦 符合GB1351-1999	国标二等杂绿豆 符合GB10462-1989	具体内容见附件	标准品及替代品符合《大连商品交易所豆粕交割质量标准(F/DCE D001-2000)》中规定的标准品和替代品。替代品对标准品的贴水为100元/吨。	标准品:1. 国产一级标准橡胶(SCR5),质量符合国标GB8081～8090-87 2. 进口3号烟胶片(RSS3),质量符合《天然橡胶等级的品质与包装国际标准(绿皮书)》(1979年版)

续表 Continued

品种 Items	小 麦	绿 豆	大 豆	豆 粕	天然橡胶
交割地点 Delivery Local	交易所指定交割仓库	交易所指定交割仓库	大连商品交易所指定交割仓库	大连商品交易所指定交割仓库	交易所指定交割仓库
保证金 Margin Requirements	合约价值的5%	合约价值的20%	合约价值的5%	合约价值的7%	合约价值的5%
交易手续费 Trading Fee	2元/手(含风险准备金)	6元/手(含风险准备金)	4元/手	3元/张	不高于成交金额的万分之一点五(含风险准备金)
交割方式 Trading Form	实物分散交割	实物分散交割	集中交割	集中交割	实物交割
交易代码 Trading Code	WT	GN	S	M	RU
上市交易所 Listed Exchange	郑州商品交易所	郑州商品交易所	大连商品交易所	大连商品交易所	上海期货交易所

附件:大豆品质技术要求

交割等级	纯粮率最低指标%		种 皮	杂质%	水分%	气味色泽	升水(元/吨)	贴水(元/吨)
标准品	三等黄大豆	91	黄色混有异色粒限度为5%	1	13	正常	—	—
替代品	一等黄大豆	96					30	—
	二等黄大豆	93.5					10	—
	四等黄大豆	88.5					—	100

注:

1. 黄大豆:种皮为黄色,脐色为黄褐、淡褐、深褐、黑色或其它颜色,粒形一般为圆形、椭圆形或扁圆形。
2. 标准品交割价=交割结算价。
3. 替代品交割价=交割结算价+替代品升贴水+质量差异升扣价。
4. 质量检验标准及方法按照GB5490～5539-85《粮食、油料及植物油脂检验》执行。
5. 卫生标准和动植物检疫项目按国家有关规定执行。
6. 水分、杂质允许范围见下表。
7. 包装物具体要求详见大商所交割的有关规定。
8. 质量符合上述标准的进口黄大豆可以做为标准品或替代品用于交割。

数据来源:上海、大连、郑州期货交易所
Source: SHFE、CZCE、DCE

7-3　2002年金属期货合约汇总

Summary for Metal Product Contracts in 2002

品种 Items	阴极铜	铝
交易单位 Trading Unit	5吨/手	5吨/手
交易所 Exchange	上海期货交易所	上海期货交易所
最小变动价位 Tick	10元/吨	10元/吨
每日价格最大波动限制 Daily Price Limit	不超过上一交易日结算价±3%	不超过上一交易日结算价±3%
合约交割月份 Contract Delivery Months	1～12月	1～12月
交易时间 Trading Time	上午9：00～11：30　下午1：30～3：00	上午9：00～11：30　下午1：30～3：00
最后交易日 Last Day of Trading	合约交割月份的15日(遇法定假日顺延)	合约交割月份的15日(遇法定假日顺延)
交割日期 Delivery Date	合约交割月份的16日至20日(遇法定假日顺延)	合约交割月份的16日至20日(遇法定假日顺延)
交割等级 Delivery Grade	标准品:标准阴极铜,符合国标GB/T467-1997标准阴极铜规定,其中主成份铜加银含量不小于99.95% 替代品:1. 高纯阴极铜,符合国标GB/T467-1997高纯阴极铜规定; 2. LME注册阴极铜,符合BS6017-1981和AMD5725标准(阴极铜级别代号CU-CATH-1)	标准品:铝锭,符合国标GB/T1196-93标准中AL99.70规定,其中铝含量不低于99.70% 替代品:LME注册铝锭,符合P1020A标准
交割地点 Delivery Local	交易所指定交割仓库	交易所指定交割仓库
保证金 Margin Requirements	合约价值的5%	合约价值的5%
交易手续费 Trading Fee	不高于成交金额的万分之二(含风险准备金)	不高于成交金额的万分之二(含风险准备金)
交割方式 Trading Form	实物交割	实物交割
交易代码 Trading Code	CU	AL
上市交易所 Listed Exchange	上海期货交易所	上海期货交易所

数据来源:上海、大连、郑州期货交易所
Source: SHFE、CZCE、DCE

7-4 1993—2002 年全国期货市场概况

Market Reviews (1993—2002)

金额单位:亿元 Unit: 100000000

项目 Items	1993	1994	1995	1996	1997	1998	1999	2000	2001	2002
全年总成交额 Total Trading Turnover	5521.99	31601.41	100565.30	84119.16	61170.66	36967.24	22343.01	16082.29	30144.98	39490.28
全年总成交量 Total Trading Volume	890.69	12110.72	63612.07	34256.77	15876.32	10445.57	7363.91	5461.07	12046.35	13943.37
全年总实物交割额 Physical Delivery Amount			181.52	174.13	93.75	48.04	109.41	65.11	57.54	101.44
全年总实物交割量 Physical Delivery Volume			83.09	78.33	38.18	20.56	16.12	8.40	64.85	141.16

数据来源:上海、大连、郑州期货交易所

Source: SHFE、CZCE、DCE

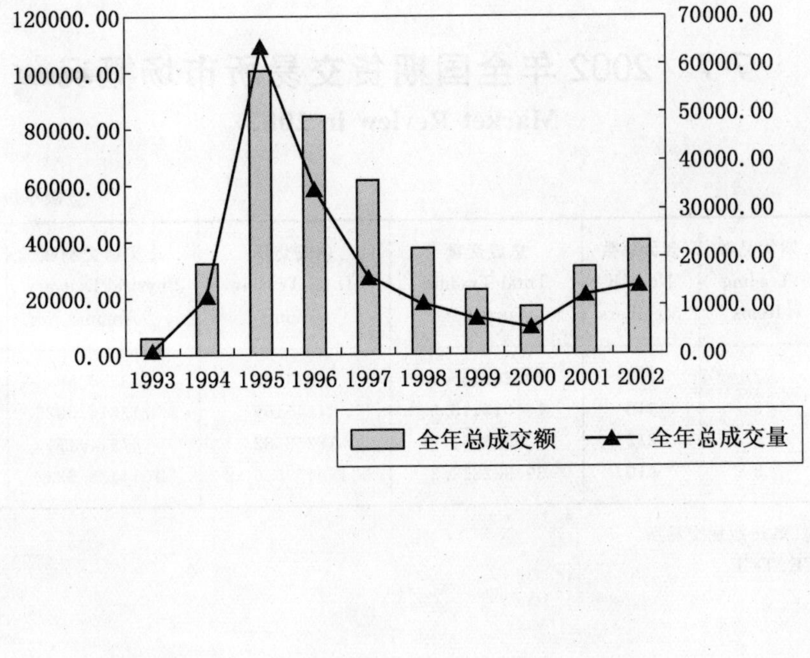

7-5 2002年全国期货交易分布概况
Transaction Distribution in 2002

金额单位:万元 Unit: 10000

	成交金额 Turnover	比重(%)% of Total	成交量 Trading Volume	比重(%)% of Total
农产品 Agricultural Products	271067041.84	68.64	123129464	88.31
金属 metal products	123835772.48	31.36	16304192	11.69
总计 Total	394902814.32	100.00	139433656.00	100.00

数据来源:上海、大连、郑州期货交易所
Source: SHFE、CZCE、DCE

7-6 2002年全国期货交易所会员情况
Statistics of Membership in 2002

交易所 Exchanges	会员总数 No. Of Members	经纪公司会员 Broker Members	非经纪公司会员 Nonbroker Members
大连商品交易所	183	168	15
上海期货交易所	215	178	37
郑州商品交易所	212	166	46

数据来源:上海、大连、郑州期货交易所
Source: SHFE、CZCE、DCE

7-7 2002年全国期货交易所市场概况
Market Review in 2002

金额单位:万元 Unit: 10000

交易所 Exchanges	期货品种 Trading Items	会员总数 No. Of Members	总成交额 Total Trading Turnover	总成交量 Total Trading Volume	总实物交割额 Physical Delivery Amount	总实物交割量 Physical Delivery Volume
大连商品交易所	3	183	208362836.6	96814808	293396.86	1309870
上海期货交易所	3	215	164014115.5	24346166	713814.5925	95512
郑州商品交易所	2	212	22525862.24	18272682	7214.17	6200
合计	8	610	394902814.3	139433656	1014425.623	1411582

数据来源:上海、大连、郑州期货交易所
Source: SHFE、CZCE、DCE

7-8 2002年农产品期货交易分布概况

Agricultural Products Transaction Distribution in 2002

金额单位:万元 Unit: 10000

品种 Items	成交金额 Turnover	比重(%)% of Total	成交量 Trading Volume	比重(%)% of Total
大豆	192585249.076	71.05	88006540	71.47
豆粕	15777587.490	5.82	8808268	7.15
天然橡胶	40178343.04	14.82	8041974	6.53
小麦	22525757.23	8.31	18272650	14.84
绿豆	105.00	0.00	32	0.00
总计	271067041.844	100.00	123129464	100.00

数据来源:上海、大连、郑州期货交易所

Source: SHFE、CZCE、DCE

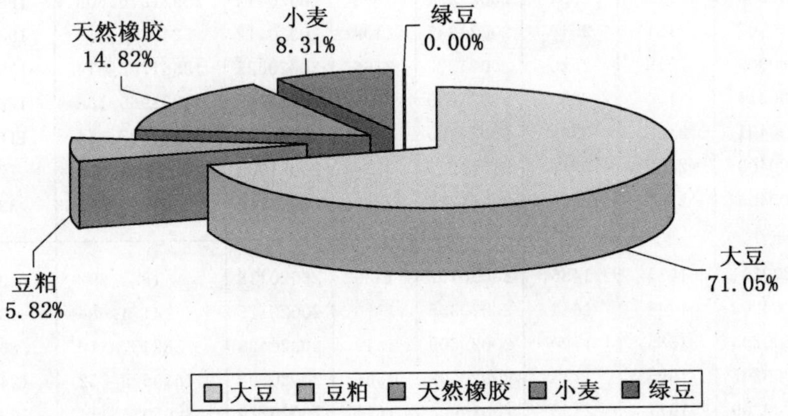

7-9 2002年金属期货交易分布概况

Metal Products Transaction Distribution in 2002

金额单位:万元 Unit: 10000

品种 Items	成交金额 Turnover	比重(%)% of Total	成交量 Trading Volume	比重(%)% of Total
铜	91903045.92	74.21	11592600	71.10
铝	31932726.56	25.79	4711592	28.90
总计	123835772.48	100.00	16304192	100.00

数据来源:上海、大连、郑州期货交易所

Source: SHFE、CZCE、DCE

7-10 2002年农产品期货交易情况

Transaction of Agricultural Product Futures in 2002

金额单位:万元 Unit: 10000

品种 Items	交易所 Exchange	合约 Contracts	年开盘价 Open Price	年最高价 High Price	最高价日 High Date	年最低价 Low Price	最低价日 Low Date	成交金额 Turnover	交易日数 Trading Days	日均成交金额 Daily Turnover
大豆	DCE	s200201	1716	1850	20020118	1715	20020107	15529.904	10	1552.9904
		s200203	1792	2011	20020124	1786	20020107	145231.128	43	3377.4681
		s200205	1918	2380	20020520	1915	20020107	7370138.132	86	85699.2806
		s200207	1933	2138	20020220	1931	20020107	20942451.672	124	168890.7393
		s200209	1982	2328	20020911	1981	20020107	32490053.162	169	192248.8353
		s200211	1953	2400	20021022	1945	20020412	36918658.676	208	177493.5513
		s200301	2080	2550	20021231	1947	20020412	34328980.778	231	148610.3064
		a200303	2111	2573	20021231	2030	20020412	12024706.982	198	60730.8433
		a200305	2111	2554	20021231	2094	20020412	28927576.608	198	146098.8718
		a200307	2121	2519	20021225	2109	20020412	5249254.166	198	26511.3847
		a200309	2210	2520	20021225	2166	20020625	12661762.014	155	81688.7872
		a200311	2100	2380	20021225	2099	20020522	1233965.168	155	7961.0656
		a200401	2122	2369	20021225	2082	20020726	261627.054	117	2236.1287
		a200403	2155	2416	20021225	2154	20021008	8014.076	72	111.3066
		a200405	2305	2428	20021223	2290	20021115	7299.556	33	221.1987
豆粕	DCE	m200201	1485	1486	20020107	1436	20020118	1823.602	10	182.3602
		m200203	1448	1644	20020305	1370	20020125	4174.686	43	97.0857
		m200205	1585	1700	20020509	1519	20020425	582457.410	86	6772.7606
		m200207	1595	1735	20020509	1566	20020708	1530595.352	124	12343.5109
		m200209	1674	2153	20020903	1611	20020219	3295075.414	169	19497.4877
		m200211	1638	2049	20021106	1608	20021017	1675519.636	208	8055.3829
		m200301	1700	2154	20021231	1570	20020121	3887185.590	231	16827.6432
		m200303	1660	2056	20021224	1600	20020319	2805423.660	198	14168.8064
		m200305	1680	2049	20021230	1626	20020705	1396402.422	155	9009.0479
		m200307	1670	2046	20021230	1677	20020718	597433.9900	117	5106.2734
		m200309	1970	1970	20020916	1788	20021023	1495.728	72	20.7740
小麦	CZCE	WT201	1096	1128	20020122	1063	20020122	364.344	13	28.0265
		WT203	1138	1195	20020308	1112	20020313	78192.198	48	1629.0041
		WT205	1192	1280	20020523	1167	20020121	597355.288	88	6788.1283
		WT207	1164	1190	20020108	975	20020628	451363.422	131	3445.5223
		WT209	1163	1203	20020626	1125	20020430	2014381.522	174	11576.9053
		WT211	1163	1231	20020626	1126	20020430	2035295.980	213	9555.3802
		WT301	1173	1286	20021203	1144	20020509	3088177.566	241	12814.0148
		WT303	1180	1314	20021203	1145	20020426	3340126.448	241	13859.4458

7-12 2002年农产品期货持仓情况

Open Positions of Agricultural Products in 2002

品种 Items	交易所 Exchange	合约 Contracts	最高持仓量 High Open Positions	最高持仓日期 Date of High Open Positions	最后持仓 Open Positions at the End	最后持仓日期 Date of Open Positions at the End	年末持仓 Open Position at the End of year
大豆	DCE	s200201	16242	20020107	14710	20020118	0
		s200203	10874	20020122	6966	20020314	0
		s200205	322206	20020124	153174	20020521	0
		s200207	388166	20020410	23034	20020712	0
		s200209	381192	20020715	6712	20020913	0
		s200211	400378	20020813	55400	20021114	0
		s200301	399216	20021029	50372	20021231	50372
		a200303	218760	20021206	133734	20021231	133734
		a200305	309374	20021122	284384	20021231	284384
		a200307	116442	20021224	93060	20021231	93060
		a200309	268080	20021227	256754	20021231	256754
		a200311	57058	20021223	44602	20021231	44602
		a200401	13114	20021230	12898	20021231	12898
		a200403	168	20021230	160	20021231	160
		a200405	290	20021230	286	20021231	286
豆粕	DCE	m200201	330	20020107	300	20020118	0
		m200203	108	20020128	0	20020314	0
		m200205	10358	20020121	800	20020521	0
		m200207	4620	20020228	86	20020712	0
		m200209	14142	20020605	792	20020913	0
		m200211	5606	20020621	0	20021114	0
		m200301	23152	20021108	422	20021231	422
		m200303	23410	20021206	16600	20021231	16600
		m200305	12558	20021220	10602	20021231	10602
		m200307	4878	20021217	3192	20021231	3192
		m200309	104	20021017		20021231	
橡胶	SHFE	ru0201	238	20020107	204	20020115	0
		ru0203	1136	20020111	34	20020306	0
		ru0204	1710	20020118	40	20020305	0
		ru0205	1968	20020219	178	20020515	0
		ru0206	1350	20020326	40	20020617	0
		ru0207	1260	20020508	4	20020711	0
		ru0208	2042	20020412	188	20020815	0
		ru0209	1330	20020610	34	20020916	0
		ru0210	17736	20020711	1670	20021015	0

续表 Continued

品种 Items	交易所 Exchange	合约 Contracts	最高持仓量 High Open Positions	最高持仓日期 Date of High Open Positions	最后持仓 Open Positions at the End	最后持仓日期 Date of Open Positions at the End	年末持仓 Open Position at the End of year
橡胶	SHFE	ru0211	21322	20020828	450	20021115	0
		ru0301	30108	20021015	390	20021231	390
		ru0303	55104	20021129	21552	20021231	21552
		ru0304	29236	20021227	25332	20021231	25332
		ru0305	21316	20021230	19998	20021231	19998
		ru0306	10894	20021230	10696	20021231	10696
		ru0307	3488	20021231	3488	20021231	3488
		ru0308	364	20021226	326	20021231	326
		ru0309	168	20021230	164	20021231	164
		ru0310	22	20021231	22	20021231	22
		ru0311	32	20021231	32	20021231	32
小麦	CZCE	WT201	102	20020107	12	20020122	0
		WT203	1838	20020107	8	20020318	0
		WT205	61036	20020107	60	20020523	0
		WT207	4860	20020425	2	20020702	0
		WT209	84736	20020422	2	20020917	0
		WT211	94506	20020705	58	20021119	0
		WT301	81050	20020712	6186	20021231	6186
		WT303	30644	20020820	20900	20021231	20900
		WT305	126710	20020912	103616	20021231	103616
		WT307	42472	20021230	42108	20021231	42108
		WT309	71428	20021231	71428	20021231	71428
		WT311	29162	20021231	29162	20021231	29162
		WT401	20520	20021231	20520	20021231	20520
		WT403	6866	20021231	6866	20021231	6866
绿豆	CZCE	GN201	—	—	—	—	0
		GN203	—	—	—	—	0
		GN205	—	—	—	—	0
		GN207	—	—	—	—	0
		GN209	—	—	—	—	0
		GN211	—	—	—	—	0
		GN301	8	20020327	4	2002-12-31	4
		GN303	—	—	—	—	0
		GN305	—	—	—	—	0
		GN307	—	—	—	—	0
		GN309	—	—	—	—	0
		GN311	—	—	—	—	0

数据来源:上海、大连、郑州期货交易所
Source: SHFE、CZCE、DCE

7-13　2002年金属期货持仓情况

Open Positions of Metal Products in 2002

品种 Items	交易所 Exchange	合约 Contracts	最高持仓量 High Open Positions	最高持仓日期 Date of High Open Positions	最后持仓 Open Positions at the End	最后持仓日期 Date of Open Positions at the End	年末持仓 Open Position at the End of year
铜	SHFE	cu0201	8574	20020110	8030	20020115	0
		cu0202	15510	20020219	15510	20020219	0
		cu0203	19296	20020109	17130	20020315	0
		cu0204	31448	20020107	16780	20020415	0
		cu0205	66106	20020107	12020	20020515	0
		cu0206	82492	20020131	15830	20020617	0
		cu0207	87392	20020311	13360	20020715	0
		cu0208	83102	20020403	15190	20020815	0
		cu0209	81222	20020513	10060	20020916	0
		cu0210	106398	20020611	8370	20021015	0
		cu0211	84342	20020708	9520	20021115	0
		cu0212	86718	20020805	7360	20021216	0
		cu0301	91190	20020906	10478	20021231	10478
		cu0302	86138	20021010	12998	20021231	12998
		cu0303	89288	20021107	24006	20021231	24006
		cu0304	80788	20021204	56908	20021231	56908
		cu0305	105630	20021223	101034	20021231	101034
		cu0306	29460	20021231	29460	20021231	29460
		cu0307	312	20021231	312	20021231	312
		cu0308	30	20021227	28	20021231	28
		cu0309	16	20021220	4	20021231	4
		cu0310	18	20021231	18	20021231	18
铝	SHFE	al0201	5630	20020107	2960	20020115	0
		al0202	8264	20020108	4190	20020219	0
		al0203	13308	20020108	4150	20020315	0
		al0204	11890	20020108	3720	20020415	0
		al0205	14752	20020121	2340	20020515	0
		al0206	10816	20020318	1720	20020617	0
		al0207	13000	20020322	2540	20020715	0
		al0208	11026	20020418	2552	20020815	0
		al0209	10116	20020610	2340	20020916	0
		al0210	14176	20020620	2530	20021015	0
		al0211	15612	20020816	2670	20021115	0
		al0212	13932	20020816	4560	20021216	0
		al0301	19352	20021107	11620	20021231	11620
		al0302	19818	20021129	13396	20021231	13396
		al0303	25188	20021210	18276	20021231	18276
		al0304	20768	20021224	20668	20021231	20668
		al0305	14178	20021231	14178	20021231	14178
		al0306	2510	20021231	2510	20021231	2510
		al0307	192	20021231	192	20021231	192

数据来源：上海、大连、郑州期货交易所
Source：SHFE、CZCE、DCE

7-14　2002 年农产品期货实物交割情况

品种 Items	交易所 Exchange	合约 Contract	交割量 Volume of Delivery	合约成交量 Trading Volume of Contract	最高持仓量 High Open Positions	最高持仓日期 Date of High Open Positions
大豆	DCE	200201	7355	12365120	271098	20010810
		200203	3483	303906	10874	20020122
		200205	76587	19511210	365556	20011207
		200207	11517	24127200	388166	20020410
		200209	3356	27987432	381192	20020715
		200211	27700	20741066	400378	20020813
豆粕	DCE	200201	150	411070	3296	20011009
		200203	0	103198	1278	20010704
		200205	400	1443652	11140	20011106
		200207	43	1456900	4620	20020228
		200209	396	2026896	14142	20020605
		200211	0	975078	5606	20020621
橡胶	SHFE	ru0201	102	20070	1602	2001.10.09
		ru0203	0	43688	2264	2001.12.13
		ru0204	0	17506	1710	2002.01.18
		ru0205	129	16334	1968	2002.02.19
		ru0206	20	9030	1350	2002.03.22
		ru0207	0	10064	1260	2002.05.08
		ru0208	94	19414	2042	2002.04.12
		ru0209	17	14428	1330	2002.06.10
		ru0210	835	572608	17736	2002.07.11
		ru0211	225	1147944	21322	2002.08.28
小麦	CZCE	WT201	459	648860	22027	20010910
		WT203	75	350629	3585	20010810
		WT205	1905	1320636	33880	20011229
		WT207	725	593339	4700	20011105
		WT209	1628	1680634	42368	20020422
		WT211	1408	1228105	47253	20020705
绿豆	CZCE	GN201	0	0	0	—
		GN203	0	0	0	—
		GN205	0	0	0	—
		GN207	0	0	0	—
		GN209	0	0	0	—
		GN211	0	0	0	—

数据来源：上海、大连、郑州期货交易所

Source：SHFE、CZCE、DCE

Summary for Practical Delivery of Agricultural Products in 2002

交割金额 Amount of Delivery	合约成交金额 Turnover of Contract	结算价 Clearing Price	交割率(%)Delivery Rate		
			Ⅰ	Ⅱ	Ⅲ
13128.68	26013104.35	1785	0.06	2.71	0.05
6586.35	608126.97	1891	1.15	32.03	1.08
171861.23	42158818.72	2244	0.39	20.95	0.41
23759.57	50768059.07	2063	0.05	2.97	0.05
7631.54	58810983.85	2274	0.01	0.88	0.01
63294.50	43404141.64	2285	0.13	6.92	0.15
217.65	675151.69	1451	0.04	4.55	0.03
0.00	170600.20	1631	0.00	0.00	0.00
658.40	2366856.68	1646	0.03	3.59	0.03
70.48	2418908.34	1639	0.00	0.93	0.00
809.42	3427320.18	2044	0.02	2.80	0.02
0.00	1695940.16	1908	0.00	0.00	0.00
331.76	69830.56	6505.00	0.51	6.37	0.48
0.00	152986.44	7000.00	0.00	0.00	0.00
0.00	59488.28	6950.00	0.00	0.00	0.00
473.11	57858.09	7335.00	0.79	6.55	0.82
92.35	34707.28	9235.00	0.22	1.48	0.27
0.00	39286.74	9185.00	0.00	0.00	0.00
447.91	78699.27	9530.00	0.48	4.60	0.57
87.30	61419.84	10270.00	0.12	1.28	0.14
4427.59	2630035.55	10605.00	0.15	4.71	0.17
1154.81	5587145.87	10265.00	0.02	1.06	0.02
505.62	787969.50	1088.00	0.07	2.08	0.06
86.71	412519.50	1124.00	0.02	2.09	0.02
2344.20	1589223.54	1252.00	0.14	5.62	0.15
732.25	705618.40	1041.00	0.12	15.43	0.10
1881.07	1979876.78	1140.00	0.10	3.84	0.10
1664.32	1471009.29	1170.00	0.11	2.98	0.11
0.00	0.00	3000.00	—	—	—
0.00	0.00	3500.00	—	—	—
0.00	0.00	3900.00	—	—	—
0.00	0.00	3900.00	—	—	—
0.00	0.00	3600.00	—	—	—
0.00	0.00	3600.00	—	—	—

7-15 2002年金属期货实物交割情况

品种 Items	交易所 Exchange	合约 Contract	交割量 Volume of Delivery	合约成交量 Trading Volume of Contract	最高持仓量 High Open Positions	最高持仓日期 Date of High Open Positions
铜	SHFE	cu0201	4015	910806	76052	2001.09.18
		cu0202	7755	696392	65314	2001.10.09
		cu0203	8665	701294	54126	2001.11.08
		cu0204	8390	908950	60348	2001.11.26
		cu0205	6010	1145382	71488	2001.12.26
		cu0206	7915	930976	82492	2002.01.31
		cu0207	6680	958788	87392	2002.03.11
		cu0208	7595	910670	83102	2002.04.03
		cu0209	5030	840460	81222	2002.05.13
		cu0210	4185	953276	106398	2002.06.11
		cu0211	4760	900288	21322	2002.08.28
		cu0212	3680	1072064	86718	2002.08.05
铝	SHFE	al0201	1515	365446	12868	2001.10.24
		al0202	2145	455868	11770	2001.11.08
		al0203	2105	368406	14208	2001.12.13
		al0204	1990	346380	11890	2002.01.08
		al0205	1200	424954	14752	2002.01.21
		al0206	960	394606	10816	2002.03.18
		al0207	1290	415746	13000	2002.03.22
		al0208	1705	398142	11026	2002.04.12
		al0209	1170	401126	10116	2002.06.10
		al0210	1265	321320	14176	2002.06.20
		al0211	1335	402172	15612	2002.08.16
		al0212	2730	380610	13932	2002.08.16

数据来源：上海、大连、郑州期货交易所

Source：SHFE、CZCE、DCE

Summary for Practical Delivery of Metal Products in 2002

交割金额 Amount of Delivery	合约成交金额 Turnover of Contract	结算价 Clearing Price	交割率(%)Delivery Rate		
			Ⅰ	Ⅱ	Ⅲ
30413.63	6877893	15150	0.88	10.56	0.88
59054.33	5151411	15230	2.23	23.75	2.29
66807.15	5080025	15420	2.47	32.02	2.63
63973.75	6791532	15250	1.85	27.81	1.88
46908.05	8791120	15610	1.05	16.81	1.07
63320.00	7363238	16000	1.70	19.19	1.72
52805.40	7685977	15810	1.39	15.29	1.37
56127.05	7343214	14780	1.67	18.28	1.53
37674.70	6748856	14980	1.20	12.39	1.12
30885.30	7737425	14760	0.88	7.87	0.80
36747.20	7264330	15440	1.06	11.29	1.01
29771.20	8304141	16180	0.69	8.49	0.72
10158.08	2484735	13410	0.83	23.55	0.82
14049.75	3073772	13100	0.94	36.45	0.91
13787.75	2471884	13100	1.14	29.63	1.12
13173.80	2329718	13240	1.15	33.47	1.13
8010.00	2878523	13350	0.57	16.27	0.56
6441.60	2677598	13420	0.49	17.75	0.48
8604.30	2820018	13340	0.62	19.85	0.61
11466.13	2704458	13450	0.86	30.95	0.85
7903.35	2719581	13510	0.58	23.13	0.58
8772.78	2161066	13870	0.79	17.85	0.81
9879.00	2694349	14800	0.66	17.10	0.73
20065.50	2563709	14700	1.44	39.19	1.58

7-16 2002年农产品期货合约月末结算价

Clearing Price of Agricultural Product Contracts in 2002

合约品种 Items	交易所 Exchanges	合约 Contracts	1月 Jan.	2月 Feb.	3月 Mar.	4月 Apr.	5月 May	6月 June	7月 July	8月 Aug.	9月 Sept.	10月 Oct.	11月 Nov.	12月 Dec.
大豆	DCE	s200201	1785											
		s200203	1934	1981	1891									
		s200205	2044	2108	2162	2191	2244							
		s200207	2044	2121	2111	2073	2090	2037	2063					
		s200209	2079	2125	2090	2032	2116	2086	2190	2273	2274			
		s200211	2044	2070	2054	1993	2065	2038	2086	2187	2265	2362	2285	
		s200301	2041	2068	2053	1991	2064	2044	2067	2153	2175	2237	2341	2529
		a200303			2106	2053	2109	2093	2108	2165	2192	2247	2390	2564
		a200305			2154	2130	2197	2152	2174	2246	2272	2306	2395	2545
		a200307			2165	2145	2204	2181	2202	2258	2291	2316	2393	2507
		a200309					2232	2197	2224	2298	2331	2344	2401	2511
		a200311					2162	2119	2121	2176	2227	2255	2266	2365
		a200401							2120	2155	2184	2202	2230	2361
		a200403									2220	2228	2261	2365
		a200405											2318	2413
豆粕	DCE	200101	1451											
		200103	1491	1492	1631									
		200105	1601	1619	1597	1567	1646							
		200107	1650	1698	1677	1677	1710	1630	1639					
		200109	1652	1713	1696	1687	1721	1692	1819	2023	2044			
		200111	1649	1698	1683	1681	1719	1695	1756	1900	1857	1875	1908	
		200201	1646	1689	1670	1663	1700	1685	1748	1855	1803	1830	1927	2122
		200203			1658	1661	1692	1685	1762	1855	1801	1832	1937	2042
		200205					1694	1690	1777	1896	1826	1854	1934	2039
		200207							1786	1879	1833	1855	1920	2039
		200209									1887	1817	1817	1817
		200211												
橡胶	SHFE	ru0201	6505											
		ru0203	6875	6935	7000									
		ru0204	6875	6990	6950									
		ru0205	6810	7190	8100	7600	7335							
		ru0206			8020	7915	7750	9235						
		ru0207			8100	7755	7815	9400	9185					
		ru0208			8200	7810	7960	9525	8710	9530				
		ru0209					8140	9410	8815	10085	10270			
		ru0210					8375	9380	8885	10050	10515	10605		

续表 Continued

合约品种 Items	交易所 Exchanges	合约 Contracts	1月 Jan.	2月 Feb.	3月 Mar.	4月 Apr.	5月 May	6月 June	7月 July	8月 Aug.	9月 Sept.	10月 Oct.	11月 Nov.	12月 Dec.
橡胶	SHFE	ru0211					7900	9345	8875	9885	10070	9965	10265	
		ru0301						9390	8910	9870	9785	9820	10430	10795
		ru0303						9440	8935	9865	9720	9815	10470	10880
		ru0304							9250	9855	9645	9795	10365	10960
		ru0305							9385	9815	9550	9720	10230	10955
		ru0306							9360		9500	9650	10115	10945
		ru0307									9600	9570	10050	10900
		ru0308										9480	9995	10895
		ru0309										9600	9625	10870
		ru0310												10825
		ru0311												10880
小麦	CZCE	WT201	1088											
		WT203	1138	1165	1124									
		WT205	1179	1191	1199	1224	1252							
		WT207	1149	1151	1132	1076	1053	1004	1041					
		WT209	1151	1152	1161	1131	1155	1193	1169	1165	1140			
		WT211	1151	1153	1164	1132	1158	1216	1218	1194	1187	1179	1170	
		WT301	1162	1162	1175	1160	1187	1215	1222	1222	1217	1218	1228	1237
		WT303	1172	1169	1181	1160	1196	1210	1216	1227	1226	1231	1269	1273
		WT305		1179	1186	1177	1205	1231	1230	1243	1260	1269	1309	1314
		WT307				1168	1182	1214	1210	1224	1249	1275	1330	1310
		WT309						1226	1226	1235	1263	1294	1393	1393
		WT311								1242	1274	1307	1403	1410
		WT401										1316	1418	1424
		WT403												1433
绿豆	ZCE	GN201	3000											
		GN203	3500	3500	3500									
		GN205	3900	3900	3900	3900	3900							
		GN207	3900	3900	3900	3900	3900	3900	3900					
		GN209	3600	3600	3600	3600	3600	3600	3600	3600	3600			
		GN211	3600	3600	3600	3600	3600	3600	3600	3600	3600	3600	3600	
		GN301		3000	3364	3246	3246	3246	3246	3246	3246	3246	3246	3012
		GN303				3200	3200	3200	3200	3200	3200	3200	3200	3200
		GN305						3300	3300	3300	3300	3300	3300	3300
		GN307								3300	3300	3300	3300	3300
		GN309										2800	2800	2800
		GN311												2700

数据来源：上海、大连、郑州期货交易所
Source：SHFE、CZCE、DCE

7-17 2002 年金属期货合约月末结算价
Clearing Price of Metal Product Contracts in 2002

合约品种 Items	交易所 Exchanges	合约 Contracts	1月 Jan.	2月 Feb.	3月 Mar.	4月 Apr.	5月 May	6月 June	7月 July	8月 Aug.	9月 Sept.	10月 Oct.	11月 Nov.	12月 Dec.
铜	SHFE	cu0201	15150											
		cu0202	15110	15230										
		cu0203	15260	15240	15420									
		cu0204	15420	15390	15780	15250								
		cu0205	15580	15570	15950	15480	15610							
		cu0206	15750	15720	16110	15600	15790	16000						
		cu0207	15870	15890	16280	15750	15890	15970	15810					
		cu0208	16010	16020	16450	15880	16030	16080	15040	14780				
		cu0209	16290	16160	16590	16000	16170	16210	15090	14960	14980			
		cu0210		16220	16700	16130	16300	16360	15160	15010	14740	14760		
		cu0211			16950	16230	16410	16500	15260	15060	14760	15100	15440	
		cu0212			16640	16380	16490	16610	15360	15100	14780	15150	16080	16180
		cu0301				16630	16600	16730	15460	15170	14800	15190	16190	15870
		cu0302					16580	17000	15590	15250	14830	15260	16290	15850
		cu0303						16580	15800	15320	14880	15340	16390	15870
		cu0304								15380	14970	15410	16460	15900
		cu0305								15550	14950	15430	16560	15940
		cu0306									15200	15670	16640	15990
		cu0307											16690	16080
		cu0308											16380	16130
		cu0309											16480	16170
		cu0310											15610	16170
铝	SHFE	al0201	13410											
		al0202	13290	13100										
		al0203	13420	13200	13100									
		al0204	13470	13320	13450	13240								
		al0205	13540	13430	13540	13400	13350							
		al0206	13600	13510	13610	13430	13370	13420						
		al0207	13650	13600	13670	13510	13410	13380	13340					
		al0208		13650	13740	13580	13470	13390	13190	13450				
		al0209			13830	13620	13510	13420	13150	13550	13510			
		al0210			13960	13670	13540	13450	13140	13430	13560	13870		
		al0211			14000	13690	13570	13480	13150	13300	13450	14150	14800	
		al0212			14000	14020	13600	13500	13150	13260	13320	13850	14920	14700
		al0301						13530	13160	13250	13260	13600	14430	13790
		al0302						13730	13200	13250	13250	13510	14130	13630
		al0303								13260	13260	13510	13980	13580
		al0304									13290	13520	13890	13580
		al0305										13500	13890	13570
		al0306											13900	13590
		al0307												13610
		al0308												13400

数据来源:上海、大连、郑州期货交易所

Source: SHFE、CZCE、DCE

7-18 2002年农产品期货交割仓库明细
Summary Delivery Points of Agricultural products in 2002

品种 Items	交易所 Exchanges	交割仓库 Delivery Points	库容 Volume	地址 Address	电话 Telephone No.
大豆	DLC	大连第一粮食储运工业公司(一粮库)	3.5万吨	大连市甘井子区金三角广场15号	0411-6600164,7601234
		大连市第二粮食储运工业公司(二粮库)	8万吨	大连市沙河口区尖山街101号	0411-4671766,4671333-210
		大连良运集团储运公司(良运库)	5万吨	大连市甘井子区华北路284号	0411-6601964
		大连商业转运公司(中转库)	4万吨	大连市甘井子区西北路870号	0411-6428342,6429043
		大连浙经乾元物资有限责任公司(吉祥库)	4.5万吨	大连金州区站前街道双兴路20号	0411-7700006
		辽宁锦州驻大连湾国家粮食储备库(黑山库)	4万吨	大连湾毛营子村	0411-7601070,7602441
		大连龙跃仓库(龙跃库)	6万吨	大连市甘井子区大房身村	0411-7600912,7601445
		中粮辽宁粮油进出口公司大连储运贸易公司(辽粮库)	9万吨	大连市甘井子西北路	0411-6429383,6428034
		黑龙江省粮油集团大连中转仓库(龙粮库)	6万吨	大连市甘井子区西北路867号	0411-6428877,6429161
		大连吉粮储运贸易有限公司(吉粮库)	3万吨	大连市甘井子区革镇堡	0411-6427207
		大连聚兴仓储有限公司(聚兴库)	6万吨	大连湾毛营子村	0411-7607221
		大连金信仓储库(金信库)	14万吨	大连市中山区五五路12号	0411-6428112,6428620
		大连开发区湾港储运公司(和尚岛库)	8万吨	大连市甘井子区大连湾镇新街4号	0411-2627613,2627612
		黑龙江省粮油物资公司大连仓库(物资库)	4.5万吨	大连市甘井子区后革镇堡	0411-6428537
		大连保税区华晨达国际工贸有限公司(前关库)	10万吨	大连市甘井子区前关村	0411-7114551
		大连北海储运有限责任公司(北海库)	10万吨	大连市甘井子区革镇堡棋盘村	0411-6428095,6428752
		黑龙江农垦外贸大连仓储库(农垦库)	3万吨	大连市甘井子区毛营子村	0411-7605757,7605774
		辽宁大连粮贸国家粮食储备库(中粮贸库)	4万吨	大连市甘井子区大连湾镇后盐村	0411-6872223,6872111
		中国外运辽宁储运公司(外运库)	40万吨	大连市甘井子区后革镇革钢路	0411-6428425,6429564
		大连华农仓储有限公司(华农库)	6万吨	大连金州区石河镇北海村	0411-7260811,7260301
		大连北良港务有限公司(北良港)	5万吨	大连开发区海青岛柳柴沟	0411-7513400
		大连第一粮食储运工业公司(一粮库)	3.5万吨	大连市甘井子区金三角广场15号	0411-6600164,7601234
		大连市第二粮食储运工业公司(二粮库)	8万吨	大连市沙河口区尖山街101号	0411-4671766,4671333-210
		辽宁大连粮贸国家粮食储备库(中粮贸库)	4万吨	大连市甘井子区大连湾镇后盐村	0411-6872223,6872111
豆粕	DLC	中国外运辽宁储运公司(外运库)	40万吨	大连市甘井子区后革镇革钢路	0411-6428425,6429564

续表1　Continued 1

品种 Items	交易所 Exchanges	交割仓库 Delivery Points	库容 Volume	地址 Address	电话 Telephone No.
豆粕	DLC	中粮辽宁省粮油进出口公司大连储运贸易公司(辽粮库)	9万吨	大连市甘井子西北路	0411-6429383，6428034
		大连华农仓储有限公司(华农库)	6万吨	大连市金州区石河镇北海村	0411-7260811，7260301
		大连北海储运有限责任公司(北海库)	10万吨	大连市甘井子区革镇堡棋盘村	0411-6428095，6428752
		江苏省江海粮油贸易公司张家港储运部(张家港)	6万吨	江苏张家港市中兴镇	0520-8382162
		江苏江阴中谷国家粮食储备库(江阴库)	5万吨	江苏江阴市滨江开发区定山路2号	0510-6400777
		江苏南通粮油接运有限公司(南通库)	3万吨	江苏南通市任港路62号	0513-3508463
		上海市第七粮食仓库(沪七粮)	7万吨	上海市通海路255号	021-64503517
		江苏昆山国家粮食储备库(昆山库)	2.5万吨	江苏昆山市明星路23号	0512-57557096
		浙江嘉善银粮国家粮食储备库(嘉善库)	5万吨	浙江嘉善市开源路298号	0573-4161294
		浙江乍浦中谷国家粮食储备库(乍浦库)	5万吨	浙江平湖市乍浦镇乍王路66号	0571-85068027
		江苏南通运河桥国家粮食储备库(运河桥库)	6.5万吨	上海市通海路255号	0513-5668018
天然橡胶	SHFE	上海长桥物流有限公司	20000	上海市老沪闵路1070号	021-64765262
		上海市化工轻工总公司桃浦仓储贸易公司	10000	上海市南大路478号	021-62506616转业务科
		上海期晟储运有限公司	10000	上海市闵行区剑川路2280号	021-64305295
		海南省海口港集团货运分公司	15000	海南省海口市秀英码头海港大厦12楼	0898-68652597
		云南天然橡胶储运中心	5000	云南省昆明市东郊凉亭	0871-3914605
		山东储备物资管理局八三二处	5000	山东省青岛市城阳区京城路80号	0532-7756270
		山东省畜产进出口新程实业公司	5000	山东省青岛市李沧区长顺路15号	0532-4816601
		海南新思科电子商务有限公司	18000	海南省海口市长流金盘永桂开发区永桂路9号	0898-66700097
小麦	CZCE	浚县国家粮食储备库	6000吨	鹤壁太行路北段	0392-3338900
		河南国家粮食储备库	14000吨	郑州市郑汴路624号	0371-5811186
		济宁国家粮食储备库	10000吨	山东省济宁市车站西路67号	0537-2889125 2250416
		中央储备粮沈邱直属库	10000吨	河南省沈邱县纸店镇东关	0394-5677268
		陕西西瑞粮食储备库有限公司	10000吨	西安市莲湖区丰禾路56号	029-4418150 4416007
		河北省粮食局直属机械化粮油储备库	4000吨	河北省元氏县城北	0311-4625272
		洛阳市粮食局第二仓库	6000吨	洛阳市春都路158号	0379-2315230 2315227
		河南郑州中原国家粮食储备库	4000吨	郑州市城东路263号	0371-6363579
		河北邢台国家粮食储备库	6000吨	邢台市中兴西大街36号	0319-2169966
		潍坊市粮油储运公司	10000吨	潍坊市仓南街9号	0536-8903278
		河北衡水和平路国家粮食储备库	6000吨	衡水市和平东路道岔街4号	0318-2163072
		徐州国家粮食储备库	30000吨	徐州市下淀路174号	0516-3643282
		杭州市粮食收储有限公司	10000吨	杭州市拱墅区储鑫路58号	0571-88016441
		河南延津中谷国家粮食储备库	10000吨	延津县火车站路1号	0373-7911368
		江苏昆山国家粮食储备库	30000吨	江苏省昆山市明星路23号	0520-7532045
		宁波市甬江新区国际储运有限公司	20000吨	宁波市镇海区庄市勤勇	0574-86696420 86692524
		天津市军粮城机米厂	40000吨	天津市东丽区军粮城大街193号	022-24360539

续表 2　Continued 2

品种 Items	交易所 Exchanges	交割仓库 Delivery Points	库容 Volume	地址 Address	电话 Telephone No.
小麦	CZCE	湖南长沙市芙蓉北路国家粮食储备库	30000 吨	长沙市芙蓉北路 46 号	0731-4363389
		北京市西郊粮食收储库	20000 吨	北京市海淀区田村路 43 号	010-68271979
		广西柳州国家粮食储备库	20000 吨	广西柳州市柳太路 11—1 号	0772-3718199
		安徽省粮食储备库(安徽省机械化粮库)	4000 吨	合肥市望江西路 388 号	0551-5589366
		重庆市上桥粮食中转库	30000 吨	重庆市沙坪坝区华岩一村 51 号	023-65254509 65269777
绿豆	CZCE	河南国家粮食储备库	10000 吨	郑州市郑汴路 624 号	0371-5811186
		济宁国家粮食储备库	10000 吨	山东省济宁市车站西路 67 号	0537-2889125 2250416
		陕西西瑞粮食储备库有限公司	10000 吨	西安市莲湖区丰禾路 56 号	029-4418150 4416007
		通辽北国家粮食中转库	13000 吨	内蒙通辽北	0475-8611842
		河南驻马店国家粮食储备库	10000 吨	河南驻马店市练江路 1 号	0396-2977139
		南召 1605 河南粮食储备库	10000 吨	南阳市云阳镇	0377-6661859

数据来源：上海、大连、郑州期货交易所
Source：SHFE、CZCE、DCE

7-19　2002 年金属期货交割仓库明细

Summary Delivery Points of Metal products in 2002

品种 Items	交易所 Exchanges	交割仓库 Delivery Points	库容 Volume	地址 Address	电话 Telephone No.
铜	SHFE	上海国储天威仓储有限公司	60000	上海市交通路 3965 号	021-62506994
		中储发展股份有限公司 上海江湾分公司政民库	250000	上海市政民路 195 号	021-65111634
		中储发展股份有限公司 上海沪西分公司	80000	上海市曹杨路 2021 号	021-62163222
		上海外高桥保税区联合发展 有限公司储运物资公司	30000	上海市浦东新区冰克路 500 号	021-58694758
		上海期晟储运有限公司	30000	上海市闵行区剑川路 2280 号	021-64305295
铝	SHFE	上海国储天威仓储有限公司	60000	上海市交通路 3965 号	021-62506994
		中储发展股份有限公司 上海江湾分公司政民库	250000	上海市政民路 195 号	021-65111634
		中储发展股份有限公司 上海沪西分公司	80000	上海市曹杨路 2021 号	021-62163222
		上海外高桥保税区联合发展 有限公司储运物资公司	30000	上海市浦东新区冰克路 500 号	021-58694758
		上海期晟储运有限公司	30000	上海市闵行区剑川路 2280 号	021-64305295
		广东储备物资管理局八三 0 处	30000	广东南海市盐步镇三眼桥货场西侧	0757-5760802
		中国有色金属广州供销运输 公司金鑫储运分公司	10000	广东南海市盐步镇三眼桥货场西侧 三河东路虎榜段	0757-5785606
		南海市南储有色金属贸易有限公司	10000	广东南海市盐步镇三眼桥货场东侧	0757-5784323
		中金深圳仓储运输公司南海仓库	15000	南海市街边站机场路口	0757-6435311

数据来源：上海期货交易所
Source：SHFE

主要统计指标解释
Definition and Explanation

1. 成交金额/成交量(Trading Turnover / Trading Volume)

成交金额/成交量为当年按双边计算的成交金额/量

Trading Turnover / Trading Volume refers to the cumulating value of this year and calculated on a bilateral basis.

2. 持仓量(Open Position)

各持仓量指标及按双边计算的持仓量

Open Position is calculated on bilateral basis.

3. 交割金额/交割量(Physical Delivery Amount / Physical Delivery Volume)

交割金额/交割量为按单边计算的交割金额/交割量

Physical Delivery Amount / Physical Delivery Volume is calculated on an unilateral basis.

4. 期货品种(Trading Items)

期货品种为当年年末的时点数

Trading Items refers to the trading item number of the end of going year.

5. 会员总数(No. of members)

会员总数为当年年末的时点数

No. of members refers to the member number of the end of going year.

6. 价格(Price)

各价格指标为品种可交易的最小实物单位的价格。

All kinds of price in this part are the price of basic trading unit.

7. 交易日数(Trading days)

农产品和建材及能源化工期货的交易日数为合约当年总数的挂牌天数,相应的日均成交金额为以挂牌天数平均的成交金额;金属期货的交易日数为实际有交易的天数,相应的日均成交金额为以实际交易天数的平均的成交金额;

Trading days of Agricultural products and Building materials, Energy & Chemical products are the days on which futures are able to be traded in this year Metal products trading days are days having futures trading.

8. 最后持仓(Open positions at the end)

最后持仓为合约当年最后一个交易日的持仓量。

Open positions at the end refers to the open positions on the last trading day of this year.

9. 最高持仓量(High Open Position)

最高持仓量为合约从挂牌开始至本年交易结束期间的最高持仓量。

High Open Positions is the highest open position from contract being listed to its last trading day of this year.

10. 合约成交金额/成交量(Trading Turnover / Trading Volume of Contract)

合约成交金额/成交量为合约从挂牌开始至本年交易结束期间的累计成交金额/成交量。

Trading Turnover / Trading Volume of contract is the contract cumulating trading turnover / volume from being listed to its last trading day of this year.

11. 交割率(Delivery Rate)

交割率Ⅰ = 单边交割量/合约单边成交量

Delivery Rate Ⅰ = Delivery volume bilateral basis / Trading volume of contract on bilateral basis.

交割率Ⅱ = 单边交割量/最高持仓量

Delivery Rate Ⅱ = Delivery volume bilateral basis / High Open Position on bilateral basis.

交割率Ⅲ = 单边交割金额/合约单边成交额

Delivery Rate Ⅲ = Delivery Turnover bilateral basis / Trading Turnover of contract on bilateral basis.

第八部分　证券期货中介机构

Securities and Futures Intermediate Institutions

8-1 全国证券期货中介机构统计表

Sataistics of Securities & Futures Intermediate Institutions

机构 Institutions	1994年	1995年	1996年	1997年	1998年	1999年	2000年	2001年	2002年
证券交易所 Stock Exchange	2	2	2	2	2	2	2	2	2
证券结算公司 Securities Trading Center	2	2	2	2	2	2	2	1	1
证券公司 Securities Company	91	97	94	90	90	90	100	109	127
证券营业部 Securities House	2262	N	2420	2412	2412	2412	2680	2700	2936
基金管理公司					6	10	10	15	21
期货交易所 Futures Exchange	14	14	14	14	3	3	3	3	3
期货经纪公司 Futures Brokerage	N	N	329	294	278	213	178	200	179

数据来源:中国证监会

Source: CSRC

8-2 2002年证券经营机构A股交易金额排名表

Top 15 of Securities Companies by A Share Turnover in 2002

金额:亿元　Unit: 100000000

序号 No.	会员名称 Companies	交易金额 Turnover	比重%
1	中国银河证券有限责任公司	3593.84	6.69
2	国泰君安证券股份有限公司	3030.64	5.64
3	申银万国证券股份有限公司	2344.97	4.37
4	海通证券股份有限公司	2225.52	4.15
5	南方证券股份有限公司	2094.67	3.90
6	华夏证券有限公司	1846.10	3.44
7	广发证券股份有限公司	1522.65	2.84
8	天同证券有限责任公司	1100.70	2.05
9	招商证券股份有限公司	1038.96	1.94
10	国信证券有限责任公司	1017.69	1.90
11	华泰证券有限责任公司	985.92	1.84
12	光大证券有限责任公司	902.45	1.68
13	中信证券股份有限公司	858.11	1.60
14	广东证券股份有限公司	840.05	1.56
15	联合证券有限责任公司	750.08	1.40

注:表中交易金额为双边计算。

资料来源:上海证券交易所

Source: Shanghai Stock Exchange

8-3　2002年证券经营机构B股交易金额排名表
Top 15 of Securities Companies by B Share Turnover in 2002

金额:亿元　Unit: 100000000

序号 No.	会员名称 Companies	交易金额 Turnover	比重%
1	申银万国证券股份有限公司	163.73	7.15
2	国泰君安证券股份有限公司	143.21	6.26
3	中国银河证券有限责任公司	138.17	6.04
4	广发证券股份有限公司	115.58	5.05
5	南方证券股份有限公司	92.85	4.06
6	海通证券股份有限公司	91.67	4.01
7	国信证券有限责任公司	53.83	2.35
8	华夏证券有限公司	53.38	2.33
9	中信证券股份有限公司	49.13	2.15
10	平安证券有限责任公司	39.43	1.72
11	大鹏证券有限责任公司	37.39	1.63
12	招商证券股份有限公司	35.73	1.56
13	光大证券有限责任公司	35.02	1.53
14	广东证券股份有限公司	29.96	1.31
15	浙江省证券有限责任公司	28.88	1.26

注:表中交易金额为双边计算。

资料来源:上海证券交易所

Source: Shanghai Stock Exchange

8-4　2002年证券经营机构国债现货交易金额排名表
Top 15 of Securities Companies by Cash T-Bonds Turnover in 2002

金额:亿元　Unit: 100000000

序号 No.	会员名称 Companies	交易金额 Turnover	比重%
1	福建省闽发证券公司	1216.12	10.74
2	海通证券股份有限公司	804.26	7.10
3	国泰君安证券股份有限公司	545.50	4.82
4	广发证券股份有限公司	528.94	4.67
5	中国银河证券有限责任公司	431.13	3.81
6	辽宁东方证券公司	349.75	3.09
7	长江证券有限责任公司	333.65	2.95
8	中信证券股份有限公司	328.41	2.90
9	湘财证券有限责任公司	302.01	2.67
10	南方证券股份有限公司	298.51	2.64
11	申银万国证券股份有限公司	295.13	2.61
12	汉唐证券有限责任公司	273.29	2.41
13	长城证券有限责任公司	242.60	2.14
14	华夏证券有限公司	233.09	2.06
15	招商证券股份有限公司	180.61	1.60

注:表中交易金额为双边计算。

资料来源:上海证券交易所

Source: Shanghai Stock Exchange

8-5 2002年证券经营机构国债回购交易金额排名表

Top 15 of Securities Companies by turnover of T-Bond Repurchase in 2002

金额:亿元 Unit: 100000000

序号 No.	营业部名称 Companies	交易金额 Turnover	比重%
1	中信证券股份有限公司	3023.13	7.43
2	南方证券股份有限公司	2968.13	7.30
3	海通证券股份有限公司	2960.08	7.28
4	中国银河证券有限责任公司	2817.91	6.93
5	华夏证券有限公司	2683.99	6.60
6	国泰君安证券股份有限公司	2069.39	5.09
7	申银万国证券股份有限公司	1517.94	3.73
8	辽宁东方证券公司	1409.90	3.47
9	广发证券股份有限公司	1061.66	2.61
10	湘财证券有限责任公司	930.37	2.29
11	大鹏证券有限责任公司	923.30	2.27
12	亚洲证券有限责任公司	878.07	2.16
13	天同证券有限责任公司	690.48	1.70
14	平安证券有限责任公司	669.38	1.65
15	西南证券有限责任公司	656.33	1.61

注:表中交易金额为双边计算。

资料来源:上海证券交易所

Source: Shanghai Stock Exchange

8-6 2002年证券营业部A股交易金额排名表

Top 15 of Securities Sale departments by Turnover of A share in 2002

金额:亿元 Unit: 100000000

序号 No.	营业部名称 Companies	交易金额 Turnover	比重%
1	广发证券股份有限公司广州环市东路证券营业部	309.14	0.58
2	招商证券股份有限公司深圳振华路证券营业部	221.61	0.41
3	南方证券股份有限公司南京分公司南京建宁路证券营业部	202.98	0.38
4	国信证券有限责任公司深圳红岭中路证券营业部	167.19	0.31
5	国信证券有限公司深圳红岭中路证券营业部	155.49	0.29
6	华夏证券有限公司北京东直门南大街证券营业部	119.06	0.22
7	南方证券股份有限公司南京分公司南京淮海路证券营业部	117.26	0.22
8	富友证券经纪有限责任公司上海长寿路证券营业部	115.57	0.22
9	西南证券有限责任公司北京北三环中路证券营业部	110.54	0.21
10	国泰君安证券股份有限公司北京知春路证券营业部	107.77	0.20
11	海通证券股份有限公司交易总部	107.08	0.20
12	南方证券股份有限公司上海分公司南京西路证券营业部	104.56	0.20
13	中国银河证券有限责任公司北京月坛证券营业部	103.85	0.19
14	华泰证券有限责任公司无锡解放西路证券营业部	99.08	0.18
15	申银万国证券股份有限公司上海银城东路营业部	97.09	0.18

注:表中交易金额为双边计算。

资料来源:上海证券交易所

Source: Shanghai Stock Exchange

8-7 2002年证券营业部国债现货交易金额排名表

Top 15 of Securities Sale departments by Turnover of Cash T-Bonds in 2002

金额:亿元 Unit: 100000000

序号 No.	营业部名称 Companies	交易金额 Turnover	比重%
1	福建省闽发证券公司上海水电路营业部	1138.38	7.15
2	海通证券股份有限公司深圳景田南路证券营业部	1007.69	6.33
3	长城证券有限责任公司上海宣化路证券营业部	942.16	5.92
4	辽宁东方证券公司第一证券营业部(中山路)	347.83	2.18
5	广发证券股份有限公司广州环市东路证券营业部	321.34	2.02
6	天同证券有限责任公司上海东长治路证券营业部	299.26	1.88
7	平安证券有限责任公司国债部(非营业场所)	223.33	1.40
8	招商证券股份有限公司上海澳门路证券营业部	213.46	1.34
9	海通证券股份有限公司交易总部	176.81	1.11
10	海通证券股份有限公司上海淮海中路证券营业部	176.42	1.11
11	海通证券股份有限公司上海崂山东路证券营业部	163.72	1.03
12	招商证券股份有限公司上海世纪大道证券营业部	158.72	1.00
13	国泰君安证券股份有限公司上海福山路证券营业部	155.34	0.98
14	汉唐证券有限责任公司深圳福星路证券营业部	145.91	0.92
15	金信证券有限责任公司上海长乐路证券营业部	136.49	0.86

注:表中交易金额为双边计算。

资料来源:上海证券交易所

Source: Shanghai Stock Exchange

8-8 2002年证券营业部国债回购交易金额排名表

Top 15 of Securities Sale departments by Turnover of T-Bond Repurchase in 2002

金额:亿元 Unit: 100000000

序号 No.	营业部名称 Companies	交易金额 Turnover	比重%
1	辽宁东方证券公司第一证券营业部(中山路)	1215.34	2.99
2	中信证券股份有限公司北京北三环中路证券营业部	1119.66	2.75
3	海通证券股份有限公司交易总部	888.14	2.18
4	华夏证券有限公司北京东直门南大街证券营业部	608.36	1.50
5	南方证券股份有限公司上海分公司南京西路证券营业部	589.02	1.45
6	中信证券股份有限公司总部(非营业场所)	563.16	1.38
7	国泰君安证券股份有限公司上海福山路证券营业部	506.10	1.24
8	平安证券有限责任公司国债部(非营业场所)	500.67	1.23
9	金信证券有限责任公司上海长乐路证券营业部	448.56	1.10
10	长财证券经纪有限责任公司上海凉城路证券营业部	439.38	1.08
11	大鹏证券有限责任公司上海天钥桥路证券营业部	417.65	1.03
12	广发证券股份有限公司广州环市东路证券营业部	416.82	1.03
13	宏源证券股份有限公司乌鲁木齐文艺路证券营业部	397.37	0.98
14	申银万国证券股份有限公司上海兰溪路营业部	392.59	0.97
15	西南证券有限责任公司上海定西路证券营业部	387.13	0.95

注:表中交易金额为双边计算。

资料来源:上海证券交易所

Source: Shanghai Stock Exchange

8-9 2002年证券公司增资扩股情况

Summary for Expanding Capital of Securities Companies 2002

序号 No.	公司名称 Companies	增资后注册资本 Capital After Expanding (亿元)(RMB100000000)
1	海通证券股份有限公司	87.34
2	申银万国证券股份有限公司	42.16
3	南方证券股份有限公司	34.58
4	华夏证券股份有限公司	27
5	光大证券有限责任公司	26
6	湘财证券有限责任公司	25.15
7	华泰证券有限责任公司	22
8	长江证券有限责任公司	20
9	西南证券有限责任公司	16.3
10	中国民族证券有限责任公司	10.94
11	亚洲证券有限责任公司	10.32
12	世纪证券有限责任公司	10.05
13	北方证券有限责任公司	10
14	德恒证券有限责任公司	7.66
15	第一创业证券有限责任公司	7.47
16	洛阳市证券公司(五洲证券有限公司)	7.27
17	南京证券有限责任公司	6.59
18	恒泰证券有限责任公司	6.5
19	中富证券经纪有限责任公司	5.1
20	成都证券有限责任公司	1.73
21	众成证券经纪有限公司	0.575
合　计 Total		384.735

数据来源:中国证监会
Source: CSRC

8-10 2002年取得股票承销业务资格的证券公司名单

Listed of Underwriting Qualified Securities Companies in 2002

序号 No.	公司名称 Companies	资格种类 Qualification
1	中国银河证券有限责任公司	主承销商
2	北京证券有限责任公司	主承销商
3	华夏证券股份有限公司	主承销商
4	民生证券有限责任公司	主承销商
5	渤海证券有限责任公司	主承销商
6	中国国际金融有限公司	主承销商
7	河北证券有限责任公司	主承销商
8	山西证券有限责任公司	主承销商
9	大通证券股份有限公司	主承销商

续表 Continued

序号 No.	公司名称 Companies	资格种类 Qualification
10	东北证券有限责任公司	主承销商
11	海通证券股份有限公司	主承销商
12	国泰君安证券股份有限公司	主承销商
13	申银万国证券股份有限公司	主承销商
14	东方证券有限责任公司	主承销商
15	光大证券有限责任公司	主承销商
16	上海证券有限责任公司	主承销商
17	中银国际证券有限责任公司	主承销商(临时)
18	天同证券有限责任公司	主承销商
19	万通证券有限责任公司	主承销商
20	华泰证券有限责任公司	主承销商
21	东吴证券有限责任公司	主承销商
22	浙江证券有限责任公司	主承销商
23	金通证券股份有限公司	主承销商
24	国联证券有限责任公司	主承销商
25	天一证券有限责任公司	主承销商
26	国元证券有限责任公司	主承销商
27	华安证券有限责任公司	主承销商
28	兴业证券股份有限公司	主承销商
29	闽发证券有限责任公司	主承销商
30	广州证券有限责任公司	主承销商
31	广东证券股份有限公司	主承销商
32	长江证券有限责任公司	主承销商
33	湘财证券有限责任公司	主承销商
34	泰阳证券有限责任公司	主承销商
35	广发证券有限责任公司	主承销商
36	大鹏证券有限责任公司	主承销商
37	国信证券有限责任公司	主承销商
38	中信证券股份有限公司	主承销商
39	招商证券股份有限公司	主承销商
40	长城证券有限责任公司	主承销商
41	平安证券有限责任公司	主承销商
42	联合证券有限责任公司	主承销商
43	南方证券股份有限公司	主承销商
44	汉唐证券有限责任公司	主承销商
45	国海证券有限责任公司	主承销商
46	华西证券有限责任公司	主承销商
47	西南证券有限责任公司	主承销商
48	西部证券有限责任公司	主承销商
49	华龙证券有限责任公司	主承销商
50	西北证券有限责任公司	主承销商
51	宏源证券股份有限公司	主承销商
52	新疆证券有限责任公司	主承销商
53	国都证券有限责任公司	主承销商
54	中关村证券股份有限公司	主承销商
55	中国东方资产管理公司	特别主承销商(限于"东方"资产管理范围内)
56	中国信达资产管理公司	特别主承销商(限于"信达"资产管理范围内)
57	中国华融资产管理公司	特别主承销商(限于"华融"资产管理范围内)
58	中国长城资产管理公司	特别主承销商(限于"长城"资产管理范围内)

数据来源:中国证监会

Source: CSRC

8-11 2002年取得外资股业务资格的证券经营机构名单

Listed of Oversea Business Qualified Securities Companies in 2002

序号 No.	公司名称 Companies	资格种类 Qualification	序号 No.	公司名称 Companies	资格种类 Qualification
1	DBS唯高达香港有限公司	经纪商、主承销商	33	加拿大怡东融资有限公司	主承销商
2	ING霸菱证券(香港)有限公司	经纪商、主承销商	34	加怡证券经纪有限公司	经纪商
3	百德能证券有限公司	经纪商、主承销商	35	嘉诚证券有限公司	经纪商、主承销商
4	宝来证券(香港)有限公司	经纪商、主承销商	36	嘉佳证券有限公司	经纪商
5	倍利证券(香港)有限公司	主承销商	37	建弘证券(亚洲)有限公司	经纪商、主承销商
6	大福证券有限公司	经纪商、主承销商	38	京华山一国际(香港)有限公司	经纪商、主承销商
7	大和证券住银资本市场(香港)有限公司	经纪商、主承销商	39	京华证券国际有限公司	经纪商、主承销商
			40	凯基证券亚洲有限公司	经纪商、主承销商
8	大宇证券株式会社	经纪商、主承销商	41	乐金投资证券公司	经纪商、主承销商
9	德意志证券亚洲有限公司	经纪商、主承销商	42	里昂证券有限公司	经纪商、主承销商
10	帝杰亚洲有限公司	经纪商、主承销商	43	摩根斯丹利添惠亚洲有限公司	经纪商
11	第一证券(香港)有限公司	经纪商	44	内藤证券株式会社	经纪商
12	鼎康御泰证券国际有限公司	经纪商、主承销商	45	培基证券有限公司	主承销商
13	东方惠嘉证券有限公司	经纪商、主承销商	46	群益证券(香港)有限公司	经纪商、主承销商
14	东亚证券有限公司	经纪商	47	软库金汇投资服务有限公司	经纪商、主承销商
15	东洋证券亚洲有限公司	经纪商	48	瑞士信贷第一波士顿(香港)有限公司	经纪商、主承销商
16	东洋证券株式会社	经纪商、主承销商			
17	发展证券香港有限公司	经纪商	49	三星证券株式会社	经纪商、主承销商
18	法国巴黎百富勤融资有限公司	主承销商	50	顺隆证券行有限公司	经纪商
19	法国巴黎百富勤证券有限公司	经纪商、主承销商	51	所罗门美邦香港有限公司	经纪商
20	法国兴业证券(香港)有限公司	经纪商、主承销商	52	万信证券有限公司	经纪商
21	高盛(亚洲)有限责任公司	经纪商、主承销商	53	吴玉欠证券(香港)有限公司	经纪商
22	工商东亚证券有限公司	经纪商、主承销商	54	新鸿基投资服务有限公司	经纪商、主承销商
23	广利证券有限公司	经纪商	55	新加坡大华亚洲(香港)有限公司	主承销商
24	国际证券(香港)有限公司	经纪商	56	新加坡发展亚洲融资有限公司	主承销商
25	和升国际有限公司	经纪商、主承销商	57	新日本证券国际(香港)有限公司	经纪商、主承销商
26	荷银融资亚洲有限公司	主承销商	58	信诚证券有限公司	经纪商
27	荷银证券亚洲有限公司	经纪商	59	野村国际(香港)有限公司	经纪商、主承销商
28	亨泰证券有限公司	经纪商	60	怡富证券有限公司	经纪商、主承销商
29	恒生证券有限公司	经纪商	61	英明证券有限公司	经纪商
30	汇丰证券(亚洲)有限公司	经纪商、主承销商	62	元富证券(香港)有限公司	经纪商、主承销商
31	汇富证券有限公司	经纪商、主承销商	63	中银国际证券有限公司	经纪商
32	极讯亚太有限公司	经纪商	64	周生生证券有限公司	经纪商

数据来源:中国证监会

Source: CSRC

8-12　2002年获得证券投资咨询业务资格的机构名单

Listed of Securities Investment Consulting Qualified Companies in 2002

序号 No.	机构名称 companies	通信地址 Address	电话 TEL
北京			
1	北京清华紫光投资顾问有限公司	北京市西城区阜外大街甲28号京润大厦13层	010-68042152
2	北京君之创证券投资咨询有限公司	北京市朝阳区建外大街19号国际大厦2601室	010-85262723
3	北京京放投资管理顾问有限责任公司	北京西城德外黄寺大街24号甲,24楼东门402-403室	010-64916225
4	和讯信息科技有限公司	北京市朝阳门外22号泛利大厦十层	010-65888866-6070
5	北京中鼎信理财顾问有限公司	北京市朝阳区光华路7号汉威大厦11B1	010-65612518
6	北京首证投资顾问有限公司	北京市旧鼓楼大街庆丰大厦216室	010-64038974
7	北京融正投资顾问有限公司	北京市西城区北营房东里13号今儒大厦B座410	010-68362440
8	华夏证券有限公司	北京市东城区新中街68号	010-65516569
9	北京证券有限责任公司	北京市西城区阜外大街2号万通广场B12层	010-68581166
10	北京汇正财经顾问有限公司	北京市东城区安外胜古北路5号	010-64939642
11	北京新兰德证券投资咨询有限责任公司	北京市西城区灵境胡同42号	010-66072087
12	北京海融资讯系统有限公司	北京9799信箱30分箱	010-64948698-329
13	北京东方高圣投资顾问公司	北京友谊宾馆5号楼50539室	010-68498113
14	北京市海问投资咨询有限责任公司	北京市海淀区车公庄西路甲19号华通大厦820室	010-64957030
15	北京中方信富投资管理咨询有限公司	北京市朝阳区东三环北路甲二号京信大厦0956室	010-64660827
16	北京中咨北方投资顾问有限公司	北京西城区阜外大街1号	010-68364899
17	中国银河证券有限责任公司	北京市西城区复兴门内大街158号	010-66421592
18	北京和君创业咨询有限公司	北京市朝阳区慧忠路5号远大中心B座10F	010-84891078
19	北京金美林投资顾问有限公司	北京市朝阳区白家庄6号527	010-68460085
20	北京天相投资顾问有限公司	北京市朝阳区幸福村中路锦绣园D座	010-84533152
21	北京中和应泰管理顾问有限公司	北京市海淀区白石桥路3号友谊宾馆会议楼四层	010-68728578
22	北京信鼎创富证券投资咨询有限公司	北京西城区黄寺大街23号福丽特宾馆301-302	010-64961535
23	中关村证券股份有限公司	北京海淀区中关村南大街32号中关村科技发展大厦B座二层	010-82029888
24	中国民族证券有限责任公司	北京市丰台区丰北路81号	010-66070716
25	中国国际金融有限公司	北京市建国门外大街1号国贸2座28层	010-65051166
26	北京东方趋势投资顾问有限责任公司	北京市西城区赵登禹路277号先锋写字楼5层	010-66138520
天津			
27	天津证券投资咨询有限公司	天津市和平区西康路72-74号云翔大厦20GH	022-83850149
28	天津市中融投资咨询有限公司	天津市南开区长江道30号	022-27421335
29	天津市万科投资咨询有限公司	天津市和平区宜昌道60号金腾公寓302	022-23526228

续表 1　Continued 1

序号 No.	机构名称 companies	通信地址 Address	电话 TEL
30	渤海证券有限责任公司	天津市经济技术开发区第一大街 29 号	022-28451813
山西			
31	山西广瑞投资财务顾问有限公司	山西省太原市迎泽大街 318 号	0351-4937324
32	山西证券有限责任公司	太原迎泽大街 282 号	0351-4062188
内蒙古			
33	内蒙古证券有限责任公司	呼和浩特市新城北街 62 号	0471-4965261
34	内蒙古方达证券咨询有限责任公司	呼和浩特市新城区昭乌达路 85 号建发大厦 3 楼	0471-4991464
辽宁			
35	沈阳汇融投资咨询服务有限公司	沈阳市和平区太原北街 1 号金城宾馆	024-23402566
36	鞍山市金龙投资咨询有限公司	鞍山市铁东区前进路 8 号	0412-23960659
37	沈阳渤海投资咨询顾问有限公司	沈阳市和平区 13 纬路 70 号	024-22857433
大连			
38	大连北部资产经营有限公司	辽宁省大连市西岗区中山路 141-3 号	0411-3688879
39	大连宝鼎咨询有限公司	大连市西岗区市场街 201 号	0411-3626588
40	大通证券股份有限公司	大连市中山区人民路 24 号	0411-2539633
吉林			
41	吉林省北方万盛投资管理顾问有限公司	吉林省长春市光明路 2 号金融大厦营业部三楼	0431-8922381-2681
42	东北证券有限公司	吉林省长春市长春大街 142 号	0431-8910424
黑龙江			
43	黑龙江省容维投资顾问有限责任公司	哈尔滨市南岗区西大直街 161 号电子大厦 703	0451-4649709
上海			
44	国泰君安证券股份有限公司	上海市延平路 135 号	021-62674110
45	上海申银万国证券研究所有限公司	上海市南京东路 99 号 3 楼	021-63298888、63298868
46	海通证券有限公司	上海市唐山路 218 号	021-65845291
47	上海亚洲商务投资咨询有限公司	上海市延安西路 2558 号 8 号楼	021-62959001
48	上海世基投资顾问有限公司	上海市瑞金路 65 号	021-56371511
49	上海中广信息传播咨询有限公司	上海市昌平路 556 弄 206 室	021-63861243
50	上海证联投资咨询服务有限责任公司	上海市金陵中路 72 号 2 楼	021-58703410
51	上海万国股市测评咨询有限公司	上海市 122—007 信箱	021-58358128
52	上海点津投资顾问有限公司	上海市浦东南路 528 号证券大厦北塔 15 层	021-6881111-268
53	上海新兰德证券投资咨询顾问有限公司	上海市浦东大道 2000 号阳光世界 15 楼	021-58525969
54	上海证券综合研究有限公司	上海市浦东新区银城东路 139 号华能大厦 35 楼	021-68863288-666
55	东方证券有限责任公司	上海市浦东东方路 1025 号	021-62569213

续表 2　Continued 2

序号 No.	机构名称 companies	通信地址 Address	电话 TEL
56	光大证券有限责任公司	上海市浦东南路 528 号证券大厦南塔 15、16 楼	021-68816000
57	上海赛德投资咨询有限公司	上海市茂名南路 265 号 1001—1003 室	021-64678880
58	上海金信证券研究所有限责任公司	上海市长乐路 1219 号长鑫大厦 17 楼	021-64716524
59	上海金汇信息系统有限公司	上海市南京西路 1168 号中信泰富广场 17 楼	021-52984455
60	上海万盛投资资讯有限公司	上海吴淞路 357 号	021-63575253
61	上海新世纪投资服务有限公司	上海四平路 953 号美鑫大楼楼 401 室	021-65363892
62	上海市涌金理财顾问有限公司	上海市云台路 80 号 301 室	021-68865126
63	上海中智富投投资研究有限公司	上海市淮海东路 85 号 15 楼	021-63555888
64	上海君创财经顾问有限公司	上海市东方路 985 号 20 楼 E 座	021-50818602
65	上海益邦投资咨询有限公司	上海市甘河路 8 号明道大厦三楼	021-62446568
66	上海新资源投资咨询有限公司	上海陆家嘴桃林路 18 号环球广场 B 座 2608、2609 宅	021-58213312
67	上海证券有限责任公司	上海市九江路 111 号	021-63237899
68	上海夏商投资咨询有限公司	上海浦东新区陆家嘴东路 166 号 23 楼	021-68419666
69	亚洲证券有限责任公司	上海市浦东新区源深路 279 号	021-58521113
70	上海上证吉龙投资咨询有限公司	浦东南路 855 号世界广场 29 楼 C 座	021-38870448
江苏			
71	华泰证券有限责任公司	江苏省南京市中山东路 90 号华泰证券大厦	025-4579777
72	江苏现代资产投资管理顾问有限公司	南京汉中路 180 号星汉大厦 7 楼 D 栋	025-6799451-801
73	江苏天鼎投资咨询有限公司	南京市北京东路 31 号楼四楼	025-4716225
74	太仓证券投资咨询有限公司	太仓市城厢镇体育东路 8 号	0512-53952804
宁波			
75	宁波海顺投资咨询有限公司	浙江省宁波市望京路燎原桥 2 号帝力大厦	0574-7345707
76	天一证券有限责任公司	上海市北京西路 99 号六楼	021-63192126
浙江			
77	浙江证券有限责任公司	浙江省杭州市延安路 400 号	0571-7084931
78	杭州新希望证券投资顾问有限公司	杭州下城区朝晖五区华东设计院招待所内	0571-5069013
79	杭州三元证券投资顾问有限公司	杭州市上城区涌金路起 171 号—15 室	0571-7068018
安徽			
80	安徽新兴证券投资咨询有限责任公司	安徽省合肥市长江路 357 号证券大厦	0551-7037488
81	国元证券有限责任公司	安徽合肥寿春路 179 号国元大厦	0551-2619006
82	合肥皖建投资咨询有限责任公司	安徽省合肥市屯溪路 306 号金安大厦 1405 室	0551-4666990
福建			
83	福建省闽发证券有限公司	福建省福州市五四路 158 号环球广场 28-29 层	0591-7804468
84	福建省企业顾问有限公司	福建省福州市湖东路天骛大厦 6 层	0591-7567384
85	兴业证券股份有限公司	福建省福州市湖东路 99 号标力大厦	0591-7543143

续表 3 Continued 3

序号 No	机构名称 companies	通信地址 Address	电话 TEL
86	福州天力投资顾问有限公司	福州鼓楼区井观外观巷中华大厦415室	0591-7851045
87	福建儒林信息技术发展有限公司	福州市五一路32号元洪花园水仙阁2—C座	0591-3323649
88	福建天信投资咨询顾问有限公司	福州市五一北路1号力宝天马广场14层E/F	0591-3372508-207
厦门			
89	厦门市鑫鼎盛证券投资咨询服务有限公司	福建省厦门市湖滨南路鸿翔大厦12楼C、D座	0592-5185714
90	厦门新汇通投资咨询有限公司	福建省厦门市长青路惠元大厦14层	0592-2043363
山东			
91	山东神光咨询服务有限责任公司	山东省济南市佛山街51号A座	0531-6032100-811
92	山东国发投资顾问有限公司	济南解放路165号8楼810室	0531-6994404
93	山东百益顾问咨询有限责任公司	济南市经四路267号	0531-2910242
94	天同证券有限责任公司	山东省济南市泉城路180号	0531-6015836
95	济南英大证券投资咨询有限责任公司	济南市馆驿街318号	0531-6035544
青岛			
96	青岛安信投资顾问有限责任公司	青岛南区宁夏路120号裕丰大厦601室	0532-5753392
97	青岛市大摩投资咨询有限责任公司	青岛瞿塘峡路47号海富楼702户	0532-2667321
98	万通证券有限责任公司	青岛市延吉路42号	0532-5829452
河南			
99	河南省金博投资咨询有限公司	河南省郑州市纬四路东段19号12层	0371-5614901
100	河南万国咨询开发有限公司	河南省郑州市政二街3号	0371-5951334
101	河南华证金融投资咨询有限公司	河南省郑州市纬五路9号	0371-5905304
102	河南博星投资咨询有限公司	郑州纬二路31号附19号	0371-5741018
湖北			
103	武汉证券有限责任公司	湖北省武汉市江岸区沿江大道130号	027-82847643
104	武汉新兰德投资顾问有限公司	湖北省武汉市汉口竹叶山黄河路特1#+C71	027-82863007
105	长江证券有限责任公司	湖北省武汉市汉口新华下路特8号	027-85481722
湖南			
106	湘财证券有限责任公司	湖南省长沙市黄兴中路63号中山国际大厦12楼	0731-2233425
107	湖南金证投资咨询顾问有限公司	湖南省长沙市芙蓉中路489号银河证券3楼	0731-5559056
108	湖南运达投资管理顾问有限公司	湖南省长沙市芙蓉中路29号金属大厦	0731-2250576
109	湖南证券研究所有限责任公司	湖南省长沙市韶山北路359号国税大厦	0731-5382247
110	湖南君士国际投资有限公司	湖南省长沙市芙蓉中路29号金属大厦8楼	0731-2564537
广东			
111	广东科德投资顾问有限公司	广东省广州1232信箱	020-87539978
112	广东金手指投资顾问有限公司	广东省广州市天河南天荣路1号天虹阁201	020-85594195

续表 4　Continued 4

序号 No	机构名称 companies	通信地址 Address	电话 TEL
113	广州市万隆证券咨询顾问有限公司	广东省广州市中山一路 21 号天兴大厦东塔 20 楼 E	020-87770333
114	广州越声理财咨询有限公司	广东省广州市人民北路 686 号	020-8668961
115	广发证券有限责任公司	广东省广州市天河北路 183 号大都会广场	020-87555953
116	广州证券有限责任公司	广州市先烈中路 69 号东山广场 5 楼	020-87322668
117	广东证券股份有限公司	广东省广州市东风东路 703 号	020-87305710
118	广州新升咨询顾问有限公司	广东省广州市文明路 178 号	020-87750973
119	珠海博众证券投资咨询有限公司	珠海市吉大海滨南路光大国贸中心 2602 房	0756-2273851
120	广州市运财行投资理财顾问有限公司	广州市环市中北较场路 19 号金鹰大厦西座 9 楼	020-83801958
121	广东百灵信投资顾问有限公司	广州市海珠北路 228 号 4 楼	020-83484091
122	广州博信投资咨询有限公司	广州市五羊新城寺右南一街一巷 9 号	020-87386078
深圳			
123	南方证券有限公司	深圳市嘉宾路 4028 号太平洋商贸大厦	0755-2138364
124	中信证券股份有限公司	北京市朝阳区新源南路 6 号京城大厦 3 层	010-64661492
125	联合证券有限责任公司	深圳市深南东路 5047 号发展银行大厦 10、24、25 层	0755-2492037
126	深圳市尊悦证券投资顾问有限公司	深圳市华强北路新世纪酒店 9 楼 924	0755-3264567
127	深圳市周明海询商务投资顾问有限公司	深圳市八卦一路鹏盛村一栋 2212 室	0755-2401632
128	深圳新兰德证券投资咨询有限公司	深圳市红荔西路上步工业区 201 栋 4A02	0755-3253821
129	深圳市怀新企业投资顾问有限公司	深圳市深南东路 5045 号深业中心 3104	0755-2083077
130	深圳华鼎财经资讯股份有限公司	深圳市建设路 23 号国际金融大厦 27 层	0755-2220394
131	深圳市珞珈投资咨询有限公司	深圳市福田区笋岗西路银华大厦 9A01	0755-3791802
132	国信证券有限公司	深圳市红岭中路 1012 号国信证券大厦	0755-2130833
133	国通证券有限责任公司	深圳市福田区深南中路 34 号华强佳和大厦座 8-11 楼	0755-3796300
134	大鹏证券有限责任公司	深南东路 5002 号信兴广场地王商业大楼 8 层	0755-2463388
135	长城证券有限责任公司	深南大道 6008 深圳特区报业大厦 16\17 楼	0755-3516234
136	深圳中证投资资讯有限公司	福田区深南中路国际科技大厦 1608 室	0755-3760415
137	平安证券有限责任公司	深圳市福田区八卦岭八卦三路平安大厦	0755-2262888-3118
138	巨田证券有限责任公司证券公司	深圳市福田区彩田南路证券大厦	0755-3379333-2223
139	蔚深证券有限责任公司	深圳市振华路飞亚达大厦 8 楼	0755-3236188-824
140	深圳市晓声投资顾问有限公司	深圳市赛格科技园西三栋 C517 室	0755-3264311
141	国都证券有限责任公司	深圳市福田区华强北路赛格广场 45 楼 018、02-04	0755-83462238
142	汉唐证券有限责任公司	深圳市华桥城汉唐大厦 24-25 层	0755-6934587
143	第一创业证券有限责任公司	广东省深圳市罗湖区笋岗路 12 号中民时代广场 B 座 25、26 层	0757-3201367
144	深圳市智多盈投资顾问有限公司	深圳市深南中路 2072 号电子大厦 11 楼 1101 号	0755-83782553
145	深圳市芙浪特证券投资顾问有限公司	深圳市福田区景田 3 号(新闻路)深茂商业中心二层东	0755-3916121

续表 5 Continued 5

序号 No	机构名称 companies	通信地址 Address	电话 TEL
海南			
146	海南精信资讯有限公司	海南省海口市龙昆北路 2 号珠江广场帝豪大厦 6 楼	0898-6754870-262
147	海南港澳咨讯产业有限公司	海口国贸大道港澳大厦 2 层	0898-8513922
成都			
148	华西证券股份有限公司	四川省成都市西玉龙街 10 号	028-6741176
149	成都证券有限责任公司	成都市顺城街南延线大业路 39 号大业大厦 16 层	028-7789477
150	成都道博投资咨询有限公司	四川省成都市中西顺城街 1 号四川国际大厦 26 楼	028-6520073
151	成都倍新投资咨询有限责任公司	四川省成都市一环路南三段 47 号南方证券大厦 6 楼	028-5577614
152	成都银华投资资讯有限公司	成都市浆洗街 10 号双玺红楼 2 楼	028-5560290
重庆			
153	西南证券有限责任公司	重庆市渝中区临江支路 2 号合景国际大厦 A 幢	023-63794430
154	重庆正友证券投资咨询有限公司	重庆市渝中区沧白路 21 号 31 楼	023-63822706
155	重庆市成长财经顾问有限公司	重庆市中山四路渝中大厦 22 层	023-63623824
云南			
156	昆明博闻证券投资咨询有限责任公司	云南省昆明市西昌路 374 号	0871-3190727
陕西			
157	陕西巨丰投资资迅有限责任公司	陕西省西安市朱雀门里大保吉巷 24 号伟业大厦	029-7257154
158	西部证券股份有限公司	西安市东新街 232 号陕西信托大厦 17 层	029-7406082
159	陕西融泰投资咨询有限公司	西安市南二环东段正信大厦 15 层	029-2248823
河北			
160	河北证券有限责任公司	河北省石家庄市裕华东路 81 号冶金大厦	0311-6082966
161	河北源达证券投资咨询有限公司	石家庄康乐街副 19 号	0311-7013218
青海			
162	青海证券有限责任公司	青海省西宁市东大街 103 号	0971-8236883
宁夏			
163	宁夏嘉信证券投资咨询有限公司	银川市民族北街 15 号	0951-6014037
新疆			
164	新疆证券有限责任公司	乌鲁木齐市人民路 13 号附 1 号	0991-2302164
165	宏源证券股份有限公司	乌鲁木齐市建设路 2 号	010-62267799-6421
广西			
166	国海证券有限责任公司	广西南宁滨湖路 46 号	0771-5539011
甘肃			
167	华龙证券有限责任公司	甘肃兰州市静宁路 138 号	0931-8888088

数据来源:中国证监会
Source: CSRC

8-13 2002 年外资证券类机构代表处名录

China Office of Foreign Securities Companies in 2002

序号 No.	代表处名称 Name	设立时间 Opening Time	地点 Location
1	DBS 唯高达香港有限公司上海代表处 DBS VICKERS BALLAS HONG KONG LTD. SHANGHAI REP. OFFICE	1999.9.6	上海
2	DBS 唯高达香港有限公司深圳代表处 DBS VICKERS BALLAS HONG KONG LTD. SHENZHEN REP. OFFICE	1997.9.26	深圳
3	J.P.摩根北京代表处 J.P. MORGAN BEIJING REP. OFFICE	1993.11.8	北京
4	J.P.摩根上海代表处 J.P. MORGAN SHANGHAI REP. OFFICE	1994.1.26	上海
5	巴克莱证券有限公司上海代表处 BARCLAYS CAPITAL SECURITIES LTD. SHANGHAI REP. OFFICE	1994.8.10	上海
6	霸菱集团上海代表处 ING BARING LTD. SHANGHAI REP. OFFICE	1993.9.17	上海
7	宝来证券香港有限公司上海代表处 POLARIS SECURITIES (HK)LTD. SHANGHAI REP. OFFICE	2001.2.23	上海
8	贝尔斯登有限公司北京代表处 BEAR STEARNS CO. INC. BEIJING REP. OFFICE	1993.12.29	北京
9	贝尔斯登有限公司上海代表处 BEAR STEARNS CO. INC. SHANGHAI REP. OFFICE	1993.3.30	上海
10	倍利证券(香港)有限公司上海代表处 BARITS SECURITIES (HONG KONG) LTD. SHANGHAI REP. OFFICE	2001.1.10	上海
11	倍利证券(香港)有限公司深圳代表处 BARITS SECURITIES (HONG KONG) LTD. SHANGHAI REP. OFFICE	2001.1.11	深圳
12	大福证券有限公司上海代表处 TAI FOOK SECURITIES COMPANY LIMITED SHANGHAI REP. OFFICE	2001.8.28	上海
13	大和证券 SB 资本市场公司北京代表处 DAIWA SECURITIES CO. LTD. BEIJING REP. OFFICE	1983.7.8	北京
14	大和证券 SB 资本市场公司上海代表处 DAIWA SECURITIES CO. LTD. SHANGHAI REP. OFFICE	1986.8.4	上海
15	大华证券(香港)有限公司上海代表处 CRAND CATHAY SECURITIES (HONGKONG) LTD. SHANGHAI REP. OFFICE	2002.9.10	上海
16	大宇证券公司上海代表处 DAEWOO SECURITIES CO. LTD. SHANGHAI REP. OFFICE	1995.2.21	上海
17	法国国家巴黎百富勤有限公司北京代表处 BNP PRIME PEREGRINE LTD. BEIJING REP. OFFICE	1999.10.10	北京
18	法国国家巴黎百富勤有限公司上海代表处 BNP PRIME PEREGRINE LTD. SHANGHAI REP. OFFICE	1992.11.13	上海
19	法国兴业证券亚洲有限公司北京代表处 SG SECURITIES ASIA LTD. BEIJING REP. OFFICE	1990.11.1	北京

续表 1　Continued 1

序号 No.	代表处名称 Name	设立时间 Opening Time	地点 Location
20	法国兴业证券亚洲有限公司上海代表处 SG SECURITIES ASIA LTD. SHANGHAI REP. OFFICE	1992.12.8	上海
21	法国兴业证券亚洲有限公司深圳代表处 SG SECURITIES ASIA LTD. SHENZHEN REP. OFFICE	1993.8.30	深圳
22	福斯特股票经纪私人有限公司北京代表处 FORSTER STOCKBROKING PTY LIMITED BEIJING REP. OFFICE	2001.10.8	北京
23	高盛(中国)有限公司北京代表处 GOLDMAN SACHS (CHINA) L.L.C. BEIJING REP. OFFICE	1993.10.28	北京
24	高盛(中国)有限公司上海代表处 GOLDMAN SACHS (CHINA) L.L.C. SHANGHAI REP. OFFICE	1994.7.11	上海
25	工商东亚金融控股有限公司北京代表处 ICEA FINANCEHOLDINGS LTD BEIJING REP. OFFICE	2000.9.7	北京
26	工商东亚融资有限公司广州代表处 ICEA CAPITAL LTD GUANGZHOU REP. OFFICE	2002.9.29	广州
27	工商东亚融资有限公司上海代表处 ICEA CAPITAL LTD SHANGHAI REP. OFFICE	2002.8.3	上海
28	国际证券(全球)控股有限公司上海代表处 INTERNATIONAL SECIRITIES (ISI) HOLDING LTD	2001.4.26	上海
29	韩国现代证券公司上海代表处 HYUNDAI SECURITIES CO. LTD.	1998.6.14	上海
30	荷银融资亚洲有限公司北京代表处 ABN AMPO ASIA CORPORATE FINANCE LTD. BEIJING REP. OFFICE	1999.10.13	北京
31	荷银证券亚洲有限公司上海代表处 ABN AMPO ASIA LTD. SHANGHAI REP. OFFICE	1994.10.5	上海
32	荷银证券亚洲有限公司深圳代表处 ABN AMPO ASIA LTD. SHENZHEN REP. OFFICE	1994.5.20	深圳
33	恒生证券有限公司上海代表处 HANG SENG SECURITIES LTD. SHANGHAI REP. OFFICE	2002.6.7	上海
34	华宝德威(亚洲)有限公司北京代表处 WARBURG DILLON READ (ASIA) LTD. BEIJING REP. OFFICE	1994.11.2	北京
35	华宝德威(亚洲)有限公司上海代表处 WARBURG DILLON READ (ASIA) LTD. SHANGHAI REP. OFFICE	1997.2.21	上海
36	汇丰投资管理香港有限公司上海代表处 HSBC ASSET MANAGEMENT H.K. LTD. SHANGHAI REP. OFFICE	1998.6.10	上海
37	汇丰投资银行亚洲有限公司北京代表处 HSBC INVESTMENT BANK ASIA LTD. BEIJING REP. OFFICE	1997.9.26	北京
38	汇富证券有限公司北京代表处 KINGSWAY SW SECURITIES LTD. BEIJING REP. OFFICE	2001.2.27	北京
39	汇富证券有限公司上海代表处 KINGSWAY SW SECURITIES LTD. SHANGHAI REP. OFFICE	2002.12.5	上海
40	嘉诚证券有限公司 北京代表处 CAZENOVE ASIA LIMITED BEIJING REP. OFFICE	2001.4.26	北京

续表 2　Continued 2

序号 NO	代表处名称 Name	设立时间 Opening Time	地点 Location
41	建华证券(亚洲)有限公司上海代表处 SINOPAC SECURITIES (ASIA) LTD. SHANGHAI REP. OFFICE	1999.10.10	上海
42	金鼎综合证券(维京)股份有限公司上海代表处 TAIWAN INTERNATIONAL SECURITIES (B. V. I.) CORPORATION SHANGHAI REPRESENTATIVE OFFICE	1999.12.9	上海
43	金鼎综合证券(香港)有限公司北京代表处 TIS SECURITIES (HK) LTD. BEIJING REPRESENTATIVE OFFICE	2002.4.23	北京
44	凯基证券亚洲有限公司上海代表处 KGI ASIA LIMITED SHANGHAI REP. OFFICE	2001.5.8	上海
45	凯基证券亚洲有限公司深圳代表处 KGI ASIA LIMITED SHENZHEN REP. OFFICE	2002.3.27	深圳
46	乐金投资证券公司上海代表处 LG INVESTMENT SECURITIES CO. LTD. SHANGHAI REP. OFFICE	1996.1.31	上海
47	里昂证券有限公司北京代表处 CLSA LTD. BEIJING REP. OFFICE	1998.10.16	北京
48	里昂证券有限公司上海代表处 CLSA LTD. SHANGHAI REP. OFFICE	1993.6.10	上海
49	里昂证券有限公司深圳代表处 CLSA LTD. SHENZHEN REP. OFFICE	1996.7.25	深圳
50	洛希尔中国控股有限公司北京代表处 N M ROTHSCHILD CHINA HOLDING AG BEIJING REP. OFFICE	1999.10.11	北京
51	洛希尔中国控股有限公司上海代表处 N M ROTHSCHILD CHINA HOLDING AG SHANGHAI REP. OFFICE	1993.11.25	上海
52	美国雷曼兄弟有限公司北京代表处 LEHMAN BROTHERS INC. BEIJING REP. OFFICE	1993.12.30	北京
53	美国培基证券有限公司上海代表处 PRODETIAL SECURITIES SHANGHAI REP. OFFICE	1994.11.2	上海
54	美林国际有限公司北京代表处 MERRILL LYNCH INTNATIANAL INC. BEIJING REP. OFFICE	1994.3.1	北京
55	美林国际有限公司上海代表处 MERRILL LYNCH INTNATIANAL INC. SHAGHAI REP. OFFICE	1993.3.3	上海
56	摩根士丹利添惠亚洲有限公司北京代表处 MORGAN STANLEY DEAN WITTER ASIA LTD. BEIJING REP. OFFICE	1994.6.13	北京
57	摩根士丹利添惠亚洲有限公司上海代表处 MORGAN STANLEY DEAN WITTER ASIA LTD. SHANGHAI REP. OFFICE	1993.11.27	上海
58	群益国际控股有限公司上海代表处 CSC INTERNATIONAL HOLDINGS LTD. SHANGHAI REP. OFFICE	1997.10.21	上海
59	日盛嘉富国际有限公司上海代表处 JS CRESVALE INTERNATIONAL LTD. SHANGHAI REP. OFFICE	1999.10.10	上海
60	日兴柯迪证券股份有限公司北京代表处 THE NIKKO SECURITIES CO. LTD. BEIJING REP. OFFICE	1985.7.20	北京

续表 3　Continued 3

序号 NO	代表处名称 Name	设立时间 Opening Time	地点 Location
61	瑞士信贷第一波士顿(香港)有限公司北京代表处 CSFB HONGKONG LTD. BEIJING REP. OFFICE	1993.7.27	北京
62	三菱证券股份有限公司北京代表处	1986.9.13	北京
63	三星证券公司上海代表处 SAMSUNG SECURITIES CO; LTD. SHANGHAI REP. OFFICE	2002.8.21	上海
64	施罗德国际商人银行北京代表处 SCHRODERS PUBLIC LTD. CO. BEIJING REP. OFFICE	1997.2.21	北京
65	施罗德国际商人银行上海代表处 SCHRODERS PUBLIC LTD. CO. SHANGHAI REP. OFFICE	1994.6.8	上海
66	所罗门美邦香港有限公司上海代表处 SALOMON SMITH BARNEY H. K. LTD. SHANGHAI REP. OFFICE	2001.3.22	上海
67	所罗门美邦中国有限公司北京代表处 SALOMON SMITH BARNEY CHINA LTD. BEIJING REP. OFFICE	1994.5.27	北京
68	太丰行融资有限公司上海代表处 PACIFIC CAPITAL LTD. SHANGHAI REP. OFFICE	1993.3.19	上海
69	统一证券(香港)有限公司上海代表处 BARITS SECURITIES (HONG KONG) LTD. SHANGHAI REP. OFFICE	2002.2.8	上海
70	香港上海汇丰银行有限公司(证券业务)上海代表处 THE HANGKONG AND SHANGHAI BANKING COR. LIMITED (SECURITIES BUSINESS)SHANGHAI REP. OFFICE	2002.11.9	上海
71	新鸿基投资服务有限公司上海代表处 XIN HUNG KAI INVESTMENT SERVICES LTD. SHANGHAI REP. OFFICE	1993.7.26	上海
72	新鸿基投资服务有限公司深圳代表处 XIN HUNG KAI INVESTMENT SERVICES LTD. SHENZHEN REP. OFFICE	1994.1.22	深圳
73	新加坡大华亚洲香港有限公司上海代表处 UOB ASIA (HONGKONG) LTD. SHANGHAI REP. OFFICE	2002.8.21	上海
74	新加坡发展亚洲融资有限公司上海代表处 DBS ASIA CAPITAL LTD. SHANGHAI REP. OFFICE	2000.8.1	上海
75	野村证券公司北京代表处 THE NOMURA SEC CO. LTD. BEIJING REP. OFFICE	1982.7.21	北京
76	野村证券公司上海代表处 THE NOMURA SEC CO. LTD. SHANGHAI REP. OFFICE	1986.8.4	上海
77	怡富证券有限公司上海代表处 JARING FLEMING SECURITIES LTD. SHANGHAI REP. OFFICE	1993.11.23	上海
78	怡富证券有限公司深圳代表处 JARING FLEMING SECURITIES LTD. SHENZHEN REP. OFFICE	1997.9.26	深圳
79	元大京华证券(香港)有限公司上海代表处 YUANTA CORE PACIFIC SECURITIES (HONGKONG) LIMITED SHANGHAI REPRESENTATIVE OFFICE	1997.10.28	上海
80	元富证券(香港)有限公司上海代表处 MASTERLINK SECURITIES (H.K.)CO. LTD. SHANGHAI REP. OFFICE	1998.10.16	上海
81	中银国际控股有限公司北京代表处 BOCI BEIJING REP. OFFICE	2000.4.17	北京

数据来源：中国证监会
Source：CSRC

8-14　2002 年证券公司名单
List of Securities Companies in 2002

序号 NO	公司名称 Companies	注册资本 Registered Equity Capital(亿元)(RMB100m)	注册地点 Location
1	中国银河证券有限责任公司	45	北　京
2	北京证券有限责任公司	15.1	北　京
3	中关村证券股份有限公司	15.4	北　京
4	中国民族证券有限责任公司	10.48	北　京
5	中国科技证券有限责任公司	10.56	北　京
6	首创证券经纪有限责任公司	2.3	北　京
7	中国国际金融有限公司	US$1	北　京
8	华夏证券有限公司	10	北　京
9	民生证券有限责任公司	12.82	北　京
10	东北证券有限责任公司	10.1	长　春
11	新华证券有限责任公司	2	长　春
12	长财证券经纪有限责任公司	0.56	长　春
13	湘财证券有限责任公司	25.15	长　沙
14	泰阳证券有限责任公司	12.04	长　沙
15	恒信证券有限责任公司	5.8	长　沙
16	财富证券有限责任公司	5.36	长　沙
17	常州证券有限责任公司	0.8	常　州
18	华西证券有限责任公司	10.13	成　都
19	成都证券经纪有限公司	1.73	成　都
20	天风证券经纪有限责任公司	0.77	成　都
21	和兴证券经纪有限责任公司	3.69	成　都
22	川财证券经纪有限责任公司	0.92	成　都
23	大通证券股份有限公司	11.19	大　连
24	大同证券经纪有限责任公司	1	大　同
25	东莞证券有限责任公司	5.5	东　莞
26	兴业证券股份有限公司	9.08	福　州
27	闽发证券有限责任公司	8	福　州
28	福建省华福证券公司	1.1	福　州
29	广发证券有限责任公司	20	广　州
30	广东证券股份有限公司	8	广　州
31	广州证券有限责任公司	8.17	广　州
32	万联证券有限责任公司	5	广　州
33	广东民安证券经纪有限责任公司	3	广　州
34	华创证券经纪有限责任公司	2	贵　阳
35	兴安证券有限责任公司	7.15	哈尔滨
36	天元证券经纪有限责任公司	1.3	哈尔滨
37	哈尔滨财政证券公司	0.1	哈尔滨
38	金元证券有限责任公司	5	海　口
39	万和证券经纪有限责任公司	1.25	海　口
40	海南省证券有限责任公司	0.37	海　口
41	金通证券股份有限公司	8.85	杭　州

续表 1 Continued 1

序号 NO	公司名称 Companies	注册资本 Registered Equity Capital(亿元)(RMB100m)	注册地点 Location
42	金信证券有限责任公司	5.2	杭　州
43	天和证券经纪有限公司	2.1	杭　州
44	浙江证券有限责任公司	4.5	杭　州
45	国元证券有限责任公司	20.3	合　肥
46	华安证券有限责任公司	17.05	合　肥
47	恒泰证券有限责任公司	6.5	呼和浩特
48	内蒙古日信证券经纪有限责任公司	0.6	呼和浩特
49	惠州证券有限责任公司	0.9	惠　州
50	天同证券有限责任公司	20.36	济　南
51	山东齐鲁证券经纪有限公司	5.12	济　南
52	佳木斯证券公司	0.1	佳木斯
53	江门证券有限责任公司	0.7	江　门
54	广发北方证券经纪有限责任公司	1	锦　州
55	红塔证券股份有限公司	13.87	昆　明
56	云南证券有限责任公司	1.2	昆　明
57	西藏证券经纪有限责任公司	0.6	拉　萨
58	华龙证券有限责任公司	5.06	兰　州
59	甘肃证券有限责任公司	1	兰　州
60	洛阳市证券公司	0.1	洛　阳
61	江南证券有限责任公司	5.4	南　昌
62	国盛证券有限责任公司	5.02	南　昌
63	华泰证券有限责任公司	22	南　京
64	信泰证券有限责任公司	9.21	南　京
65	南京证券有限责任公司	6.5859	南　京
66	国海证券有限责任公司	8	南　宁
67	天一证券有限责任公司	10	宁　波
68	万通证券有限责任公司	5.5	青　岛
69	海通证券股份有限公司	87.34	上　海
70	申银万国证券股份有限公司	42	上　海
71	光大证券有限责任公司	26	上　海
72	国泰君安证券股份有限公司	37.27	上　海
73	上海证券有限责任公司	15	上　海
74	中银国际证券有限责任公司	15	上　海
75	亚洲证券有限责任公司	10.329	上　海
76	爱建证券有限责任公司	6.5	上　海
77	北方证券有限责任公司	3.6	上　海
78	中富证券有限责任公司	5.1	上　海
79	上海久联证券经纪有限责任公司	2	上　海
80	泰达富友证券经纪有限责任公司	0.5	上　海
81	富成证券经纪有限公司	1.63	上　海
82	东方证券有限责任公司	10	上　海
83	大鹏证券有限责任公司	15	深　圳
84	国信证券有限责任公司	20	深　圳
85	中信证券股份有限公司	20.82	深　圳
86	招商证券股份有限公司	24	深　圳

续表 2　Continued 2

序号 NO	公司名称 Companies	注册资本 Registered Equity Capital(亿元)(RMB100m)	注册地点 Location
87	长城证券有限责任公司	8	深　圳
88	第一创业证券有限责任公司	7.5	深　圳
89	平安证券有限责任公司	10	深　圳
90	巨田证券有限责任公司	6	深　圳
91	南方证券股份有限公司	34.5	深　圳
92	国都证券有限责任公司	10.6	深　圳
93	华鑫证券有限责任公司	10	深　圳
94	汉唐证券有限责任公司	9.01	深　圳
95	世纪证券有限责任公司	10.05	深　圳
96	深圳金牛证券经纪有限责任公司	0.6	深　圳
97	众成证券经纪有限公司	0.575	深　圳
98	蔚深证券有限责任公司	1	深　圳
99	联合证券有限责任公司	10	深　圳
100	辽宁证券有限责任公司	2.54	沈　阳
101	沈阳财政证券公司	1	沈　阳
102	河北证券有限责任公司	5.3	石家庄
103	河北财达证券经纪有限责任公司	2.3	石家庄
104	东吴证券有限责任公司	10	苏　州
105	恒远证券经纪有限责任公司	1	苏　州
106	山西证券有限责任公司	10	太　原
107	渤海证券有限责任公司	23.17	天　津
108	天津一德证券经纪有限责任公司	0.8	天　津
109	宏源证券股份有限公司	5.19	乌鲁木齐
110	新疆证券有限责任公司	5.7	乌鲁木齐
111	国联证券有限责任公司	10	无　锡
112	长江证券有限责任公司	20	武　汉
113	武汉证券有限责任公司	10.14	武　汉
114	西部证券有限责任公司	10	西　安
115	健桥证券股份有限公司	10.5	西　安
116	陕西开源证券经纪有限责任公司	0.5	西　安
117	西安华弘证券经纪有限责任公司	0.53	西　安
118	三江源证券经纪有限公司	1.8392	西　宁
119	青海证券有限责任公司	0.54	西　宁
120	厦门证券有限责任公司	0.5	厦　门
121	西北证券有限责任公司	7.26	银　川
122	中原证券股份有限公司	10.34	郑　州
123	中山证券有限责任公司	0.3	中　山
124	西南证券有限责任公司	16.3	重　庆
125	德恒证券有限责任公司	7.6	重　庆
126	珠海证券公司	1	珠　海
127	华欧国际证券有限责任公司(批准设立)	5	上　海

数据来源:中国证监会

Source:CSRC

8-15 2002年获得网上业务委托资格的机构名单

Listed of E-Trading Qualified Companies in 2002

序号 No.	公司名称 Companies	序号 No.	公司名称 Companies
1	北方证券有限责任公司	38	江门证券有限责任公司
2	川财证券经济有限公司	39	华西证券有限责任公司
3	东莞证券有限责任公司	40	长江证券有限责任公司
4	第一创业证券有限责任公司	41	兴业证券股份有限公司
5	广东民安证券经纪悠闲责任公司	42	河南证券有限责任公司
6	国海证券有限责任公司	43	山东证券有限责任公司
7	恒信证券有限责任公司	44	华夏证券有限公司
8	宏源证券股份有限公司	45	华泰证券有限责任公司
9	惠州证券有限责任公司	46	华安证券有限责任公司
10	山东省齐鲁证券经纪有限责任公司	47	黄河证券有限责任公司
11	天津一德证券经纪有限责任公司	48	东吴证券有限责任公司
12	厦门证券有限公司	49	中富证券荆棘有限责任公司
13	中关村证券股份有限公司	50	新疆证券有限责任公司
14	泰阳证券有限责任公司	51	深圳大鹏证券有限责任公司
15	国元证券有限责任公司	52	国泰君安证券股份有限责任公司
16	华龙证券有限责任公司	53	国信证券有限责任公司
17	青海证券有限责任公司	54	中信证券股份有限公司
18	汉唐证券有限责任公司	55	光大证券有限责任公司
19	大通证券股份有限公司	56	开封证券公司
20	河北证券有限责任公司	57	西南证券有限责任公司
21	南京证券有限责任公司	59	北京证券有限责任公司
22	内蒙古证券有限责任公司	60	深圳蔚深证券有限责任公司
23	渤海证券有限责任公司	61	辽宁证券有限责任公司
24	大同证券经纪有限责任公司	62	广发证券有限公司
25	西部证券有限责任公司	63	广州证券责任公司
26	天一证券有限责任公司	64	上海申银万国股份有限公司
27	无锡证券有限责任公司	65	海通证券有限公司
28	青岛万通证券有限责任公司	66	福建闽发证券有限责任公司
29	长城证券有限责任公司	67	山西证券有限责任公司
30	湘财证券有限责任公司	68	国通证券有限责任公司
31	东北证券有限责任公司	69	福建华福证券有限责任公司
32	联合证券有限责任公司	70	中国银河证券有限责任公司
33	东方证券有限责任公司	71	广东证券股份有限公司
34	巨田证券有限责任公司	72	平安证券有限责任公司
35	上海证券有限责任公司	73	南方证券有限公司
36	洛阳证券有限责任公司	74	首创证券经纪有限责任公司
37	武汉证券有限责任公司		

数据来源：中国证监会

Source：CSRC

8-16　2002年获得受托投资管理业务资格的证券公司

Listed of being entrusted Investment Qualified Companies in 2002

序号 No.	公司名称 Companies	序号 No.	公司名称 Companies
1	健桥证券股份有限公司	32	黄河证券有限责任公司
2	金信证券有限责任公司	33	河北证券有限责任公司
3	东吴证券有限责任公司	34	北京证券有限责任公司
4	华西证券有限责任公司	35	国泰君安证券股份有限责任公司
5	巨田证券有限责任公司	36	平安证券有限责任公司
6	南方证券有限责任公司	37	湘财证券有限责任公司
7	广东证券股份有限公司	38	中关村证券股份有限公司
8	国联证券有限责任公司	39	华龙证券有限责任公司
9	山西证券有限责任公司	40	闽发证券有限责任公司
10	联合证券有限责任公司	41	大通证券股份有限公司
11	上海证券有限责任公司	42	国通整股份有限公司
12	华夏证券有限公司	43	国元证券有限责任公司
13	银河证券有限责任公司	44	光大证券有限责任公司
14	国都证券有限责任公司	45	申银万国证券股份有限公司
15	长城证券有限责任公司	46	长江证券有限责任公司
16	天同证券有限责任公司	47	海通证券有限公司
17	西南证券有限责任公司	48	中信证券股份有限公司
18	渤海证券有限责任公司	49	广发证券股份有限公司
19	国信证券有限责任公司	50	华安证券有限责任公司
20	兴业政权股份有限公司	51	中富证券有限责任公司
21	东北证券有限责任公司	52	汉唐证券有限责任公司
22	万通证券有限责任公司	53	新疆证券有限责任公司
23	大鹏证券有限责任公司	54	东方证券有限责任公司
24	西部证券股份有限公司	55	中国国际金融有限公司
25	国海证券有限责任公司	56	兴安证券有限责任公司
26	天一证券有限责任公司	57	东莞证券有限责任公司
27	西北证券有限责任公司	58	金通证券有限责任公司
28	中国民族证券有限责任公司	59	恒泰证券有限责任公司
29	泰阳证券有限责任公司	60	亚洲证券有限责任公司
30	宏源证券股份有限公司	61	第一创业证券有限责任公司
31	广州证券有限责任公司		

附　　录

Appendix

上海证券交易所收费标准
The Standard Cost and Fee in Shanghai Stocks Exchange

业务分类 Kinds			收费项目 Items	收 费 标 准 Fee	备 注 Remarks
A股开户	个人/纸卡		开户费	40元/户	投资者交开户代理机构10元/户，交登记结算公司30元/户
	机构账户			400元/户	投资者交开户代理机构50元/户，交登记结算公司350元/户
A股补开户	补打原卡			10元/户	投资者交开户代理机构
	补开新户			同新开户	同开户
基金账户开户				5元/户	投资者交开户代理机构
A股交易			佣 金	小于或等于成交金额的0.3%，起点:5元	投资者交证券商
			过户费	成交面额的0.1%，起点1元(双向)	投资者交登记结算公司
			印花税	成交金额的0.2%(双向)	投资者交税务机关
A股非交易过户	非流通股份协议转让过户		过户费	股票面额的0.1%，起点100元;超过500万股的部分，股票面额的0.01%(双向)。	投资者交登记结算公司
			印花税	股票价款总额的0.2%(双向)	投资者交税务机关
	法人股东歇业变更过户		过户费	股票面额的0.1%，起点100元;超过500万股的部分，股票面额的0.01%(双向)	投资者交登记结算公司
			印花税	股票面额的0.2%(双向)	投资者交税务机关
	公证过户、结算会员申报的司法过户		手续费	10元/户	投资者交结算单位
			过户费	股票面额的0.1%，个人账户起点1元，机构账户起点10元(双向)	投资者交结算单位、登记结算公司各50%
			印花税	成交金额的0.2%(双向)	投资者交税务机关
	司法协助执行过户	非流通股	过户费	股票面额的0.1%，起点100元;超过500万股的部分，股票面额的0.01%(双向)	投资者交登记结算公司
			印花税	成交金额的0.2%(双向)	投资者交税务机关
		流通股	过户费	股票面额的0.1%;超过500万股的部分，股票面额的0.01%;个人账户起点1元，机构账户起点10元(双向)	投资者交登记结算公司
			印花税	成交金额的0.2%(双向)	投资者交税务机关
		国债	过户费	面额的0.015%(双向)	投资者交登记结算公司
			印花税	免收	投资者交税务机关
		基金	过户费	免收	投资者交登记结算公司
			印花税	免收	投资者交税务机关

续表 Continued

业务分类 Kinds		收费项目 Items	收费标准 Fee	备注 Remarks
证券质押		手续费	面额的0.1%，超过500万元的部分，面额的0.01%	申请方交登记结算公司
B股开户	个人	开户费	19美元/户	投资者交开户代理机构4美元/户，交登记结算公司15美元/户
	机构		85美元/户	投资者交开户代理机构10美元/户，交登记结算公司75美元/户
	更换结算会员		2美元(目前没有收)	投资者交登记结算公司
B股/B股权证交易		佣金	小于或等于成交金额的0.3%，起点：1美元	投资者交证券商
		结算费	成交金额的0.05%(双向)	投资者交登记结算公司
		印花税	成交金额的0.2%(双向)	投资者交税务机关
B股非交易过户费	遗产继承或馈赠	过户费	30美元/笔	过入方交登记结算公司
		印花税	过户市值的0.2%(按过户当日开盘价计算，若无开盘价，按上日收盘价计算)(双向)	过入方交税务机关
	其他	过户费	30美元/笔(零股转让：1美元/笔)	过入方交登记结算公司
证券投资基金		佣金	小于或等于成交金额的0.3%，起点：5元	投资者交证券商
债券(国债、企业债、可转换公司债券等)		佣金	不超过成交金额的0.1%，起点：5元	投资者交证券商
国债回购		佣金	成交金额的0.0025%(1天)，起点：5元	投资者交证券商
			成交金额的0.0075%(3天)	
			成交金额的0.0100%(4天)	
			成交金额的0.0125%(7天)	
			成交金额的0.025%(14天)	
			成交金额的0.05%(28天)	
			成交金额的0.075%(28天以上)	
企业债券回购		佣金	成交金额的0.0025%(1天)	投资者交证券商
			成交金额的0.0075%(3天)	
			成交金额的0.0125%(7天)	
债券转托管		手续费	面值0.01%	转出方交登记结算公司
查询	交易记录	查询费	20元/年	投资者交查询单位(登记结算公司或结算单位)
	账户余额		机构50元/户、个人20元/户	投资者交查询单位(登记结算公司或结算单位)

深圳证券交易所收费标准

The Standard Cost and Fee in Shenzhen Stocks Exchange

收费项目 kinds	收费标准 fees	备注 remarks
一、A股、基金、债券的交易和清算		
1. A股/A股权证		
佣金	不得高于成交金额的0.3%,也不得低于代收的证券交易监管费和证券交易所手续费,起点5元	投资者交券商
印花税	成交金额的0.2%	投资者交税务机关
交易经手费	成交金额的0.01425%	券商交深交所
证券管理费	成交金额的0.0045%	券商交证监机构
2. 国债现货		
佣金	不超过成交金额的0.1%	投资者交券商
交易经手费	成交金额100万以下(含100万)的0.1元/笔 成交金额100万以上的10元/笔	券商交深交所
3. 企业债现货		
佣金	不超过成交金额的0.1%	投资者交券商
交易经手费	成交金额的0.005%	券商交深交所
4. 国债回购		
佣金	3天按不超过成交金额的0.005%收取 4天按不超过成交金额的0.006%收取 7天按不超过成交金额的0.01%收取 14天按不超过成交金额的0.02%收取 28天按不超过成交金额的0.04%收取 63天按不超过成交金额的0.05%收取 91天按不超过成交金额的0.06%收取 182天按不超过成交金额的0.07%收取 273天按不超过成交金额的0.07%收取	投资者交券商
交易经手费	成交金额100万以下(含100万)的0.1元/笔 成交金额100万以上的1元/笔 反向交易不再收取	券商交深交所
4. 可转换债券		
佣金	不超过成交金额的0.1%	投资者交券商
交易经手费	成交金额的0.005%	券商交深交所
5. 证券投资基金		
佣金	不得高于成交金额的0.3%,也不得低于代收的证券交易监管费和证券交易所手续费;起点5元	投资者交券商
交易经手费	成交金额的0.01046425%	券商交深交所
证券管理费	成交金额的0.00328575%	券商交证监机构
6. 清算保证金	第一个席位50万元,合并席位25万元	券商交深交所
二、B股交易和清算		
1. B股/B股权证交易		
佣金	不得高于成交金额的0.3%,也不得低于代收的证券交易监管费和证券交易所手续费,起点5港元	投资者交券商
印花税	成交金额的0.2%	投资者交税务机关

续表　Continued

收费项目 kinds	收费标准 fees	备注 remarks
交易经手费	成交金额的0.0296%	券商交深交所
证券管理费	成交金额的0.0045%	券商交证监机构
结算费	成交金额的0.05%，最高不超过500港元	投资者交登记公司
三、上市费用		
1. 股票		
上市初费	3万元	
上市月费	5000万元股本以下500元， 每增加1000万元股本增收100元， 上限2500元	
2. 证券投资基金		
上市初费	3万元	
上市月费	5000元	
3. 企业债/转债		
上市初费	上市总额的0.01%，不超过3万元	
上市月费	1亿元以下500元， 每增加2000万元增收100元， 上限2000元	

注：债券的交易费率从2003年1月2日起执行

中国证监会派出机构通讯录
Compact List of CSRC Regional Offices

序号	单　位	区　号	值班电话	传　真	地　　址	邮编
1	北京办事处	10	68330826	68330293	西城区北礼士路甲10号	100044
2	天津证管办	22	23132235	23132232	天津市和平区大理道98号	300050
3	石家庄特派办	311	7037527	7037527	石家庄市中华南大街85号	50051
4	太原特派办	351	4085870	4085870	太原市迎泽大街163号	30001
5	呼和浩特特派办	471	4688865	4688164	呼和浩特市赛罕区东风路8号农发行大厦12层	10010
6	沈阳证管办	24	22857837	22869712	沈阳市和平区中山路176号	110002
7	长春特派办	431	5627066	5679008	长春市解放大路84号(交通大厦18、19层)	130021
8	哈尔滨特派办	451	2357009	2357008	哈尔滨市香坊区珠江路56号	150036
9	大连特派办	411	3780213	3780217	大连市西岗区黄河路219号外经贸大厦7层	116011
10	上海证管办	21	64332002	64335668	上海建国西路319号	200031
11	南京特派办	25	4575558	4575559	南京市中山东路90号华泰证券大厦19层	210002
12	杭州特派办	571	88473333	88473344	杭州文三路90号一号楼四楼	310012
13	宁波特派办	574	87325095	87325115	宁波市药行街139号中国银行15层	315010
14	济南证管办	531	6106900	6106929	济南市黑虎泉西路139号胜利大厦6层	250011

续表 Continued

序号	单　位	区　号	值班电话	传　真	地　　址	邮编
15	合肥特派办	551	5100818	2840681	合肥市蒙城路109号安徽省地税大厦18层	230061
16	郑州特派办	371	5600109	5600158	郑州市纬四路东段19号广发大厦7层	450008
16	郑州特派办	371	5600109	5600158	郑州市纬四路东段19号广发大厦7层	450008
17	青岛特派办	532	5798505	5798501	山东青岛市东海西路39号世纪大厦23层	266071
18	武汉证管办	27	87307021	87892106	武汉市武昌区洪山路62号桃山迎宾馆7楼	430071
19	长沙特派办	731	2180197	2180108	长沙市车站北路329号证券大厦	410001
20	南昌特派办	791	6290229	6272605	南昌市江西省政府大院南一路5号省粮食局3楼	330046
21	广州证管办	20	83270727	83270709	广州市解放南路123号金汇大厦23楼	510120
22	福州特派办	591	7828190	7828105	福州市五四路119号嘉信大厦11层	350004
23	南宁特派办	771	5330816	5330781	广西南宁市桃源路67号广西石油大厦12楼	530021
24	厦门特派办	592	5165620	5169617	厦门市湖滨南路388号国贸大厦6层	361004
25	深圳证管办	755	83261355	83321940	深圳市福田区百花六路长青楼	518028
26	海口特派办	898	66515231	66515236	海口市南宝路36号国托大厦8楼	570206
27	成都证管办	28	85587651	85555004	四川省成都市洗面桥街26号	610041
28	重庆直属办	23	69031961	69031990	重庆市渝中区临江支路2号合景大厦27层	400010
29	贵阳特派办	851	5800377	5800243	贵州省贵阳市省府路1号工行大厦11层	550002
30	昆明特派办	871	5135262	5135263	云南省昆明市北京路577号	650051
31	拉萨特派办	891	6324120	6342572	西藏拉萨市林廓东路6号喜玛拉雅饭店5楼	850000
32	西安证管办	29	8210948	8210949	陕西省西安市含光南路216号嘉翔国际商贸大楼5层	710065
33	兰州特派办	931	8851605	8853136	甘肃省兰州市城关区秦安路81号	730030
34	西宁特派办	971	8213234	8236887	青海省西宁市解放路14号	810000
35	银川特派办	951	6736401	6735000	宁夏银川市兴庆区上海东路9号金源大厦十一、十二楼	750004
36	乌鲁木齐特派办	991	2825821	2826491	乌鲁木齐市民主路40号附2号	830002
37	上海证交所	21	68806408	68818307	上海市浦东南路528号	200120
38	深圳证交所	755	82083333-3055	82083947	深圳市深南东路5045号	518010
39	上海期交所	21	68400193	68401198	上海市浦东新区浦电路500号	200122
40	大连商交所	411	4806666	4808588	大连市沙河口区会展路18号	116023
40	大连商交所	411	4806666	4808588	大连市沙河口区会展路18号	116023
41	郑州商交所	371	5610069	5613068	郑州市未来大道69号	450008
42	上海专员办	21	68809861	68809862	上海浦东南路528号南塔11楼	200120
43	深圳专员办	755	2083179	2083115	深圳市深南东路5045号深业中心14层	518010

上市公司行业分类指引

Industry Classification of Listed Company

1 分类对象与使用范围

1.1 《上市公司行业分类指引》(以下简称《指引》)以在中国境内证券交易所挂牌交易的上市公司为基本分类单位。

1.2 《指引》规定了上市公司分类的原则、编码方法、框架及其运行与维护制度。

1.3 《指引》为非强制性标准,适用于证券行业内的各有关单位、部门对上市公司分类信息进行统计、分析及其他相关工作。

2 分类原则与方法

2.1 以上市公司营业收入为分类标准,所采用财务数据为经会计师事务所审计的合并报表数据。

2.2 分类方法

2.2.1 当公司某类业务的营业收入比重大于或等于50%,则将其划入该业务相对应的类别。

2.2.2 当公司没有一类业务的营业收入比重大于或等于50%时,如果某类业务营业收入比重比其他业务收入比重均高出30%,则将该公司划入此类业务相对应的行业类别;否则,将其划为综合类。

3 编码方法

3.1 《指引》将上市公司的经济活动分为门类、大类两级,中类作为支持性分类参考。由于上市公司集中于制造业,《指引》在制造业的门类和大类之间增设辅助性类别(次类)。与此对应,总体编码采用了层次编码法;类别编码采取顺序编码法:门类为单字母升序编码;制造业下次类为单字母加一位数字编码;大类为单字母加两位数字编码;中类为单字母加四位数字编码。

3.2 各类中带有"其他"字样的收容类,以所属大类的相应代码加两位数字"99"表示。

3.3 大类、中类均采取跳跃增码,以适应今后增加或调整类属的需要。

4 管理机构及其职责

4.1 中国证监会主要职责为:

a) 制定、修改和完善《指引》;

b) 负责《指引》及相关制度的解释;

c) 为证券交易所对上市公司所属类别的划分备案。

4.2 证券交易所负责分类指引的具体执行。主要职责为:

a) 负责上市公司类别变更日常管理工作;

b) 定期向中国证监会报备对上市公司类别的确认结果。

5 实施办法

5.1 本《指引》自公布之日起开始实施。

5.2 上市公司类别确认方法如下:

5.2.1 对于已上市公司,由交易所根据上市公司填报的《上市公司行业资料调查表》(附后,以下简称《调查表》),按照《指引》分类原则进行分类。

5.2.2 对于拟上市公司,应在上报上市申请材料时,向交易所填报《调查表》,由交易所按照《指引》分类原则进行分类。

5.2.3 未经交易所同意,上市公司不得擅自改变公司类属。上市公司因兼并、置换等原因而营业领域发生重大变动,可向交易所提出书面申请,并同时上报《调查表》。由交易所按照《指引》对上市公司的行业类属进行变更。

5.2.4 中国证监会及地方证券监管部门在统计报表编制及各种对外信息公告中,应遵照《指引》执行。

5.2.5 证券交易所应遵照《指引》编制统计报表以及各种与上市公司类属有关的对外信息。

6 分类结构、代码

A 农、林、牧、渔业

A01 农业

A0101 种植业

A0199 其他农业

续表 1　Continued 1

A03　林业

A05　畜牧业

A0501　牲畜饲养放牧业

A0505　家禽饲养业

A0599　其他畜牧业

A07　渔业

A0701　海洋渔业

A0705　淡水渔业

A09　农、林、牧、渔服务业

A0901　农业服务业

A0905　林业服务业

A0915　畜牧兽医服务业

A0920　渔业服务业

A0999　其他农、林、牧、渔服务业

B　采掘业

B01　煤炭采选业

B0101　煤炭开采业

B0105　煤炭洗选业

B03　石油和天然气开采业

B0301　天然原油开采业

B0305　天然气开采业

B0310　油页岩洗选业

B05　黑色金属矿采选业

B0501　铁矿采选业

B0599　其他黑色金属矿采选业

B07　有色金属矿采选业

B0701　重有色金属矿采选业

B0715　轻有色金属矿采选业

B0730　贵金属矿采选业

B0740　稀有稀土金属矿采选业

B09　非金属矿采选业

B0901　土砂石开采业

B0911　化学矿开采业

B0921　采盐业

B0999　其他非金属矿开采业

B49　其他矿采选业

B50　采掘服务业

B5001　煤炭采选服务业

B5003　石油和天然气开采服务业

B5005　黑色金属矿采选服务业

B5007　有色金属矿采选服务业

B5009　非金属矿采选服务业

B5099　其他矿采选服务业

C　制造业

C0　食品、饮料

C01　食品加工业

C0101　粮食及饲料加工业

续表 2 Continued 2

C0111 植物油加工业
C0115 制糖业
C0120 屠宰及肉类蛋类加工业
C0125 水产品加工业
C0130 盐加工业
C0199 其他食品加工业
C03 食品制造业
C0301 糕点、糖果制造业
C0310 乳制品制造业
C0320 罐头食品制造业
C0330 发酵制造业
C0340 调味品制造业
C0399 其他食品制造业
C05 饮料制造业
C0501 酒精及饮用酒制造业
C0510 软饮料制造业
C0520 制茶业
C0599 其他饮料制造业
C1 纺织、服装、皮毛
C11 纺织业
C1101 纤维原料初步加工业
C1105 棉纺织业
C1110 毛纺织业
C1115 麻纺织业
C1120 丝绢纺织业
C1125 针织品业
C1199 其他纺织品业
C13 服装及其他纤维制品制造业
C1301 服装制造业
C1320 制帽业
C1340 制鞋业
C1399 其他纤维制品制造业
C14 皮革、毛皮、羽绒及制品制造业
C1401 制革业
C1405 皮革制品制造业
C1410 毛皮鞣制及制品业
C1415 羽毛(绒)加工及制品业
C2 木材、家具
C21 木材加工及竹、藤、棕、草制品业
C2101 锯材、木片加工业
C2105 人造板制造业
C2110 木制品业
C2115 竹、藤、棕、草制品业
C25 家具制造业
C2501 木制家具制造业
C2505 竹、藤家具制造业
C2510 金属家具制造业
C2525 塑料家具制造业
C2599 其他家具制造业

续表 3 Continued 3

C3 造纸、印刷
C31 造纸及纸制品业
C3101 纸浆制造业
C3105 造纸业
C3110 纸制品业
C35 印刷业
C37 文教体育用品制造业
C3701 文化用品制造业
C3710 体育用品制造业
C3799 其他文教用品制造业
C4 石油、化学、塑胶、塑料
C41 石油加工及炼焦业
C4101 人造原油生产业
C4105 原油加工业
C4110 石油制品业
C4115 炼焦业
C43 化学原料及化学制品制造业
C4301 基本化学原料制造业
C4310 化学肥料制造业
C4320 化学农药制造业
C4330 有机化学产品制造业
C4350 合成材料制造业
C4360 专用化学产品制造业
C4370 日用化学产品制造业
C47 化学纤维制造业
C4701 纤维素纤维制造业
C4705 合成纤维制造业
C4710 渔具及渔具材料制造业
C48 橡胶制造业
C4801 轮胎制造业
C4805 力车胎制造业
C4810 橡胶板、管、带制造业
C4815 橡胶零件制造业
C4820 再生橡胶制造业
C4825 橡胶靴鞋制造业
C4830 日用橡胶制品业
C4835 橡胶制品翻修业
C4899 其他橡胶制品业
C49 塑料制造业
C4901 塑料薄膜制造业
C4905 塑料板、管、棒材制造业
C4910 塑料丝、绳及编织品制造业
C4915 泡沫塑料及人造革、合成革制造业
C4920 塑料包装箱及容器制造业
C4925 塑料鞋制造业
C4930 日用塑料杂品制造业
C4935 塑料零件制造业
C4999 其他塑料制造业
C5 电子

续表 4 Continued 4

C51 电子元器件制造业
C5110 电子器件制造业
C5115 电子元件制造业
C55 日用电子器具制造业
C57 其他电子设备制造业
C59 电子设备修理业
C6 金属、非金属矿物
C61 非金属矿物制品业
C6101 水泥制造业
C6105 水泥制品和石棉水泥制品业
C6115 砖瓦、石灰和轻质建筑材料制造业
C6120 玻璃及玻璃制品业
C6125 陶瓷制品业
C6130 耐火材料制品业
C6150 石墨及碳素制品业
C6160 矿物纤维及其制品业
C6199 其他非金属矿物制品业
C65 黑色金属冶炼及压延加工业
C6501 炼铁业
C6505 炼钢业
C6510 钢压延加工业
C6515 铁合金冶炼业
C67 有色金属冶炼及压延加工业
C6701 重有色金属冶炼业
C6715 轻有色金属冶炼业
C6730 贵金属冶炼业
C6740 稀有稀土金属冶炼业
C6750 有色金属合金业
C6760 有色金属压延加工业
C69 金属制品业
C6901 金属结构制造业
C6905 铸铁管制造业
C6910 工具制造业
C6920 集装箱和金属包装物品制造业
C6925 金属丝绳及其制品业
C6930 建筑用金属制品业
C6935 金属表面处理及热处理业
C6950 日用金属制品业
C6999 其他金属制品业
C7 机械、设备、仪表
C71 普通机械制造业
C7101 锅炉及原动机制造业
C7105 金属加工机械制造业
C7110 通用设备制造业
C7115 轴承、阀门制造业
C7120 其他通用零部件制造业
C7125 铸锻件制造业
C7150 普通机械修理业
C7199 其他普通机械制造业

续表 5 Continued 5

C73 专用设备制造业

C7301 冶金、矿山、机电工业专用设备制造业

C7310 石化及其他工业专用设备制造业

C7320 轻纺工业专用设备制造业

C7325 农、林、牧、渔、水利业机械制造业

C7340 医疗器械制造业

C7350 其他专用设备制造业

C7355 专用机械设备修理业

C75 交通运输设备制造业

C7501 铁路运输设备制造业

C7505 汽车制造业

C7510 摩托车制造业

C7515 自行车制造业

C7520 电车制造业

C7525 船舶制造业

C7530 航空航天器制造业

C7540 其他交通运输设备制造业

C7545 交通运输设备修理业

C76 电器机械及器材制造业

C7601 电机制造业

C7610 输配电及控制设备制造业

C7615 电工器械制造业

C7620 日用电器制造业

C7630 照明器具制造业

C7640 其他电器机械制造业

C7645 电器机械修理业

C78 仪器仪表及文化、办公用机械制造业

C7801 通用仪器仪表制造业

C7805 专用仪器仪表制造业

C7810 电子测量仪器制造业

C7815 计量器具制造业

C7820 文化、办公用机械制造业

C7825 钟表制造业

C7835 仪器、仪表及文化、办公用机械修理业

C7840 其他仪器仪表制造业

C8 医药、生物制品

C81 医药制造业

C8101 化学药品原药制造业

C8105 化学药品制剂制造业

C8110 中药材及中成药加工业

C8115 动物用药品制造业

C8199 其他医药制品制造业

C85 生物制品业

C8501 生物药品制造业

C8599 其他生物制品业

C99 其他制造业

D 电力、煤气及水的生产和供应业

D01 电力、蒸汽、热水的生产和供应业

续表 6　Continued 6

D0101　电力生产业
D0105　电力供应业
D0110　蒸汽、热水的生产和供应业
D03　煤气生产和供应业
D0301　煤气生产业
D0305　煤气供应业
D05　自来水的生产和供应业
D0501　自来水生产业
D0505　自来水供应业

E　建筑业
E01　土木工程建筑业
E0101　房屋建筑业
E0105　矿山建筑业
E0110　铁路、公路、隧道、桥梁建筑业
E0115　堤坝、电站、码头、机场建筑业
E0199　其他土木工程建筑业
E05　装修装饰业
E10　线路、管道和设备安装业

F　交通运输、仓储业
F01　铁路运输业
F03　公路运输业
F0301　汽车运输业
F0399　其他公路运输业
F05　管道运输业
F07　水上运输业
F0701　远洋运输业
F0705　沿海运输业
F0710　内河、内湖运输业
F0799　其他水上运输业
F09　航空运输业
F0901　航空客货运输业
F0910　通用航空业
F11　交通运输辅助业
F1101　公路管理及养护业
F1105　港口业
F1110　水运辅助业
F1115　机场及航空运输辅助业
F1120　装卸搬运业
F1199　其他交通运输辅助业
F19　其他交通运输业
F21　仓储业

G　信息技术业
G81　通信及相关设备制造业
G8101　通信设备制造业
G8110　雷达制造业
G8115　广播电视设备制造业

续表 7　Continued 7

G8120　通信设备修理业
G83　计算机及相关设备制造业
G8301　电子计算机制造业
G8310　计算机相关设备制造业
G8335　计算机及相关设备修理业
G85　通信服务业
G8501　电信服务业
G8599　其他通信服务业
G87　计算机应用服务业
G8701　计算机软件开发与咨询
G8705　计算机网络开发、维护与咨询
G8710　计算机设备维护咨询业
G8799　其他计算机应用服务业

H　批发和零售贸易

H01　食品、饮料、烟草和家庭用品批发业
H0101　食品、饮料、烟草批发业
H0110　绵、麻、土畜产品批发业
H0120　纺织品、服装、鞋帽批发业
H0130　日用百货批发业
H0140　日用杂品批发业
H0150　五金、交电、化工批发业
H0160　药品及医疗器械批发业
H03　能源、材料和机械电子设备批发业
H0301　能源批发业
H0305　化工材料批发业
H0310　木材批发业
H0315　建筑材料批发业
H0320　矿产品批发业
H0325　金属材料批发业
H0330　机械、电子设备批发业
H0335　汽车、摩托车及零配件批发业
H0340　再生物资回收批发业
H09　其他批发业
H11　零售业
H1101　食品、饮料、烟草零售业
H1120　纺织品、服装、鞋帽零售业
H1130　日用百货零售业
H1140　日用杂品零售业
H1150　五金、交电、化工零售业
H1160　药品及医疗器械零售业
H1170　图书报刊零售业
H1199　其他零售业
H21　商业经纪与代理业

I　金融、保险业

I01　银行业
I0101　政策性银行
I0105　合作银行

续表 8 Continued 8

I0110 国有独资商业银行
I0199 其他商业银行
I11 保险业
I1101 人寿保险业
I1110 财产保险业
I1115 再保险业
I1199 其他保险业
I21 证券、期货业
I2101 证券交易所
I2111 证券经纪公司
I2121 综合类证券公司
I2151 期货交易所
I2161 期货经纪公司
I2199 其他证券、期货业
I31 金融信托业
I41 基金业
I99 其他金融业

J 房地产业

J01 房地产开发与经营业
J05 房地产管理业
J09 房地产中介服务业
J0901 房地产经纪业
J0920 房地产评估业
J0930 房地产咨询业
J0999 其他房地产中介服务业

K 社会服务业

K01 公共设施服务业
K0101 市内公共交通业
K0199 其他公共设施服务业
K10 邮政服务业
K20 专业、科研服务业
K2001 法律服务业
K2005 广告业
K2010 会计、统计、审计咨询服务业
K2015 建筑、工程咨询服务业
K2020 专业设计服务业
K2025 管理、科技咨询服务业
K2030 社会调查业
K2035 科研开发服务业
K2099 其他专业、科研服务业
K30 餐饮业
K32 旅馆业
K34 旅游业
K36 娱乐服务业
K37 卫生、保健、护理服务业
K39 租赁服务业
K99 其他社会服务业

续表 9 Continued 9

L 传播与文化产业

L01 出版业

L0101 书、报、杂志、资料出版业

L0110 软件出版业

L0199 其他出版业

L05 声像业

L0501 声乐制品业

L0505 影像制品业

L10 广播电影电视业

L1001 广播

L1005 电影

L1010 电视

L15 艺术业

L20 信息传播服务业

L2001 信息、数据收集服务业

L2005 数据处理业

L2099 其他信息传播服务业

L99 其他传播、文化产业

M 综合类

附件:

上市公司行业资料调查表

1. 公司名称

2. 股票简称

3. 公司股票在证券交易所的代码:A 股　　B 股　　H 股

4. 依《公开发行股票公司信息披露的内容和格式准则》 第二号　年度报告的内容与格式(2000 年修订稿)中《会计报表附注指引(试行)》的第七条分行业资料的规定,将公司上年度报告中主营业务收入 10%(含 10%)以上的各行业有关财务数据填入下表:

行　业	营　业　收　入	
	数值(元)	占总营业收入的比重(%)
合　计		

后　记
Postscript

在本书的编制过程中，我们得到了中国证监会领导的关心和指导，得到了会内外有关单位的大力支持和配合。他们是：中国证监会发行监管部、上市监管部、基金监管部、机构监管部、期货监管部、国际合作部、中国人民银行统计司、国家统计局国民经济核算司、综合司、上海证券交易所、深圳证券交易所、大连商品交易所、上海期货交易所和郑州商品交易所。上海证券报图书出版部、上海华期实业公司和百家出版社在本书的编辑、出版及发行过程中给了我们大力的支持。我们在此对上述单位表示衷心的感谢。

参加本书编写的人员有：

徐雅萍　张　野　何龙灿　黄晓庆　刘连起　林晓征　胡益明　赵　然
张小艾　鲁素英　苗宇峰　张文红　赵春萍　赵小平　李　萌　刘　俊
汤劲松　李　斌　伏晓明　孙凌云　王永红　徐庆雯　汪红梅

中国证券监督管理委员会
信息中心
2003 年 4 月